Albert Warnecke

Der Finanzwesir

Was Sie über Vermögensaufbau wirklich wissen müssen

Die vom Autor dieses Buchs gehandelten und/oder erwähnte Aktien, ETFs, Fonds, Staatsanleihen oder sonstige Anlageprodukte sind immer mit Risiken behaftet. Alle Texte sowie die Hinweise und Informationen stellen keine Anlageberatung oder Empfehlung dar. Sie wurden nach bestem Wissen und Gewissen aus öffentlich zugänglichen Quellen übernommen. Alle zur Verfügung gestellten Informationen (alle Gedanken, Prognosen, Kommentare, Hinweise, Ratschläge etc.) dienen allein der Bildung und der privaten Unterhaltung.
Eine Haftung für die Richtigkeit kann in jedem Einzelfall trotzdem nicht übernommen werden. Sollten Sie als Leser dieses Buches sich die angebotenen Inhalte zueigen machen oder etwaigen Ratschlägen folgen, so handeln Sie eigenverantwortlich.

Der Finanzwesir
Albert Warnecke
Verlag: tredition GmbH, Hamburg
978-3-7345-7981-3
Copyright: © 2016 Albert Warnecke, überarbeitet 2017
Lektorat: Erik Kinting | www.buchlektorat.net
Korrektorat: Susanne Rick | www.lektorat-rick.de
Illustrationen & Umschlag: Sabine Abels | www.e-book-erstellung.de
Satz: Sabine Abels

Bibliografische Information der Deutschen Nationalbibliothek:
Die Deutsche Nationalbibliothek verzeichnet diese Publikation in der Deutschen Nationalbibliografie; detaillierte bibliografische Daten sind im Internet über http://dnb.d-nb.de abrufbar.

Inhalt

EBENE 2

EBENE 3

EBENE 4

Wer bin ich?

Mein Name ist Albert Warnecke, Jahrgang 1966, Ingenieur, Rheinländer, Bier statt Wein, bald 25 Jahre verheiratet, drei Kinder, vielseitig interessiert und seit 20 Jahren an der Börse aktiv. Eine formale Ausbildung als BWLer oder Banker kann ich nicht vorweisen, wohl aber eine Menge Lebenserfahrung und Fehltritte in Finanzdingen. Ich kümmere mich seit rund zehn Jahren erfolgreich selbst um die Familienfinanzen und möchte mein Wissen in diesem Buch mit Ihnen teilen.

Begonnen hat alles Anfang 2014 mit meinem Blog *Der Finanzwesir*. Im November 2015 haben Bloggerkollege Daniel Korth und ich die erste Folge unseres Podcasts *Der Finanzwesir rockt* veröffentlicht.

Auch außerhalb meines Blogs sind meine Texte gefragt. Seit zwei Jahren schreibe ich unter anderem regelmäßig für das Geld-Magazin der *ZEIT* sowie für *ZEIT Online*.

Ist dieses Buch das, wonach Sie suchen?

Sie haben beschlossen: *So geht das mit meinem Geld nicht weiter! Ich mach das jetzt selbst.* Keine Bankberater, keine Versicherungsvertreter, keine Finanzdienstleister mehr, die mit höchster Beratungsqualität werben, es aber trotzdem nicht schaffen, eine ordentliche Rendite abzuliefern. Nur – wie anfangen? Wer erklärt in einfachen Worten, worauf es bei der Geldanlage ankommt?

Wenn Sie sich in dieser Beschreibung wiedererkennen, dann ist dieses Buch genau richtig für Sie.

Ich zeige Ihnen, wie ich es geschafft habe, vom Unwissenden zum mündigen Selbstentscheider zu werden. Profitieren Sie von meinen Erfahrungen und vermeiden Sie die teuren Fehler, die ich gemacht habe.

Wenn Sie dieses Buch gelesen haben, dann werden Sie wissen, wie Sie Ihre Geldangelegenheiten in den Griff bekommen. Nicht nur ETFs oder die Börse, sondern das ganze System.

Ich möchte Ihnen helfen das sichere Gefühl zu bekommen, in finanziellen Dingen alles getan zu haben, was möglich ist – damit Sie sich endlich anderen Dingen widmen können. Denn das Thema *Finanzen* soll nach einer gewissen Einarbeitung nicht Ihr ganzes Leben bestimmen. Ich will Ihnen weder ein Hobby noch einen Zweitjob beschaffen.

Was können Sie von diesem Buch erwarten?

Ich beschreibe das *Warum* und das *Wie* des Geldanlegens für Selbstentscheider. Dabei werden folgende Fragen beantwortet:
1. Warum soll ich mich selbst um mein Geld kümmern?
2. Wie erziele ich mit einem vertretbaren Aufwand eine vernünftige Rendite?

Sich um seine eigenen Finanzen zu kümmern ist nicht schwer und man kann dabei entspannt bleiben. Mit der Erfahrung kommt die Gelassenheit.

Ich erkläre, was wichtig ist: eine vernünftige Anlagepolitik, was gefährlich ist: sich von Gefühlen leiten zu lassen; und was sinnvoll ist: regelmäßig in kostengünstige breit streuende Aktien-Fonds zu investieren.

Das Buch driftet im Bermudadreieck aus Philosophie, Psychologie und Excel:

- **Philosophie:** Wer bin ich, und was will ich vom Leben? Welchen Stellenwert hat Geld in meinem Leben? Ist es nichts weiter als ein Steigbügel, der mir hilft, die eigenen Lebensziele zu erreichen, oder ist es eine wichtige Prestigequelle?

- **Psychologie:** Was muss ich tun, damit mir das Reptiliengehirn nicht alles ruiniert? Hier geht es um das Duo infernal: *Angst & Gier.*

- **Excel:** Wie setze ich das alles praktisch um? Es geht darum, die wichtigen Kennzahlen zu betrachten, und nicht darum, ein möglichst komplexes und scheingenaues Zahlengebilde zu entwerfen. Unser Motto: *So genau wie nötig, so lässig wie möglich.*

Eine Tabellenkalkulation, wie beispielsweise Excel oder das kostenfrei erhältliche OpenOffice-Calc, hilft enorm beim Renditevergleich oder der Zinseszinsberechnung. Deshalb habe ich für diejenigen, die sich bis jetzt noch nicht mit einer Tabellenkalkulation anfreunden konnten, einen Crashkurs für den Hausgebrauch in den Anhang gepackt.

Warum überhaupt noch ein Buch zum Thema *private Finanzen*?

Weil ich glaube, dass wir heute beim Thema *Finanzen* da stehen, wo wir in den 50er-Jahren des letzten Jahrhunderts beim Thema *Sex* standen. Ich sage nur: *Kann man durch Küssen schwanger werden?* Die Ahnungslosigkeit ist groß. Schule und Uni versagen kläglich bei der Aufklärung – und das bei einem so grundlegend wichtigen Thema wie der eigenen Finanzplanung.

Ist dieses Buch jetzt der *Dr. Sommer für Privatanleger*?
Nicht unbedingt, obwohl mir der Ton des Dr.-Sommer-Teams schon immer gefallen hat. Ernsthaft und realistisch in der Sache, aber immer respektvoll gegenüber dem Fragesteller.
Ich finde, dass dieses Thema zu wichtig ist, um es den sogenannten *Profis* zu überlassen. Mein Ziel ist es, Sie zu Ihrem Finanzglück führen. Wir werden rechnen, aber das Buch wird auch Spuren von Philosophie und Lebensweisheit enthalten.

Lassen Sie uns anfangen.

Meine Finanz-Philosophie

Manches muss man selber machen

Seine Frau und sein Geld gibt man nicht in fremde Hände.

Was der kluge Kommentar, entdeckt auf der Webseite der *Welt,* so treffend auf den Punkt bringt: Es gibt zwei Dinge im Leben eines Menschen, die nicht delegierbar sind, weil diesbezügliche Fehlentscheidungen das Lebensglück nachhaltig ruinieren können:

1. Den Partner fürs Leben zu finden.
2. Die Verwaltung seiner Finanzen.

Alle großen Dinge sind einfach

Meine bisherig Feststellung im Leben: Alle wirklich großen Dinge sind einfach. Wenn etwas übermäßig komplex ist, dann ist es
- überflüssig,
- schlecht gemacht (entweder der Produktdesigner oder der Kunde muss leiden) oder
- in betrügerischer Absicht so konstruiert (wie leider viele der Nebelkerzen-Produkte, die die Finanzbranche anbietet).

Wenn ich etwas nicht verstehe, dann kaufe ich es nicht. Wenn ich die Wahl zwischen zwei Produkten habe, nehme ich das einfachere.

Mein Motto: Was nicht da ist, kann auch nicht kaputtgehen.

Cui bono – Wem nützt es?

Meine Lieblingsfrage: *Wem nützt es?* Das ist die Killerfrage, mit der sich sehr schnell herausfinden lässt, wer von einem Finanzprodukt profitiert – Sie als Kunde oder der Verkäufer? Wo sind die Gebühren und Provisionen versteckt?

Alles schon mal da gewesen

Günstige Gelegenheiten kommen immer wieder, nur keine Eile.
Wir leben in einer Überflussgesellschaft. Das Angebot übersteigt die Nachfrage bei Weitem, von daher ist nie Eile geboten, schon gar nicht bei Finanzprodukten. Und ganz ehrlich: Die echten Super-schnäppchen werden in ganz anderen Kreisen verteilt, da kommen wir Privatanleger sowieso nicht dran. Für uns gibt es standardisierte Finanzprodukte von der Stange – und die gibt es heute, morgen und übermorgen auch noch.

Reden hilft

Über Geld redet man nicht, Geld hat man. Das ist mit Abstand einer der dümmsten Sprüche überhaupt. Über Geld muss man reden, besser gesagt über Investitionen, über das, was sinnvoll ist und was zu einem passt. Wer über Geld redet, ist gezwungen sich Gedanken zu machen und kann außerdem in der Diskussion von den Erfahrungen und Gedanken seiner Gesprächspartner profitieren.
Deshalb dieses Buch.

Das Finanzwesir-Manifest

Für mich gelten diese drei Regeln:

1. Es ist unmöglich, den Markt zuverlässig zu schlagen.
2. Mehr Rendite nur durch mehr Risiko.
3. Hin und her macht Taschen leer.

Es ist unmöglich, den Markt zuverlässig zu schlagen

Wer heute schon weiß, was morgen passiert, kann den Markt auf Dauer zuverlässig schlagen. Diese Leute nennt man Hellseher und ihr Lebensraum ist der Fantasy-Roman.

Ich erinnere mich an meine Zeit bei Yahoo! Damals, Ende der 90er-Jahre des letzten Jahrhunderts, waren Mary Meeker und Henry Blodget das Maß aller Dinge. Jedes Jahr prophezeiten die beiden noch irrsinnigere Dinge als zuvor, die dann auch tatsächlich eintraten. Firmen ohne Umsatz und ohne Geschäftsmodell waren an der Börse Milliarden wert. Laut Meeker und Blodget war das auch richtig, denn im Internet-Zeitalter zählen Fantasie und Potenzial mehr als echte Umsätze. Als dann im März 2000 die Dotcom-Blase platzte, wurden beide mit Schimpf und Schande vom Hof gejagt. Die beiden hatten einfach das Glück, den Anfang des Dotcom-Booms erwischt zu haben. Sie haben die Welle geritten, aber als die Welle brach, verschwanden sie in den Strudeln und neue Propheten machten ihre Surfbretter klar.

Wer immer Ihnen erzählen möchte, er könnte den Markt schlagen, schwindelt oder leidet an massiver Selbstüberschätzung.

Warum fallen wir immer wieder auf selbst ernannte Finanz-Gurus rein?

Nepper, Schlepper, Bauernfänger und alle anderen Arten von Leuten, die uns unser Geld abluchsen wollen, bedienen sich meist immer derselben altbewährten Tricks, so auch die selbst ernannten Finanz-Gurus, die uns vom Finanzprodukt bis zum Börsenbrief alles Mögliche andrehen möchten. Der Hauptgrund, warum wir auf deren Sprüche so schnell reinfallen ist ein Phänomen, dass die Kognitionspsychologen *Ankerheuristik* nennen. – Nie gehört? Macht nichts, Ankerheuristik geht so:

Sie sind beim Zahnarzt. Wer soll sich um die Krone kümmern? Der Herr Doktor persönlich oder der junge Bursche, der gerade frisch von der Uni kommt?
Oder Sie sind beim Friseur. Wer soll Ihnen die Haare schön machen? Die Claudia, die schon seit Jahren im Salon steht, oder die Cheyenne im ersten Lehrjahr? Und Achtung: Wir reden hier von Kopfhaaren, in sechs Wochen ist da wieder alles im Lot!
Es ist nun mal so: Erfahrung rockt! Egal ob Arzt oder Friseurin: Wir schätzen den Satz *Das mache ich nicht zum ersten Mal.*
Jetzt kommt die fiese Ankerheuristik ins Spiel: In allen bisherigen Lebensbereichen haben wir gelernt, dass Erfahrung alles ist, also übertragen wir diese Weisheit auch völlig kritiklos auf das Thema *Finanzen.* Das ist ja der Vorteil von Heuristiken: *Da kommt ein Tier, das ist zwar kein Säbelzahntiger, aber es sieht sehr ähnlich aus, also mal lieber abhauen.* Heuristiken sind schnelle Einschätzungen, keine fundierten Analysen.
Das Problem: An den Finanzmärkten greift das Konzept *Erfahrung* nicht. Das gibt die Finanzbranche auch selbst zu: *Angaben zur bisherigen Entwicklung erlauben keine Prognose für die Zukunft.* Das ist die komplette Negierung des Prinzips *Erfahrung.* Kein Beratungsprotokoll und kein Verkaufsprospekt kommen ohne diesen Satz aus.

Was halten Sie von einem Architekten, der Ihnen sagt: *Ich habe schon zwanzig Häuser gebaut. Die stehen auch alle noch, aber das hat nichts zu sagen. Keine Ahnung ob, und wenn ja wann, Ihr Haus zusammenbricht.*

Mehr Rendite nur durch mehr Risiko

Die BWLer nennen *Rendite* lieber *Risikoprämie*. Das trifft es auch besser, denn je riskanter der Job, desto besser die Bezahlung. Der Investor sieht die Ausfallwahrscheinlichkeit und nur wenn der Renditeköder fett genug ist, wird er anbeißen.

Der Deal *hohe Rendite bei niedrigem Risiko* existiert nicht. Denn wenn die Investition risikoarm ist, hat es der Kapitalsucher nicht nötig, einen fetten Köder auszuwerfen. Die Investoren halten dann auch eine geringere Risikoprämie für angemessen. Der Kapitalsucher wird also sein Renditeangebot zurückschrauben und nicht mehr zahlen, als notwendig.

Das Gemeine an diesem Spruch: Man kann ihn nicht umkehren. Bloß weil ein Investment nur eine mickrige Rendite abwirft, ist es nicht automatisch risikolos. Es kann auch einfach nur ein mies konstruiertes Abzockprodukt sein. Aber wenn eine Investition mit hoher Rendite lockt, dann können Sie Gift darauf nehmen, dass die Sache hochriskant ist.

Hin und her macht Taschen leer

Unterschätze nie die operativen Kosten. Gebühren, Spesen, Transaktionskosten – die Banken sind sehr fantasievoll, wenn es darum geht, mehr als nur ihren Teil abzuzweigen. Viele Investitionen, die auf den ersten Blick noch brauchbar aussehen, fallen ins Minus, wenn man die Gebühren mit einrechnet. Die Aussage *Wir rechnen das mal schnell durch, die Gebühren vernachlässigen wir erst einmal, das sind ja nur wenige Prozent* ist der erste Schritt in Richtung Abgrund. Wenn es darum geht, ein konkretes Portfolio aufzubauen, müssen Sie immer die Transaktionskosten im Blick haben. Sorgfältig auswählen, kaufen und behalten bringt in den meisten Fällen mehr Rendite als permanentes Handeln.

Das sind düstere Aussichten: Erfahrung gilt nichts, das Risiko steigt mit der Rendite und handeln ist teuer.
Also lieber leben statt sparen? So wie der legendäre britische Fussballspieler George Best, der einmal sagte: *Ich habe viel Geld für Alkohol, Frauen und schnelle Autos ausgegeben, den Rest habe ich einfach verprasst.*

Mein Vorschlag: Leben und sparen. Was das Leben angeht, müssen Sie natürlich selber wissen, was Sie wollen. Was das Sparen angeht: Ich würde es nicht sparen, sondern anlegen nennen.

Sparen: Oh toll, am Ende des Monats ist noch Geld übrig, das kommt jetzt aufs Sparbuch. Was dann damit passiert, weiß ich nicht. Ist mir auch egal, Hauptsache sicher.

Anlegen: Ich habe ein Ziel und einen Plan, wie ich dieses Ziel erreiche. Deshalb verteile ich am Anfang eines jeden Monats einen festgelegten Betrag auf ein sorgfältig und mit Bedacht ausgewähltes Portfolio aus zu mir passenden Finanzprodukten.

In diesem Buch soll es um das Anlegen gehen!

Die fünf Ebenen der Geldanlage

Jeder Do-it-yourself-Anleger muss vor dem Kauf einer Aktie oder Anleihe diese fünf Ebenen durchlaufen.

Ich habe mit Absicht eine Pyramide gewählt, denn die unteren Ebenen bilden das Fundament für die oberen Ebenen. Je breiter der Fuß einer Pyramide, umso höher kann man bauen.

Diese Pyramide wird uns durch das ganze Buch begleiten.

Geldanlage – von der Planung bis zur Ausführung

Diese fünf Ebenen der Entscheidung muss jeder Anleger durchlaufen
Quelle: Finanzwesir

Anlagepolitik

Was sind Ihre Ziele im Leben? Wo soll die Reise hingehen und wie sieht der optimale Mix aus Aktien, Anleihen, Tagesgeld und anderen Anlagen aus, um diese Ziele zu erreichen? – Wer in fünf bis sieben Jahren eine Immobilie erwerben möchte, plant anders als jemand, der für seinen Arbeitgeber die nächsten Jahre im Ausland tätig sein wird.

Das Wunderbare an dieser Ebene: Obwohl sie das Fundament sämtlicher Geldanlageentscheidungen ist und eine falsche Anlagepolitik alles ruinieren kann, ist diese Ebene extrem preiswert zu durchschreiten: Sie brauchen nur Intelligenz, Ehrlichkeit bezüglich Ihrer Ziele, Bleistift, ein Blatt Papier und vielleicht ab und zu einen Taschenrechner oder Excel.

Wer solche Grundsatzthemen gerne bei einem Spaziergang diskutiert, leistet sich auf halbem Wege eine Stärkungstasse Kaffee, das war's dann aber auch schon mit den Kosten.

Aktien- und Anleihenmix

Wie sollen die einzelnen Anlageklassen aufgebaut sein? Zu welchen Teilen soll das Portfolio aus Aktien großer, kleiner, deutscher, europäischer, überseeischer Firmen bestehen? Wollen Sie Wachstumsaktien und/oder Aktien dividendenstarker Firmen besonders berücksichtigen? Entsprechend die Fragen bei Anleihen: Hier stehen Staatsanleihen (deutsch, europäisch, US-amerikanisch), Pfandbriefe und Unternehmensanleihen mit den unterschiedlichsten Laufzeiten zur Verfügung.

Auch diese Ebene ist preisgünstig zu haben, man muss sich nur einlesen. Im Anhang finden Sie meine Liste empfehlenswerter Bücher.

Das klingt komplizierter, als es ist, denn die optimale Depotzusammenstellung für Buy-and-hold-Anleger ist meist recht einfach.

Wichtig bei diesem Schritt: Der Anlagenmix muss zu Ihrer Anlage-politik passen. Gerade Anfänger neigen dazu, den Wald vor lauter Bäumen nicht mehr zu sehen und einen viel zu komplizierten Anlagemix auf die Beine zu stellen. Da hilft es, ab und zu zurückzutreten und sich zu überlegen, ob man wirklich Wachstumsaktien aus dem indopazifischen Raum im Depot braucht, nur weil es die reine Lehre des breiten Streuens so verlangt. Sollte die Antwort *Nein* lauten, dann weg damit.

Aktives oder passives Management?

Hier geht es um die Methode zur Umsetzung der Anlagenmischung. Trauen Sie sich zu, einen Fondsmanager zu finden, der den Markt langfristig schlagen kann? Wenn nicht, dann sollten Sie Ihr Geld in passiven Indexfonds anlegen.

Meiner Meinung nach sind passive Indexfonds für die meisten Anleger langfristig die beste Wahl, unter anderem, weil ein Indexfonds 80 – 90 Prozent der Gebühren einspart, die ein aktiv gemanagter Fonds kostet. Je nach Studie schlagen zwischen 90 und 95 Prozent der aktiven Fondsmanager ihren Vergleichsindex nicht und produzieren nur Kosten, ohne eine entsprechende Gegenleistung zu liefern.

Das Problem dieser Ebene: Mit einer Fehlentscheidung versauen Sie sich die gesamte Rendite.

Konkrete Produktauswahl

Dies ist die mental schwierigste Ebene, weil man hier auf offenem Gelände dem werblichen Trommelfeuer der Finanzindustrie ausgesetzt ist: Glückliche, gut aussehende Familien, Paare oder Singles, denen das Geld nur so zufliegt, weil ihr Geld dank der Bank XY oder

der Bausparkasse Z brutal hart arbeitet (*Fantastische Renditen*), aber dabei total sicher ist (*Meiner Bank kann ich vertrauen*).

Wenn man sich selbst auf die Suche nach konkreten Produkten macht und das Kleingedruckte liest, findet man sich auf einmal im magischen Dreieck der Geldanlage wieder und stellt fest: Rendite ohne Risiko gibt's nicht!

Aus eigener Erfahrung kann ich sagen: Die vierte Ebene übersteht man nur, wenn man auf den ersten drei Ebenen gute Arbeit geleistet und sich ein felsenfestes Fundament zugelegt hat. An dieses Konzept **muss** man sich dann aber auch halten, egal was kommt.

Die Hauptaufgabe in dieser Ebene ist öder Papierkram: Man muss das Kleingedruckte lesen und herausfinden, wo die Fallstricke sind. Bei Fonds gilt es herauszufinden, wie hoch die Gebühren wirklich sind. Vor dem Aktienkauf sind die Geschäftsberichte immer einen Blick wert. Wer sich Anleihen ins Depot legen möchte, sollte vorher abschätzen, wie hoch das Ausfallrisiko ist.

Getreu dem Motto *Was ich nicht verstehe, kaufe ich nicht* zerpflückt man das Produkt und versucht, dessen Aufbau zu verstehen. Finanzforensik eben.

Kauf und Verkauf

Hier geht es darum, den richtigen Broker und die passende Depotbank zu finden und die Wertpapiere zu kaufen.

Das Problem: Oft genug verschwenden Menschen ohne Anlagepolitik ihre Zeit mit Brokervergleichen. Die Klärung der Frage, ob sich bei den Depotgebühren übers Jahr gesehen 27,95 € einsparen lassen, ist vollkommen irrelevant für den langfristigen Erfolg. Egal ob *Consors*, *Comdirect* oder *IngDiBa*: die Discountbroker heißen *Discountbroker,* weil sie billig sind. Gebührenmäßig ist da nicht mehr viel zu holen.

Die Wunschpyramide der Banken und Sparkassen sieht ganz anders aus

Banken, Sparkassen und Finanzberater möchten verkaufen, weshalb sie diese Entscheidungspyramide nicht sonderlich mögen. Die Wunschpyramide der Finanzindustrie sieht eher so aus:

Die Finanzindustrie mag diese deformierte Entscheidungspyramide
Quelle: Finanzwesir

- Eine klare Anlagepolitik ist unerwünscht. Wer weiß, was er will, hält Kurs und schichtet nicht permanent für teure Gebühren um.
- Über das Thema *Aktien- und Anleihenmix* kann man sprechen. Es ist eine gute Chance, neue Produkte vorzustellen.
- Die Strategie steht von vornherein fest: Nur aktiv gemanagte Produkte kommen infrage, da dort die Gebühren um ein Vielfaches höher sind als bei passiven Indexfonds.
- Der Produktverkauf ist der Lebenszweck der Finanzindustrie. Die konkrete Produktauswahl und der anschließende Kauf bringen das Geld in die Kasse. Dementsprechend fokussiert sich die Finanzindustrie komplett auf die beiden obersten Segmente der Pyramide.
- Das Problem: Die Werbeaussagen von Fondsanbietern, Banken und Sparkassen sind genauso ernst zu nehmen, wie die Anpreisungen der Wir-waschen-weißer-Leute: Es sind werbliche Aussagen, die hinreichend wahr sind, um nicht mit dem Gesetz in Konflikt zu kommen. Ansonsten gilt aber die in der Werbewirtschaft übliche Narrenfreiheit.

Die Scheinwerfer erleuchten nur die Spitze der Pyramide. Die Banken preisen ihre Produkte an, Magazine geben Aktientipps und die Verbrauchersendungen im Fernsehen empfehlen das beste Tagesgeldkonto. Es wird nur über Produkte, Produkte, Produkte geredet. Das Fundament der Pyramide liegt im tiefen Schatten. Deshalb halten wir die Spitze der Pyramide für die gesamte Pyramide und vergessen darüber die wirklich wichtigen Entscheidungen.

Die wichtigsten und gleichzeitig preiswertesten Entscheidungen fallen auf der ersten Ebene. Ebene vier und fünf kommen am teuersten und wirken sich am geringsten wertsteigernd aus. Dazu kommt: Jede Aktivität an der Pyramidenspitze kostet Gebühren und löst steuerliche Verpflichtungen aus. Beide verringern den Ertrag nicht unerheblich.

Jeder Anleger sollte sich am Anfang seiner Planung wie Odysseus die Ohren mit Wachs verstopfen, um die Sirenengesänge der Finanzberater nicht zu hören.

Das magische Dreieck der Geldanlage

Das magische Dreieck der Vermögensanlage stellt die fundamentalen Zusammenhänge zwischen Rendite, Risiko und Liquidität dar.

Die 2-von-3-Regel

Sie können immer nur zwei von drei Dingen haben, nie jedoch alle drei. Wer Ihnen zum Beispiel eine sichere Anlage verspricht, die kontinuierlich und kräftig wächst und dazu noch verlustfrei von einem Tag auf den anderen verkauft werden kann, der lügt.

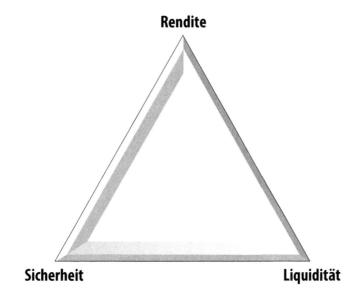

Das magische Dreieck der Geldanlage
Quelle: Finanzwesir

Rendite

Rendite bedeutet: Was wirft das Investment ab? Wie hoch sind die Zinsen, wie viel Dividende bekomme ich und gibt es Kurssteigerungen?

Sicherheit

Wie stark kann der Wert des angelegten Vermögens schwanken, besteht sogar die Gefahr eines dauerhaften Verlustes? Wenn ja, bis hin zum Totalverlust?

Liquidität

Wie schnell lässt sich ein investierter Betrag verflüssigen, also wieder zu Bargeld machen oder in ein Bankguthaben umwandeln? Fallen dafür Strafkosten an oder müssen Abschläge beim Verkaufspreis hingenommen werden?
Je schneller eine Anlage zu Geld gemacht werden kann, umso liquider ist sie.

Wie positionieren sich die wichtigsten Anlageformen im Dreieck?

Tagesgeld

Tagesgeld ist liquide und sicher (zumindest alle Beträge, die vom deutschen Einlagensicherungsfonds gedeckt sind), aber es bringt kaum Rendite.

Aktien

Aktien bringen eine ordentliche Rendite und sind schnell verkauft, also liquide. Aber es gibt keine Garantie auf steigende Kurse. Aktien sind riskant.

Anleihen

Das Anleihenuniversum ist groß. Eine deutsche Staatsanleihe ist sicher und liquide, bringt aber keine Rendite. Eine Unternehmensanleihe ist liquide und bringt eine deutlich höhere Rendite als eine deutsche Staatsanleihe, aber dafür trägt man als Anleger auch das Risiko, dass die Anleihe nicht mehr bedient werden kann, wenn das Unternehmen in Schwierigkeiten gerät.

Immobilien

Definitiv nicht liquide und auch die Rendite ist in den meisten Fällen äußerst gering. Zum Ausgleich dafür trägt man das Risiko, dass eine Biogasanlage in der direkten Nachbarschaft errichtet wird, eine

Umgehungsstraße gebaut wird oder in 20 Jahren die Wärmedämmung als Sondermüll entsorgt werden muss.

Meine Meinung: Die selbstgenutzte Immobilie ist eine Lifestyle-Entscheidung und keine Kapitalanlage.

Was bringt das magische Dreieck in der Praxis?

Jeder Anleger sollte sich darüber klar sein, dass es die Eier legende Wollmilchsau nicht gibt. Prüfen Sie jedes Finanzprodukt, das man Ihnen zum Kauf anbietet, mit der 2-von-3-Regel und sortieren Sie es entsprechend in das magische Dreieck ein.

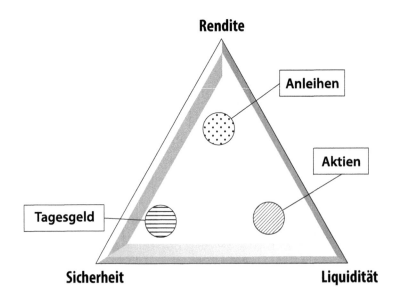

Jedes Finanzprodukt lässt sich
im magischen Dreieck der Geldanlage einzeichnen
Quelle: Finanzwesir

Die Finanzprodukte (Tagesgeld, Festgeld, Anleihen, Aktien etc.) sind die Bausteine für Ihr Gesamtkonzept.
Als Nächstes positionieren Sie sich im Dreieck. Auf welcher Seite stehen Sie? Geht Ihnen Sicherheit über alles oder sind Sie der geduldige Lauerjäger, der sämtliche Schwankungen des Aktienmarktes einfach aussitzt und so seine Rendite einfährt? Es wird kein Finanzprodukt geben, das exakt Ihrer Position im Dreieck entspricht.

Ihr Job ist es jetzt, wie ein guter Barkeeper die einzelnen Finanzprodukte zu einem Cocktail zu mixen, der Ihrem Profil entspricht. Oberste Priorität dabei: Die Anlage muss zu Ihnen passen, egal was das Lehrbuch sagt.

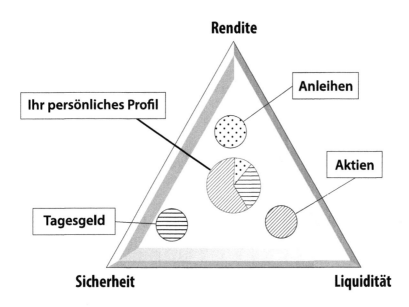

Die Kombination der Finanzprodukte im magischen Dreieck der Geldanlage muss zu Ihrem Profil passen
Quelle: Finanzwesir

Die Anlagepolitik

Die Anlagepolitik ergibt sich aus Ihren Lebenszielen. Hier geht es um folgende Fragen:

- Was sind Ihre Glaubenssätze in Bezug auf Geld?
- Wollen Sie reich werden oder finanziell unabhängig?
- Welchen Lebensstil möchten Sie pflegen?
- Möchten Sie heiraten und eine Familie gründen?
- Wollen Sie eine Immobilie kaufen?
- Möchten Sie im Ausland arbeiten?
- Möchten Sie sich selbstständig machen, in der Industrie arbeiten oder zieht es Sie in den öffentlichen Dienst?
- Grundsätzlich: Was sind Ihre Prioritäten im Leben? Was sind Ihre Bedürfnisse?

Es gibt keine richtige und keine falsche Anlagepolitik. Ziel der Anlagepolitik ist es, aus den Lebenszielen realistische Anlageziele zu entwickeln. Sie werden feststellen, dass finanzieller Erfolg nicht viel mit Geldanlegen zu tun hat, stattdessen aber viel mit Psychologie, Gewohnheiten und Glaubenssätzen. Gerade Ihre eigenen Gewohnheiten und Glaubenssätze in Bezug auf Geld können Ihnen dabei gehörig in die Quere kommen.

Geld und Glaubenssätze

Was ist ein Glaubenssatz?

Unter einem *Glaubenssatz*, auch *Dogma* genannt, versteht man eine feststehende Definition oder eine grundlegende, normative Aussage, deren Wahrheitsanspruch als unumstößlich festgestellt wird.

Wo kommen die Glaubenssätze her?

Die wichtigste Prägung, die jeder von uns in Sachen Geld erfährt, findet zweifellos in der Familie statt. Die Eltern sind es, die uns den Umgang mit Geld vorleben. In manchen Familien wird offen über Geld gesprochen, bei anderen ist das ein Tabu.
Mangel, Sparsamkeit, Überfluss, Verschwendungssucht: Die Erinnerungen aus der Kindheit prägen den Erwachsenen. Wer war im Haushalt für die Finanzen zuständig? Wer hat sich um Versicherungen und Geldanlagen gekümmert? Der Vater? Die Mutter? Niemand?
Wer im Elternhaus stets auf Geldmangel konditioniert wurde, tut sich mit dem Begriff *Vermögen* als Erwachsener schwer. Limitierende Glaubenssätze wie *Wir waren nie reich, wie soll sich daran plötzlich etwas ändern?* oder *Warum soll es mir finanziell besser gehen als meinen Eltern? Bin ich etwa mehr wert?* müssen erst einmal über Bord. Wer im Elternhaus ein *Haste was, biste was* erlebt hat, wird auch als Erwachsener auf mehr Schein als Sein setzen und nie eine vorzeigbare Sparquote zusammenbringen.

Sind Glaubenssätze schlecht?

Nicht per se. Oft sind Glaubenssätze praktische Abkürzungen, die uns dabei helfen, zügig Entscheidungen zu fällen. Man kann nun mal nicht jede Situation tiefschürfend analysieren.

Es gibt zwei Probleme mit Glaubenssätzen:
1. Sie bilden oft das Fundament unserer Entscheidungen und haben deshalb eine enorme Hebelwirkung. Überspitzt ausgedrückt: Der Glaubenssatz *Aktien sind nur etwas für Zocker* führt zur Altersarmut.
2. Sie laufen automatisch ab und werden deshalb viel zu selten hinterfragt. Auch Glaubenssätze altern und werden obsolet. Deshalb sollten Sie sich alle paar Jahre fragen: *Passen meine Glaubenssätze noch zu mir und meinem Leben?*

Anlagepolitik macht keinen Spaß!

Wer anfängt, sich ernsthaft mit seinen Finanzen zu beschäftigen, wird feststellen, dass das Ganze recht schnell zur Psychonummer werden kann und man sich – statt darüber nachzudenken, ob man jetzt das Tagesgeld bei der A-Bank anlegt oder sein Konto bei der B-Kasse eröffnet – fragt: *Wer bin ich, was will ich und bis wann?*

Was ist mir wichtig im Leben?

Will ich ein Haus besitzen? Dann wäre ein Bausparvertrag vielleicht ein sinnvolles Investment. Wie sieht es mit einer Partnerschaft aus? Will ich Single bleiben, will ich mit meinem Partner zusammenziehen, wollen wir nur heiraten oder eine Familie gründen?

Erst wenn das geklärt ist, stellt sich die Frage nach den notwendigen Versicherungen. Zwei Verdiener ohne Kinder brauchen keine Risikolebensversicherung.

Diese Überlegungen sind anstrengend, tun manchmal weh (zum Beispiel, wenn der Partner das Thema *Heirat* anders sieht als man selbst) und oft genug gefällt einem das, was man bei dieser Buddelei zutage fördert, nicht wirklich. Man braucht Zeit, Ruhe und mehr als ein Blatt Papier für diesen Prozess.

Ich vermute, dass die meisten Leute sich davor drücken. Selbsterkenntnis ist zwar der erste Schritt zur Besserung, aber der Weg dahin ist doch insgesamt sehr steinig.

Aus Erfahrung weiß ich: Wenn man sich nicht darüber klar geworden ist, wie man zum Leben steht, dann wird man auch seine Finanzangelegenheiten nicht vernünftig regeln können.

Ich als Rheinländer lebe nach dem rheinischen Glaubensbekenntnis:
- Et is, wie et is.
- Et kütt, wie et kütt.
- Et hätt no immer jotjejange.

Dieser optimistische Fatalismus ist die Basis meiner finanziellen Entscheidungen.

Da ich nicht weiß, was die Zukunft bringt, brauche ich nicht zu versuchen, selbiger ein Schnippchen zu schlagen. Im Jahr 2016 bedeutet das: *Die Zinsen sind halt niedrig, das zu bejammern hat keinen Zweck. Man muss aus der aktuellen Situation einfach das Beste machen.* Da ich nicht weiß, aus welcher Ecke die Probleme kommen werden, bin ich mit meinen Finanzen breit aufgestellt und betreibe beim Aktienkauf kein Markttiming und kein Stockpicking. Ich kaufe einfach ETFs, das sind börsengehandelte Indexfonds.

Da ich breit aufgestellt bin und mir meine Investments sorgfältig ausgesucht habe, kann ich ruhig schlafen, denn *a bisserl was geht immer.* Sollte ein Teil meines Portfolios absaufen, so kann ich mir sicher sein, dass ein anderer Teil meines Portfolios das auffangen wird. Und dass **alle** Investments weltweit für immer abstürzen, wir also eine Art postapokalyptisches Szenario erleben, daran glaube ich als Rheinländer nicht, denn: *Et hätt no immer jotjejange!*

Das hat jetzt nichts mehr mit Geld und Planung zu tun, sondern ist eine, nämlich meine generelle Lebenseinstellung. Die Finanzplanung muss zur persönlichen Lebenseinstellung und -planung passen, sonst wird man nicht glücklich. Ergo: Wer wirklich glaubt, dass alles zusammenbrechen kann, der sollte nicht nur physisches Gold, also Münzen und Barren, in einem Bunker horten, sondern auch einen Waffenschein machen und sich einen kartoffelfähigen Acker zulegen.

Aus Fehlern lernen

Ich kann aus eigener Erfahrung berichten: Ohne eine solide Anlagepolitik ist man verloren. Ohne festes Ziel wird man zum Spielball seiner Gefühle (*Angst & Gier* lassen grüßen) und der Medien.

Hier zwei meiner Fehler:

Fehler 1: Die Barrakuda-Taktik missachten

Barrakuda? Heißen die nicht *Finanzhaie*? Nein, ich meine den echten Barrakuda, den Raubfisch. Wenn ein Barrakuda Hunger hat, geht er nicht blindlings auf den nächsten Makrelenschwarm los, sondern umkreist den Schwarm, sondiert die Lage und sucht sich ein Opfer aus. Diese, und nur diese eine Makrele verfolgt er dann. Mögen ihm auch noch so viele andere Fische vors Maul schwimmen, der Barrakuda wird sich nicht von der vermeintlich leichten Beute ablenken lassen, sondern konsequent seine Wunschmakrele verfolgen. Und das aus gutem Grund: Die Barrakudas, die dachten, sie könnten ein schnelles Schnäppchen machen, sind längst ausgestorben, verhungert, weil sie am Ende ohne ihr Schnäppchen und ohne Wunschmakrele dastanden.

Was hat das mit Geldanlagen zu tun?

Sehr viel! Ich habe mich entschlossen, nicht in Einzeltitel zu investieren, sondern in Fonds, die breit gestreut in Wertpapiere der gleichen Klasse investieren. Ein Fonds beispielsweise investiert in große Firmen, ein anderer investiert in kleine Firmen und ein dritter in Firmenanleihen. Das ist meine *Barrakuda-Taktik*, an der ich lange geknobelt habe und die ich für sehr brauchbar halte. *Brauchbar* bedeutet in diesem Fall: brauchbar für mich. Für Sie kann eine ganz andere Strategie sinnvoll sein. Als Barrakuda müssen Sie sich schon Ihre eigene Makrele aussuchen.

Neulich lag ein Brief des Wellness-Tempels *Meridian Spa* in meinem Briefkasten. Man würde da gerade eine tolle Anleihe auflegen, Laufzeit 5 Jahre, Zinsen von mehr als 6 Prozent, ob wir nicht einsteigen wollen …

Was hätte ein Barrakuda gemacht? Er hätte den vermeintlich dicken Fisch ignoriert und wäre seiner Makrele auf den Fersen geblieben.

Was habe ich gemacht? Mit meiner Frau drüber gesprochen, im Internet recherchiert und dabei immer wieder das fette Zinsdelta vor Augen: Top-Tagesgeld lag bei 1,4 Prozent und das *Meridian Spa* bot über 6 Prozent! Das waren 5 Prozent Differenz! Plötzlich ist mir dann aufgegangen, was für ein Idiot ich war.

Wozu mache ich mir die Mühe, wochenlang an einer Strategie herumzufeilen, in Foren zu recherchieren, Bücher zu lesen, mit meiner Frau darüber zu sprechen, Exceltabellen anzulegen, zu kalkulieren, zu verwerfen und wieder zu kalkulieren, wenn mir nur einer eine 6-Prozent-Möhre vor die Nase halten muss, um mich alles über Bord werfen und der Möhre hinterherlaufen zu lassen? Kann das sinnvoll sein? Hatte ich bei der strategischen Planung etwa eine Hochzins-anleihe einer mittelständischen Firma vermisst? Nein! War ich der Meinung, mit so einer *Meridian-Spa*-Anleihe wäre unser Portfolio optimal abgerundet? Nicht die Bohne! Außerdem hätte ich mich fragen müssen: *Haben wir nicht schon einen Fonds, der in Hochzins-firmenanleihen investiert?* Hatten wir nämlich. Wozu dann also noch das Risiko eines Einzelinvestments eingehen, wenn ich doch schon einen schicken, breit streuenden Fonds hatte?

Naja, ich habe mich dann ordentlich geschämt, so auf diese Vertriebsaktion hereingefallen zu sein, und habe den ganzen Kram gerade noch rechtzeitig ins Altpapier entsorgt.

Fehler 2: Konsum von Investmentpornografie

Früher (so um die Jahrtausendwende) war ich ein begeisterter Leser von *Investmentpornografie*. Wir hatten ein Abo der *Wirtschaftswoche* (*WiWo*) und wenn ich sonntags Brötchen geholt habe, gab's zu Hause nicht nur frische Backwaren, sondern auch die aktuelle Ausgabe des *Euro am Sonntag*. Die haben die beste Ehefrau von allen und ich dann studiert und diskutiert.

Die *Euro-am-Sonntag*-Redaktion lobte zum Beispiel irgend so einen Biotech-Fonds: »Schatz, was schreibt die *WiWo* darüber? Nur eine kleine News-Meldung? Na, macht nix, ich komm' morgen am Zeitungskiosk vorbei, da kaufe ich uns die aktuelle *Focus Money*.« Ein guter Teil unserer Kaufentscheidungen beruhte damals auf der Empfehlung der Redaktionen.

Wie ich vom Saulus zum Paulus wurde

Mittlerweile würde ich mich als *trockener* Investmentpornokonsument bezeichnen. Warum? Weil wir 2011 von Bayern nach Hamburg umgezogen sind. Es lag allerdings nicht an der Luftveränderung; der

Grund für meine Läuterung war schlicht und ergreifend ein Rückblick: Wer umzieht, dringt beim Packen der Kartons in langjährig unberührte Sedimentschichten vor. Dort fand ich einen alten Packen *WiWos* und eine Kladde mit Ausrissen aus diversen Finanzpublikationen (die berühmten *Empfehlungen der Redaktion*). Eigentlich soll man sich beim Umzug ranhalten und das Zeug effizient in Kisten stopfen, aber bei manchen Entdeckungen muss man dann doch erst einmal in Erinnerungen schwelgen. So war es auch bei mir und den Finanzpublikationen. Aus *nur mal schnell durchblättern* wurde recht schnell ein *Was ist denn nun daraus geworden?* Tja ...

Zehn Jahre sind eine ganz schön lange Zeit. Ein Teil der empfohlenen Firmen existierte überhaupt nicht mehr, waren entweder aufgekauft oder pleite. Ein anderer Teil der Firmen hatte sich gut entwickelt, zum Teil aus den im Artikel angeführten, zum Teil aus ganz anderen Gründen. Ein dritter Teil – die als *Loser* verunglimpften – war tatsächlich zugrunde gegangen. Auch hier: entweder aus Gründen, die im Artikel angesprochen wurden, oder aus Gründen, die niemand hatte kommen sehen. Es gab aber auch *Loser*, die sich prächtig entwickelten. Die wurden dann (*Was geht uns unser Geschwätz von gestern an*) vom *Loser* zum *Phönix* befördert (*Lasst uns 'ne heiße Turnaround-Story machen*). Alles in allem waren das alles keine präzisen Vorhersagen, sondern Auguren-Geschwätz, da hätte ich auch ein Schaf schlachten und in seinen Eingeweiden lesen können. Investmentpornografie eben!

Der Blick auf die eigenen Investments hätte mich das auch lehren können, aber es hat dann doch diese geballte Rückschau gebraucht, um mit diesem Kapitel endgültig abzuschließen.

Ob Empfehlung der Redaktion oder Empfehlung eines besoffenen dartpfeilwerfenden Pavians – das nimmt sich nichts. Die Altpapiertonne war an diesem Tag besonders voll und im Flieger nehme ich jetzt immer die Bunte und lasse die Focus Money liegen.

 Obwohl ich *Investmentpornografie* für ein ganz wunderbares Wort halte, kann ich leider nicht die Urheberschaft beanspruchen. Ehre, wem Ehre gebührt: Ich habe diesen Begriff in dem Buch *The Boogleheads' Guide to Investing* von Taylor Larimore, Mel Lindauer und Michael LeBoeuf gefunden.

Die Sache mit dem Reichwerden

Vermögen bilden, reich werden, finanziell frei werden sind beliebte Ziele der Anlagepolitik. Da lohnt es sich, einmal genauer hinzusehen.

Wie werde ich reich?

Bevor wir uns dieser Frage zuwenden, würde ich gerne erst einmal folgende Frage klären: *Warum reich werden?*
Es gibt viele Gründe reich oder zumindest wohlhabend sein zu wollen. Da ist zum einen natürlich das Prestige, das viele Menschen mit

Reichtum verbinden, die Macht, die mit viel Geld einhergeht, der Wunsch nach einem Leben ins Saus und Braus, der Wunsch nach finanzieller Sicherheit und Unabhängigkeit ...

Ich finde Letzteres besonders erstrebenswert: Wenn das passive Einkommen die Ausgaben übersteigt, weil das Vermögen so groß geworden ist, dass man arbeiten gehen kann, aber nicht muss.

Für Reichtum zum Selbstzweck, wegen Macht und Prestige oder uneingeschränkten Konsum sind hohe Einnahmen zwingend notwendig. Wem es aber um finanzielle Unabhängigkeit geht, braucht zwar solide Einnahmen, kann aber auch an den Ausgaben drehen – es geht letztlich um die Balance von Einnahmen und Ausgaben. Dieses Ausbalancieren ist den anderen Reichtumstypen verwehrt: Wem es um Macht und Ansehen geht, kann einfach nie genug haben, es bleibt die ewige Jagd nach mehr, wohingegen der Verschwendertyp seine Ausgaben nicht reduzieren möchte.

Nur die finanzielle Unabhängigkeit macht frei. Das ist allerdings meine persönliche Ansicht und keine moralische Wertung. Zumindest der Verschwendertyp ist volkswirtschaftlich gesehen durchaus wertvoll, schließlich hält er den Geldkreislauf in Schwung und lässt auch andere an seinem Wohlstand teilhaben.

Wie kommt man zu Reichtum?

Auch hier gibt es verschiedene Varianten: plötzlicher Reichtum (erwartete oder unerwartet) und langsam aufgebautes Vermögen.

Lottogewinn

Sehr selten, aber wenn er eintritt, ist es der ultimative Reichtumsschock. Gestern noch arm wie eine Kirchenmaus, heute in Samt und Seide gekleidet und morgen oft schon wieder arm wie eine Kirchenmaus. Man ist eben nicht wirklich auf das Unerwartete vorbereitet, mit den entsprechenden negativen Konsequenzen.

Erbe

Wenn es nicht der sprichwörtliche reiche Erbonkel aus Amerika ist, dann kommt ein Erbe nicht so überraschend wie ein Lottogewinn. Im Allgemeinen sind die vererbten Summen auch nicht so schwindelerregend hoch wie beim Lotto. Hier hat man die Möglichkeit, sich beizeiten darauf vorzubereiten – oder auch nicht. Zumindest besteht eine Chance, damit umgehen zu können.

Selbst erarbeiten

Simpel, aber mühsam. Man muss einfach weniger ausgeben, als man einnimmt. Das ist das ganze Geheimnis reicher Leute. Reiche Leute sind reich, weil sie sparen und investieren.

- Sparen: Weniger ausgeben, als man einnimmt.
- Investieren: Das Geld so anlegen, dass es sich vermehrt.

Wie bleibt man reich?

Indem man auf Dauer weniger ausgibt, als man einnimmt.

Warum ist es so schwierig, reich zu werden?

Was genau steckt hinter dem Satz: *Ich will reich werden*? Wie wird man reich? Was genau ist Reichtum und kann man ihn in Zahlen ausdrücken?

Reichtum in Zahlen

Reichsein ist ein bewegliches Ziel. Der Reichtum des einen ist die Portokasse des anderen. Absolut oder relativ – Sie haben zwei Möglichkeiten Ihren Reichtum zu messen:

Absolut: Mein Haus und mein Wertpapierdepot sollen 500.000 € wert sein.

Relativ: Ich strebe einen Finanzielle-Freiheit-Faktor (FFF) von 0,7 an.

FFF? Nie gehört? Wie berechnet sich der? Nehmen wir an, Sie brauchen monatlich 2.000 € zum Leben. Wenn Sie einen *FFF* von 0,7 anstreben bedeutet das, dass 1.400 € (0,7 * 2.000 €) als passives Einkommen über Zinsen und Dividenden zusammenkommen.

Wie werde ich reich?

Ich denke man wird reich, wenn man sich mit Geld und wirtschaftlichen Zusammenhängen gut auskennt. Viele *Prokon*-Anleger haben sich nie Gedanken darüber gemacht, ob das *Prokon*-Geschäftsmodell überhaupt in der Lage war, die versprochenen Renditen zu erwirtschaften. Hier geht es nicht um Finanz-, sondern um Wirtschaftswissen. Es geht um mehr als den Vergleich von Tagesgeldzinsen. Man muss ein grundlegendes Verständnis dafür entwickeln, wie der denn so läuft, der *Business-Hase*.

Ich will reich werden bedeutet immer auch *Ich will reich bleiben*. Langfristiger Erfolg ist in jedem Lebensbereich auf Wissen und harte Arbeit zurückzuführen. Warum ist Michael Schumacher so ein guter Rennfahrer gewesen? Weil er mit den Mechanikern noch über die letzte Schraube diskutiert hat. Warum wurde Cristiano Ronaldo 2013 zum Weltfußballer des Jahres gewählt? Weil er in seiner Jugend noch Ecken getreten hat, als die anderen Mitspieler längst unter der Dusche verschwunden waren.

Reich werden ist Knochenarbeit

Wie Schumi und Ronaldo braucht ein *Reich-werden-Woller* Disziplin und Ausdauer. Dazu kommt aber noch eine dritte Komponente, die das Ganze so extrem schwer macht: Das Nachdenken über Geld und Finanzkonzepte ist unglaublich abstrakt. Man kann den ganzen Tag über sein Geld nachdenken (das wird von führenden Finanzmogulen übrigens sehr empfohlen) und hat am Ende erstmal nicht viel vorzuweisen.

Es ist besser, einen Tag im Monat über sein Geld nachzudenken, als einen ganzen Monat dafür zu arbeiten.

John D. Rockefeller I

Ein Handwerker ist stolz auf die gefliese Wand, Schumi war als Erster im Ziel, und Ronaldo hat ein Tor geschossen. Selbst jemand wie ich, der bloggt, kann auf eine URL und einen Text verweisen. Wer aber *nur* über seine Finanzen nachgedacht hat, hat entweder lediglich einen Plan im Kopf oder einige Punkte auf einem Blatt Papier notiert.

Aus eigener Erfahrung kann ich sagen: *Nachdenken über Geld ist echt Scheiße.* Man murkst den ganzen Tag herum, plant, kalkuliert in Excel, sucht sich Produkte heraus, nur um dann festzustellen, dass die ganze Sache nicht hinhaut und man von vorne anfangen kann. Der Fachmann nennt das einen *iterativen Prozess*, ein Euphemismus für *90 Prozent ist für den Papierkorb.*

Abends nach der Arbeit ist der falsche Zeitpunkt, um mit diesem Thema anzufangen. Finanzplanung ist kein *Zwischen-Tür-und-Angel-Thema*, sondern verlangt den ganzen Mann beziehungsweise die ganze Frau.

Zu diesem ganzen Mist kommt noch erschwerend hinzu, dass man die Früchte seiner Arbeit erst Jahrzehnte später ernten kann. Das verlangt eine große Vorstellungskraft und eine hohe Frustrationstoleranz. Wer reich werden will, muss also sehr langfristig denken. Das ist schwer. Aber wenn reich werden einfach wäre, wären alle reich, dann wäre reich sein nichts Besonderes mehr und würde lediglich bedeuten, dass wir eine massive Inflation hätten.

Oder, um es mit Felix Dennis, dem britischen Unternehmer und Poeten, zu sagen: *Um reich zu werden, musst du dich verhalten wie ein Jäger. Du musst ein Jäger werden.*

Reich werden ist vor allem eine mentale Sache

Schon Buddha wusste:

Von der Art des Denkens hängt alles ab. Vom Denken geht alles aus, wird alles gelenkt und geschaffen. Wer schlecht redet oder handelt, dem folgt Leid wie das Rad den Hufen des Zugtieres.

Reichtum fängt – wie jede Spitzenleistung – im Kopf an. Wer ein klares Ziel vor Augen hat, der erträgt die Strapazen des Weges besser. Reich werden bedeutet immer auch sparen. Und wer spart, muss die mitleidigen Blicke der anderen – kannst dir nichts leisten, armer Kerl– ertragen. Diesen Mangel an Sozialprestige erträgt man jedoch nur, wenn man weiß warum und wofür. Reich werden bedeutet auch immer, ein Stück weit eine Außenseiterrolle einzunehmen. Man exponiert sich und tut Dinge anders als die breite Masse. Aber es lohnt sich, denn:

Wer den ganzen Tag arbeitet, hat keine Zeit Geld zu verdienen.
                                                John D. Rockefeller I

Deshalb ist Reichwerden ein Minderheitenprogramm.
Andererseits gab es noch nie so viele so gut ausgebildete und so gesunde Menschen in Deutschland, mit einer durchschnittlichen Lebenserwartung von knapp 81 Jahren muss der Reichtum auch nicht über Nacht kommen.
Warum schaffen es dann nur so wenige Normalbürger, ohne Erbe oder entsprechenden familiären Hintergrund ein Vermögen zu bilden? Ich denke das liegt daran, dass der Weg zum eigenen Vermögen vor allem ein Weg des Verzichts ist. Wer ein Vermögen aufbauen will, muss im Bereich *persönliche Finanzen und Geldanlage* Wissen, Leidenschaft und Ausdauer mitbringen, ohne die man in keinem Gebiet Herausragendes leisten kann. Egal ob Sportler, Künstler, Wissenschaftler oder Bürohengst: Wer es zu etwas bringen will, muss verzichten.

Spieler wie Mesut Özil und Manuel Neuer haben auf ihre Kindheit verzichtet: mit zwölf auf eine Eliteschule des DFB, viermal wöchentlich Training plus die Spiele, dazu die Schule – daran scheitern drei Viertel der Jungs. Ein paar allerdings werden Weltmeister.

Im Wissenschaftsbereich ist es ähnlich: Wer Herausragendes leisten möchte, muss sich jahrelang an einen bestimmten Professor ketten und mit ihm und für ihn arbeiten. Das ist Leibeigenschaft auf einer halben befristeten Stelle. Frauen verzichten auf Familie, Männer brauchen eine Frau, die ihnen den Rücken frei hält. Das Problem hier: Wer auf den falschen Professor setzt, der nicht so gut verdrahtet ist und bei dem Stellen gekürzt werden, hat verloren. Nicht viel besser geht des demjenigen, der nach zehn Jahren im Labor feststellt, dass er in eine Sackgasse geraten ist.

Auch der gemeine Bürokarrierist bezahlt, und zwar mit Zeit und seinem Charakter. Er ist immer da und entwickelt im Laufe der Zeit immer bessere Antennen, wann er bei wem seine Sichtbarkeit erhöht und wann er besser abtaucht.

Außergewöhnliche Erfolge werden immer mit Verzicht erkauft: Wer im Bereich A gut sein will, darf noch ein bisschen B machen, aber auf keinen Fall C oder D. Wer im Bereich A sehr gut sein will, darf nur noch A machen und sonst nichts.

Was hat Verzicht mit Vermögensbildung zu tun?

Wer lediglich 5 – 10 Prozent seines Einkommens spart, wird es nie zu einem Vermögen bringen. Ein gutes Gehalt gepaart mit einem studentischen Lebensstil: das schafft Vermögen. Reichwerden bedeutet: *Verzicht auf einen altersgemäßen Lebensstil.*

Wo ist das Problem? Jeder kann doch selbst entscheiden, wofür er wie viel Geld ausgibt? Leider nicht. Bei all meinen Kommilitonen, die es nach dem Studium geschafft hatten, einen Arbeitsplatz bei *BASF, Bosch* oder *Hoechst* zu ergattern, explodierte zum Beispiel das Kleiderbudget. Oder was ist mit dem Freund oder der Freundin, die den Zelturlaub endgültig satthat und nur noch in weichen Hotelbetten liegen möchte? Der Mensch lebt eben nicht alleine. Der leidenschaftliche Fußballer hat am Anfang noch Freunde aus allen Lebensbereichen, nachdem er aber zum x-ten Mal wegen eines Spiels oder des Trainings abgesagt hat, wird er irgendwann nicht mehr eingeladen. Der Sportler hat dann wenigstens noch seinen Verein, für Musiker kann das Leben im Proberaum hingegen ganz schön einsam werden.

Genau wie ein Sportler oder Musiker seine Prioritäten setzt, muss es auch der Reichtumsaspirant tun. Man sucht sich ein soziales Umfeld, das zu den eigenen Lebenszielen passt. Wenn der Partner da nicht mitziehen will, muss man sich eben entscheiden. Deshalb werden die meisten Leute nicht reich: Ihnen ist der Preis, den sie dafür zahlen müssen, zu hoch. Wer reich werden will, muss stur gegen den Strom schwimmen.

Reich werden ist ein Scheißjob! Wobei man sagen muss: Wer beim Reichwerden scheitert, der scheitert kommod. Ich habe die Million nicht geschafft, sondern es nur auf 500.000 € gebracht, ist kein wirklich beklagenswertes Schicksal.

Den jungen Fußballprofi, der mit kaputtem Knie aussortiert wird, oder den Wissenschaftler, dessen Labor dichtgemacht wird, erwischt es schlimmer.

Was soll ich tun?

Finden Sie heraus, welcher Reichtumstyp Sie sind. Was motiviert Sie, bei diesem Spiel mitzumachen? Sind Sie eher der Typ, dem ein gut gefüllter Geldspeicher Sicherheit gibt? Würden Sie die Gleichung *mehr Vermögen = mehr Sicherheit* unterschreiben? Oder sind Sie eher der Konsum-Typ, der das Geld zum Verprassen braucht? Oder wollen Sie bloß Ihre Ruhe und Unabhängigkeit?

Wenn Sie Ihre Schublade gefunden haben, stellt sich die Frage: Wie wollen Sie Ihr Ziel erreichen? Lotto spielen, erben oder arbeiten und sparen? Der Rest ist dann bloße Umsetzung. Das Motto gibt dabei General Patton vor: *Gehe kalkulierte Risiken ein. Das ist ganz anders, als überstürzt zu handeln.*

Die Kosten im Griff zu haben, hilft natürlich auch beim Reichwerden. Dazu muss man sich noch nicht einmal besonders einschränken, sondern nur die Dinge **nicht** kaufen, die man sowieso nie benutzen würde.

Wollen Sie reich oder finanziell unabhängig sein?

Wie ist Reichtum definiert? Durch Geld, das man einnimmt (Einkommensmillionäre), oder durch Geld, das man besitzt (Vermögensmillionäre)? Das sind Unterschiede. Man muss nicht reich sein, um finanziell unabhängig zu sein.

Wie Rockefeller schon sagte:

> *Man wird nicht reich durch das Geld, das man verdient, sondern durch das Geld, das man nicht ausgibt.*

Die Frage ist auch, wie man finanzielle Unabhängigkeit definiert:
1. Nie mehr für Geld arbeiten müssen.
2. Nie mehr in einem ungeliebten Job ausharren müssen.

Im ersten Fall braucht man natürlich eine weit größere Summe, während es im zweiten Fall ausreicht, keine Immobilie gekauft zu haben und damit schuldenfrei und räumlich unabhängig zu sein. Wer keinen Schuldenklotz am Bein hat, kann ganz anders auftreten als jemand, der über Jahrzehnte hinweg jeden Monat eine bestimmte Menge Euros nach Hause bringen muss, um nicht unter der Brücke zu landen.

Die Königsklasse der finanziellen Unabhängigkeit ist sicherlich erreicht, wenn man sagen kann: *Ich tue das was ich will, wann ich will und mit wem ich will.* Finanziell unabhängig zu sein bedeutet ja nicht, nicht mehr am gesellschaftlichen Leben teilzunehmen oder sich nicht mehr zu engagieren. Es bedeutet auch nicht, nicht mehr für Geld zu arbeiten. Im Gegenteil: Ich glaube, dass es höchst langweilig wird, wenn man nur noch reist oder seinen Hobbys frönt und nichts Sinnvolles mehr tut. Ich glaube eher, dass die finanzielle Unabhängigkeit einem die Chance gibt, sich voll zu entfalten und das zu tun, was man am besten kann, ohne diesen ganzen administrativen Ballast an den Hacken zu haben, mit dem man sich sonst herumschlagen muss. Wenn man Dinge zu seinen eigenen Konditionen erledigen kann, dann ist es immer wieder erstaunlich, wie produktiv man ist; einfach nur das tun, was nötig ist, um eine Sache gut zu machen – ohne noch zwei Formulare für die Personalabteilung auszufüllen, eine E-Mail an den Betriebsrat zu senden und eine Powerpointpräsentation für den Chef zu basteln. So definiere ich *finanzielle Unabhängigkeit.*

Sozialprestige versus finanzielle Freiheit

Ein wichtiger Punkt dabei: Wer nur mit seiner Hände Arbeit, ohne Erbschaft oder Lottogewinn dieses Ziel erreichen will, muss Prioritäten setzen und Kompromisse eingehen. Jeder Euro, der in den Konsum geht, verlängert den Weg zur finanziellen Freiheit.

Die 30.000 €, die man in jungen Jahren für einen schicken *BMW* zahlt, bedeuten, dass man im Alter auf gut 120.000 € verzichten muss (diese Summe entsteht, wenn man 30.000 € zu 5 Prozent für 30 Jahre anlegt). Es stellt sich die Frage, ob hier das Sozialprestige nicht zu hoch bezahlt wird. Vor allem, da der *BMW* nach 2 Jahren nur noch ein gutes Auto ist, nach 5 Jahren kein Sozialprestige mehr bietet und nach 10 Jahren höchstwahrscheinlich nur noch Schrottwert hat. Letztendlich ist es immer die Abwägung *finanzielle Unabhängigkeit* versus *Sozialprestige*. Man kann nur eines haben.

Immer wieder unterschätzt: Der Zinseszins

Kennen Sie die Regel von der 72? Diese Regel besagt: 72 dividiert durch die Rendite in Prozent gibt an, in wie vielen Jahren sich das eingesetzte Vermögen verdoppelt hat.
Die folgenden Tabellen sollen diesen Effekt veranschaulichen.

Rendite	Verdopplungszeit (Jahre)
1 %	72
2 %	36
3 %	24
4 %	18
5 %	14
6 %	12
7 %	10,3
8 %	9
9 %	8
10 %	7,2

Der Trick ist: hohe Renditen plus lange Laufzeit plus hohes Sparvolumen. Entscheidend ist aber der Zeitfaktor, wie die folgenden Tabellen zeigen. Erst am Ende geht die Sache richtig ab. Die Dekade zwischen 27 und 37 Jahren ist viel, viel wertvoller, als die Dekade zwischen 57 und 67 Jahren.

7,2 % Rendite, Start mit 27, Einmalzahlung von 10.000 €	
Alter	Depotwert
27	10.000 €
37	20.000 €
47	40.000 €
57	80.000 €
67	160.000 €

5 % Rendite, Start mit 27, Einmalzahlung von 10.000 €	
Alter	Depotwert
27	10.000 €
41	20.000 €
55	40.000 €
69	80.000 €

7,2 % Rendite, Start mit 27, Einmalzahlung von 20.000 €	
Alter	Depotwert
27	20.000 €
37	40.000 €
47	80.000 €
57	160.000 €
67	320.000 €

5 % Rendite, Start mit 37, Einmalzahlung von 10.000 €	
Alter	Depotwert
37	10.000 €
51	20.000 €
65	40.000 €

7,2 % Rendite, Start mit 37, Einmalzahlung von 10.000 €	
Alter	Depotwert
37	10.000 €
47	20.000 €
57	40.000 €
67	80.000 €

Man sieht: Der vierte und der fünfte Verdopplungsschritt sind die beiden entscheidenden Schritte.

Früher Konsum ruiniert die finanzielle Freiheit nachhaltig

Ganz besonders zeigt sich das in Beispiel 2: Wenn ich mir mit 27 Jahren ein gebrauchtes Auto für 10.000 € kaufe, statt das Geld zu investieren, kostet mich das im Alter 160.000 €. Diese Zinseszins-Geschichte ist wie eine Lawine. Zuerst rieseln nur ein paar Schneebrocken den Hang hinunter, aber mit der Zeit entwickelt die Sache eine ungeheure Wucht.

 Es gibt nur zwei Wege, um reich zu werden: verdiene mehr oder verbrauche weniger. Das ist alles.
Sie wollen den Prozess beschleunigen? Machen Sie beides. Sorgen Sie für eine Gehaltserhöhung, nehmen Sie einen Nebenjob an, verkaufen Sie Ihren Kram auf eBay ... Auf der anderen Seite: Kaufen Sie keinen Kram, den Sie nicht brauchen.

Gut gespart ist halb gewonnen

Zwar heißt dieses Kapitel *Anlagepolitik*, aber nicht nur das Geld anlegen, auch das Sparen gehört zur Anlagepolitik. – Wer nicht spart, kann auch nicht anlegen.
Zwei Probleme gibt es beim Sparen:
1. Man bekommt heutzutage keine Zinsen mehr, wozu also noch sparen?
2. Es bleibt einfach kein Geld übrig am Ende des Monats. Warum nur?

Wozu sparen?

Sparen hat zwei Funktionen. Zum einen möchte man natürlich Zinsen erwirtschaften. Das Geld soll arbeiten. Zum anderen zeigt Sparen aber auch, dass man mit Geld umgehen kann. Man spart, weil man weiß, dass man nicht mehr ausgeben kann, als man einnimmt: *Ich spare, weil ich Ziele habe, die ich erreichen möchte.*
Ich möchte hier zeigen, dass die Höhe der Zinsen vollkommen überbewertet wird. Für die meisten von uns ist es egal, ob sie 1, 2 oder 4 Prozent Zinsen kassieren. Warum?
Starten wir mit der Aussage *Sparen zeigt Geldkompetenz an.* Dieser Punkt ist fundamental und vollkommen unabhängig vom herrschenden Zinsniveau. Es ist immer sinnvoll, sich nicht zu verschulden und über ein gewisses Cash-Polster zu verfügen. Das zu kapieren, ist schon mal die halbe Miete, wenn es darum geht, ein finanziell unbeschwertes Leben zu führen.
Bleibt der Punkt *Das Geld soll arbeiten.* Hier spielt die Zinshöhe eine Rolle. Aber eine ziemlich kleine Rolle, wie wir gleich sehen werden.

Minizinsen stören nicht wirklich

Minizinsen stören nicht wirklich? So ein Blödsinn, Minizinsen bedeutet auch Minizinseszinsen. Wenn ich 1 Prozent Zinsen bekomme, muss ich 72 Jahre warten, bis sich mein Vermögen verdoppelt, wenn ich 3 Prozent bekomme, nur 24 Jahre und bei 7 Prozent Zinsen verdoppelt sich mein Geld alle 10 Jahre.
Trotzdem stören die Minizinsen nicht wirklich. Wie sieht es denn aus im Leben? Man steigt in den Beruf ein, richtet sich ein und legt sich eine Tagesgeldreserve zu. Irgendwann kommt die Entscheidung: *Immobilie für die Familie – ja oder nein?* Wer sich für eine Immobilie entscheidet, verschuldet sich. Die Priorität für die nächsten Jahrzehnte heißt dann *Schulden tilgen* und nicht *Geld anlegen.*

Das Geld wandert ins Haus und nicht auf ein Tagesgeld- oder Fest-geldkonto. Wer sich gegen eine Immobilie entscheidet, hortet sein Geld tunlichst nicht auf irgendwelchen Konten, sondern biegt gleich in Richtung *Aktie* ab und baut sich ein Weltportfolio auf.

Was bleibt dann noch? Kurz- und mittelfristige Sparaufträge. Hier entscheidet nicht der Zins, sondern die Sparrate. 1.000 € für den nächsten Urlaub zurücklegen? Macht eine Sparrate von 83,34 € bei einem Zeithorizont von 12 Monaten. Wenn wir das Ganze mit Zins und Zinseszins ausrechnen, kommen wir bei einem Zinssatz von 1 Prozent auf eine Summe von 1.004,68 €. 99,5 Prozent der Summe kommen aus der Sparleistung, 0,5 Prozent haben die Zinsen beige-tragen. Höhere Zinsen machen den Kohl aber auch nicht fett. Selbst bei einem Zinssatz von 5 Prozent kommen am Ende nur 1.023,23 € zusammen. Knapp 20 € mehr als bei einem Zinssatz von 1 Prozent. Auch wenn 10.000 € binnen 5 Jahren für ein neues Auto zurück-gelegt werden sollen, entscheidet die Sparleistung: Jeden Monat müssen 166,67 € zurückgelegt werden, wenn das Guthaben nicht verzinst wird.

Guthabenzinsen	monatliche Sparrate
0 %	167,67 €
1 %	165,00 €
2 %	163,33 €
4 %	160,00 €

Selbst bei traumhaften 4 Prozent Guthabenzinsen sinkt die monatli-che Sparrate nur um 7,67 €, das sind 4,6 Prozent oder 2 Bier.

Für diese Sparjobs gilt:

1. Spielentscheidend ist die Sparrate: Zu wie viel Konsumverzicht sind Sie bereit?
2. Dann kommt die Sicherheit: Das Geld wird nicht bei einer win-digen Hochzinsbank angelegt, sondern auf einem Konto, das der deutschen Einlagensicherung unterliegt.

3. Als Letztes interessiert der Zinssatz: Er sollte die Inflation aus-
   bügeln, damit das Geld seine Kaufkraft behält. Suchen Sie sich
   eine Bank, die dauerhaft brauchbare Zinsen zahlt. Die ganzen
   Lockangebote mit einer vier- bis sechsmonatigen Zinsgarantie
   taugen alle nichts. Nach der Garantiezeit halbieren viele Banken
   den Zinssatz (VW Bank 1,4 % ➜ 0,6 %, Consors 1,2 % ➜ 0,7 %).
   Was machen Sie dann? Werden Sie zum Zinsnomaden?

 Sparen ist auch in Minizinszeiten sinnvoll. Bei Sparzie-
len, die in maximal 5 Jahren erreicht werden und bei
denen es um haushaltsübliche Summen geht, hält sich
der Verlust in Grenzen, da der Zinseszinseffekt nicht
zum Tragen kommt.
Grämen Sie sich nicht, weil Ihnen monatlich 5 € entgehen, bei nur 1 statt 4 Prozent Zinsen, sondern freuen
Sie sich, dass Sie so viel verdienen und Ihre Finanzen
so im Griff haben, dass Sie die monatliche Sparleistung
stemmen können. Langfristige Renditeziele werden
über Aktien und nicht über Zinsprodukte realisiert.
Deshalb spielt das Zinsniveau auch beim langfristigen
Anlegen höchstens eine indirekte Rolle.

Immer ist das Geld weg oder: Rauchen verhindert finanzielle Unabhängigkeit

Letzten Freitag hat die Kombination aus unfähigem Kassiererjüngling und zittrigem, aber centgenau zahlen wollendem Mütterlein meinen Wochenendeinkauf etwas verlängert. So konnte ich die Quengelware in Ruhe begutachten: 5 € für 19 Zigaretten! Holla, die Waldfee! Ich habe mir die Wartezeit mit ein bisschen Kopfrechnen vertrieben.

Meine Annahmen:
* eine Schachtel Zigaretten kostet 5 €
* täglicher Konsum: eine Schachtel
* Tage pro Monat: 30

Meine Ergebnisse:
* monatliche Ausgaben: 150 €
* jährliche Ausgaben: 1.800 €

Meine Erkenntnisse:
* Zigarettenschmuggel ist lukrativ.
Was würde passieren, wenn man das Geld anlegen statt in Rauch aufgehen lassen würde?

Was man aus 5 Euro täglich machen kann

Ich bin von folgenden Annahmen ausgegangen:
* Jeden Tag werden 5 € zurückgelegt und am Monatsletzten aufs Konto überwiesen.
* Es gibt 4 Prozent Rendite. Steuern und Inflation sind da schon abgezogen. Für einen soliden Indexfonds, der in Standardwerte investiert, ist das eine realistische Annahme.
* Am 30. Geburtstag ist Schluss mit Rauchen. Mit 60 wird abgerechnet.

Aus 5 € täglich sind nach 30 Jahren 98.747,92 € geworden. Für 52.350 € gab es keine Zigaretten, das ist die Sparleistung. 46.397,92 € hat der Zinseszins-Effekt beigesteuert.

Anders ausgedrückt: Die eine Hälfte der knapp 100.000 € ist Konsumverzicht, die andere Hälfte ist der Lohn fürs Warten.

Die am 30. Geburtstag gesparten 5 € haben am 60. Geburtstag einen Wert von 15,59 €. Die Kaufkraft hat sich also mehr als verdreifacht.

Nicht die großen Brocken verhindern den Weg in die finanzielle Freiheit, sondern die kleinen Nadelstiche lassen uns finanziell ausbluten. Große Ausgaben werden nicht leichtfertig getätigt, niemand kauft ein Auto im Vorbeigehen: Ein neues Sofa soll her? Erst mal die Preise vergleichen – was kostet das bei IKEA, hat der örtliche Möbelhändler wieder Jubelpreiswochen? Es geht in den Urlaub? Gibt's da nicht was mit *Lastminute*?

Aber was ist mit *Ich kann morgens nichts frühstücken, ich kauf mir 'nen Kaffee und ein Croissant an der S-Bahn* oder *Ich kauf meine Mentos immer an der Tanke und nicht bei Aldi.* – Es sind nicht nur die Raucher, die täglich ein paar Euro verlieren. Das Problem dabei: Diese Entscheidungen werden nicht als *Finanzentscheidungen* empfunden, sondern sind einfach normale Lebensgewohnheiten. *Finanzentscheidungen* sind die Hypothek fürs Haus oder der Abschluss einer Riester-Rente, aber doch nicht der Kauf eines Kaffees bei *Starbucks*! 3 € hier, 5 € da und 7 € dort – diese ganzen Beträge unter 10 € verflüchtigen sich einfach und am Ende des Monats weiß man nicht, wo das Geld geblieben ist. Für diesen Kleinkram erhält man auch nie eine Kassenquittung, die einen beim Ausmisten des Portemonnaies daran erinnern würde.

Was tun?

Einfach mal Quittungen sammeln und am Ende eines Monats überprüfen, was einen die eigenen Gewohnheiten kosten und ob sie es
einem auch wert sind. – Gegen das tägliche Päckchen Zigaretten
oder den Morgenkaffee vom Bäcker ist nichts einzuwenden, solange
es eine bewusste Entscheidung ist.

Offensive versus Defensive

Die Anlagepolitik umfasst nicht nur Finanzprodukte wie Tagesgeld,
Aktien, Anleihen oder Gold, sondern auch Versicherungen. Wenn
Sie Ihr eigener Finanzcoach sind, müssen Sie denken wie ein Fuss-
balltrainer. Sie brauchen eine Defensive, die das Tor schützt, und
eine Offensive, die vorne punktet.

Die Defensive

Die Finanzverteidigung nennt sich *Versicherung*. Diese Versicherungen sind Ihre Leibwache. Deren Job ist es, sich zwischen Sie und alle
existenziellen Risiken zu werfen. Das sind Risiken, die Ihnen einen
Schlafplatz unter der örtlichen Brücke bescheren können.
Die drei apokalyptischen Reiter heißen:
1. **Ruinöse finanzielle Haftungsforderungen:** Hier kontern Sie
   mit der passenden Haftpflichtversicherung (Familienhaftpflicht,
   Kfz-Haftpflicht).
2. Ein **extremer Vermögensschaden:** Gemeint ist beispielsweise
   der Verlust einer Immobilie, auf der womöglich noch Schulden
   lasten. Die Feuerversicherung schafft Abhilfe.
3. **Gesundheitliche Probleme,** die eine Erwerbstätigkeit ganz oder
   teilweise unmöglich machen. Hier greift das Duo aus Kranken- und

Berufsunfähigkeitsversicherung. Bei Familien mit einem Haupternährer kann eine Risikolebensversicherung als Ergänzung sinnvoll sein. Wie gesagt: kann, muss aber nicht.

Das war's. Größer muss die Leibwache nicht werden. Eine große Leibwache zu unterhalten ist nämlich kostspielig. Dieses Geld fehlt dann in der Offensive. Der Bund der Versicherten bietet auf seiner Website eine Bedarfsermittlung an:

https://www.bundderversicherten.de/Bedarfsermittlung

Die Offensive

Hier soll Ihr Geld mehr Geld verdienen. Am Start sind die sogenannten *Finanzprodukte*. Hier ist die Situation noch übersichtlicher als bei den Versicherungen. Es gibt nur drei echte – seit Jahrhunderten bewährte – Finanzprodukte, von denen zwei für Privatanleger relevant sind. Dazu kommen noch die Derivate, eine Erfindung unserer Tage, die Warren Buffett bereits 2003 als *finanzielle Massenvernichtungswaffen* bezeichnet hat.

1. Die Beteiligung:
Jemand hat eine Geschäftsidee, aber zu wenig Geld, diese alleine umzusetzen, also sucht er sich Partner. Diese Partner gehen mit ins Risiko, partizipieren aber auch an allen Gewinnen. Prominente Vertreter: die Aktie und der geschlossene Fonds (diese Dinger, bei denen man sich an Immobilien, Schiffen oder Windkraftanlagen beteiligt).

2. Die Anleihe:
Jemand braucht – aus welchen Gründen auch immer – Geld, also leiht er sich welches. Der Deal hier: Geld gegen Zinsen. Egal, ob der Kreditnehmer mit dem Geld einen grandiosen Erfolg

erwirtschaftet oder es auf den Kopf haut, dem Kreditgeber kann das egal sein, er bekommt seine Zinsen und am Ende sein eingesetztes Kapital zurück. Sollte sich der Kreditnehmer als Luftikus entpuppen, ist auch ein Totalverlust möglich. Dieses *Ausfallrisiko* berücksichtigt der Kreditgeber durch die Höhe der Zinsen: topsolvente Kreditnehmer zahlen geringere Zinsen als Habenichtse. Prominente Vertreter: Tages- und Festgeld, Pfandbriefe und Anleihen.

3. **Der Terminkontrakt:**
Hier verspricht der Verkäufer dem Käufer die Lieferung einer Ware (beispielsweise ein Doppelzentner Weizen in Premiumqualität) zu einem bestimmten zukünftigen Termin (beispielsweise in 9 Monaten) zu einem bestimmten Preis (beispielsweise 100 €). Der Käufer verpflichtet sich, diese Ware dann auch zu diesem Preis abzunehmen. Der Vorteil: Der Produzent kann schon vor der Aussaat abschätzen, mit welchen Ernteerlösen er rechnen kann. Der Käufer weiß, was ihn seine Rohstoffe kosten werden und kann seine Kalkulation entsprechend aufbauen. Für Privatanleger sind Terminkontrakte nicht relevant.

4. **Wettscheine:**
Optionen und Derivate wie beispielsweise Optionsscheine sind nichts für Privatanleger, denn wie heißt es so schön: *Bei Derivaten ist die Möglichkeit einer asymmetrischen Leistungsverteilung aufgrund der dargestellten Risiken jedoch besonders hoch.* Mit anderen Worten: Die Bank gewinnt immer. Das sind keine Produkte, mit denen man seine Altersvorsorge aufbaut.

Die Bastardprodukte

Die Finanzindustrie kreuzt gerne Defensiv-Produkte (wie Versicherungen) mit Offensiv-Produkten (wie Aktienfonds) und bezeichnet diese als *Innovation*. Das mag schon sein – ein Porsche als Pritschenwagen ist auch eine Innovation, aber er liegt schlechter in der Kurve als ein normaler Porsche und kann weniger transportieren als ein echter Transporter.

Besonders bösartige Vertreter der Bastardprodukte sind die *politischen Bastardprodukte* wie *Rürup* und *Riester*. Diese Burschen kombinieren eine durch horrende Gebühren kastrierte Ertragskraft mit einem Stapel Kleingedrucktem. Diese Produkte sind überreguliert. Viele Regeln sind politisch motiviert und können in der Zukunft geändert werden, ohne dass man als Einzahler etwas dagegen tun kann.

To build or not to build?

Eine ganz wichtige Entscheidung auf dieser Ebene ist die Frage: *Will ich in einer selbst genutzten Immobilie wohnen?*

Die Entscheidung für oder gegen eine selbst genutzte Immobilie ist eine Weichenstellung im Leben. Es ist die größte finanzielle Entscheidung, die die meisten von uns jemals treffen und deren Folgen einen jahrzehntelang begleiten werden. Für die meisten Leser dürfte die Entscheidung für eine Immobilie gleichzeitig die Entscheidung gegen ein Aktien-Depot sein.

Der Weg zur eigenen Immobilie

Wer ein Haus kaufen oder bauen will, hat meist einen Zeithorizont von weniger als zehn Jahren. Man will ja das Haus nicht als Oma und Opa bewohnen, sondern als junge Familie. Da heißt es, möglichst viel Eigenkapital anhäufen. Jeder Euro an Eigenkapital verbessert die Konditionen bei der Bank. Die besten Konditionen kriegt der, der das Haus eigentlich bar bezahlen könnte; niedrige Schuldzinsen wiederum verbessern die Rendite.

Wie aber kommt man zu Eigenkapital? Man spart wie verrückt und versucht, möglichst oft eine Gehaltserhöhung zu bekommen. Das gesparte Geld wird sicher auf einem Tages- oder Festgeldkonto verwahrt, denn man muss zum Zeitpunkt X eine genau definierte Summe zur Verfügung haben. Planbarkeit schlägt Rendite. Solange man die Inflation schlägt, ist alles gut. Wertpapiere (Aktien, ETFs, Fonds) können das nicht leisten. Deshalb: Börsenverbot, denn zum Tag X soll die Summe Y garantiert verfügbar sein. Alles unter zehn Jahren Haltedauer ist in meinen Augen Spekulation.

Es ist ein Unterschied, ob Sie zur Bank gehen und sagen können: *Ich will bauen und habe 70.000 € auf dem Tagesgeldkonto, welche Konditionen kriege ich?* oder ob Ihr ETF-Depot zur Zeit 70.000 € wert ist. Die 70.000 € Tagesgeld wird Ihnen die Bank voll als Eigenkapital anrechnen, das ETF-Depot vielleicht zu 30 – 50 Prozent.

Dazu kommt: Man zahlt eine Immobilie nicht *nebenbei* ab. Wertpapier-Depot + Immobilienkreditschulden = Spekulation auf Kredit an der Börse. Das ist ein absolutes No-Go für jeden seriösen Anleger! Man versucht unter allen Umständen, die Immobilie schuldenfrei zu bekommen, weil man nur so seine Handlungsfähigkeit wiedererlangt. Schulden tilgen hat das beste Risiko/Rendite-Verhältnis. Das Risiko ist gleich null, und da Schuldzinsen höher sind als Guthabenzinsen, ist die Rückzahlungsrendite höher als die Rendite, die man mit Tages- oder Festgeld erwirtschaftet (ebenfalls null Risiko).

Der Weg als Mieter

Während der Hausbesitzer in spe einen Zeithorizont von maximal 10 Jahren hat, kann ein Mieter 30 bis 40 Jahre lang alle Börsenstürme aussitzen. Deshalb kann er – im Rahmen seiner Risikotoleranz – in Wertpapiere investieren und von der höheren Rendite profitieren. Wenn er dann aber doch auf einmal eine Immobilie haben will, kann es sein, dass sich sein Depot in südlichen Gefilden befindet und arg geschrumpft ist.

Gibt's denn keinen Kompromiss?

Nein, ich sehe da keinen Kompromiss. Die beiden Wege sind zu unterschiedlich, und nur, wer sich konsequent für einen Weg entscheidet, kann auch wirklich von den Vorteilen der jeweiligen Entscheidung profitieren.

Welcher Weg ist der bessere? – Keiner! Beide haben ihre Tücken und ihre Vorteile. Es bringt auch nichts, darüber zu diskutieren, denn zu jedem Pro gibt es ein Kontra. Es ist eine typische Lebensstil-Entscheidung.

Was nicht geht: Mitten im Rennen die Pferde wechseln! Wer eigentlich immer eine Immobilie wollte, dann aber mit Mitte 40 feststellt, dass das doch nichts wird mit einer Familie, verliert *nur* 15 Jahre Börsenwachstum und Zinseszins. Schade, aber verschmerzbar. Es läuft halt nicht immer alles perfekt im Leben.

Wer dagegen auf die Börse setzt und nun auf einmal feststellt, dass er in drei Jahren bauen möchte, muss voll auf die Notbremse treten und verkaufen. Mit etwas Glück sind die Aktien gut gelaufen. Aber wer verkauft schon gerne heute ein gut laufendes Depot, um in drei Jahren zu bauen? Ist es nicht viel verlockender, die *Gewinne laufen zu lassen*, nur um dann festzustellen, dass sich die Börse just zum Baubeginn eine kleine Krise genehmigt?

Die Themen *eigenes Haus* und *eigene Kinder* hängen nicht umsonst eng zusammen. Beide sind Weichen stellend und man bindet sich auf Jahrzehnte. Bevor diese beiden Punkte nicht geklärt sind, können Sie nicht konsequent einen der beiden Wege einschlagen, sondern müssen eine Sowohl-als-auch-Strategie verfolgen.

Wasch mir den Pelz, aber mach mich nicht nass – so soll's sein bei der Entscheidung für oder gegen die eigene Immobilie. So läuft das aber nicht bei den Fundamental-Entscheidungen im Leben. Die eine Entscheidung ist nicht besser als die andere, aber eine Entscheidung muss getroffen werden, sonst kommt man nicht weiter.

So machen Sie es besser

Nehmen Sie Bleistift und Papier und verschließen Sie Ihre Ohren vor den Sirenengesängen der Finanzindustrie und der Medien. Hören Sie nur auf sich und die Menschen, die Ihnen nahestehen. Ihre persönliche Situation entscheidet. Was erwarten Sie in den nächsten 5, 10 oder 20 Jahren vom Leben?

Sie sind ein kinderloser Single, der einen recht sicheren Arbeitsplatz hat, ein dem Einkommen angemessenes Leben führt und dazu noch als Einzelkind ein Haus samt Grundstück als Erbe zu erwarten hat? Müssen Sie sich dann noch großartig um das Thema *Börse* kümmern? Sie möchten eine Familie gründen und ein Haus kaufen? Wie wollen Sie das schaffen, wenn Sie auf ein Einkommen verzichten müssen? Sie wollen spätestens mit 40 aus dem klassischen Berufsleben ausscheiden? Wie schaffen Sie eine Sparquote jenseits der 50 Prozent? Es ist Blödsinn jetzt einen Zwanzigjahresplan aufzustellen.

Das klappt ja schon mit Fünfjahresplänen nicht. Aber so ganz grundsätzlich ist zu klären, ob Sie sich ab 60 auf Enkel und Garten freuen oder darauf, dass Sie als Single tun und lassen können, was Sie wollen?

Checkliste Anlagepolitik

Machen Sie sich klar: *Was sind meine nie hinterfragten Gewohnheiten und Glaubenssätze in Bezug auf Geld?* Diese Glaubenssätze stecken ganz tief in Ihnen drin. Sie müssen sich entscheiden:
* Sind diese Glaubenssätze positiv und als Fundament Ihrer Anlagepolitik geeignet oder
* wollen Sie sich von diesen Glaubenssätzen emanzipieren?

Sie können nur Vermögen bilden, wenn Sie selbst es sich erlauben. Solange Sie Geld schmutzig finden und sich für seinen Besitz schämen, wird das nichts mit der entspannten Vermögensbildung.

Wie fang ich's an?

Der Weg zur Hölle ist mit guten Vorsätzen gepflastert. Diese Weisheit des Lexikografen Samuel Johnson gilt auch für den Weg zur finanziellen Unabhängigkeit und oft genug sind Umwege erforderlich oder man gerät auf Abwege.

Theoretisch ist die Sache simpel:
1. Bestandsaufnahme
2. Ziel definieren
3. Vermögen bilden

In der Praxis ist das alles nicht so einfach, aber es geht. Der Trick ist: Man darf sich nur ganz wenig vornehmen. Also nicht: *Ich mach am nächsten Wochenende die perfekte Finanzplanung für die nächste Dekade* (das haben die Russen damals schon mit Fünfjahresplänen nicht hinbekommen), sondern: *Ich schreib mal alle Ausgaben der nächsten Woche auf.* Wenn dann noch eine gewisse Sturheit dazukommt, die dafür sorgt, dass man am Ende der Woche sagt: Ich verlängere noch mal für eine Woche, dann hat man auf einmal die Ausgaben eines Monats aufgeschrieben und damit schon den ersten Meilenstein erreicht.

 Profitipp: Sammeln Sie die Kassenbons und nehmen Sie zu Hause Bleistift und Papier. Dieser ganze Quatsch mit den Apps ist viel zu arbeitsaufwendig.

Wo bin ich?

Der erste Schritt ist ganz einfach. Erst einmal wie ein guter Arzt eine Bestandsaufnahme machen: *Was haben wir an festen Einnahmen (Gehalt, Kindergeld), was an Ausgaben?* Diese Bestandsaufnahme ist die Positionsbestimmung und die Basis für sämtliche weiteren Schritte. Fangen Sie heute an und schreiben Sie Ihre Einnahmen und Ausgaben auf. Das kann per Excel geschehen, aber eine Kladde reicht auch. Ich habe damals als Student meine Ausgaben in ein kleines Büchlein eingetragen. So wusste ich, was ich im Monat ausgegeben hatte. Meine Einnahmen waren damals sehr überschaubar, die hatte ich im Kopf.

Seien Sie genau und gründlich. Eine unvollständige Datenbasis ist unbrauchbar. Seien Sie aber nicht zu genau und zu gründlich. Ich habe einmal den Fehler gemacht, sämtliche Kassenzettel zu sammeln und hatte dann die Kategorien *Einkauf/REWE, Einkauf/ EDEKA, Einkauf/Aldi.* Eine supergenaue Erfassung, aber brutal arbeitsaufwendig. Das Ende vom Lied: Ich habe genervt aufgegeben.

Jetzt stelle ich es schlauer an: Sämtliche Einkäufe, die das tägliche Leben betreffen – also Lebensmittel, Drogerie- und Apothekenartikel – kommen in eine Kategorie.

Der Trick ist: *So arbeitssparend wie möglich, aber so genau wie nötig.* So eine Bestandsaufnahme braucht Zeit, bevor sie aussagekräftig wird. In den ersten drei Monaten geht es nur um die Erfassung. Es wird nichts bewertet. Erst, wenn das Bild klarer wird, stellt sich die Frage: Will ich diese Summe X für diese Position ausgeben?

Wo will ich hin?

Der nächste Schritt ist die Formulierung von Zielen:

1. Ich möchte finanziell unabhängig werden – das bedeutet: Ich möchte nur noch Arbeiten ausführen, die mir wichtig sind, und dabei mit Menschen zusammenarbeiten, die ich respektiere.
2. Ich möchte eine Immobilie erwerben und mindestens über 100.000 € Eigenkapital verfügen, da ich dann besonders günstige Kreditzinsen erhalte.
3. Ich möchte mich in zehn Jahren selbstständig machen und brauche dazu ein Eigenkapital von 50.000 €.
4. Ich möchte eine Familie gründen und dann zu Hause bleiben und mich um die Kinder kümmern.

Ganz wichtig: All diese Ziele definieren das Lebensglück.

Für die ersten beiden Schritte brauchen Sie keinen Versicherungsmakler und keinen Finanzberater. Menschen, die Ihnen nahestehen, sind hier viel wichtiger. Über Geld zu reden, bedeutet zuerst einmal, über Wertvorstellungen und Lebensziele zu reden. *Persönlich-philosophisch* hilft mehr als nüchternes Kalkulieren.

Seien Sie vor allem ehrlich zu sich selbst. Was wollen Sie vom Leben und warum? Weil Sie es wollen oder weil Sie vermuten, dass der Nachbar Sie sonst scheel ansieht?

Es wird ja oft empfohlen, aber muss man seine Ziele aufschreiben? Keine Ahnung, ich hab's nicht gemacht, aber vielen Leuten scheint es zu helfen.

Erst im dritten Schritt geht es konkret um Kapitalanlagen und Versicherungen.

Der Weg ins finanzielle Glück mit der Muli-Strategie

Die Schulden müssen weg, dann Vermögen aufbauen ... Auf dem Papier klingt das alles ganz lässig: Hopp, hopp, hopp – Bestandsaufnahme, Ziel definieren, Vermögen bilden und fertig ist die Laube. Die Praxis ist leider etwas schmutziger:

Ich habe einen Bausparvertrag – mein Arbeitgeber hat irgend so eine betriebliche Altersvorsorge, da sollen wir alle mitmachen, hat die Tante vom Personalbüro gesagt. Das wird direkt vom Gehalt eingezogen, der Arbeitgeber tut auch was dazu, aber frag mich nicht, wie viel. Dann liegt noch was auf'm Tagesgeldkonto rum, aber die Zinsen sind ja auch nicht so der Burner. Vielleicht sollte ich mal so einen dieser Tagesgeldvergleiche im Internet runterladen? Aber man kommt ja zu nix heutzutage. Nach der Arbeit hab ich keine Lust mehr und am Wochenende will man ja auch mal freihaben.

Ist das Ihre Tirade, wenn Sie am Grill stehen und Ihr Kumpel fragt: *Sag mal, Alter, wie machst du das so mit dem Sparen? Ich hab da im Fernsehen so eine Sendung über Altersarmut gesehen ...*

Mit anderen Worten: Der Garten Ihrer Finanzen besteht nicht aus sorgfältig gepflegten Beeten und wachstumsstarker Zinspflänzchen, sondern ist mehr so Kraut und Rüben?

Ich möchte Ihnen einen Mentaltrick präsentieren, mit dem Sie das Naturwüchsige Ihrer Finanzen in den Griff kriegen.

Warnung: Dieser Abschnitt ist ziemlich lang und mäandert munter durch die Gegend. Bis kurz vor knapp werden Sie sich fragen: Und was hat das nun mit meinen privaten Finanzen zu tun? Ich verspreche Ihnen: Es wird, aber nicht in 140 Zeichen.
Bier und Salzgebäck oder Tasse Kaffee am Start? Fangen wir an.

Es begab sich zu der Zeit, als die Kinder des Finanzwesirs noch klein waren und man deshalb Familienurlaub auf dem Bauernhof ums Eck machte. Die Finanzwesirin musste aus beruflichen Gründen am Montag noch einmal schnell ins Büro und fuhr deshalb zurück nach Hause, um sich passend einzukleiden: raus aus den Freizeitklamotten, rein in die Businesskleidung und noch schnell in den Keller, die Schuhe aufpolieren.
KREISCH!
Kellertür blitzschnell zuschlagen. Wieder vorsichtig öffnen.
ENTSETZEN! Da ist Wasser im Keller! VIEL WASSER! WIESO IST WASSER IM KELLER? WASSER GEHÖRT NICHT IN DEN KELLER!
Kurze Zwischenfrage: Was hat ein gefluteter Keller mit meinen privaten Finanzen zu tun? Antwort: Abwarten, kommt noch. Erst klären wir die Frage, was den Keller überschwemmt hat.
Am Wochenende ging ein mächtiges Gewitter über unserem Stadtteil nieder. In der Tagesschau redeten sie von einem Jahrhundertunwetter, die BILD krähte: *Die Sintflut war da.* Das Gewitter hatte die Kanalisation gründlich überfordert, die daraufhin den Rückwärtsgang einlegte und die Mischung aus Ab- und Regenwasser in die Häuser drückte.
Unser Bonusproblem: Wir waren erst vor Kurzem eingezogen und mit zwei kleinen Kindern macht man nicht den Keller schön, sondern sagt den Umzugshelfern: *Geht in die Fläche und stellt den ganzen Kram einfach auf den Boden. Regale sind eh total überbewertet.*
Die Finanzwesirin sah sich einem stinkenden Chaos aus durchgeweichten Kartons, abgesoffenen Werkzeugkisten und womöglich funktionsuntüchtigen Elektrogeräten (Waschmaschine, Trockner,

Kühlschrank) gegenüber. Fünf Kellerräume mit Beton- oder Fliesen-
boden, ein Kellerraum mit Teppich. – Würde das auch als drastische
Beschreibung *Ihrer* persönlichen Finanzen durchgehen, lieber Leser?
Warum war die Finanzwesirin so entsetzt? Ganz einfach, weil ihr
in diesem Augenblick durch den Kopf ratterte, was das Hochwasser
schlimmstenfalls bedeuten konnte:

1. Was ist, wenn die Waschmaschine kaputt ist?
2. Woher bekommen wir eine Neue?
3. Was ist, wenn der Händler die versprochene Lieferzeit nicht
   einhalten kann?
4. Dann muss ich die Wäsche in die Wäscherei geben.
   a) Nehmen die auch Kinderwäsche?
   b) Wenn die Kinderwäsche nehmen, wird die dann auch so
      gewaschen, dass das der zarten Kinderhaut nicht schadet?
5. Wenn nicht, muss ich eine neue Waschmaschine kaufen.
   a) Was ist, wenn die Maschine dann geliefert wird, aber nicht
      richtig funktioniert?

Ich höre dann mal auf. Das Prinzip ist dank des Beispiels mit meiner
Frau hoffentlich klar geworden. Bei einem Computer würden jetzt
die Schaltkreise schmelzen: *System overload!* Tür zu und nix wie weg.
Kennen Sie dieses Gefühl, wenn Sie Ihre persönlichen Finanzen betrachten? Jetzt kommt mein Auftritt: **Die Muli-Strategie.**
Muli? Ja, Muli – kennen Sie doch aus dem Western: stoisches Viech,
trottet im Allgemeinen durch die staubige Sierra. Ich habe mich weniger für die Gesamtsituation interessiert, sondern einfach mal die
sechs Türen ausgehängt und in die Garage zum Trocknen gebracht.
Sechs Wabenkerntüren, die wiegen nicht viel und sind in 30 Minuten
raus. Ein türenloser Keller sieht schon richtig nackt aus. Der erste
optische Erfolg.

Wichtig: Auch weiterhin nicht weiter als bis zur eigenen Nasenspitze
denken!

Als Nächstes kam das Kabuff unter der Treppe dran: vier Plastikbottiche, die höher waren als die Flut. Raus damit und nach 50 Minuten hieß es: *Victory! Der erste Raum ist leer.*

Victory? Naja, ist das nicht eher Selbstbetrug? Wenn man doch nur mal den Teppich im Kellerraum links betrachtet ... Tja, das Muli hat aber Scheuklappen auf und trottet stumpf und hirnlos zwischen Keller und Garage hin und her. Das Muli sieht das Elend nicht, sondern nur den nächsten Karton im nächsten Kellerraum. Ein Karton ist nur ein Karton. Einen Karton in die Garage zu tragen ist wirklich keine Heldentat, das kann jeder. Und danach noch einen, und danach noch einen ...

So habe ich mich zwei Tage durch den Keller gewühlt. Dann hatte ich gewonnen.

Und was hat das jetzt mit meinen Finanzen zu tun?

Auch hier hilft die Muli-Strategie. Ihre Finanzen überfordern Sie, Geldanlage ist ein gordischer Knoten? Nun, dann geben Sie Ihrem Gehirn doch einfach mal frei und tragen Sie Ihre Besitztümer zusammen. – Nicht vom Keller in die Garage, sondern vom Aktenordner in eine Excel-Tabelle.

Ich habe hier eine Datei, die heißt *gesamtüberblick.xls* und ist ein halbes Megabyte groß. 2008 habe ich angefangen. Damals hatte die Datei nur einen Reiter, mittlerweile sind es 20 geworden. Ich habe ganz winzig angefangen und unter der Überschrift *Kontenliste* im August 2008 aufgeschrieben, bei welcher Bank wir welches Konto haben und was da so drauf ist. Das lässt sich prima in zwei Stunden erledigen. Dann hat man die Sache aber auch schon schick formatiert. Das ist meine persönliche Schwäche. Die Zahlen sind gleich drin, aber dann muss das noch ein bisschen aufgehübscht werden. Damit wäre dann der erste Raum fertig.

Der nächste Raum wären dann die Versicherungen. Welche habe ich, was kosten die mich? Ganz wichtig: Scheuklappen auflassen! Immer Muli bleiben. Nicht schon beim Erfassen der Konten auf die Versicherungen schielen! Damit macht man sich nur verrückt.

Denn: Die Waschmaschine war voll okay, der hat die Flut nichts ausgemacht.

 Klug vorausplanen ist eine feine Sache, aber manchmal muss es die Muli-Strategie sein. Wenn man das Gefühl hat, eine Sache nicht in den Griff zu bekommen, ist es lohnend, erst einmal eine Bestandsaufnahme zu machen. Bestandsaufnahme bedeutet in diesem Fall: nur zusammentragen, nicht werten. Wären private Finanzen nicht so privat, könnte diesen Job jeder beliebige Dienstleister machen.
Nach der Bestandsaufnahme darf das Gehirn dann wieder eingeschaltet werden. Ich steuere mittlerweile die gesamten Familienfinanzen über diese Excel-Datei. Klein anfangen und je nach Bedarf immer weiter an- und ausbauen. Hätte ich 2008 nicht ganz stumpfsinnig diese Bestandsaufnahme gemacht, hätte ich jetzt nicht so ein gutes Gefühl, was unsere Finanzen angeht.

Unseren Finanzen hat die Muli-Strategie sehr gutgetan.

Mix der Anlageklassen (Assetallokation)

Jetzt fangen wir an, die realistischen Anlageziele der Anlagepolitik in ein reales Depot umzusetzen. Würden wir ein Haus bauen, stünden wir jetzt mit dem Bauplan (Anlagepolitik) auf dem Acker und würden die Pflöcke einschlagen, die dem Baggerführer zeigen, wo er graben soll. Wenn wir die Pflöcke falsch einschlagen, wird die Baugrube zu groß, zu klein oder steht zu nah an der Grundstücksgrenze.

Was ist eine Assetklasse?

Mithilfe von Assetklassen (*asset* = Englisch für *Anlagegegenstand*) lässt sich der Finanzmarkt in verschiedene Segmente einteilen. Die wichtigsten Anlageklassen sind:
1. Aktien
2. Renten (festverzinsliche Wertpapiere)
3. Immobilien (z. B. das eigene Haus)
4. Immobilienfonds
5. Bar- und Tagesgeld (liquide Mittel)
6. Rohstoffe (Gold, Öl, Weizen)
7. Wagniskapital

Die Hauptklassen lassen sich in Unterklassen unterteilen. So lässt sich die Assetklasse *Aktien* unterteilen in:
1. Aktien großer Firmen
2. Aktien kleiner Firmen
3. Aktien von Firmen aus Schwellenländern
4. Aktien von Firmen, die besonders viel Dividende zahlen

Festverzinsliche Wertpapiere lassen sich in die folgenden Unterklassen unterteilen:
1. Staatsanleihen
2. Firmenanleihen
3. Inflationsindexierte Papiere
4. Pfandbriefe

Wozu braucht man Assetklassen?

Zum einen, um Ordnung in das Wirrwarr zu bringen. Das hat noch nie geschadet. Zum anderen, weil die Assetklassen die Bausteine sind, aus denen sich ein Depot zusammensetzt. Da die Wertentwicklung der einzelnen Assets nicht parallel verläuft (Staatsanleihen schwächeln, wenn Aktien stark sind und umgekehrt), kann man – wenn man seine Assets klug auswählt – Schwankungen im Depot ausgleichen und bekommt so mehr Rendite bei weniger Risiko.

Warum ist die Zusammensetzung der Anlageklassen so wichtig?

1. Die Zusammensetzung der Anlageklassen gibt die maximale Rendite und die Schwankungsbreite eines Depots vor.
2. Nicht jede Anlageklasse ist für jeden Lebensabschnitt geeignet. Wer in vier Jahren bauen will, kann sich keine Kursverluste leisten und meidet deshalb die Börse.

Ein Beispiel:

Wir betrachten ein Depot, das aus den beiden Anlageklassen A und B besteht.

Anlageklasse	langjährige mittlere Rendite p.a.	langjährige mittlere Schwankungsbreite
Anlageklasse A	6 %	20 %
Anlageklasse B	1 %	5 %

Was bedeutet das? Wenn wir die Rendite der Anlageklasse A über viele Jahre betrachten, dann stellen wir fest, dass unser Vermögen am Jahresende jeweils um durchschnittlich 6 Prozent gestiegen ist. Aus 100 € am Anfang eines Jahres wurden 106 € am Jahresende. Das ist sehr erfreulich.

Aber was bedeutet *20 Prozent jährliche mittlere Schwankungsbreite*? Das klingt nach einem besorgniserregend hohen Risiko. Nun, während sich die 6 Prozent auf Zeiträume beziehen, die länger als eine Dekade sind, gelten die 20 Prozent für die jährliche Betrachtung. Das bedeutet, dass aus 100 € am Jahresanfang entweder 120 € oder 80 € am Jahresende werden können. Diese 20 Prozent selbst sind auch wieder langfristig gemittelt. Es mag Jahre geben, in denen es 30 Prozent aufwärtsgeht, und Jahre, in denen es 50 Prozent abwärtsgeht.

Depot-Beispiel

Ich habe Ihnen 10 Depots mitgebracht. Depot 1 besteht vollständig aus der Anlageklasse B, Depot 10 zu 100 Prozent aus Anlageklasse A. Dazwischen geht es in Zehnerschritten auf- beziehungsweise abwärts.

Anlageklasse A	Anlageklasse B	Depotrendite p.a.	Schwankungsbreite
0 %	100 %	1,0 %	5,0 %
10 %	90 %	1,5 %	6,5 %
20 %	80 %	2,0 %	8,0 %
30 %	70 %	2,5 %	9,5 %
40 %	60 %	3,0 %	11,0 %
50 %	50 %	3,5 %	12,5 %
60 %	40 %	4,0 %	14,0 %
70 %	30 %	4,5 %	15,5 %
80 %	20 %	5,0 %	17,0 %
90 %	10 %	5,5 %	18,5 %
100 %	0 %	6,0 %	20,0 %

Sie geben mit Ihrem Mix die maximal erträgliche **Schwankungsbreite** (das Risiko) vor. Daraus ergibt sich zwangsläufig die **maximal mögliche Rendite:**

1. Wenn Sie sich für 100 Prozent B entscheiden, werden Sie nicht mehr als 1 Prozent Rendite machen können.
2. Wenn Sie sich für 100 Prozent A entscheiden, müssen Sie bereit sein für jede Menge magenverdrehender Loopings auf der Rendite-Achterbahn.

Wenn Sie Schwankungen bis zu 11 Prozent ertragen, dann können Sie eine Rendite von maximal 3 Prozent erwarten. Das wäre ein Mix aus 40 Prozent A und 60 Prozent B.

Mehr Rendite gibt es nur, wenn Sie bereit sind ein höheres Risiko, also größere Schwankungen zu akzeptieren.

Der umgekehrte Fall gilt leider nicht. Nur weil etwas ein hohes Risiko hat, muss es nicht renditestark sein. Es kann auch einfach ein schlecht konstruiertes oder extrem mit Gebühren belastetes Finanzprodukt sein.

Das Schöne: Wenn Sie sich einmal für den passenden Mix entschieden haben, sind sie praktisch fertig, denn die Assetallokation ist für 90 Prozent der Rendite Ihres Depots verantwortlich.

Es gibt jede Menge Studien zur Wirksamkeit der Assetallokation. Ich zitiere hier die Studie des *Steinbeis Research Center for Financial Services*, München.[1] Die Forscher haben die Bedeutung verschiedener Faktoren für die Depotrendite quantifiziert und sind zu folgendem Ergebnis gekommen:

Anteil	Faktor
90 %	Assetallokation
5 %	Titelauswahl (welche Aktien, Anleihen, Fonds Sie kaufen)
2 %	Markttiming (wann Sie kaufen)
3 %	Sonstige (Gebühren, Steuern)

Das Finanzinformations- und Analyseunternehmen *Morningstar* geht sogar noch einen Schritt weiter und bezeichnet die Assetallokation als den *einzig wahren Free Lunch. – Free Lunch* bedeutet: *Ich bekomme etwas umsonst.*

[1] www.steinbeis-research.de/images/pdf-documents/ETF-Studie Exchange%20Traded%20 Funds%20-%20Potentiale%20und%20Produktdesign.pdf, Seite 9

Normalerweise bezahlt man mehr Rendite immer mit mehr Risiko, ein vernünftiger Anlagemix dagegen kann gute Rendite bei vermindertem Risiko liefern. Wie kann das sein?

Anlageklassen haben nicht nur unterschiedliche Renditen und Schwankungsbreiten, sondern marschieren auch nicht immer im Gleichschritt. Anleihen und Gold steigen z. B. im Preis, wenn es an den Aktienbörsen turbulent zugeht. Mit einem sinnvoll gewählten Anlagenmix verringern Sie also das Risiko (die Schwankungsbreite), ohne auf Rendite verzichten zu müssen.

Die wichtigsten Konzepte der modernen Portfoliotheorie

Begründet wurde die moderne Portfoliotheorie von Harry M. Markowitz. Markowitz betrachtet grundsätzlich immer das Gesamtvermögen und nicht die einzelne Aktie oder Anleihe. Es geht immer darum, wie die einzelnen Bestandteile zusammenwirken.

Markowitz konzentriert sich auf drei Parameter:
1. die zukünftige Rendite jeder Anlage,
2. die Schwankungsbreite der Renditen jeder Anlage – als Ausdruck des Risikos (gemessen als Standardabweichung bzw. Varianz),
3. die Entwicklung der einzelnen Anlagen zueinander (gemessen als Korrelation).

Ziel ist es, durch geschicktes Kombinieren mehrerer Anlageklassen das Gesamtergebnis zu optimieren. Es geht um mehr Rendite bei gleichem Risiko oder weniger Risiko bei gleicher Rendite. Das Ertrag-Risiko-Verhältnis eines aus mehreren Anlageklassen aufgebauten Portfolios, ist jeder Investition in nur eine einzelne Anlage überlegen. Ihre Risikotragfähigkeit bestimmt die maximal mögliche Rendite.

Markowitz geht davon aus, dass Sie als Anleger Renditen schätzen, aber Wertschwankungen (Schwankungen in der Entwicklung der Renditen) als ein Risiko ansehen, das Sie gerne vermeiden wollen. Genau das machen sich die Scharlatane zunutze, die Ihnen die *vollkommen risikolose 8-Prozent-Rendite* versprechen.

Trotzdem bleibt die Frage: Wie kann es sein, dass die Kombination aus zwei unsicheren Anlageklassen weniger schwankt als die einzelnen Anlagen? Normalerweise würde man doch erwarten: Schwankende Anlageklasse plus schwankende Anlageklasse gibt Achterbahn im Quadrat.

Folgendes Beispiel zeigt es:

Wir haben die zwei Anlageklassen E und G. E ist die *Eis AG*, G ist die *Glühwein AG*. Unsere Tabelle beginnt mit einem lausigen Sommer. Kein Mensch will Eis essen, alle wollen Glühwein. Deshalb gibt der Kurs der E-Aktie um 6 Prozent nach. Die Glühwein AG feiert Umsatzrekorde und der Kurs schießt um 16 Prozent nach oben.

Im Jahr darauf lässt Petrus die Sonne scheinen. Da braucht niemand mit Glühwein zu heizen, Eis ist gefragt. Die Eis AG kommt mit der Produktion kaum nach, die Börse belohnt das mit einem Kursgewinn von 16 Prozent. Die Glühwein AG rettet sich über das Weihnachtsmarktgeschäft, schließt das Jahr aber mit einem Minus von 6 Prozent ab.

Wir legen drei Depots an. Das ethische Depot besteht nur aus Eis-Aktien – wir investieren nicht in Alkohol. Das lebensnahe Depot (saufen tun die Leute immer) besteht nur aus Glühwein-Aktien. Das dritte ist ein gemischtes Eis-Glühwein-Depot, denn die Eltern haben immer gesagt: *Nicht alle Eier in einen Korb.*

10 Jahre gehen ins Land und nun wird abgerechnet. Welches der drei Depots hat sich am besten geschlagen?

Jahre	100 % E	100 % G	50 % E + 50 % G
Jahr 1	-6 %	16 %	5,00 %
Jahr 2	16 %	-6 %	3,85 %
Jahr 3	-6 %	16 %	5,00 %
Jahr 4	16 %	-6 %	3,85 %
Jahr 5	-6 %	16 %	5,00 %
Jahr 6	16 %	-6 %	3,85 %
Jahr 7	-6 %	16 %	5,00 %
Jahr 8	16 %	-6 %	3,85 %
Jahr 9	-6 %	16 %	5,00 %
Jahr 10	16 %	-6 %	3,85 %

	100 % E	100 % G	50 % E + 50 % G
jährliche Effektivrendite	4,4 %	4,4 %	4,4 %
durchschnittlicher Jahresgewinn	5,41 €	5,41 €	5,41 €
Schwankungsbreite (Volatilität)	22 %	22 %	1,15 %

Jahre	100 % E	100 % G	50 % E + 50 % G
Jahr 1	94,00 €	116,00 €	105,00 €
Jahr 2	109,04 €	109,04 €	109,04 €
Jahr 3	102,50 €	126,49 €	114,49 €
Jahr 4	118,90 €	118,90 €	118,90 €
Jahr 5	111,76 €	137,92 €	124,84 €
Jahr 6	129,65 €	129,65 €	129,65 €
Jahr 7	121,87 €	150,39 €	136,13 €
Jahr 8	141,37 €	141,37 €	141,37 €
Jahr 9	132,88 €	163,98 €	148,43 €
Jahr 10	154,14 €	154,14 €	154,14 €

Was auffällt:
1. Nach 10 Jahren ist jedes Depot 154,14 € wert.
2. Die 100-Prozent-Depots haben eine Schwankungsbreite von 22 Prozent.
3. Das 50/50-Depot hat eine Schwankungsbreite von 1,15 Prozent.

Wir bekommen die gleiche Rendite, haben aber das Risiko (die Schwankungen) um den Faktor 20 reduziert. Aus der Achterbahnfahrt ist ein gemütlicher Spaziergang geworden.
Das ist die Kraft der Diversifikation. Das 50/50-Portfolio ist optimal, denn wir minimieren das Risiko, ohne Rendite einzubüßen.

Einwand: *Das hier ist doch eine konstruierte Laborsituation.*
Das ist korrekt. In der Praxis finden Sie keine zwei Anlageklassen, die so perfekt gegensätzlich laufen wie Eis und Glühwein. Und auch die guten und schlechten Jahre wechseln sich nicht so regelmäßig ab wie die Streifen eines Zebras. Deshalb reduziert die Diversifikation das Risiko in der Praxis auch nicht auf ein Zwanzigstel (5 %), sondern nur um ein Viertel (75 %) bis ein Drittel (66 %). Aber auch das ist ein großer Erfolg, der zu ihrem ruhigen Schlaf beiträgt.
Und dann ist da noch etwas: Wenn man die Korrelation am dringendsten braucht, haut sie ab. Als Teilnehmer am Dotcom-Crash (2000) und der Sub-prime-Krise (2007/2008) kann ich bestätigen: Wenn Panik an den Märkten herrscht, fällt alles – bis auf deutsche Staatsanleihen.

Die Korrelation ist flexibel. Sie hängt von der aktuellen Marktsituation (steigend, fallend, Panikbörse) und auch vom Jahrzehnt ab.
Ein Beispiel verdeutlicht das. So korrelierten US-amerikanische und britische Aktien zwischen 1919 und 1994:

Zeitraum	1919 - 1937	1938 - 1956	1957 - 1975	1976 - 1994
Korrelation	0,66	0,26	0,74	0,18

Dass die Korrelationen nicht in Stein gemeißelt sind ist ärgerlich, aber typisch. Am besten Sie verabschieden sich schon in dieser Stufe vom *Fire-and-forget*-Prinzip. Jedes Portfolio – auch das pflegeleichte Passiv-Portfolio, das ich Ihnen weiter hinten im Buch vorstellen werde – braucht eine gewisse Minimalpflege.

In der Praxis sieht es momentan so aus:
- Die Aktien der drei großen Wirtschaftsblöcke Europa, USA und Japan korrelieren stark.
- Aktien der Schwellenländer bewegen sich während normaler Börsenzeiten nicht im Gleichklang mit den Industrieländer-Aktien.
- Eine beständig geringe Korrelation herrscht zwischen Aktien und hochqualitativen Anleihen. *Hochqualitativ* sind Staatsanleihen der großen Industrienationen.

All das ändert aber nichts an der grundsätzlichen Erkenntnis, dass sich ein diversifiziertes Portfolio vorteilhafter verhält als Einzelinvestments – in steigenden Märkten sowieso, aber auch in der Krise.

Das Psycho-Problem

Rein rational sind effiziente Depots nach Markowitz das Beste, was Sie als Anleger machen können. Diversifizieren Sie, senken Sie die Schwankungsbreite Ihres Depots.
Was bedeutet das konkret?
Schauen wir uns unser Beispiel noch einmal an: Wenn Sie nicht diversifizieren, verlieren Sie in schlechten Jahren 6 Prozent Ihres Vermögens. Wenn Sie 100.000 € angelegt haben, sind das immerhin 6.000 €. Kein Pappenstiel. Im Vergleich dazu liefert das diversifizierte Depot ein Plus von 3,5 Prozent, also 3.500 €. In guten Jahren dagegen protzen Sie als *All-in*-Typ mit Ihrem nicht diversifizierten Depot mit einem 16.000-Euro-Gewinn, während die ängstlichen

Diversifizierer nur von einem Plus von 5.000 € berichten können. Und hier beginnen die psychologischen Probleme: Als Diversifizierer werde Sie sich nie über außergewöhnliche Gewinne freuen können. Warum? Weil ihre *Glühwein-Aktien* die Performance in guten Eis-Jahren herunterziehen. Wären Sie Hellseher, würden Sie im weihnachtlichen Glühweinboom alle G-Aktien verkaufen und zu 100 Prozent in Eis-Aktien gehen.

Das generelle Psycho-Problem: Kollege A hat dieses Jahr Tech-Aktien gekauft und ist damit sensationell gut gefahren, Kollege B hat letztes Jahr stark in Hochzinsanleihen investiert und damit große Gewinne eingefahren. Kollege C hat vor 2 Jahren *in Schweinebäuchen gemacht* und damit die Hälfte seines Neubaus finanziert. – Und Sie waren nie dabei. Als Diversifizierer hören und lesen Sie Erfolgsstorys rechts und links, aber Ihre Story ist nie dabei. Und wenn Sie doch mal dabei sind, dann haben Sie viel zu wenig von dem wirklich, wirklich erfolgreichen Zeug im Depot. Bei Ihnen ist es kein *Nachbrenner* im Depot, sondern ein kleiner Schubs nach oben. Aber ich kann Ihnen sagen: *Halten Sie durch.* Abgerechnet wird nach 20 Jahren. Dann werden Sie feststellen, dass Sie die ganzen One-Hit-Wonder geschlagen haben.

Denn worüber Ihre Kollegen nie gesprochen haben: Nach 3 Jahren sind die Tech-Aktien eingebrochen, die Hochzinsanleihen wurden zu Ramsch und die Schweinebäuche entpuppten sich als das, was sie waren: ein wilder Rohstoff-Zock (aber solche peinlichen Niederlagen hängt ja keiner an die große Glocke).

Ein konstant brauchbar performendes Portfolio schlägt jedes Depot, das 5 Jahre lang Spitzenergebnisse bringt, dann aber dem Index hinterherhinkt.

Wenn ich ein Hellseher wäre, würde ich nicht diversifizieren, sondern mein Geld in die Firma stecken, deren Aktienkurs in den nächsten 12 Monaten am stärksten steigt. Aber: Ich bin kein Hellseher und die klassischen Aktien- und Anleihemärkte sind zu effizient.

Weltweit lauern Hunderttausende von Profis auf jede noch so kleine Chance. Sie nutzen jedes Ungleichgewicht sofort aus und nivellieren es damit in kürzester Zeit.

Für die Börsen dieser Welt gilt: Niemand kann sich dauerhaft einen substanziellen und dauerhaften Vorsprung erarbeiten, alle schreien hektisch herum und am Ende kommt die langjährige Marktperformance heraus. Die wollen wir uns als Privatanleger sichern, denn:

Der Sinn vom Investieren als Privatanleger besteht nicht darin, die Rendite zu optimieren und reich zu werden. Der Sinn besteht darin, nicht arm zu sterben.

William Bernstein, Neurologe und Finanzbuchautor

Typischer Anfängerfehler: Das Portfolio nicht als Einheit zu betrachten

Viele Privatanleger verstoßen gegen die markowitzsche Portfoliotheorie, indem sie jedes Anlageprodukt einzeln betrachten und bewerten. Dem Tagesgeld wird vorgeworfen: *Du bringst so mickrige Zinsen*, die Aktien bekommen zu hören: *Warum schwankt ihr so stark?* Die Anleger möchten:
• renditeschwache Produkte pimpen und
• renditestarke Produkte kastrieren.
Das ist Unfug.

Zinsprodukte

Schauen wir uns die Zinsprodukte einmal an. Eine Recherche ergibt:

Festgeld mit 2 Jahren Laufzeit

* 1,55 Prozent bei der deutschen *Opel Bank*. Angebot in Euro und mit deutscher Einlagensicherung
* 1,9 Prozent bei der norwegischen *BN Bank*. Norwegische Einlagensicherung plus Währungsrisiko, denn das Konto wird in norwegischen Kronen geführt.
* 1,8 Prozent bei der tschechischen *J&T Banka* in Euro. Tschechische Einlagensicherung und im Schadensfall Rückzahlung in tschechischen Kronen.

Tagesgeld

1,05 Prozent von der *Opel Bank*. Angebot in Euro und mit deutscher Einlagensicherung

1 Prozent von der *Peugeot Citroën PSA-Direktbank*. Angebot in Euro und mit französischer Einlagensicherung.

Wenn Sie weder PSA noch Opel wollen: Andere Anbieter mit westeuropäischer Einlagensicherung liegen zwischen 0,9 und 1 Prozent.

Welches Renditepotenzial habe ich?

Hier gibt's nichts zu pimpen. Wenn Sie 10.000 € (aktuell rund 95.000 norwegische Kronen) anlegen, dann sieht die Zinstabelle so aus:

Bank	jährliche Zinsen vor Steuern	Delta absolut	Delta in % der Anlagesumme
Festgeld			
BN Bank	1.800 NOK	unberechenbare Währungsschwankungen	nicht anwendbar
J&T Banka	180 €	0 €	0,00 %
Opel Bank	155 €	25 €	0,25 %
Tagesgeld			
Opel Bank	105 €	75 €	0,75 %
Peugeot-Citroën-PSA	100 €	80 €	0,80 %

Den schlimmsten Fehler, den Sie hier machen können ist, Ihre 10.000 € auf dem Tagesgeldkonto der *PSA-Bank* zu lagern und nicht bei der *J&T Banka*. Dann verlieren Sie 80 €. Das entspricht 0,8 Prozent der Anlagesumme. Wenn Sie Ihr Geld zur Opel Bank bringen, verzichten Sie auf 25 € (0,25 Prozent der Anlagesumme). Aber egal ob Tages- oder Festgeld: die Zinsen sind niedrig und liegen nah beieinander: Hier haben Sie keinen Hebel. Wenn Sie dennoch unbedingt noch den letzten Euro aus der Sache rausquetschen wollen, werden Sie fragil.

Fragile Variante 1

Sie sind bereit, für einen kleinen *bekannten* Vorteil (25 – 80 € mehr) große *unbekannte* Risiken auf sich zu nehmen. – Auf dem Papier ist Ihre Entschädigung sauber geregelt. Aber bis jetzt war es immer so: Wenn es richtig knallt an den Finanzmärkten, reden alle wild durcheinander. Dann wird improvisiert und es geht hin und her. Die Akteure wirbeln jede Menge Staub auf und bis der sich legt, kann es eine Weile dauern.

Wer erinnert sich noch an die Mitte der Nullerjahre dieses Jahrhunderts, als die wilden Wikinger Islands das ganz große Finanzrad drehten und schließlich Frau Merkel dazu zwangen, öffentlich die Raute zu machen? Die isländische *Kaupthing Bank* wurde am 9. Oktober 2008 zahlungsunfähig. Zehn Monate später, im Juli 2009, begann die Bank mit der Rückzahlung der Einlagen (aber nicht unbedingt der Zinsen). Was haben die deutschen Sparer damals gejammert ...

In solchen Situationen werden politische Lösungen ausgehandelt, bei denen Ihr Wunsch nach Einlagensicherung sich gegen viele andere Einflüsse behaupten muss. (Es kann geopolitisch sinnvoll sein, den Bulgaren nicht wegen lumpiger 20.000 deutscher Sparer die Daumenschrauben anzulegen.) Im besten Fall werden Sie einige Zeit nicht über Ihr Geld verfügen können. Im schlechtesten Fall bekommen Sie Ihr Geld nur teilweise zurück.

Fragile Variante 2

Sie wetten darauf, dass die Pleite einer bulgarischen Bank hier so ein Medien-Tamtam auslöst, dass Merkel sich zu einer Münchhausenaktion genötigt sieht. Die Bulgaren bekommen kurzfristig einen Kredit zu sehr freundschaftlichen Konditionen und zahlen damit die deutschen Sparer aus. Damit haben Sie – als deutscher Steuerzahler – sich als Anleger an den eigenen Haaren aus dem Finanzsumpf gezogen.

Kann man machen. Das ist dann aber eine Wette, die in die Abteilung *risikobehaftet* gehört. Und es ist eine schlechte Wette. Der ganze Heckmeck für ein Delta von maximal einem Prozent? Das ist nicht wirklich *Wolf of Wall Street.*

Variante 3, meine Lieblingsvariante

Für einen Rendite-Abschlag, der irgendwo zwischen 0,25 Prozent und 0,8 Prozent der Anlagesumme liegt, erhalten Sie ein Sicherheits-Upgrade. Statt eines bulgarischen BB + -Ratings bekommen Sie den Goldstandard AAA.

Sehen Sie es als Versicherungsprämie und nicht als entgangene Zinsen. Das macht es einfacher.

Der risikobehaftete Teil

Die Aktien sollen weniger zappeln, das macht mich ganz nervös! Das Problem: Aktien zappeln nun mal gerne. Das gehört zu ihrem Wesen. Katzenfreunde kennen das Problem: Der Kater ist immer aushäusig und mischt die Nachbarschaft auf. Man kastriert ihn und schon wird er ruhiger und dicker. Kuschelkater statt Kampfkater. Genauso machen es die Fondsmanager: Sie werfen die ganzen Zappler aus dem Index und verkaufen das dann als schwankungsarme Variante des ursprünglichen Index. Das Problem: Die Werbung versucht zu suggerieren, dass der Low-Volatility-Index einfach die abgespeckte Variante des klassischen Index wäre. So wie bei den ganzen Low-Fat-Produkten. *Genuss ohne Reue. Voller Geschmack bei nur 0,1 Prozent Fettanteil.* Das Dumme: Der Minimum-Volatility-Index verhält sich zum normalen Index nicht wie die *Zero Coke* zur normalen Coke.

Der *Emerging-Markets-MinVola* beispielsweise ist nicht einfach die risikoarme Variante des Emerging-Market-Index. Wenn dem so wäre, wäre es idiotisch, weiterhin einen ETF auf den klassischen EM-Index zu halten. Warum soll ich mehr Risiko tragen als nötig? Die MinVolas haben ihre ganz eigenen Risiken. Durch die Filterung verschiebt sich die Branchengewichtung erheblich. Der IT-Sektor ist zugunsten der Langweiler *Gesundheit, Versorger, Telekommunikation* und *nicht zyklische Konsumgüter* untergewichtet. *Minimum Volatility* ist nur eine nette Umschreibung für *no risk, no fun.* Wer die Schwankungen dämpfen möchte, muss die Werte *mit Fantasie* stutzen. Diese Sektor-Monokultur erhöht aber gleichzeitig das Risiko. Die Anbieter müssen also das Kunststück fertigbringen, den Original-Index zu beruhigen, ohne ihn komplett auszuhöhlen.

Ähnliches gilt für währungsgesicherte ETFs. Im *MSCI World* sind vom US-Dollar über den Euro bis zum neuen israelischen Schekel 14 Heimatwährungen enthalten. Firmen wie *Apple* oder *Nestlé* haben zwar eine Heimatwährung, sind aber als global agierende Konzerne sämtlichen Währungsschwankungen ausgesetzt. Die Firmen werden sich – so gut es geht – selbst gegen Währungsschwankungen absichern. Das Hedging (Absichern) auf Fonds-Ebene verursacht auf jeden Fall Kosten, die der ETF wieder hereinwirtschaften muss. Sonst steht er schlechter da als der *Plain-Vanilla-Index.*

Wegen der vielen Quer-, Seiten- und Nebeneffekte lassen sich die Auswirkungen der Währungsschwankungen schwer quantifizieren. Es hängt eben alles mit allem zusammen. Bei einem Weltportfolio sollten sich im

Mittel die Einflüsse der Währungsschwankungen auf die Erträge ausgleichen, sodass eine Absicherung nicht erforderlich ist.

Das Problem dieser Strategie

Was soll das Gemecker, Finanzwesir. Das ist doch eine tolle Strategie:
- Ich erhöhe die Chancen des risikoarmen Teils.
- Ich verringere das Risiko des risikobehafteten Teils.

Klingt doch gut!

Oberflächlich gesehen ist diese Strategie sehr clever. Das Problem lauert unter der Oberfläche: Beide Strategien machen Ihr Depot fragil.

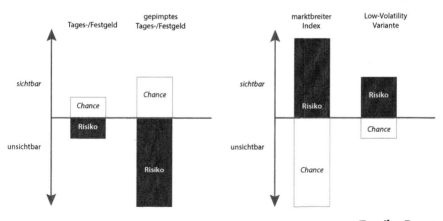

Fragiles Depot
Quelle: Finanzwesir

Fragil bedeutet: Eine Änderung wird sich eher negativ als positiv auf Ihr Depot auswirken.
Im risikoarmen Bereich machen Sie jahrelang kleine Rendite-Trippelschritte. Dann kommt ein richtiger Krach und alles steht auf der Kippe. Der risikobehaftete Bereich schwankt wenig. Aber wenn die Kurse richtig nach oben gehen, fehlen Ihnen die stark wachsenden Firmen. Schauen Sie sich mal den Kurs der Apple-Aktie an. Zwischen Dezember 1980 und Januar 2005 tat sich da nicht viel. Als ich 1993 als PC-Redakteur anfing, war uns allen klar: *Apple überlebt vielleicht als Spezialist für Grafik und Layout, wenn überhaupt. Im Depot braucht man die jedenfalls nicht.* So kann man sich täuschen.

Was soll ich tun?

Nicht fragil werden! Betrachten Sie Ihr Depot als Ganzes, anstatt jeden Baustein isoliert zu bewerten. Das funktioniert nicht. Betrachten Sie Ihr Depot als Team, als Mannschaft. Jedes Teammitglied hat bestimmte Aufgaben zu erfüllen, damit die Mannschaft als Ganzes erfolgreich ist. So ist es auch beim Depot:

*   Der risikoarme Teil (RK1) ist der Petrus im Depot. Sein Auftrag: *Du bist der Fels, auf den ich mein Vermögen baue.* Petrus macht keine Rendite – Petrus ist armageddonfest: wenn die Welt in Trümmer fällt, schlägt seine große Stunde. Alles bricht zusammen, RK1 steht.
*   Der risikobehaftete Teil (RK3), auch bekannt als *Mr. Market,* ist für die Rendite zuständig. Wir lassen das himmelhochjauchzende zu Tode betrübte Partyschwein seine Volatilität ausleben. Wie sagte André Kostolany: *Wer die Aktie nicht hat, wenn sie fällt, hat sie auch nicht, wenn sie steigt.*

Wir kennen die zukünftigen Gewinner nicht, deshalb sind wir marktbreit dabei.

Die einzige Stellschraube

Sie entscheiden, wie viel Party und wie viel Fels Sie in Ihrem Depot haben wollen: Zu viel Fels und alles versteinert, zu viel Party macht Katerstimmung.

Die Volatilität des gesamten Depots muss stimmen. Hängen Sie *Mr. Market* so viele Felsen um den Hals, bis Sie sein Gezappel ertragen. Hier ist reines Bauchgefühl gefragt. Können Sie ruhig schlafen, wenn Ihr Depot 10 Prozent an Wert verliert? Gut, das ist dann Ihr Level. Wer mit einem 20-prozentigen Wertverlust zurechtkommt, ist nicht mutiger oder besser als Sie, sondern hat einfach eine andere Risikotragfähigkeit. Es gibt ja auch Menschen, die länger in der Sonne bleiben können als Sie. *Risikotragfähigkeit* ist eine Eigenschaft, kein Qualitätsmerkmal. Es geht nicht darum, sich Special-Forces-mäßig auf einen möglichst hohen RK3-Anteil zu drillen.

Was ich mit ziemlicher Sicherheit sagen kann: Wenn Sie erst einmal damit angefangen haben, sich mit Ihren Finanzen zu beschäftigen, wird Ihre Risikotragfähigkeit steigen. Warum? Weil man sich vor Dingen, die man kennt, nicht fürchtet. Wenn Sie davon ausgehen, dass Aktienkurse sich im Crash halbieren können, dann müssen Sie – je nach Mischungsverhältnis – mit diesen Maximalverlusten rechnen.

maximaler Gesamtverlust

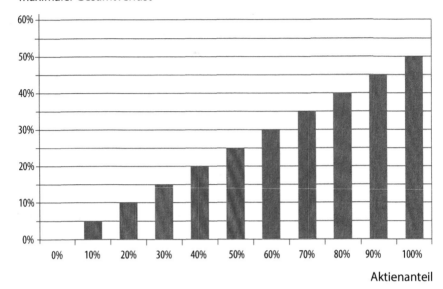

Maximaler Verlust bei verschiedenen Depot-Mischungen
Quelle: Finanzwesir

 1. Der Ruin ist keine erneuerbare Ressource. Werden Sie nicht fragil. Lüften Sie die Decke und suchen Sie nach versteckten Risiken und Chancen.
2. Lassen Sie den Dingen ihren Charakter. Versuchen Sie nicht, die Nachteile eines Produktes zu mindern, sondern setzen Sie es dort ein, wo es seine Vorteile ausspielen kann.
3. Wenn Sie bei einem Produkt keine Vorteile für sich erkennen können, setzen Sie es nicht ein.

Es gibt noch einige weitere Probleme meist psychologischer Art, die einem das Leben in dieser Stufe schwer machen. In den letzten 10 Jahren sind meine Blog-Leser und ich über einen der folgenden Fallstricke gestolpert.

Niedrige Zinsen sind kein Grund, um an die Börse zu gehen

Immer wieder erhalte ich Mails, in denen Leser mehr verdienen wollen als die müden Tagesgeldzinsen und deshalb fragen: *Soll ich wegen der niedrigen Zinsen an die Börse?* Meine Antwort ist immer Nein, denn diese Leser wollen nicht hin zur Börse, sondern weg vom Niedrigzins. Das ist falsch. Das Argument *Ich will hier weg* ist ein schwaches Argument:

- Mein Job gefällt mir nicht, ich will weg.
- Ich bin unzufrieden mit meiner Beziehung, ich lass mich scheiden.

Ja, und dann? Wo steht geschrieben, dass der neue Job, der neue Mann oder die neue Frau automatisch besser sind?

Niedrige Zinsen sind kein Grund für ein Börsenengagement.

Was ist denn ein Grund, Aktien zu kaufen?

Der einzig akzeptable Grund, Aktien oder ETFs zu kaufen, ist der Wunsch, am Produktivkapital beteiligt zu sein. Ich möchte *Mitbesitzer* sein und langfristig von der Wertschöpfung profitieren, entweder über Dividenden oder über Kurssteigerungen.

Wer leichtherzig die Anlageklasse wechselt, ohne dabei seine Geisteshaltung anzupassen, wird scheitern. Sparer erwarten eine klare Ansage in Bezug auf Laufzeit und Zinssatz.

Sparen ist eine eindeutige Sache: *Ich weiß, worauf ich mich einlasse und kann planen.*

Aktionäre dagegen setzen darauf, dass es zwar langfristig bergauf geht, kurzfristig aber auch mal ordentlich nach unten gehen kann. Während der Sparer Schwankungen als Problem sieht, ignoriert der Aktionär sie als börsentypisches Verhalten. Ja, und manchmal geht eine Firma auch pleite. Das ist nicht schön, gehört aber dazu.

Exkurs *Risiko*

Grundsätzlich gilt: Die Rendite macht der Markt. Das Risiko muss gemanagt werden; vor allem die selten und höchst unwahrscheinlichen Ereignisse, die aber häufig extremen Konsequenzen haben. Das Entscheidende beim Risiko ist: Wie viel können Sie davon aushalten? Ab wann bekommen Sie Angst und verkaufen zu einem ungünstigen Zeitpunkt?

Was ist Risiko?

Risiko ist **nicht** Ungewissheit. Beim Risiko ist die Wahrscheinlichkeit des Eintretens eines bestimmten Ereignisses **bekannt**. Die Sterbetafeln der Versicherer bilden ein Risiko ab. Wie viele Menschen Ihres Jahrgangs und Ihres Geschlechts Silvester nicht erleben werden, ist ziemlich gut berechenbar. Da die Sterbewahrscheinlichkeit bekannt ist, können die Versicherer ihre Prämien kalkulieren. Risikoberechnung steht zwar im Ruf *Voodoo* zu sein, ist aber in Wirklichkeit nur Mathematik.

Wann Sie persönlich sterben werden? Das ist ungewiss. Und bei der Ungewissheit versagt die Statistik.

Welche Risiken gibt es?

Letztendlich sind Geldanleger drei Arten von Investmentrisiken ausgesetzt. Eine Risikoart ist unvermeidbar, zwei Risikoarten lassen sich vermeiden.

Das Gesamtmarktrisiko

Das Marktrisiko ist unvermeidbar. Deshalb werden Geldanleger für die Übernahme dieses Risikos entschädigt. Wer mit geliehenem Geld Optionsscheine kauft, setzt sich dem Marktrisiko stark aus, wer nur eigenes Geld in Bluechip-Aktien investiert und ein Tagesgeldkonto führt, verringert sein Gesamtmarktrisiko. Eliminieren lässt sich das Marktrisiko aber nicht. Deshalb muss es durch die kluge Kombination verschiedener Anlageklassen so gemanagt werden, dass es den eigenen Vorstellungen entspricht.

Risikomanagement bedeutet in diesem Fall das Verhindern von dauerhaften nicht akzeptablen Verlusten. Wie lange *dauerhaft* ist, hängt stark mit der eigenen Lebensplanung zusammen. 30 Jahre für den, der Geld für die Rente anlegt, 5 Jahre für den, der dann ein Haus bauen will.

Einzelwertrisiko und Aktiengruppenrisiko

Diese beiden Risiken sind vermeidbar. Investoren, die diese Risiken tragen, werden deshalb vom Markt nicht dafür belohnt.

Beide Risiken lassen sich durch Diversifizierung so weit verringern, bis sie verschwunden sind. Ein marktbreiter Indexfonds wie der *MSCI World* investiert in 1.645 Firmen. Selbst *Apple* – die größte Position – macht nicht mehr als 1,82 Prozent des Fondsvolumens aus. Selbst wenn *Apple* sich von heute auf morgen in Luft auflösen würde: Den Kurs des Fonds würde das nicht ernsthaft gefährden.

Einzelwertrisiko

Das Einzelwertrisiko lässt sich in die folgenden vier Unterrisiken zerlegen:

1. **Kursrisiko:** Der Kurs einer Aktie kann fallen, einfach weil die Mehrheit der Marktteilnehmer sie für überbewertet hält.
2. **Zinsrisiko:** Wenn die Zinsen stärker als erwartet steigen und der Markt diese neue Entwicklung einpreist, fällt der Aktienkurs.
3. **Unternehmensrisiko:** Das Management wirtschaftet schlecht, die Dividenden fallen aus. Die Firma wankt.
4. **Konkursrisiko:** Das Management wirtschaftet so schlecht, dass die Firma pleitegeht.

Selbstverständlich haben auch Anleihen und Tagesgeldkonten ein Einzelwertrisiko. Anleihenkurse schwanken und der Schuldner kann insolvent werden. Tagesgeld ist dem Zinsrisiko ausgesetzt und bei einer Bankenpleite kann man nur hoffen, dass der Einlagensicherungsfonds standhält.

Aktiengruppenrisiko

Die Aktienkurse von Firmen einer Branche bewegen sich oft im Gleichtakt. *Mercedes* gibt hervorragende Verkaufszahlen in China bekannt, ergo steigen auch die Kurse von *VW* und *BMW*. Ein neues Gesetz zur Regulierung des Strommarktes wird beschlossen und egal ob *RWE* oder *E.ON*: die Kurse sämtlicher Versorger reagieren gleich. Dabei kommt es gar nicht so sehr auf die Fakten an, sondern die Psychologie reißt die Kurse in die eine oder andere Richtung. Es gibt auch ausgesprochene Börsenmoden. Dann investieren alle in *Growth-, Value-* oder *Small-Cap-Aktien*. Die Tide hebt dann alle Schiffe, egal ob die wirtschaftliche Entwicklung einer Firma den Aktienkurs rechtfertigt.

Umgekehrt: Wenn ein Aktiensegment auf einmal *Pfui bäh* ist, sausen die Kurse aller Firmen in den Keller.

Was ist Risikotoleranz?

Ganz einfach:
Welche Kursschwankungen können Sie ertragen, ohne auszuflippen?
Wer risikoscheu ist, will oder muss die Schwankungsbreite seiner
Geldanlage reduzieren und ist deshalb bereit, niedrigere Renditen in
Kauf zu nehmen. Wer sich dem unvermeidlichen Gesamtmarktrisiko
nicht so stark aussetzen möchte, muss niedrigere Renditen akzeptie-
ren. So verlangt es das *magische Dreieck* der Geldanlage.
Risikoscheuheit ist nicht unbedingt nur ein psychologischer Faktor.
Jemand der plant, in einigen Jahren eine Immobilie zu erwerben,
muss sein Marktrisiko reduzieren und ist deshalb gezwungen, einen
guten Teil seines Geldes sicher und zinsarm zu parken.

Sehr langfristig denkende Anleger mit einem robusten Nervenkos-
tüm haben hier einen Vorteil: Sie können ein höheres Marktrisiko
eingehen, weil sie die größeren Schwankungen einfach aussitzen
können. Das ist vergleichbar mit einem Flugzeug: Wer in Baum-
wipfelhöhe fliegt, kann sich keine Fehler erlauben, deshalb fliegen
Piloten bei Turbulenzen gerne hoch. Da kann die Maschine schon
mal 1.000 Meter durchsacken, ohne dass etwas passiert. Solange im
Cockpit keine Panik ausbricht, geschieht nicht viel. Der Langfristan-
leger fliegt in 10.000 Meter Höhe.
Wer sein Geld dagegen morgen braucht, darf auf keinen Fall in Turbulenzen geraten. Die Luft ist dünn in 10.000 Meter Höhe. Deshalb
sind in dieser Renditezone wenig Anleger zu finden. Zum einen, weil
sie das Kapital nicht haben (Anlagen werden aufgelöst, um die Ausbildung der Kinder zu finanzieren oder die eigene Arbeitslosigkeit
zu überbrücken), und zum anderen, weil die mentale Stärke fehlt.

Das ultimative Risiko

Damit kommen wir zum Master-Risiko: *Risiko ist, wenn man kein Geld hat, aber welches braucht.*
Es darf nie passieren, dass am Ende des Geldes noch Leben übrig ist! Das Geld darf Ihnen nie ausgehen. Egal, ob es sich dabei um die Altersvorsorge handelt oder um das täglich benötigte Kleingeld. Nicht liquide zu sein ist tödlich. Was nützt es, wenn man sein Geld zwar hochrentabel, aber für 5 Jahre fest angelegt hat und heute die Stromrechnung nicht bezahlen kann? Zwangsverkäufe sind immer extreme Minusgeschäfte. Noch schlimmer ist es, wenn einem das Geld in einer Lebensphase ausgeht, in der es zu spät ist, noch welches zu verdienen. Deshalb muss das Risiko gemanagt werden. Eine gute Möglichkeit bietet die Simulation eines Crashs.

Machen Sie doch mal eine Feuerwehrübung mit Ihrem Geld

Wie jetzt, soll ich mein Geld verbrennen? Nein, Sie sollen sich ein paar Krisenszenarien ausdenken und dann Excel anwerfen und das Desaster in Heller und Pfennig ausrechnen. Entwerfen Sie einen Stresstest für Ihr Depot.
Warum machen Schiffsbesatzungen, Flug-Crews und Feuerwehrleute regelmäßige Trockenübungen? Weil sie sonst im Krisenfall wie aufgescheuchte Hühner herumlaufen und nichts auf die Reihe kriegen. Schauen Sie sich diesen Chart an. Seit dem Crash-Jahr 2009 kennt der Standard-&-Poor's-500-Index nur steigende Kurse. Das kann auf Dauer nicht so weitergehen. Bevor es jetzt heißt, der Finanzwesir sei unter die Crash-Propheten gegangen: Ich argumentiere mit der Regression zum Mittelwert. Die Bäume wachsen nicht in den Himmel. Der S&P 500 wächst im langjährigen Mittel zwischen 5 und 8 Prozent jährlich.

Seit 2009 hat der S&P 500 dieses beeindruckende Wachstum hinter sich:

S&P 500 Chart

Intraday   1 Woche   1 Monat   6 Monate   1 Jahr   3 Jahre   5 Jahre   Max   Profichart öffnen

Irgendwann wird die Spitze dieses Pfeils nach Süden zeigen.

S&P 500 Quelle: www.finanzen.net/index/S&P_500/Charttool

Jahr	Rendite
2015	-0,7 %
2014	11,4 %
2013	29,6 %
2012	13,4 %
2011	0,0 %
2010	12,8 %
2009	23,5 %

Damit wir den Durchschnitt von 5 bis 8 Prozent hinbekommen, sind irgendwann auch mal einige magere Jahre nötig. Das ist ganz normal und kein Grund zur Sorge. Ein erfahrener Kapitän bringt sein Schiff auch durch schwere See.

Um noch einmal auf die oben angesprochenen aufgescheuchten Hühner zurückzukommen: Der Anlageerfolg hängt von zwei Dingen ab:

1. Man verfolgt einen vernünftigen Plan.
2. Man hat den Mut, an diesem Plan auch unter allen Umständen festzuhalten.

Dieser Mut wird in Fachkreisen *Risikotoleranz* genannt und gehört zu den am meisten überschätzten menschlichen Fähigkeiten. Theoretisch sind wir alle so risikotolerant wie Bruce Willis in *Stirb langsam*. Cool und immer einen flotten Spruch auf den Lippen, auch wenn die Stopp-Loss-Marken unter den Prankenhieben der Börsen-Bären zerbröseln und der Depotwert dahinschmilzt wie ein Schneemann in der Sauna. Wer dann noch sagt *Die Börse ist wie ein Paternoster, die Fahrt durch den Keller ist ungefährlich, man muss nur ruhig stehen bleiben* kann jetzt aufhören zu lesen. Alle anderen sollten sich jetzt zur Feuerwehrübung melden, damit sie im Falle einer *Apocalypse-Now*-Börse nicht einem Kamikaze-Impuls nachgeben.

Wie groß soll ich die Krise machen?

Ich habe hier einige historische Zahlen zusammengetragen, an denen Sie sich orientieren können.

1929 – 1932: die dunklen Jahre. Verringern Sie den Wert Ihres Depots viermal hintereinander wie folgt:

Jahr	Index	Verlust
1929	*S&P 500*	-14 %
1930	*S&P 500*	-28 %
1931	*S&P 500*	-49 %
1932	*S&P 500*	-15 %

1939 – 1941: Zweiter Weltkrieg. Verringern Sie den Wert Ihres Depots dreimal hintereinander wie folgt:

Jahr	Index	Verlust
1939	*S&P 500*	-5 %
1940	*S&P 500*	-17 %
1941	*S&P 500*	-17 %

1974: Ölkrise. Gehen Sie nicht über Los, ziehen Sie nicht 4.000 € ein, sondern verringern Sie den Wert Ihres Depots um 30 Prozent.

2000 – 2002: Dotcom-Krise. Auch dieses Mal war nicht alles anders. Mein Börsendebüt. Seitdem betrachte ich mich als Veteran. Bitte 3 Verlustjahre wie folgt in die Excel-Simulation eingeben:

Jahr	Index	Verlust
2000	*S&P 500*	-10 %
2001	*S&P 500*	-11 %
2002	*S&P 500*	-24 %
2000	*DAX*	-8 %
2001	*DAX*	-21 %
2002	*DAX*	-45 %

2008: Subprime-Krise. Ein Jahr im Sturzflug. Kürzen Sie Ihr Depot um 39 (*S&P 500*), 40 (*DAX*) oder 43 Prozent (*Nikkei*).

Wenn man das liest, wundert man sich, wo der S&P 500 eine langjährige durchschnittliche Jahresperformance von 5 bis 8 Prozent hernimmt. Aber auch hier greift die Regression zum Mittelwert. Was unten liegt, kommt auch wieder hoch.

Wie simuliere ich?

Teilen Sie Ihr Geld in einen risikoarmen Teil (RK1) und einen risikobehafteten Teil (RK3).
RK1 sind Zinsprodukte wie Festgeld und Anleihen bester Bonität.

RK3 sind Aktien.

RK1 bringt keine Rendite, sondern Stabilität. RK3 schwankt und entschädigt Sie dafür mit einer ordentlichen Rendite.

Ein Beispiel

Sie haben 50.000 € und sind bereit, temporär eine zehnprozentige Wertminderung zu akzeptieren. Das bedeutet: Sie bekommen keinen Herzkasper, wenn sich 5.000 € in Nichts auflösen. 45.000 € sind ja auch noch eine Menge Geld und die 5.000 € werden wiederkommen. Unsere Simulationshypothese: Die Kurse geben um 40 Prozent nach. Die Frage: Wie groß darf der RK3-Anteil sein?

Wenn 5.000 € einem 40-prozentigen Verlust entsprechen, dann müssen Sie vor dem Kursrückgang 12.500 € investiert haben.

Das RK1/RK3-Verhältnis beträgt 75:25 Prozent.

Wenn Sie davon ausgehen, dass sich die Kurse auch halbieren können, ist Ihr RK1/RK3-Mix 80:20 Prozent.

Wenn Sie davon ausgehen, dass sich die Kurse halbieren können und Sie nur Verluste von 5 Prozent (umgerechnet 2.500 €) ertragen, ist Ihr RK1/RK3-Mix 90:10 Prozent.

Ein Beispiel zum Thema *Die eigene Risikotoleranz überschätzen*: Junge Leute sollten eine ordentliche Aktienquote fahren, da sie die Zeit auf ihrer Seite haben und Verluste aussitzen können. Oft wird ein RK3/RK1-Verhältnis von 70:30 vorgeschlagen. Sehen wir uns einmal an, was das in der Praxis bedeutet:

- Startkapital: 50.000 €
- RK1-Anteil: 15.000 € (30 %)
- RK3-Anteil: 35.000 € (70 %)
- Crash: Aktien -40 %
- Verlust RK3-Anteil: 14.000 €
- RK3-Anteil nach Crash: 21.000 €
- Endkapital: 36.000 €
- Verlust bezogen auf Gesamtdepot: 28 Prozent

Theoretisch alles kein Problem. Die Flughöhe stimmt, es sind noch 25 Jahre bis zur Rente und das Geld wird nicht gebraucht. Also was soll's. Die Frage ist nur: Haben Sie die Kraft, jetzt **nicht** hinzusehen, sondern sich mit dem unergründlichen Lächeln und der Gelassenheit eines Dalai Lama an die Seitenlinie zu stellen und nichts zu tun? – Nichtstun ist für einen nach westlichen Maßstäben erzogenen Menschen sowieso schon schwierig und dann noch die Hände in den Schoß legen in Zeiten der Krise? Geht – gar – nicht!

Vielleicht hilft Ihnen hier das Gleichnis vom verlorenen Sohn aus der Bibel: Die Euros sind nicht verloren, nur abwesend, und werden spätestens nach 10 –15 Jahren den Weg nach Hause finden. Das zeigt auch das *DAX*-Renditedreieck: Nach 10 Jahren ist fast jeder Aktienanleger im Plus.

Was bringt das?

Wir hatten die letzten 5 Jahre eine Schönwetterbörse. Die Zeiten werden rauer werden, da ist es gut, sich mental darauf vorzubereiten. Denn:

> *Unwissenheit ist die Mutter der Angst.*
>
> (Andrzej Szczypiorski, polnischer Schriftsteller)

Und wer Angst hat, steht unter dem Einfluss des Reptilienhirns und macht dumme Dinge.

Auch wenn es *nur* eine Simulation ist, Sie haben sich schon einmal damit befasst, was die kühne Aussage *30 Prozent Kursverluste machen mich nicht verrückt* konkret in Euro bedeutet. 30 Prozent Kursverlust – das ist eine abstrakte Zahl, die macht mich auch nicht verrückt. Aber wenn es auf einmal um 14.000 € geht, dann kriege ich einen Panik-Puls. Deshalb: Weg von den Prozenten, hin zu absoluten Zahlen.

Wenn es um Finanzdinge geht, gehöre ich ganz klar zur gefühllosen Fraktion. *Lasst Excel sprechen* ist meine Devise.

Einzige Ausnahme: Die RK1/RK3-Verteilung. Hier sollten Sie **unbedingt** auf Ihren Bauch hören. Wenn Sie sich mit einer 90/10-Verteilung wohlfühlen und damit jede Krise durchstehen, verdienen Sie langfristig Geld. Wenn Sie bei einer 30/70-Verteilung im Schlachtgetümmel der Mut verlässt und Sie am Tiefpunkt verkaufen, verlieren Sie. Dann ist es besser, Sie gestehen sich ein, dass dieser Ritt Ihnen zu wild ist.

Immer investiert bleiben ist das Erfolgsgeheimnis. Wer in der Krise verkauft, ruiniert seine Rendite verlässlich. Siehe auch das Schaubild *Psychofalle Börse*.

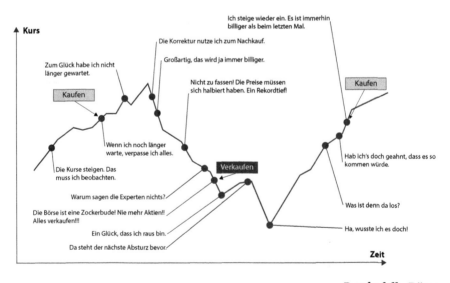

Psychofalle Börse
Quelle: *Finanzwesir*

Exkurs: Was ist Rendite?

Wenn man sich im Internet umschaut, bekommt man verschiedene Definitionen geliefert. Die Rendite gibt jedenfalls das Verhältnis der Auszahlungen zu den Einzahlungen einer Geld- beziehungsweise Kapitalanlage an. Rendite bezeichnet im Gegensatz zum Zins den Erfolg einer direkten Beteiligung in Form von Kapital, Arbeit, Immobilien und/oder Rohstoffen am Ende einer Wertschöpfungskette. Die Rendite soll erkennbar machen, wie gut sich ein früher angelegter Geldbetrag entwickelt hat. *Entscheidend ist, was hinten rauskommt,* das hat bereits Altkanzler Helmut Kohl 1984 erkannt. Das Problem mit der Rendite: sie ist nicht scharf definiert. Es existieren verschiedene Arten von Renditen. Zinsen sind sicherlich eine Form von Rendite, aber Kurssteigerungen von Aktien auch, und wer Schulden tilgt, erzielt auch eine Rendite.

Dieser Renditekram scheint ein mühsames Geschäft zu sein. Können wir das mit der Rendite nicht vergessen und ein Bier trinken gehen?
Nein, Euer Ehren. Wir müssen diese Renditesache verstehen, denn die Rendite ist unser Kompass in den Untiefen des Investierens. Stimmt die Rendite nicht, ist das Geld in Gefahr. Die Rendite ist unser Erfolgs- und Vergleichsmaßstab.
Wenn man das Renditethema nur fein genug aufdröselt, ist es ganz einfach zu verstehen. Versprochen! Lassen Sie uns unsere Rundreise durch die Wunderwelt der Rendite beginnen.

Das kleine Rendite-Einmaleins

Sie leihen mir 100 €, ich gebe Ihnen 102 € zurück. Ihre Rendite: 2 €.
Sie leihen mir 200 €, ich gebe Ihnen 204 € zurück. Ihre Rendite: 4 €.
4 € sind doppelt so viel wie 2 € – die Rendite im zweiten Deal ist also besser. Wirklich? Aber Sie haben mir ja auch 200 € statt nur 100 € geliehen.

Erste Erkenntnis: Die von mir gezahlten 2 € beziehungsweise 4 € sind nicht die Rendite, sondern der Gewinn.

Definition des Begriffs *Rendite* – Erster Versuch

Wir halten fest: Bei der Renditeberechnung müssen wir das eingesetzte Kapital und den erhaltenen Gewinn miteinander vergleichen. Hier hilft die Prozentrechnung weiter. Wie groß ist der Anteil des Gewinns bezogen auf das eingesetzte Kapital? 2 € sind bezogen auf 100 € Kapitaleinsatz 2 Prozent. 4 € Rendite sind bezogen auf 200 € Kapitaleinsatz ebenfalls 2 Prozent. Beide Deals haben also eine Rendite von 2 Prozent. Reicht das, um den Begriff *Rendite* klar zu definieren?
Auf zum nächsten Beispiel.

Definition des Begriffs *Rendite* – Zweiter Versuch

Sie leihen mir 100 €, ich gebe Ihnen nach einem **halben** Jahr 102 € zurück.
Sie leihen mir 100 €, ich gebe Ihnen nach **einem** Jahr 102 € zurück.
Wenn wir Gewinn und eingesetztes Kapital miteinander vergleichen, kommen wir in beiden Fällen auf 2 Prozent. Also haben beide Deals die gleiche Rendite. – Kann das wirklich sein?

Zweite Erkenntnis: Bei der Renditebetrachtung spielt die Zeit eine Rolle. Wie lange ist mein Kapital gebunden?

Im ersten Fall bekommen Sie Ihr Geld samt Leihgebühr (die 2 €) schon nach einem halben Jahr zurück. Im zweiten Fall müssen Sie ein Jahr warten, bis Sie 102 € in Empfang nehmen können. Wenn wir die beiden Transaktionen miteinander vergleichen wollen, müssen wir sie so umrechnen, dass wir in beiden Fällen den gleichen Zeitraum betrachten.

In der Finanzwelt ist das Jahr der Standardzeitraum. Das ist das berühmte p.a., das Sie hinter allen Zinsbeträgen finden. (p.a. = per annum, lateinisch für *jährlich*, klingt halt cooler als *jährlich* und unterstreicht dezent die humanistische Bildung Ihres Bankers).

Bezogen aufs Jahr sieht die Rechnung wie folgt aus: Sie leihen mir zweimal 100 €, kassieren jedes Mal 2 € und haben nach einem Jahr 4 € Gewinn gemacht.

Sie leihen mir 100 € und haben am Jahresende 2 € Gewinn gemacht. Die Rendite beträgt im ersten Fall 4, im zweiten Fall 2 Prozent p.a. Im ersten Fall verdienen Sie pro 100 € Kapitaleinsatz 4 € jährlich, im zweiten Fall nur 2 €.

Die Rendite bezieht sich immer auf das eingesetzte Kapital und wird immer auf ein Jahr gerechnet. Das gilt auch, wenn der tatsächliche Investitionszeitraum kürzer ist. So werden die Renditen unterschiedlicher Investitionen vergleichbar.

Satte Jahresrenditen schon mit kleinsten Summen

Sie kaufen heute eine Aktie zu 100 € und verkaufen diese nach einer Woche (Haltezeit 7 Tage) für 100,50 €. Ihr Gewinn: 50 Cent. Ihre Rendite: 50 Cent, das sind 0,5 Prozent von 100 €. Die jährliche Rendite rechnen wir aus, indem wir die 0,5 Prozent durch die Haltedauer (7 Tage) teilen und dann mit der Anzahl der Tage eines Jahres (365 Tage) multiplizieren.

Wir rechnen: 0,5 Prozent / 7 x 365 = 26 Prozent p.a.

Merke: Je kürzer die Haltezeit, umso höher die Jahresrendite.

Verdient haben Sie aber trotzdem nur 50 Cent. Bloß, weil eine Jahresrendite von 26 Prozent versprochen wird, dürfen Sie nicht davon ausgehen, dass Sie am Ende des Jahres für jeden Hunderter, den Sie investiert haben, auch 26 € auf Ihrem Konto vorfinden; p.a. heißt *jährlich* – das suggeriert etwas Langfristiges und Solides, das stimmt aber nicht. Diese 26 Prozent kommen nur zustande, weil wir Ihre kleine einwöchige Aktienaffäre aufs Jahr hochgerechnet haben.

Wie man Sie ausnimmt wie eine Weihnachtsgans und Ihnen dabei eine Renditesteigerung präsentiert

Im Kleingedruckten auf Seite 57, § 5, Absatz 3 steht: *Die ausgewiesene Rendite bezieht sich auf das eingesetzte Kapital.* Im Kleingedruckten auf Seite 98, § 3, Absatz 5, Satz 13 steht: *Als eingesetztes Kapital gilt die investierte Summe abzüglich sämtlicher Gebühren und Transaktionskosten.* Im echten Kleingedruckten ist das natürlich nicht so klar wie hier formuliert, sondern mit einem ordentlichen Quantum juristischen Zuckergusses verziert.

Sie geben mir 100 €, ich ziehe 10 € Gebühren ab und investiere 90 €. Am Ende des Jahres präsentiere ich eine Rendite von 2,22 Prozent, macht ein Plus von rund 2 €. Im nächsten Jahr gehe ich wieder über Los und ziehe wieder 10 € Gebühren ein. Die verbleibenden 80 € investiere ich. Diesmal kann ich eine Renditesteigerung um 12,61 Prozent von 2,22 auf 2,5 Prozent vorweisen – für Sie sind aber nach wie vor nur 2 € drin. – Coole Sache, ich schnappe mir 10 € Ihres Geldes und kann deshalb eine Renditesteigerung von knapp 13 Prozent vorweisen.

Ich habe hier einen beliebten Trick der Finanzjungs verwendet: Ich habe mit der Steigerung der Steigerung angegeben. So lassen sich auch sehr überschaubare Summen zu beeindruckenden Prozenten aufblasen. Zugegeben, das ist ein sehr simples Beispiel und in seiner Plumpheit mit ziemlicher Sicherheit so nicht durchführbar, weil verboten.

Renditen müssen in Verkaufsprospekten effektiv angegeben werden, um solche Tricks zu verhindern, aber vom Prinzip her läuft der Verkauf schrottiger Finanzprodukte so.

Was bleibt: Klären Sie vor jeder Investition, worauf sich die Rendite bezieht.

Was gilt – in Ihrem konkreten Fall – als eingesetztes Kapital, und lässt diese Definition – wie im obigen Beispiel – zu, dass diese Zahl schwankt? Eine sich jährlich ändernde Nulllinie ist die optimale Basis für Renditetricksereien. Die Sache muss noch nicht einmal illegal sein. Nur ein bisschen hingedreht und mit einigen juristischen Nebelkerzen verziert, und schon ist der werte Anleger verwirrt.

Bedenken Sie: Es herrscht Vertragsfreiheit und es gibt keine wasserdichte Rendite-Definition. Sie müssen in jedem einzelnen Fall klären, wie *Rendite* definiert ist.

Renditen und Renditetricks – so berechnen Sie, wie hart Ihr Geld *wirklich* arbeitet

Zur Rendite drängt, an der Rendite hängt doch alles.
Frei nach Johann Wolfgang von Goethe

Nachdem ich im ersten Renditekapitel auf die Grundlagen der Renditeberechnung eingegangen bin, möchte ich Ihnen nun einige Vertreter der Renditefamilie und ihre Tricks vorstellen.

Alle haben eines gemeinsam: Sie tragen Furcht einflößende Namen. Aber wenn man sie ein wenig genauer unter die Lupe nimmt, stellt man fest, dass es nur Scheinriesen sind, wie der werte *Herr Tur Tur* aus *Jim Knopf und Lukas der Lokomotivführer*. Es ist gar nicht so schwierig zu verstehen, wie die einzelnen Varianten berechnet werden.

Genau wie im Kino gibt's auch bei den Renditen *The Good, the Bad and the Ugly*. Fangen wir mit den Guten an.

Geometrische Durchschnittsrendite

Die Geometrische Durchschnittsrendite (Englisch: *compound annual growth rate*) berücksichtigt die in der Realität immer vorkommenden jährlichen Renditeschwankungen und fällt deshalb immer niedriger aus als die arithmetische Durchschnittsrendite. Je stärker die Jahresrenditen schwanken, umso größer der Unterschied zwischen arithmetischer und Geometrischer Rendite.

Berechnung

Anfangsinvestment $* (1+r)^n$ = Endwert des Investments

r = Rendite

n = Anzahl der Jahre

r = (Endwert/Anfangswert) $^{(1/n)}$ −1

Beispiel:

Wir investieren 100 €, die nach 4 Jahren 154,45 € wert sind. Das Ganze in Excel und wir erhalten als Geometrische Durchschnittsrendite:

(154,45 € / 100 €) (1/4) – 1 = 0,115 = 11,5 Prozent.

Diese 11,5 Prozent sind der gleichbleibende Zinssatz, der unter Berücksichtigung des Zinseszinseffektes aus 100 € in 5 Jahren 154,45 € macht.

Je länger der betrachtete Zeitraum ist, umso mehr nähert sich die Geometrische Durchschnittsrendite Ihres Depots der erwarteten Durchschnittsrendite für die betreffende Anlageklasse an. Wenn Sie beispielsweise in *DAX-Aktien* investiert haben, wird die Geometrische Durchschnittsrendite Ihres Depots über kurz oder lang bei gut 8 Prozent landen, denn das ist die historische Langfristrendite der Anlageklasse *deutsche Standardwerte*.

Dies ist die Rendite unseres Vertrauens. Allerdings mit einer kleinen Einschränkung: Im betrachteten Zeitraum darf sich die investierte Summe nicht verändert haben, also keine Käufe oder Verkäufe.

Für Sparpläne funktioniert die Geometrische Durchschnittsrendite nicht. Da muss der Interne Zinsfuß ran.

Interner Zinsfuß

Der Interne Zinsfuß (IZF) (Englisch: *internal rate of return*) setzt als großer Bruder der Geometrischen Durchschnittsrendite kein konstantes Portfolio voraus. Sparpläne, Zukäufe, Umschichtungen und Verkäufe machen ihm nichts aus.

Berechnung

Die Berechnung ist komplex, deshalb gibt's hier keine Formel, sondern wir lassen Excel rechnen. Jedes Tabellenkalkulationsprogramm hat den IZF an Bord.

Was macht der Interne Zinsfuß?

Der IZF liefert eine volumen- und zeitgewichtete Rendite Ihres Portfolios.

- **Volumengewichtet:** Es macht einen Unterschied, ob Sie einzahlen oder abheben. Es macht einen Unterschied, ob Sie 100 € oder 1.000 € einzahlen/abheben.
- **Zeitgewichtet:** Es macht einen Unterschied, ob die Transaktion heute stattfindet oder vor einem Jahr stattfand. Geld, das Sie vor einem Jahr eingezahlt haben, hatte ein Jahr Zeit Zinsen zu

erwirtschaften. Geld, das Sie heute abheben, kann in der Zukunft keine Zinsen mehr erwirtschaften.
Alle diese Feinheiten stecken in der IZF-Formel. Deshalb ist sie zwar
komplex, liefert aber die korrekten Ergebnisse.

 Der Interne Zinsfuß ist die optimale Renditeformel für
ein reales Portfolio.

Arithmetische Durchschnittsrendite

Noch nicht richtig *bad*, aber schon *ugly*.

Berechnung
Wir betrachten 3 Jahre mit den folgenden Jahresrenditen:
* Jahr 1: +20 Prozent
* Jahr 2: -10 Prozent
* Jahr 3: +11 Prozent

Arithmetische jährliche Durchschnittsrendite:
(20 % – 10 % + 11 %) / 3 Jahre = 7 Prozent p.a.

Wem nützt's?
Ein besserer Name als *Arithmetische Durchschnittsrendite* wäre
Nebelwerfer.

Schauen wir uns doch einmal an, wie sich 100 € im Laufe der 3 Jahre entwickeln.

echte Jahresrendite	Geldbetrag	Durchschnitts- rendite	fiktiver Geldbetrag
20 %	120 €	7 %	107 €
-10 %	108 €	7 %	114,49 €
+11 %	119,88 €	7 %	122,50 €

Der real erwirtschaftete Betrag liegt um 2,62 € unter dem Betrag, den man sich als naiver Interessent basierend auf der im Prospekt angegebenen Rendite ausgerechnet hat.

2,62 € klingt jetzt nicht dramatisch, aber wenn wir uns ein Extrembeispiel ansehen, wird es deutlicher: im ersten Jahr beinahe Totalverlust, danach dann jedes Jahr eine Verdoppelung. In der Tabelle sieht das dann – bezogen auf 100 € Einsatz – so aus:

echte Jahresrendite	Geldbetrag
-99 %	1 €
100 %	2 €
100 %	4 €

Die arithmetische Rendite liegt bei:
(- 99 % + 100 % + 100 %) / 3 = 33,67 Prozent p. a.
Man würde also eigentlich 238,82 € auf dem Konto erwarten und nicht 4 €.

Das Problem mit der arithmetischen Durchschnittsrendite: Die 100-Prozent-Marke verändert sich laufend. Verluste werden weniger stark gewichtet als Gewinne.

• Wenn ich 25 Prozent Verlust habe, sind 25 € weg (bezogen auf 100 € Startkapital).

• Wenn ich im nächsten Jahr auf die verbleibenden 75 € 30 Prozent gut mache, habe ich ein Plus von 22,50 € und damit 97,50 € auf dem Konto.

Wenn ich mir die echten Eurobeträge ansehe, stelle ich fest: Auch wenn der Gewinn um 5 Prozent höher ausgefallen ist als der Verlust: ich bin trotzdem noch im Minus!

 Für Anleger vollkommen nutzlos.

Überrendite

Dann wäre da noch die Überrendite, die Edelste unter den Renditen. Die Überrendite ist der Liebling der Marketingabteilung, denn sie demonstriert die intellektuelle Überlegenheit der eigenen Fondsmanager. Manchmal wird die Überrendite auch als *Outperformance* angepriesen, das ist Englisch und klingt cooler, ist aber bloß das englische Wort für *Überrendite*.

Im Gegensatz zu den oben besprochenen Renditen ist die Überrendite keine absolute Rendite (also auf das eingesetzte Kapital bezogen), sondern eine relative Rendite. Es stellt sich also die Frage: Worauf bezieht sich das *Über*? Korrekt angewendet ist eine Überrendite eine Rendite, die bei gleichem Risiko und nach Kosten über der Entwicklung des entsprechenden Marktsegments liegt.

Ein Beispiel: Deutsche Standardwerte brachten in den Jahren von 1970 bis 2006 eine Rendite von 8,6 Prozent pro Jahr. Wer in diesem Zeitraum pro Jahr eine Rendite von 9 Prozent einfuhr, konnte sich über eine Überrendite von 0,4 Prozent freuen.

Problempunkte bei der Überrendite

- Ist die Vergleichsrendite sauber definiert? Jede Marketingabteilung kann sich ihre eigenen Benchmarks zusammenschustern und die eigenen Produkte damit vergleichen. Ich beispielsweise bin – verglichen mit einer Schildkröte – ein pfeilschneller Läufer ...
- Sind die Risiken, die eingegangen werden, wirklich vergleichbar? Das ist oft schwer zu beurteilen, besonders wenn Derivate oder andere strukturierte Finanzprodukte ins Spiel kommen.
- Wie verlässlich ist die Überrendite? Überrenditen bei Aktienfonds sind ein kurzfristiges Phänomen. Je länger das betrachtete Zeitintervall, desto geringer die Chance auf eine Überrendite. Die Bäume wachsen eben auch am Finanzmarkt nicht in den Himmel. Am Ende landet man immer wieder beim geometrischen Mittel.

Die Überrendite ist eine imponierende Zahl, aber als Qualitätsindikator ungeeignet.

Kumulierte Rendite

Noch schwachsinniger als die Überrendite und die Arithmetische Durchschnittsrendite ist die *Kumulierte Rendite*. Die Marketingabteilung liebt die kumulative Rendite, denn sie
- liefert sehr große Zahlen und
- ist vollkommen intransparent.

Ein Beispiel: Ein Investment von 100 € ist in 3 Jahren 300 € wert. Die kumulative Rendite berechnet sich wie folgt:
Endsumme / Anfangssumme – 1 = 300 € / 100 € – 1 = 200 Prozent.
Und, was sagt uns das jetzt? Ist das viel oder wenig im Vergleich zu einem Tagesgeldkonto oder einem Aktiendepot?

 Die kumulative Rendite ist der Godzilla unter den Renditen. Niemand liefert größere Zahlen, aber bei genauerer Betrachtung schrumpft der Rendite-Godzilla sehr schnell zur Blindschleiche.

Nominale Rendite versus Reale Rendite

- Nominale Rendite: Rendite einschließlich Inflation
- Reale Rendite: Rendite abzüglich Inflation.

Das gilt für alle oben angesprochenen Renditetypen. Für uns Anleger zählt nur die Reale Rendite, denn nur sie zeigt an, was wir wirklich dazugewonnen haben.

Ein Beispiel: Wenn meine Bank mir sagt *Für Tagesgeld zahlen wir Ihnen 0,7 Prozent Zinsen*, dann ist das die Nominalrendite. Wenn ich auf der Website des Statistischen Bundesamtes lese, dass die Inflationsrate im Juli 2016 bei 0,4 Prozent lag, dann berechnet sich meine Realrendite für den Juli näherungsweise* wie folgt:
Nominalrendite - Inflationsrate = Realrendite 0,7 % - 0,4 % = 0,3 %

*) Mathematisch genau hängen nominale und reale Rendite wie folgt zusammen:
(1 + Realrendite) * (1 + Inflationsrate) = (1 + Nominalrendite)
Die Realrendite zeigt: Es reicht mal gerade für das Stopfen der Löcher, die die Inflation reißt. Ein echter Kaufkraftzuwachs ist nicht drin.

Wenn man verschiedene Anlageklassen über längere Zeiträume betrachtet, muss man immer die Realrendite als Vergleichsmaßstab heranziehen. Sechsprozentige Nominalrenditen sind bei einer Inflationsrate von 4 Prozent genau so gut wie dreiprozentige Nominalrenditen bei 1 Prozent Inflationsrate. König ist, wer 6 Prozent nominal bei 1 Prozent Inflationsrate schafft.

Nur Bio ist das Wahre

Ein weiterer Anfängerfehler: Sich ein Fertiggericht zu kaufen, anstatt das Depot aus den besten Einzelzutaten selbst zu kochen. Das Finanz-Äquivalent zum Fertiggericht aus der Tiefkühltruhe ist der Mischfonds.

Zuerst klären wir die Fragen:
1. Woraus besteht ein Mischfonds?
2. Was ist das Produktversprechen eines Mischfonds?

Ein Mischfonds besteht im einfachsten Fall aus
- Aktien
- Anleihen
- Bargeld (Cash-Position)

Grundsätzlich steht einem Mischfonds aber das ganze Anlageuniversum offen. Er kann in Zertifikate, Derivate, Investmentfonds oder sonstige gesetzlich zulässige Vermögenswerte investieren. Auch Leerverkäufe können zulässig sein. Der Fonds verkauft also Aktien, die er noch gar nicht besitzt. Das steht aber alles im Kleingedruckten.

Das Produktversprechen

Der Fondsmanager steht souverän am Mischpult und regelt – je nach Börsenlage – die Anteile herauf und herunter.

Meine Kritik am Produktversprechen

Ich halte nichts von Mischfonds, denn ich halte das Management prinzipiell für nicht fähig, langfristig die versprochenen Ergebnisse zu erzielen. (Achtung: Ich halte die Leute nicht für **unfähig**, sondern für **nicht** fähig. Das ist ein großer Unterschied.)

Warum? Weil die Leute, die einen Mischfonds betreiben, auch nicht besser in die Zukunft sehen können als ich. Die wissen genau so wenig wie ich, wann es Zeit ist umzuschichten. Wieder und immer wieder hat sich die alte Börsenweisheit bewahrheitet: *Time in the market is better than timing the market.* Man muss dabei sein, wenn die besten Börsentage des Jahres aufziehen. Wann diese Tage sein werden, kann niemand genau sagen. Deshalb muss man wie der Igel einfach da sein, und nicht wie der Hase hin- und herhetzen.

Ein Mischfonds kann bei fallenden Aktienkursen nicht so stark fallen, wie ein reiner Aktienfonds, denn er besteht nur zu 20 bis 50 Prozent aus Aktien. Nehmen wir an, Aktien fallen breit und im Schnitt um 30 Prozent. Wie entwickeln sich die entsprechenden Fonds?

Fonds	Verlust
Aktienfonds	30 %
Mischfonds mit 50 % Aktien	15 %
Mischfonds mit 20 % Aktien	6 %

Das sieht gut aus. Einziges Problem: Wenn der Fahrstuhl wieder nach oben fährt, sind alle Plätze von Aktienfonds belegt. Die Mischfonds dürfen nicht mit.

Hier ein Beispiel: Wir betrachten einen Mischfonds, der seinen Aktienanteil auf 20 Prozent reduziert hat. Die Börse steigt im ersten Halbjahr um 10 Prozent. Dann fasst der Fondsmanager Zutrauen und erhöht den Aktienanteil auf 50 Prozent. Auch im zweiten Halbjahr steigt die Börse um 10 Prozent. Was bedeutet das für die Performance nach einem Jahr, wenn ich 100 € angelegt habe?

- Aktienfonds: Ich besitze 120 €.
- Mischfonds: Ich besitze 107 €.

Der Aktienfonds hat 12 Prozent mehr geschafft. Dieser Vorsprung ist kaum noch aufzuholen. Vor allem, weil die Mischfonds-Manager dazu tendieren, in der Krise den Aktienanteil zu spät zurückzufahren. Mischfonds kommen tendenziell zu spät zur Börsen-Party und verlassen sie erst wieder, wenn alles schon in Auflösung begriffen ist.

 Der Erfolg eines Mischfonds beruht auf Markttiming und das hat langfristig noch nie geklappt. Außerdem sind Mischfonds oft sehr teuer. Jährliche Kosten zwischen 1,5 und 2,5 Prozent plus einmalige Kaufkosten fressen massiv Rendite. Um genauso gut abzuschneiden wie ein passiver Aktienfonds, der zwischen 0,2 und 0,7 Prozent an jährlichen Gebühren kostet, muss das Management dauerhaft größere Risiken eingehen, sonst klappt das nicht.

Merke: Gemischt wird auf der Depotebene und nicht auf der Fondsebene. Das ist in meinen Augen die einzig sinnvolle Methode.

Warum Garantien nichts taugen

Viele Altersvorsorgeprodukte werben mit Garantiezinsen oder garantierten Rückzahlungen. Für diese Versprechen zahlen Sie ein Vermögen. Die Wissenschaftler der *Frankfurt School of Management* haben im Dezember 2015 untersucht, was diese Garantien bei Altersvorsorgeprodukten Sie als Anleger kosten.[2] Das Ergebnis der Studie mit dem Namen *Garantiekosten in der Altersvorsorge*: Wer heute als 25-jähriger Anleger bis zu seinem Renteneintritt mit 67 Jahren jeden Monat 50 € in einen Sparplan einzahlt, muss mit rund 140.000 € für die Kosten der 100-Prozent-Garantie rechnen. Das ist mehr als das Fünffache der eingezahlten Beträge.

Wie kann das sein?

Das sind die Opportunitätskosten: Gewinne, die Ihnen entgehen, weil die Garantie die Finanzinstitute zwingt, so erzkonservativ anzulegen. Wenn Sie eine Garantie haben wollen, dann legen Sie das Geld auf ein Tagesgeldkonto. Das ist wirtschaftlicher, denn so sparen Sie die ganzen Gebühren.

Was bedeutet denn *Garantie* in der Praxis? Sie geben das Geld dem Finanzinstitut. Das bezahlt damit den Vertrieb, die Verwaltung und den Vorstand. Für den Rest werden Staatsanleihen gekauft, denn sonst wird das nichts mit der Garantie. Nur ein ganz klitzekleiner Teil wird in Aktien angelegt. Das ist der Teil, mit dem das Finanzinstitut die Gebühren erwirtschaftet, die Ihnen laufend berechnet werden. Ein aufwendiges Nullsummenspiel, das keiner braucht.

Bevor ich Ihnen die ganzen Anlageklassen vorstelle: Es gibt Dinge, die viele Leute für eine Anlageklasse halten, die aber gar keine Assetklasse sind. Es geht hier um das Missverständnis: *Vermögenswert oder Verbindlichkeit?*

---

[2] www.frankfurt-school.de/dms/news/News-2015/Kosten-einer-Garantie-in-der-Altersvorsorge-20151207/Kosten einer Garantie in der Altersvorsorge 20151207.pdf

Was ist eigentlich ein Vermögenswert?

Haus, Auto, Girokonto, Sparbuch, Aktiendepot – Vermögenswerte oder Verbindlichkeiten? Wie würden Sie entscheiden?

Da stellt sich natürlich zuerst einmal die Frage: *Warum soll ich mich mit diesem abstrakten theoretischen BWL-Kram abgeben? Ich bin doch kein Buchhalter.* Ein paar Basics müssen aber sein. Wer *Verbindlichkeit* und *Vermögenswert* munter durcheinanderwürfelt, nur weil beide mit einem V anfangen, wird nie Erfolg bei der Geldanlage haben. Investieren können Sie nur in Vermögenswerte. Geld, das in Verbindlichkeiten fließt, ist Konsum.

Wie ist Vermögenswert definiert?

Ein Vermögenswert ist eine Geldquelle. Ein Vermögenswert bringt Geld in die Kasse. Das Fachwort heißt: *Cashflow positiv*, also *Geldfluss hin zum eigenen Portemonnaie.*

Wie ist Verbindlichkeit definiert?

Nicht nur Schulden sind Verbindlichkeiten. Alle Dinge die mehr Geld kosten, als sie einbringen, sind Verbindlichkeiten. Eine Verbindlichkeit ist eine *Geldsenke*. Dort verschwindet das Geld aus Ihrem Leben. Das Fachwort: *Cashflow negativ*, also *Geldabfluss.*

Das sind Vermögenswerte:

Sparbuch, Tagesgeld und Festgeld, Anleihen und Aktien. Unternehmen und unternehmerische Beteiligungen, aber auch eine Website, die Geld durch Werbung oder Affiliate-Links einbringt; geistiges Eigentum wie Bücher, Musik, Bilder oder Patente gehören ebenfalls dazu. Alle Dinge, die mehr einbringen, als sie kosten.

Einspruch: *Ein Sparbuch ist bei den heutigen Zinsen doch kein Vermögenswert.*

Doch. Ein Sparbuch bringt Zinsen und erfüllt damit die Definition eines Vermögenswertes. Ob ein Sparbuch – unter Berücksichtigung der aktuellen Zinsen und Inflationsrate – eine sinnvolle Geldanlage ist, steht auf einem anderen Blatt. Nur wenn Ihnen für das Sparbuch negative Zinsen berechnet würden, würde die Sache anders aussehen – hoffen wir mal, dass es nie soweit kommt.

An dieser Stelle geht es nicht um die Bewertung einzelner Anlageformen, sondern um die saubere Definition der Begriffe. So wie es schon Gottfried Wilhelm Freiherr von Leibniz formulierte: *Klarheit in den Worten, Brauchbarkeit in den Sachen.* Wenn die Begriffe klar sind, fallen die Entscheidungen leicht.

Das sind Verbindlichkeiten:

Schulden, eine selbst genutzte Immobilie, ein Auto, ein Urlaub, eine Einbauküche oder andere Konsumgüter.

Wieso ist eine selbst genutzte Immobilie kein Vermögenswert? Mein Banker sagt das, und alle meine Freunde und Bekannten finden das auch. Das macht nichts, eine selbst genutzte Immobilie ist und bleibt eine Verbindlichkeit. Oder werden Sie dafür bezahlt, in Ihrem Haus zu wohnen? Das Argument *Aber ich spare die Miete* zählt nicht. Es geht nicht darum, welche Nebeneffekte man erzielt, sondern darum, ob man am Ende des Monats mehr oder weniger Geld in der Tasche hat. Eine selbst genutzte Immobilie generiert keine Einkünfte, sondern produziert nur Kosten. Beim Verkauf einer Immobilie kann sich durchaus herausstellen, dass man die ganze Zeit in einem Vermögenswert gewohnt hat – aber nur dann, wenn der Verkaufspreis die Kauf- und Unterhaltskosten inflationsbereinigt übersteigt.

Auch ein Auto wird ernsthaft niemand als Vermögenswert bezeichnen mit dem Argument: *Aber da spar ich mir die Taxikosten.* Nur weil ein Auto weniger Kosten verursacht als ein Taxi, bedeutet das noch lange nicht, dass ein Auto ein Vermögenswert ist. Sonst würde der Gesetzgeber nicht zulassen, dass man den Wert eines Firmenwagens binnen sechs Jahren auf null abschreiben kann.

Was bedeutet eigentlich investieren?

So definiert Wikipedia das Wort *Investition*:

Investition, auch Kapitalanlage, ist in der privaten Finanzplanung die Verwendung finanzieller Mittel, um damit Privatvermögen durch Erträge zu vermehren.

Noch einfacher ausgedrückt: Man investiert, wenn man seine Euros losschickt, um neue Euros herbeizuschaffen.

Nach dieser Definition ist eine monatliche Einzahlung von 100 € in einen Sparplan eine Investition. Der Erwerb von Möbeln, elektronischen Geräten, Autos oder selbst bewohnten Immobilien ist keine Investition, sondern Konsum.

Konsens besteht hinsichtlich dieser Auffassung aber nicht. Die *Spardabank* hat in einer Umfrage die Sachwertorientierung in der Kapitalanlage von Privatpersonen erforschen lassen. Das Ergebnis: Generell ziehen die Studienteilnehmer den Kauf von Sachwerten zum Gebrauch den Sachwerten zur Kapitalanlage vor.

Sofa statt Aktie – was für ein Unfug! Sachwerte zum Gebrauch sind Konsumgüter. Spätestens, wenn ich mit meinem vierrädrigen Sachwert beim TÜV vorfahre und mir die Plakette wegen eklatanter Abnutzungsmängel durch intensiven Gebrauch verweigert wird, sollte das klar sein.

Warum ist das so?

Das Wort *Konsum* hat seine Wurzeln im lateinischen *consumere:* verbrauchen. Konsumgüter sind also Dinge, die sich abnutzen und verbrauchen. *Konsum kostet Geld (Geldsenke), Investitionen generieren Geld (Geldquelle).*

Elektronische Geräte sind notorisch bekannt für ihren Wertverlust. Nach 2 Jahren sind Smartphones und Laptops abgeschrieben und man bekommt sie gebraucht für einen Bruchteil des Neupreises.

Wer mit einem Neuwagen vom Hof fährt, hat binnen Minuten ein kleines Vermögen vernichtet. Die Schwackeliste (zur Bewertung von Fahrzeugen) 2013 zeigt, dass Modelle in der oberen Mittelklasse besonders stark an Wert verlieren. Wer vor 3 Jahren einen *BMW 525d* kaufte, erreicht laut Schwacke noch einen Restwert von knapp 57 Prozent. Bei einem Listenpreis von ca. 44.000 € sind das knapp 19.000 € Verlust in 3 Jahren. So tief muss die Börse erst einmal fallen. Der Kauf eines gut gepflegten Dreijahreswagens ist allemal ökonomischer als der Kauf eines Neuwagens.

Bei Möbeln gilt die Faustregel: pro Jahr 25 Prozent Wertverlust. Ein 1.000-Euro-Sofa ist nach einem Jahr noch 750 € wert, nach 5 Jahren noch 316 € und nach 10 Jahren praktisch nichts mehr.

Auch eine selbst genutzte Immobilie ist ein Konsumgut, denn sie verliert ständig an Wert. Jeder Hausbesitzer kann das bestätigen: Die Verrottung des Hauses beginnt mit dem Einzug. Die ersten Anzeichen sind harmlos: Es beginnt mit dreckigen Wänden, fleckigen Teppichen und wackelnden Türklinken. Irgendwann läuft beim Jahrhundertregen der Keller voll und muss ausgepumpt werden oder ein Megahagelschauer zerschlägt einige Dachpfannen. Das sind die ersten Substanzverluste. Spätestens nach 10 Jahren Nichtstun hat man einen veritablen Investitionsstau am Hals. Wer eine Immobilie besitzt, muss permanent Geld in seine vier Wände stecken, einfach nur, um den Status quo zu erhalten. Wir reden da noch nicht von einer energetischen Sanierung oder einer Aufwertung durch besonders edle Fußböden. – Die selbst genutzte Immobilie ist für mich keine Investition, sondern eine Lifestyle-Entscheidung. Ich schätze es, in selbiger mein Buch zu schreiben. Yngwie Malmsteens *Arpeggios From Hell* pusten den Putz von der Wand und ich muss mich vor keinem Nachbarn rechtfertigen, was der Krach denn soll.

Die drei Klassen der Konsumgüter

Die Grafik zeigt schematisch den Verlustverlauf dreier Konsumgüter–
klassen.

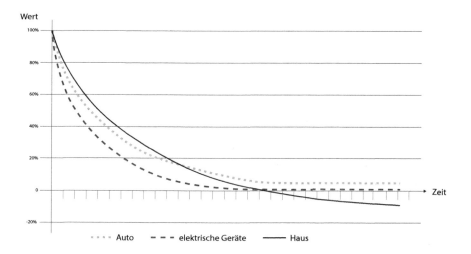

Wertverlust verschiedener Konsumgüter
Quelle: Finanzwesir

1. Es gibt Konsumgüter, die am Ende ihrer Lebenszeit noch einen
   Restwert aufweisen. Ein Auto verliert an Wert, dieser Wertverlust hört aber irgendwann auf. Das Auto hat einen Restwert
   größer null. Wenn ein Auto diesen Wert erreicht hat, dann ist es
   kein Auto mehr, sondern eine Rohstoffquelle.
2. Elektronische Geräte wie Smartphones oder Fernseher verlieren
   irgendwann jegliches Wert. Da man sie aber kostenfrei über die
   gelbe Tonne entsorgen kann, haben sie den Restwert null.

3. Immobilien haben nach einer – wenn auch langen – Zeit einen negativen Restwert. Man muss sie abreißen, und das kostet einen fünfstelligen Betrag. Meine Befürchtung bezüglich heute moderner Passivhäuser ist, dass man in 50 – 60 Jahren ein Vermögen für den Abriss bezahlen wird, weil das ganze Isolierzeug Sondermüll ist.

Jetzt wollen wir aber endlich die einzelnen Anlageklassen besprechen. Den Anfang macht meine Lieblings-Assetklasse:

Die unechte Assetklasse: Schulden tilgen

In der Finanzwelt gilt das No-risk-no-fun-Gesetz. Mehr Rendite gibt's nur gegen mehr Risiko. Entweder gut schlafen (deutsche Staatsanleihen im Depot) oder gut essen (in Hedgefonds investiert) – Sie müssen sich entscheiden.

Es gibt eine einzige Ausnahme von dieser Regel: **Es ist möglich, vollkommen risikolos bis zu 14,95 Prozent Rendite einzufahren!** Wie das geht? Ganz einfach: Zahlen Sie Ihren Dispo zurück! Was bedeutet Rückzahlung? Sie gehen von -14,95 Prozent Zinsen auf 0 Prozent. Ihr Gewinn: 14,95 Prozent.

Was bedeutet *investieren*: Sie gehen von 0 Prozent (Geld liegt auf dem Girokonto) Zinsen auf 14,95 Prozent Zinsen. Ihr Gewinn: 14,95 Prozent.

Das Zinsdelta ist in beiden Fällen das gleiche. Das Risiko macht den Unterschied.

Im ersten Fall ist das Risiko gleich null. Ob sie will oder nicht: die Bank muss die Rückzahlung zähneknirschend akzeptieren und Sie sind die Zinszahlungen los.

Im zweiten Fall haben Sie einen wilden Ritt vor sich. 14,95 Prozent gibt's zurzeit nur im Bereich der Privatkredite und da reden wir über unbesicherte Konsumentenkredite, die auch schon mal mit einem Totalverlust enden können.

Keine Assetklasse hat ein derartig optimales Rendite/ Risiko-Verhältnis. Die Ablösung eines Kredits ist der berühmte *Free Lunch*. Hier gibt's fette Renditen bei null Risiko. Deshalb: Erst runter von den Schulden und dann mit dem Vermögensaufbau beginnen. Es ist Blödsinn, gleichzeitig einen Kredit zu bedienen und Geld zurückzulegen. Einzige Ausnahme: die 2 – 3 Monatsbruttogehälter auf dem Tagesgeldkonto, die als schnelle finanzielle Eingreiftruppe vorgehalten werden.

Ein Wort zur zähneknirschenden Bank: Die Banken tun zwar immer so, als ob der Dispo eine echte Gnade wäre, aber das ist Blödsinn. Banken lieben Kunden mit festem Einkommen, die ihr Konto mäßig aber regelmäßig überziehen. Dieses Geld ist im Schlaf verdient.

Was ist Tages- und Festgeld, was ist seine Aufgabe im Depot?

Tagesgeld ist Ihr Liquiditätsspeicher. Der Notgroschen gehört aufs Tagesgeld, damit Sie nicht sofort im Dispo landen. Egal wie schlecht das Tagesgeld verzinst ist, die Rendite steckt in der Tatsache, dass Sie mit einem ausreichend dimensionierten Notgroschen die horrenden Dispo-Zinsen vermeiden. Worauf ist zu achten? Auf hohe Zinsen natürlich. Aber nicht gierig werden. Das Tagesgeldkonto ist ein Geldpuffer, kein Geldspeicher. Dort lagert inflationsgeschützt die schnelle finanzielle Eingreiftruppe.

Waschmaschine kaputt, Auto muss in die Werkstatt oder sonstige Notfälle: da muss das Geld vom Tagesgeldkonto herhalten. Das bedeutet: Sicherheit geht vor Maximalzins. Suchen Sie sich eine seriöse Bank, die dauerhaft gute Zinsen bietet. Lockangebote mit Megazins für 6 Monate und danach nur Magerkost taugen nichts.

Dann lieber auf 0,2 Prozent verzichten und Ruhe an dieser Front. Wenn die Bank den entsprechenden EU-Regularien unterliegt, sind 100.000 € im Falle eines Falles sicher. Ob *sicher* in diesem Fall bedeutet sicher wie in *Fort Knox* oder sicher wie in *die Rente ist sicher* wird sich dann zeigen. Aber 100.000 € haben auf einem Tagesgeldkonto nichts verloren. Aufs Tagesgeldkonto gehören die klassischen 2 – 3 Bruttomonatsgehälter als Liquiditätsfeuerwehr. Summen, die darüber hinausgehen, müssen investiert werden und gehören nicht auf ein Tagesgeldkonto.

Soll ich Tagesgeld-Hopping betreiben?
Die niedrigen Zinsen lassen manche Sparer sportlich werden. Sie bestellen jede Menge Newsletter mit Titeln wie *Zinsalarm* oder *Der beste Zins für Sie* und hoffen, dass ihnen ein fetter Zinsfisch ins Netz geht. Andere geben regelmäßig Worte wie *Tagesgeld Zinsen* oder *Tagesgeldkonten Vergleich* bei Google ein und besuchen die einschlägigen Websites.
Sind das jetzt Schatzsucher auf dem Weg nach Eldorado oder eher Glücksritter von der traurigen Gestalt?

Was bringt Tagesgeld-Hopping?
Um diese Frage zu beantworten, müssen wir die folgenden Parameter klären:
1. Um welche Summen geht es?
2. Wie sind die Angebote der Banken gestrickt?

Wie viel Geld kann aufs Tagesgeldkonto?
Statistisch gesehen verteilt sich das Sparguthaben der Deutschen pro Kopf im Jahr 2014 wie folgt:

Anteil der Menschen, die über Bargeld und Sparguthaben verfügen in Höhe von ...

Guthaben	Anteil
weniger als 1.000 €	16 %
1.000 € bis 10.000 €	33 %
10.000 € bis 25.000 €	15 %
25.000 € bis 50.000 €	10 %
50.000 € bis 100.000 €	6 %
mehr als 100.000 €	5 %
ohne Angaben	15%

36 Prozent haben mehr als 10.000 €, 49 Prozent bis zu 10.000 € auf dem Sparkonto.

Ich schicke in diesem Beispiel 10.000 € auf Wanderschaft:

Wie sind die Angebote der Banken gestrickt?
Die Banken wollen mit ihrem Marketingbudget möglichst viele Neukunden fangen. Deshalb achten sie darauf, die Leimrute nicht zu dick mit Honig zu beschmieren. Die meisten Angebote sind

- **zeitlich begrenzt**: Eine Zinsgarantie gibt es nur für wenige Monate. In ganz seltenen Fällen sind auch schon mal 12 Monate drin. Die *1822 direkt-Bank* beispielsweise lockt Neukunden mit 1,3 Prozent und speist Altkunden mit 0,7 Prozent ab. Das ist fast eine Halbierung des Zinssatzes.
- **volumenbegrenzt**: Keine Bank will mit Nullen geflutet werden. Deshalb gilt das Angebot oft nur für Beträge zwischen 10.000 € und 50.000 €. Bevor die Bank Ihre 100.000 € nimmt, gewinnt sie lieber zwischen 10 und 20 neue Kunden.

Welche Überrendite lässt sich erzielen?
Nehmen wir an, dass ein nicht hüpfendes Tagesgeldkonto um die 1 Prozent bringt. Wer auf der Zinswelle surft, sichert sich Zinssätze zwischen 1,3 und 1,5 Prozent. Das Delta beträgt zwischen 0,3 und 0,5 Prozent und es geht um 10.000 €. Nehmen wir zugunsten des

Zinsjägers an, dass er bei jedem Wechsel das maximale Delta von 0,5 Prozent erreicht. Dann hat er am Jahresende 50 € verdient, davon gehen 13,19 € als Kapitalsteuer + Soli ab.
Bei einem Einsatz von 10.000 € beträgt die Überrendite somit 36,81 €.

Wer 50.000 € auf Wanderschaft schickt, erzielt eine theoretische Überrendite von 184,06 €, muss aber in der Praxis erst einmal eine Bank finden,
- die bereit ist, Top-Zinsen auf 50.000 € zu bezahlen und
- deren Zinsgarantie länger als bis übermorgen gilt.

Selbst wenn Sie ans Limit gehen und die von der gesetzlichen Einlagensicherung maximal pro Bank abgesicherte Summe von 100.000 € am Start haben, bringt Ihnen das pro Jahr nur 368,13 € nach Steuern. Wenn Sie das 10 Jahre durchhalten, haben Sie 3.681,30 € mehr. Ich habe dabei weder den Zinseszins-Effekt noch die Inflation berücksichtigt.

Achtung!

Wir erzielen die Überrendite ausschließlich durch das Abschöpfen der Marketing-Etats der Banken. Wir drehen nichts am Risikoprofil der Banken. Wenn ich bereit bin, in BB-bewertete bulgarische oder portugiesische Banken zu investieren, bekomme ich natürlich noch mehr Zinsen. Aber das ist ein anderes Spiel. Hier geht es nur um Banken der Sicherheitsstufe A.

Was muss ich für diese Überrendite tun?

1. Den Markt beobachten. Mit neuen Angeboten ist zwar nicht täglich zu rechnen, wohl aber monatlich.
2. Meine bestehenden Verträge verwalten, die Zinsgarantie-Termine im Auge behalten und rechtzeitig wechseln.
3. Jedes Mal das Postident-Verfahren durchlaufen.
4. Den Freistellungsantrag mit umziehen.
5. Das verlassene Konto schließen.

Was spricht sonst noch gegen Zins-Hopping?
Irgendwann hat sich's ausgehüpft. Für die Banken ist ein Neukunde jemand, der in den letzten 6 – 12 Monaten kein Konto bei dieser Bank hatte. Irgendwann gehen Ihnen die Banken aus. Sie müssen deshalb auf jeden Fall die alten Konten schließen und die Geschäftsbeziehung vollständig abbauen. Sonst können Sie ja in einem Jahr nicht erneut Neukunde werden. Ob sich dieses Gehopse auf Ihren Schufa-Score auswirkt, weiß ich nicht, wäre aber mal eine Forschungsreise wert.
Wenn Sie schon so rasiermesserscharf rechnen: Tagesgeldkonten arbeiten immer mit Referenzkonten. Das bedeutet, Sie müssen Ihr Geld vom Tagesgeldkonto 1 aufs Girokonto und dann aufs Tages-geldkonto 2 verschieben. Wer umzieht, kann nicht arbeiten. Des-halb nimmt sich Ihr Geld für diese zwei Bankarbeitstage zinsfrei.

Ist der Stundenlohn, den man dabei erreicht, den Aufwand wert?
Wäre es nicht besser, auf dieses Geld zu verzichten und statt dessen etwas mit Family & Friends zu unternehmen oder ein paar – hoffent-lich bezahlte – Überstunden im Brotberuf zu kloppen?

Was sagt die Bank dazu?
Für Banken sind Tagesgelder oft reine Lockangebote. Zuerst soll der Kunde gebunden werden und dann will man ihm weitere Produkte der Bank verkaufen. So scharf sind die Banken nicht auf ein paar Millionen Euro flüchtiges Tagesgeld. Keine Bank hat ein Interesse daran, Geld für Kunden auszugeben, die garantiert ganz schnell wieder weg sind, sobald es bei der Konkurrenz Geld aus deren Werbekostenbudget abzugreifen gibt.
Der Jurist sagt dazu: Es besteht kein *Kontrahierungszwang*. Das be-deutet: Die Bank kann sich aussuchen, mit wem sie Geschäfte macht. Nur weil Sie von einem tollen Angebot profitieren möchten, bedeu-tet das noch lange nicht, dass die Bank Sie auch als Kunde nimmt. Zumindest nicht, wenn Sie die Zinslandschaft abgrasen wie die Gnus die Serengeti. Es gibt keinen Rechtsanspruch auf Top-Zinsen.

Das Festgeldkonto

Das Festgeldkonto ist der große Bruder des Tagesgeldkontos. Während Sie beim Tagesgeldkonto das Geld täglich abziehen können, verpflichten Sie sich beim Festgeldkonto, der Bank das Geld für einen festen Zeitraum zur Verfügung zu stellen. Dafür erhalten Sie höhere Zinsen. Dieser feste Zeitraum kann zwischen 3 Monaten und 10 Jahren liegen. Auch für Festgeldkonten gilt: Die Bank sollte den entsprechenden Regularien zur Einlagensicherung unterliegen, sonst ist das Geld bei einer Bankpleite weg. Je länger Sie der Bank Ihr Geld zur Verfügung stellen, umso genauer sollten Sie hinsehen.

Meine persönliche Ansicht:
Festgeldkonten sind letztendlich eine Wette auf die Bonität einer Bank. Welche Schläge der Einlagensicherungsfonds erträgt, bevor er zusammenbricht, hat bis jetzt noch niemand getestet. Wir haben in Zypern gesehen, dass Sparergelder nicht mehr sakrosankt sind. Deshalb würde ich keiner Bank mein Geld für mehr als 2 Jahre anvertrauen.

Was ist eine Aktie, was ist ihre Aufgabe im Depot?

Eine Aktie ist ein Anteilsschein an einer Firma. Wer eine Aktie besitzt, besitzt einen Teil dieser Firma. Wenn es der Firma gut geht, steigt der Aktienkurs und die Anleger erhalten Ausschüttungen. Wenn es der Firma schlecht geht, droht bei Insolvenz der Totalverlust.

Ein Beispiel: Ich möchte die *Finanzwesir AG* gründen, weil ich daran glaube, dass mein Blog eine große Zukunft hat. Dazu brauche ich aber Leute, die weitere Texte schreiben, einen ordentlichen Server, der den Besucheransturm verkraftet, und natürlich auch Leute, die sich um den Vertrieb kümmern. Alles in allem brauche ich 100.000 €.

Um dieses Geld aufzutreiben, gründe ich eine Aktiengesellschaft (AG). Um möglichst viele Leute zu erreichen, stückele ich die benötigten 100.000 € in 100-Euro-Pakete. Jedes dieser 100-Euro-Pakete nenne ich *Aktie*. Ich habe also 1.000 Aktien zu je 100 € im Angebot.

Es gibt Leute, die meine Geschäftsidee realistisch finden und 20 Aktien kaufen, also 2.000 € investieren. Dann gibt es einen Fan, der total begeistert ist und 30 Prozent des Kapitals übernimmt, also 30.000 € investiert und dafür 300 Aktien erhält. Andere wiederum sind sehr skeptisch und sehen die *Finanzwesir AG* nur als spekulative Beimischung, schließlich ist Geldverdienen im Internet nicht so einfach und ein Totalverlust nicht ausgeschlossen. Diese Leute nehmen nur 2 Aktien, investieren also je 200 €.

So geht das dann dahin mit der Platzierung des Kapitals, und am Ende haben – reine Beispielzahl von mir – 500 Leute investiert. Diese 500 Leute haben – jeder in der ihm genehmen Größenordnung – zusammen die 100.000 € aufgebracht.

Begriffsklärung I

1. Die 100.000 € nennt man das *Stammkapital der Finanzwesir Aktiengesellschaft*.
2. Die 500 Leute sind die *Aktionäre*.
3. Die 100 €, für die ich jede Aktie ausgerufen habe, heißen *Nennwert*. Früher, als Aktien noch echte *Wertpapiere* waren – also wie Geldscheine gedruckt wurden –, war das die Zahl, die man auf die Aktie gedruckt hat.

Wie geht's weiter?

Die *Finanzwesir AG* nimmt ihren Geschäftsbetrieb auf. Alles läuft gut an, die Website wird gut angenommen, die ersten Umsätze werden getätigt. Die Geschäfte laufen zufriedenstellend, aber unspektakulär. Der Börsenkurs pendelt sich bei 95,67 € ein.

Die Zeit vergeht und die *Finanzwesir AG* nimmt langsam Fahrt auf. Umsätze und Kurse steigen. Nach Abzug der Ausgaben steht fest: Es ist so viel Geld in der Kasse, dass ein Teil davon an die Anteilseigner ausgeschüttet werden kann, sagen wir pro Aktie 0,47 €. Die Investoren sind zufrieden. Der Kurs steht bei 105,50 € und eine Ausschüttung gab es auch. Herz, was willst du mehr!

Mehr Drama bitte!
Dann kommt ein Gerücht auf: Man hat gesehen, wie ich und Hubert Burda zur gleichen Zeit ein hochpreisiges Speiselokal betreten haben. Die Spekulationen schießen ins Kraut. Der Finanzwesir mit der geballten *Burda*-Power im Rücken ... Unendliche Möglichkeiten tun sich auf, die Weltherrschaft ist noch die geringste der diskutierten Möglichkeiten – und der Kurs der *Finanzwesir-Aktie* geht durch die Decke. Statt 105,50 € soll jede Aktie jetzt 434,34 € kosten.
Die Menge rast, die Chance auf sofortigen Reichtum erscheint am Horizont. Leute, für die bisher ein Bausparvertrag das riskanteste Investment ihres Lebens war, kommen aus ihren Löchern und wollen dabei sein. Alle Investoren, die die *Finanzwesir AG* sowieso nur als Beimischung im Depot hatten, verkaufen jetzt und auch der Großinvestor reduziert seine Bestände, um diesen überraschenden Gewinn mitzunehmen.
Irgendwann fängt jemand an zu rechnen und lässt die Luft aus dem Hysterie-Soufflé. Der Kurs fällt aus der Stratosphäre und landet wieder da, wo er hingehört. Derweil hat die *Finanzwesir AG* genauso gewirtschaftet wie immer.

Kurzfristig gesehen müssen Aktienkurs und Geschäftsmodell einer Firma nicht immer korrelieren.

Drama Deluxe

Der letzte Akt ist das Geheule der Spekulanten, die zu Höchstkursen eingestiegen sind. Die Zeitschriften und Magazine, die gestern noch voller Optimismus über die Wunderwelt *Börse* berichteten, schreiben heute über abgezockte Anleger und wünschen sich schärfere Regulierungen gegen den Kasino-Kapitalismus.

 Die Regel *erst prüfen, dann kaufen* gilt nicht nur für Hosen, sondern auch für Firmenbeteiligungen. Oder um es mit Balu, dem Bären zu sagen: *Du musst nicht gierig im Leben sein, sonst tust du dir weh, du bist verletzt und zahlst nur drauf.*

Begriffsklärung II

1. **Marktkapitalisierung**: Die *Finanzwesir AG* hat 1.000 Aktien ausgegeben. Jede Aktie war auf dem Höhepunkt des Booms 434,34 € wert. Damit ergibt sich eine Marktkapitalisierung von 1.000 Aktien * 434,34 Euro = 434.340 €. Die Marktkapitalisierung schwankt also mit jedem Börsentag. Langfristig orientiert sich die Marktkapitalisierung an der wirtschaftlichen Situation einer Firma. Wirtschaftet eine Firma gut, dann steigt die Marktkapitalisierung. Ist sie auf dem absteigenden Ast, sinkt die Marktkapitalisierung. Kurzfristig schwankt die Marktkapitalisierung im Rhythmus der gerade an der Börse umgehenden Gerüchte.

2. Die Ausschüttung von 0,47 €, die die Aktionäre im obigen Beispiel erhalten haben, nennt man *Dividende*.

3. Jemanden, der vor einem Aktienkauf die betreffende Firma genau unter die Lupe nimmt, weil er die Aktie langfristig behalten

möchte, nennt man einen *Investor*. Investoren sehen die Firma hinter der Aktie. Sie suchen gesunde Firmen, da sie von einer stetig steigenden Marktkapitalisierung und soliden Dividendenausschüttungen profitieren wollen.

4. Jemanden, der eine Aktie nur deshalb kauft, weil er sie schnellstmöglich teurer wieder verkaufen will, nennt man einen *Spekulanten* oder *Trader* (klingt cooler als *Händler*, meint aber das Gleiche). Spekulanten interessieren sich nicht für die Firma hinter der Aktie, sondern nur dafür, ob es eine Chance gibt, die Aktie schnellstmöglich mit einem satten Aufschlag zu verhökern.

Das Problem mit Investoren und Spekulanten:
Investoren sind langweilige Leute. Sie wälzen viel Papier, denken nach und dann klicken sie ein paar Mal mit der Maus und kaufen oder verkaufen Aktien. Das gibt keine guten Bilder fürs Fernsehen. Spekulanten dagegen sind die Hysteriker. Sie flippen herum, schreien, wedeln mit den Armen und gucken dramatisch, wenn wieder mal ein Handel schiefgegangen ist. Mit anderen Worten: Der Spekulant ist fotogen.

Deshalb serviert uns das Fernsehen in seinen Börsengeschichten immer nur Trader und Spekulanten und so verfestigt sich das Bild in unseren Köpfen: Aktien sind etwas für Irre.

Was ist eine Anleihe und was ist ihre Aufgabe im Depot?

Der Anleihen-Zoo

Im Anleihen-Zoo leben viele Tierchen, von putzig und possierlich bis bösartig und blutrünstig. In diesem Abschnitt wollen wir von Käfig zu Käfig wandeln und uns die Insassen genauer ansehen. Wir wollen wissen, welche Rendite es bei welchem Risiko gibt und vor allem: *Welches dieser putzigen Fellknäuel hat das Zeug zum Kettensägen-Massaker?* Denn eines ist sicher: Eine Anleihe ist nicht *Tagesgeld 2.0.* Nur weil *Anleihe* draufsteht, bedeutet das nicht *ist grundsätzlich sicher.* Das können wir so apodiktisch festhalten.

Bevor wir mit unserem Rundgang beginnen, lassen Sie uns noch schnell die Basics klären:

Anleihe, Rentenpapier oder Bond?

Während eine Aktie immer *Aktie* heißt, kann eine Anleihe unter den verschiedensten Namen auftreten. Wenn die Anleihe hipstermäßig auftreten will, nennt sie sich nicht *Anleihe,* sondern *Bond* – das hat diesen coolen 007-Touch, bedeutet aber auf Englisch auch nichts anderes als *Anleihe. Rentenpapier* heißt die Anleihe auch, weil man sich als Anleger regelmäßige und sichere Zinszahlungen erhofft. Wie bei einer Rente eben.

Was ist eigentlich eine Anleihe?

Im Wort *Anleihe* steckt das zentrale Wort schon drin: *Leihe.* Wer eine Anleihe auflegt, will sich Geld leihen. Die Zinsen sind die Leihgebühr. Ihre Höhe bemisst sich nach der Qualität des Schuldners.

Kreditwürdige Schuldner zahlen niedrige Zinsen, unsichere Kantonisten zahlen einen Risikoaufschlag und müssen höhere Zinsen bieten.

Der grundsätzliche Deal ist ganz einfach: **Geld gegen Zinsen**
Ich leihe dir mein Geld für eine gewisse Zeit und du zahlst mir dafür Zinsen. Am Ende bekomme ich mein Geld zurück.

Eine Anleihe ist also definiert durch
1. **die Geldsumme:** Bei höheren Summen wird gestückelt. Wer einen 500-Millionen-Euro-Kredit aufnehmen möchte, sucht sich entweder einen Kreditgeber für die gesamte Summe oder er bietet 500.000 Anteilsscheine im Nennwert von je 1.000 € an.
2. **den Zinssatz:** Dieser kann fest, variabel oder gar nicht vorhanden sein. Bei sogenannten *Nullcouponanleihen* (Zero-Bonds) wird der laufende Zins durch den Unterschied zwischen niedrigerem Ausgabekurs und höherem Rückzahlungskurs ausgedrückt. Sie müssen genau prüfen, welche Bonität der Schuldner hat und ob er das Risiko angemessen vergütet.
3. **die Laufzeit:** Die Laufzeit kann fix oder variabel sein. Die Anleihe läuft beispielsweise über 5 Jahre. Es kann aber auch sein, dass der Schuldner die Anleihe vorzeitig kündigen oder verlängern kann.
4. **den Rang:** Bei den Anleihen geht's zu wie beim Militär. Es gibt eine klare Hierarchie. Manche dürfen sich bei einer Pleite des Schuldners vorne anstellen und werden zuerst aus der Insolvenzmasse bedient, andere müssen sich hinten anstellen. Die heißen dann auch *Nachrang-Anleihen*.
5. **die Währung:** Wenn Sie eine Anleihe kaufen, die nicht auf Euro lautet, müssen Sie das Fremdwährungsrisiko abschätzen.

Diese fünf Eckpfeiler definieren die Anleihe. Aber Säule ist nicht gleich Säule, die Dinger gibt's in dorisch, ionisch, korinthisch und assyrisch.

Anleihen sind deshalb ein Finanzprodukt für Leseratten. Jeder Schuldner designt sich die Säulen so, wie es ihm passt und beschreibt sein Design im Verkaufsprospekt. Den gilt es zu lesen und zu verstehen.

Wovon hängt der Kurs einer Anleihe ab?

Nur, wenn Sie eine Anleihe bis zur Endfälligkeit halten, bekommen Sie den Nennwert ausgezahlt. Vorher schwankt der Kurs der Anleihe genauso wie der einer Aktie.

Hier eine – sicherlich nicht vollständige – Auswahl:

- Einflussnahme durch die Politik (Ankaufprogramme, Definition von Staatsanleihen als *sicher*).
- Schwankungen des Marktzinses *(Euribor, Libor)*.
- Robustheit des Aktienmarktes (fallen die Kurse, schichten die Anleger in Anleihen um; die Anleihenkurse steigen).
- Inflation (bei steigender Inflation möchten die Anleger den Kaufkraftverlust ausgleichen und fordern höhere Zinsen).
- Bei Unternehmensanleihen spielt die Bonität des Schuldners eine große Rolle.

Ein Beispiel:

Sie kaufen für 1.000 € eine Anleihe. Der aktuelle Marktzins liegt bei 2 Prozent und auch die Anleihe wirft jedes Jahr 2 Prozent an Zinsen ab.

Investition	Laufzeit	Kurs	Nominalwert	jährlicher Zins	Marktzins zum Kaufzeitpunkt
1.000 €	5 Jahre	100 %	1.000 €	2 %	2 %

Zahlungsströme:

- jährlich 20 €, in Summe 100 € über die 5 Jahre,
- im 5. Jahr zusätzlich die Rückzahlung des eingesetzten Kapitals von 1.000 €.

Szenario I: Der Marktzins steigt

Nach 2 Jahren möchten Sie verkaufen, denn Sie brauchen das Geld für Ihre Immobilie. Der Marktzins liegt jetzt aber bei 4 Prozent. Wie hat sich der Kurs Ihrer Anleihe entwickelt?

- Das Ertragspotenzial Ihrer Anleihe: 3 Jahre zu je 20 € macht 60 €; dann wird zurückgezahlt.
- Das Ertragspotenzial der neuen Anleihe: Die neuen 5-Jährigen bringen 4 Prozent. Auf 3 Jahre gerechnet sind das 120 €.

Wenn Sie mir Ihre alte Anleihe verkaufen wollen, müssen Sie mir einen Preisnachlass von 60 € geben, sonst kaufe ich die 4-Prozent-Anleihe. Für 940 € kaufe ich Ihnen Ihre Anleihe ab, für die Sie 2 Jahre zuvor 1.000 € bezahlt haben.

Ihre Bilanz

Zahlungsströme	Summe
Zinszahlung Jahr 1	20 €
Zinszahlung Jahr 2	20 €
Verkauf	940 €
Summe	980 €
Kaufpreis	- 1.000 €
Bilanz	**20 € Verlust**

Investition	Restlauf-zeit	Nominal-wert	jährlicher Zins	Markt-zins	Kurs	Kurswert
1.000 €	3 Jahre	1.000 €	2 %	4 %	94 %	940 €

Szenario II: Der Marktzins fällt

Noch einmal das gleiche Szenario, nur ist dieses Mal der Marktzins auf 1 Prozent gefallen.

- Das Ertragspotenzial Ihrer Anleihe: 3 Jahre zu je 20 € macht 60 €. Dann wird zurückgezahlt.
- Das Ertragspotenzial der neuen Anleihe: Die neuen 5-Jährigen bringen 1 Prozent. Auf 3 Jahre gerechnet sind das 30 €.

Jetzt können Sie einen höheren Preis verlangen, denn das Ertragspotenzial Ihrer Anleihe ist höher als das, was ich zurzeit kaufen kann. Für 1.030 € kaufe ich Ihnen Ihre Anleihe ab, für die Sie 2 Jahre zuvor 1.000 € bezahlt haben.

Ihre Bilanz

Zahlungsströme	Summe
Zinszahlung Jahr 1	20 €
Zinszahlung Jahr 2	20 €
Verkauf	1.030 €
Summe	1.070 €
Kaufpreis	- 1.000 €
Bilanz	**70 € Gewinn**

Investition	Restlaufzeit	Nominalwert	jährlicher Zins	Marktzins	Kurs	Kurswert
1.000 €	3 Jahre	1.000 €	2 %	1 %	103 %	1.030 €

Das war jetzt ein supersimples und grob vereinfachendes Beispiel. Die unterschiedlichen Zahlungsströme habe ich nicht berücksichtigt. Wenn man genau rechnet, muss man berücksichtigen, wie lange das Kapital gebunden ist. Es macht einen Unterschied, ob ich mein Geld heute, in einem Jahr oder in 10 Jahren bekomme.

Mir egal, ich halte meine Anleihe bis zur Endfälligkeit

Gerne, aber welche?

Wenn ich mir auf einem der Finanzportale im Internet alle deutschen Staatsanleihen zeigen lasse, komme ich auf 129 Ergebnisse. Wenn ich noch die Pfandbriefe mit A-Rating (Aaa bis Aa3) dazunehme, erweitere ich mein Anleihenuniversum um weitere 1.920 Produkte. Welche der über 2.000 Anleihen soll ich jetzt kaufen? Und das sind nur die wirklichen Top-Schuldner. Ein Portal wie beispielsweise *finanzen.net* listet rund 40.000 Anleihen auf. Da müssen Sie ganz schön sieben und filtern, bis Sie Ihre Wunschanleihe haben.

Die folgenden Fragen und Hürden müssen Sie ebenfalls noch klären beziehungsweise überwinden:

1. Wollen Sie nur eine Anleihe kaufen oder lieber das Risiko streuen und mehrere Anleihen kaufen? Wenn Sie mehrere Anleihen kombinieren möchten: Wie sieht Ihre Strategie aus? Wie wollen Sie die unterschiedlichen Laufzeiten und Bonitäten mixen?
2. Es muss ein Angebot geben. Wenn niemand etwas verkaufen will, können Sie auch nichts kaufen. Nicht jede Anleihe wird gehandelt. Oder der Spread ist sehr hoch (Spread = Differenz zwischen Ankaufs- und Verkaufspreis).
3. Die Stückelung muss passen. Eine Anleihe, die sich vornehmlich an institutionelle Kunden wendet, wird oft in Stückelungen von 10.000 € oder gar 50.000 € angeboten.

Welche Anleihetypen gibt es?

Anleihen treten in den verschiedensten Formen auf. Im Kern geht es immer um *Geld gegen Zinsen*, aber wie dieser Deal dann praktisch umgesetzt wird, steht auf einem anderen Blatt. Das ist so ähnlich wie beim Auto: Im Kern ist ein Auto ein Verbrennungsmotor mit vier Rädern dran, aber in der Praxis gibt es dann doch erhebliche Unterschiede zwischen einem Audi und einem Lada.

Letztendlich müssen Sie für jede Anleihe, die Sie interessiert, die folgende Checkliste abarbeiten:

1. Bonität

    a. Anleihen mit höchster Bonität (High-Grade-Anleihen)

    b. Anleihen mit guter Bonität (Investment-Grade-Anleihen)

    c. Anleihen mit tiefer Bonität (Hochzinsanleihen, High-Yield, Junkbonds oder Schrottanleihen)

2. Art des Schuldners

    a. Öffentliche Schuldner (Staatsanleihen, Kommunalanleihen von Gemeinden und Städten)

    b. Private Schuldner (Unternehmensanleihen)

3. Fälligkeit

    a. 1 – 12 Monate (Geldmarkt)

    b. ab 12 Monaten (Kapitalmarkt)

    c. ohne Verfall (ewige Anleihe, auch *Perpetual* genannt)

4. Art der Zinszahlung

    a. ohne Zins (Zero-Bond beziehungsweise Nullcouponanleihe)

    b. mit festem Zins (Standardanleihe)

    c. mit variablem Zins (Floating-Rate-Note beziehungsweise Anleihe mit variablem Zins)

    d. mit Stufenzins (Stufenzinsanleihe, auch *Staffelzins* genannt)

5. Besicherung, wenn der Schuldner nicht mehr zahlen kann

    a. besichert (bei jeder Besicherung müssen Sie die Werthaltigkeit der Besicherung prüfen):

        i. mit Vermögenswerten besichert *(Secured Bonds)*

        ii. mit Forderungen besichert *(Asset Backed Securities)*

        iii. durch Grund und Boden besichert *(Pfandbriefe)*

        iv. durch Garantie besichert *(Guaranteed)*

    b. unbesichert:

        i. erstrangige Forderungen *(Senior Unsecured Bonds)*

        ii. nachrangige Forderungen *(Subordinated Bonds)*

6. Markt, in dem die Anleihe herausgegeben wurde

    a. von Inländern herausgegebene Inlandsanleihe in Lokalwährung *(Domestic Bonds)*

    b. von ausländischen Schuldnern herausgegebene Anleihe im Inland in Lokalwährung *(Foreign Bonds)*

c. von ausländischen Schuldnern herausgegebene Anleihe im Ausland in Fremdwährung

d. internationale, in mehreren Ländern herausgegebene Anleihe *(Eurobonds)*

7. Art der Rückzahlung

a. Rückzahlung bei Verfall zu 100 Prozent (Standardanleihe oder auch *Straight Bonds* genannt)

b. keine Rückzahlung (ewige Anleihe, auf Englisch: *Perpetual*)

c. frühzeitige Rückzahlung möglich *(Callable & Putable Bonds,* Tilgungsanleihen, Losanleihen)

d. laufende Schuldtilgung in Form einer Annuit *(Annuitätenanleihen)*

e. Rückzahlung an Preisindex gekoppelt *(Inflationsanleihe)*

8. Sonderformen

a. Ausstattung mit einem Optionsrecht (Wandelanleihe, auf Englisch: *Convertible Bonds)*

b. Hybridanleihen sind eine Mischung aus Eigen- und Fremdkapital, auf Englisch: *Corporate Hybrids und Tier 1 Bonds*

Schauen wir uns einige Vertreter der Gattung *Anleihe* einmal näher an.

Wie sicher sind Staatsanleihen?

Alle Staatsanleihen sind absolut sicher, und zwar per Definition. Eine Bank darf eine deutsche Staatsanleihe genau so behandeln wie eine griechische.

Normalerweise muss eine Bank den sogenannten *Basel-Regularien* folgen, die grob vereinfacht besagen: *Liebe Bank, schau dir deine Bilanzposten an. Bewerte das Ausfallrisiko und hinterlege einen entsprechenden Ausgleich als Eigenkapital.*

Beispiel:
Eine Bank hat einen Kredit über 100 Millionen in den Büchern und bewertet das Ausfallrisiko mit 10 Millionen (maximaler Schaden), dann muss die Bank dafür 10 Millionen des Eigenkapitals reservieren. Sinn der Unternehmung: Die Bank soll den Ausfall überleben, ohne schon wieder um Steuergelder betteln zu müssen.
Für EU-Staatsanleihen dagegen hat die Politik das sogenannte *Freistellungsprivileg* definiert.

Freistellungsprivileg
Banken müssen bei Investitionen in EU-Staatsanleihen im Gegensatz zu Unternehmenskrediten kein Eigenkapital einsetzen.
Das bedeutet: Auf Anordnung der Politik ist ein 100 Millionen Euro schweres Aktienpaket von *Siemens* unsicherer als eine 100-Millionen-Euro-Anleihe des griechischen Staates.
Die Folgen dieser Anordnung bezeichnen die Ökonomen als *Ansteckungseffekt*. Dr. Josef Korte von der *Goethe Universität* in Frankfurt a. M. hat das in seinem Aufsatz *Zero Risk Contagion – Banks' Sovereign Exposure and Sovereign Risk Spillovers*[3] sehr schön nachgewiesen. Wenn Sie nicht das ganze Paper studieren möchten, hier meine Zusammenfassung:
Wenn sich eine französische Bank mit griechischen Staatsanleihen vollsaugt, leidet die Bonität des deutschen Staates darunter. Warum ist das so? Weil die Politik einstmals getrennte Märkte in ein System kommunizierender Röhren verwandelt hat. Wenn ich an der griechischen Röhre rüttele, wackelt der Wasserstand in allen Röhren.

---

[3] www.diw.de/documents/dokumentenarchiv/17/diw_01.c.483526.de/paper_korte_zero_risk.pdf

Staatsanleihen sind auch nicht mehr das, was sie mal waren. Warum? Weil die Zinsen rein politisch sind. Sollte das Freistellungsprivileg fallen, müssen die Banken Milliarden heranschaffen, um die entsprechenden Eigenkapital-Positionen aufzubauen. Dieses Bermudadreieck aus Politik, Finanzmärkten und Juristerei ist ein gefährliches aber potenziell ertragreiches Gewässer für aktive Anleger. Ein Revier für Anleger mit guten Kontakten in die Politik und einer Armee fähiger Juristen, die auch noch den letzten Halbsatz der Verträge analysieren und daraus Prozessketten ableiten.

1. Wenn dieser Fall eintritt, greift § 5 des Vertrags A,
2. das wiederum triggert § 67, Abs. 5 von Vertrag B und
3. das wiederum führt dazu, dass diese und jene Stützungskäufe durchgeführt werden müssen und
4. das können wir auf diese und jene Weise ausbeuten.
5. Jackpot!

Das sind diese Dominostein-Ketten, die um 17 Ecken gehen, aber zum Schluss dem Investor den Topf mit Gold in den Schoß kippen.

Pfandbriefe als Beispiel für besicherte Anleihen

Pfandbriefe gehören nicht zum Sondervermögen einer Bank, sondern sind Verbindlichkeiten des emittierenden Instituts. Allerdings solche, die mit Sicherheiten aus dem Vermögen unterlegt sind. Bei den klassischen deutschen Pfandbriefen sind das Immobilien.

Das klingt erst einmal supersicher, aber die US-Subprime-Krise von 2007 war nichts weiter als eine Pfandbriefkrise: Pfandrechte an Immobilien wurden verbrieft und dann als Wertpapier in den Handel gebracht. Das einzige Problem: Mit der Werthaltigkeit war es nicht so weit her. *Subprime* eben (sub = *unter*, prime = *erstklassig*, also *unter-erstklassig*). Solche Ausdrücke können auch nur Banker erfinden.

Mein Lebenserfahrungs-Tipp:
Wenn Ihnen jemand etwas mit dem Argument *sicher durch Immobilien* verkaufen will, dann gehen Sie davon aus, belogen zu werden.
Grundsätzlich gilt für alle besicherten Anleihen: Prüfen Sie die Werthaltigkeit und die Liquidität der Besicherungen. Die Sicherheit muss nicht nur etwas wert sein, es muss auch Käufer dafür geben. Ein Containerschiff mag laut Gutachter 30 Millionen Dollar wert sein, wenn es aber keinen Käufer gibt, nützt das alles nichts.

Firmenanleihen/Corporate Bonds
Firmenanleihen können ein Volumen von einer Million bis zu einer Milliarde Euro haben. Sie gehören ganz sicher nicht zum sicheren Teil des Vermögens. Hier müssen Sie ganz genau hinschauen, wer Ihr Geld haben will. Mit den sogenannten *Mittelstandsanleihen* sind schon viele Anleger auf die Nase gefallen. Auch wenn ein Emissionsvolumen von 10 Millionen Euro für Privatanleger beeindruckend klingt: Im internationalen Vergleich sind das die sprichwörtlichen *Peanuts*. Wenn Firmen wie *ThyssenKrupp* oder die *Commerzbank* eine Anleihe auflegen, dann in der Größenordnung von 250 oder 500 Millionen Euro. Wenn ein Jumbo-Pfandbrief die Bühne betritt, ist eine Milliarde am Start.
Ich persönlich wäre sehr vorsichtig bei dem ganzen Kleinkram in zweistelliger Millionenhöhe. Wenn die Werbung für diese Anleihe

dann noch speziell auf Privatanleger zugeschnitten ist, würde ich nur noch wegrennen. An die Privatanleger wendet man sich nämlich nur, wenn es bei den Profis nicht geklappt hat.

Schwellenland-Anleihen

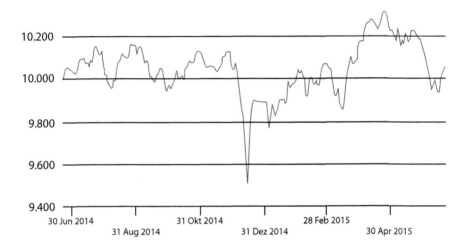

Kursverlauf iShares JPMorgan $ Emerging Markets Bond
Quelle: iShares-Website

Wenn man sich den Verlauf dieses Renten-ETFs anschaut erkennt man: *Der ist nicht mit dem Rollator unterwegs, sondern fährt Achterbahn.* Das macht nichts, denn die Renditen können sich sehen lassen. Wer am ersten Handelstag, am 15.02.2008 Anteile für 10.000 $ gekauft hat, steht heute gut 80 Prozent im Plus. Das Ganze bei einer Kostenquote (TER) von 0,45 Prozent, die man eher von Aktien-ETFs kennt.

Formal ist das ein Anleihen-ETF, aber für mich hat dieser ETF mehr mit einem Aktien-ETF gemeinsam als mit einem ETF auf deutsche Staatsanleihen. Beruhigen tut der jedenfalls nix.

Nachrang-Anleihe

Ein Beispiel für eine Nachrang-Anleihe ist der *Fidor Kapitalbrief.* Wenn Sie der *Fidor Bank* Ihr Geld für 5 Jahre überlassen, bekommen Sie dafür 4 Prozent pro Jahr. Sollte die *Fidor Bank* aber innerhalb der nächsten 5 Jahre Pleite gehen, ist das Geld weg. Ist das ein fairer Deal? Keine Ahnung. Das müssen Sie selbst recherchieren und dann für sich bewerten.

Was ist ein Fonds, was ist seine Aufgabe im Depot?

Ein Fonds bündelt die Einzahlungen vieler Anleger und kauft dafür Wertpapiere. Welche Wertpapiere? Das hängt von den Statuten des Fonds ab. Das Fondsmanagement ist zwar an diese Statuten gebunden, aber selbstverständlich kann die Firma, die den Fonds aufgelegt hat, die Anlageschwerpunkte ändern.

Wie kann man Fonds kategorisieren?

Es gibt zwei Hauptkategorien: aktive und passive Fonds.

Aktiv bedeutet in diesem Zusammenhang: Es gibt ein Management, das den Markt beobachtet und analysiert und dann aufgrund der gewonnenen Erkenntnisse Wertpapiere kauft oder verkauft. Ziel des aktiven Fonds ist es, den Markt zu schlagen und eine Überrendite für die Investoren herauszuholen.

Passive Fonds verfolgen eine grundsätzlich andere Philosophie. Passive Fonds werden auch *Indexfonds* genannt, denn sie bilden lediglich einen bestimmten Index ab. Ändert sich die Zusammensetzung des Index, so zieht der Indexfonds nach und kauft/verkauft Papiere, bis der Fonds wieder die gleiche Zusammensetzung wie der Index hat.

Ziel eines Indexfonds ist es, möglichst günstig die Indexperformance zu liefern. Da das teure Fondsmanagement entfällt, verlangen Indexfonds nur ein Zehntel der Gebühren, die bei aktiven Fonds aufgerufen werden.

Kann man Fonds noch weiter kategorisieren?

Sowohl aktive wie auch passive Fonds investieren in die verschiedensten Anlageklassen.

- **Aktienfonds** investieren in Aktien. Die meisten Fonds spezialisieren sich innerhalb des Aktienuniversums. Manche kaufen nur die Aktien großer Firmen, andere wiederum haben geografische Schwerpunkte *(Wir kaufen nur im Euroraum)*. Für passive Fonds gilt: Zu fast jedem Index gibt es auch den entsprechenden Fonds.
- **Rentenfonds**: Auch hier gibt es die aktive und passive Variante. Rentenfonds investieren in festverzinsliche Wertpapiere wie Pfandbriefe und Anleihen. Die festen Zinsen werfen eine kontinuierliche Rente ab, deshalb: Rentenfonds. Als Anleihen kommen sowohl Staatsanleihen als auch Firmenanleihen infrage.
- **Geldmarktfonds**: Diese Fonds investieren ausschließlich oder überwiegend in Geldmarkttitel und liquide Wertpapiere mit kurzer Restlaufzeit wie Termingelder, Schuldscheindarlehen und Anleihen mit einer Laufzeit von unter zwölf Monaten. Zielgruppe sind institutionelle Anleger. Für uns Privatanleger erfüllt ein Tagesgeldkonto denselben Zweck.
- **Mischfonds**: Reiner Tummelplatz der aktiven Fonds. Mischfonds sind nicht beschränkt in der Wahl ihrer Investments. Sie können in Aktien, Anleihen, Rohstoffe und Festgeld investieren. Manchmal ist das Verhältnis der einzelnen Anlageklassen zueinander in den Statuten des Fonds festgelegt, oft aber kann das Management frei schalten und walten. Der Vorteil: Ein

guter Manager kann sich ungehemmt entfalten und brillieren. Der Nachteil: Ein schlechter Manager kann sich ungehemmt entfalten und den Fonds gründlich gegen die Wand fahren.

- **Offene Immobilienfonds** investieren in Immobilien. Dabei unterscheiden sich die Anlagestrategien. Manche Fonds investieren weltweit, andere schränken sich regional ein. Auch was die Anlageobjekte angeht, unterscheiden sich die Anbieter: manche investieren in gewerbliche Immobilien, manche in Büros und andere in Wohnimmobilien. Da heißt es, den Emissionsprospekt studieren.

- **Dachfonds**: Diese Fonds investieren in andere Fonds. Aufgrund ihrer Gebührenstruktur haben es Dachfonds schwer, für die Anleger eine Rendite zu erwirtschaften. Nicht nur das Management des Dachfonds will bezahlt werden, auch die Verwaltung der Fonds, in die der Dachfonds investiert, muss bezahlt werden. Vor lauter Kosten kommen bei Dachfonds die Anleger oft zu kurz.

Gibt es noch eine dritte Möglichkeit, Fonds zu kategorisieren?

Na klar, das Fondsfeld ist weit und breit, da tummelt sich eine Menge. Fonds lassen sich auch noch in die beiden Kategorien *börsengehandelt* und *nicht börsengehandelt* unterteilen.

Klassischerweise kauft und verkauft man Fondsanteile von der Fondsgesellschaft, die diese auch verwaltet. Einmal täglich stellt die Gesellschaft einen Kauf- und einen Verkaufskurs. Zu diesen Kursen können Anleger Anteile erwerben oder verkaufen. Entweder kauft man als Anleger direkt bei der Fondsgesellschaft oder wickelt die Transaktion über Dritte (Bank, Fondsshop, Makler) ab.

Im Gegensatz dazu werden ETFs *(Exchange Traded Funds, englisch für börsengehandelte Fonds)* wie Aktien und Anleihen an der Börse gehandelt. Man kann sie also direkt – ohne Umweg über einen Vermittler oder die Fondsgesellschaft – an der Börse kaufen oder verkaufen. Darauf gehen wir gleich noch mal genauer ein.

Wie spielt das Ganze zusammen?

Aus den drei Vektoren
1. Investmentphilosophie (aktiv/passiv)
2. Anlageklasse (Aktien, Renten, Immobilien …)
3. Handelsart (ETF/klassisch)
bauen wir unser Fonds-Universum zusammen.

Dabei gibt es immer wieder ein Missverständnis: Nur weil ein Fonds ein Indexfonds ist, also passiv investiert, muss er nicht zwingend ein ETF sein.
Der weltweit erste Indexfonds, der *Vanguard 500*, war ein ganz klassischer, nicht börsengehandelter Fonds. Dieser Fonds ging am 31. Dezember 1975 an den Start und brachte seinen Käufern die Rendite des amerikanischen Aktienindex *S&P 500*.
ETFs gibt es erst seit Beginn der 90er-Jahre des letzten Jahrhunderts. Am 22. Januar 1993 wurde das erste Mal ein Fonds an der Börse gehandelt. Ab dem Jahr 2000 sind ETFs auch in Europa zugelassen. Zwar waren die ersten ETFs alle Indexfonds, deshalb werden die Begriffe ETF und Indexfonds oft synonym gebraucht, aber damit sollte man heutzutage vorsichtig sein.
Weder der Schluss *Es ist ein Indexfonds, also wird er an der Börse gehandelt* (ETF) ist zulässig (siehe *Vanguard*) noch der Umkehrschluss *Es ist ein ETF, also bildet der Fond einen Index ab.* Der Grund dafür: Die Marketingabteilungen der Banken haben die ETFs für sich entdeckt und beglücken den Markt mit Innovationen. Ein ETF wie der *db X-trackers Equity Strategies Hedge Fund* von der *Deutschen Bank*, der in Hedgefonds investiert, die *Equity-Hedge- und*

Equity-Market-Neutral-Strategien verfolgen, hat nichts mehr mit dem Ursprungskonzept des Investierens in einen marktbreiten Index zu tun. Überall, wo das Wort Strategie draufsteht, steckt aktives Management drin. Also aufgemerkt, den Beipackzettel lesen und immer schön auf die Nebenwirkungen achten!

Was ist ein ETF?

Da ETFs im Folgenden besonders wichtig werden, möchte ich diese Anlageklasse hier ausführlich besprechen.

ETF steht wie gesagt für *Exchange Traded Fund,* also einen börsengehandelten Fonds. ETFs sind Indexfonds, das bedeutet, sie bilden die Zusammensetzung eines Index 1:1 ab. Steigt der Index, steigt auch der Wert des ETF, fällt der Index, so sinkt auch der Wert des ETF. ETFs werden rein passiv verwaltet. Das bedeutet: Das Management versucht nicht aktiv, den Markt zu schlagen, sondern bildet ihn einfach ab. Das Ziel eines ETFs ist es, die Marktperformance abzüglich der Fondsgebühren zu erwirtschaften.

ETFs gibt es mittlerweile für fast alle Anlageklassen, als da wären: Aktien, Rohstoffe, Renten, Geldmarkt, Derivate. Außerdem gibt es ETFs, die bestimmte Strategien verfolgen, auf fallende Kurse setzen oder sich auf bestimmte Branchen und Regionen spezialisieren. Gerade bei Strategie-ETFs und Short-ETFs (die setzen auf fallende Kurse) stellt sich die Frage: Ist das noch passiv oder wird hier schon aktiv eine Strategie verfolgt? Aber auch andere ETFs sind mit Vorsicht zu genießen. Der ETF-Boom der letzten Jahre hat einige seltsame Blüten getrieben.

Gute ETFs bieten zwei Vorteile:
1. Sie sind deutlich preiswerter als klassische Fonds.
2. Sie diversifizieren besser als jedes andere Finanzinstrument.

Seit wann gibt es ETFs?

Anfang der 70er-Jahre des letzten Jahrhunderts wurde die Idee eines börsennotierten Fonds in den USA geboren. Aber es hat bis 1993 gedauert, bis der erste ETF zugelassen wurde. Der *Standard & Poor's Depositary Receipt* (kurz *SPDR*, umgangssprachlich *Spider* genannt), wurde von der Vermögensverwaltung *State Street Global Advisors* auf den Markt gebracht und erwies sich als voller Erfolg. Dieser Erfolg ermutigte andere Anbieter, ebenfalls ETFs aufzulegen, erst in den USA und seit dem Jahr 2000 auch in Europa. In den letzten 14 Jahren haben sich die ETFs vermehrt wie die sprichwörtlichen Karnickel. Jeder Anbieter will ein Stück vom Kuchen abhaben und wirft den x-ten *Me-too*-Fonds oder einen zweifelhafte Nischen-ETF auf den Markt. Mittlerweile listen Vergleichsplattformen im Internet knapp 1.100 ETFs auf. Braucht kein Mensch!

Für Sie als Anleger bedeutet das: Genau hinsehen, das Kleingedruckte studieren und nicht auf jeden Werbespruch hereinfallen. ETFs machen nach wie vor reich, man muss nur die richtigen auswählen. Auch dazu später mehr.

Was unterscheidet einen ETF von einem normalen Fonds?

Klassischerweise kauft und verkauft man Fondsanteile von der Fondsgesellschaft, die diese auch verwaltet. Einmal täglich erstellt die Gesellschaft einen Kauf- und einen Verkaufskurs. Zu diesen Kursen können Anleger neue Anteile erwerben oder verkaufen. Entweder kauft man als Anleger direkt bei der Fondsgesellschaft oder wickelt die Transaktion über Dritte (Bank, Fondsshop, Makler) ab. Oft wird dabei ein Ausgabeaufschlag von bis zu 5 Prozent fällig.

ETFs werden dagegen wie Aktien und Anleihen an der Börse gehandelt. Man kann sie also direkt – ohne Umweg über einen Vermittler oder die Fondsgesellschaft – an der Börse kaufen oder verkaufen. ETFs kennen keinen Ausgabeaufschlag. Die Handelsplattformen verdienen am sogenannten Spread, der Differenz zwischen Kauf- und Verkaufskurs.

Erster Vorteil: ETFs sind preiswert

Die laufenden Kosten eines klassischen Fonds sind fünf- bis zehnmal so hoch, wie die eines ETFs. Das renommierte Finanzinformations- und Analyseunternehmen *Morningstar* hat herausgefunden: Im Durchschnitt hat ein Aktien-ETF eine Kostenquote von 0,37 Prozent. Ein aktiver Fonds erhebt Gebühren von durchschnittlich 1,75 Prozent. Das ist das Fünffache.

Zweiter Vorteil: Die Macht der Diversifikation

Niemand diversifiziert so gut wie ETFs. Mit einem ETF erledigen Sie das Einzelaktienrisiko und das Sektorenrisiko. Übrig bleibt allein das allgemeine Marktrisiko, das man nie wegbekommt und das der Grund dafür ist, dass Aktien mehr abwerfen als Tagegeld.

Ich möchte Ihnen die Diversifikations-Power eines ETFs anhand eines ETFs auf den *MSCI World* illustrieren:

Der *MSCI World* und damit sein ETF besteht aus 1.645 Firmen.

Die Nummer eins ist *Apple* mit 1,82 Prozent.

Die Top 3 bestehen aus *Apple, Microsoft* und *Exxon*. Diese 3 repräsentieren 4,32 Prozent des Fonds-Volumens.

Die Top 10 umfassen 10,1 Prozent des gesamten ETFs. Die kleinste Position ist die *Alphabet Inc* mit 0,75 Prozent.

Die Top 30 machen 21,67 Prozent des ETFs aus. Schlusslicht ist *VISA* mit 0,46 Prozent.

Wenn wir alle Firmen bis zu einer Gewichtung von 0,2 Prozent betrachten, haben wir 103 Firmen auf der Liste, die für 42,58 Prozent des Fondsvolumens verantwortlich sind. Mit andern Worten: Die verbleibenden 1.422 Firmen machen knapp 60 Prozent des ETFs aus.

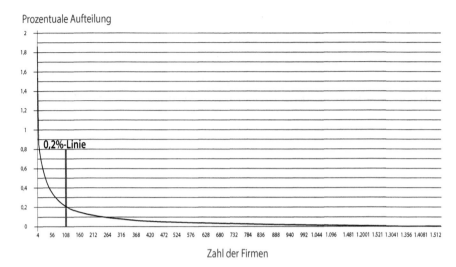

Prozentuale Aufteilung

0,2%-Linie

Zahl der Firmen

Verteilung der Firmen im MSCI World

Quelle: Finanzwesir

Was passiert, wenn wir den ETF selbst zusammenkaufen möchten? Folgende Annahmen: Keine Position soll unter 1.000 € liegen, denn sonst werden die prozentualen Kaufkosten zu hoch. Wir kaufen bei einem Online-Broker. Jeder Trade bis 2.500 € wird pauschal mit 10 € angesetzt. Bei Transaktionen über 2.500 € setzen wir 20 € an.

Das reicht an Genauigkeit für dieses Beispiel.

Positionen	Summe	Kauf-kosten	Trading-kosten	Kosten-quote	Kaufkosten ETF bei Consors	Kostenquote ETF (Consors)
Top 10	10	13.466 €	100 €	0,74 %	39 €	0,29 %
Top 30	30	47.109 €	300 €	0,64 %	69 €	0,15 %
Bis 0,2 %	103	212.900 €	1.090 €	0,51 %	69 €	0,03 %
ganzer ETF	1.525	9.997.000 €	29.280 €	0,29 %	69 €	0,01 %

Das zeigt: alleine um die Top 30 zusammenzukaufen, braucht man 47.000 €. Und dann hat man noch kein besonders gut diversifiziertes Depot, denn es fehlen einem noch die Aktien aus den Schwellenländern. Dazu kommt eine Kostenquote, die um ein Vielfaches höher ist als die Kosten, die beim Kauf eines ETFs anfallen.

Wenn wir von folgender Gewichtung ausgehen, dann kostet uns die Diversifikation knapp 70.000 €:

ETF	Anteil	Summe
World	70 %	47.109 €
EM	30 %	20.189 €
Summe Aktien		**67.298 €**

Zweite Annahme: Sie möchten 30 Prozent Ihres Vermögens in Aktien anlegen.

Vermögen	Aufteilung	Summe
Aktien (RK3)	30 %	67.298 €
RK1	70 %	157.029 €
Summe Vermögen		**224.327 €**

Das bedeutet: Sie brauchen eine knappe Viertelmillion Euro, um sich ein mehr schlecht als recht diversifiziertes Aktien-Portfolio zusammenzukaufen. Außerdem haben Sie viermal so hohe Transaktionskosten wie beim Kauf eines ETFs.

Gegenbeispiel ETF:

ETF	Kaufpreis am 02.02.2016
Comstage MSCI World (WKN: ETF110)	38,00 €
Comstage MSCI Emerging Markets (WKN: ETF127)	29,00 €

Wenn Sie hier eine 70/30-Gewichtung kaufen wollen, dann nehmen Sie 2 Anteile *Emerging Markets* und 3 Anteile *World*.

ETF	Kosten	Anteil
World	114 €	66 %
EM	58 €	34 %
Summe	**172 €**	**100 %**

Dazu kommen Kaufkosten von zweimal 10 €. Prozentual gesehen natürlich viel zu hoch. Dieses Extrembeispiel zeigt: Schon für unter 200 € können Sie sich an über 2.400 Firmen beteiligen. Ein ETF auf den *MSCI World* hält mehr als 1.600 Firmen und ein ETF auf den *MSCI Emerging Markets* hält mehr als 800 Firmen. Deshalb rate ich – trotz aller Bedenken – zum Kauf eines ETFs. Ein ETF diversifiziert das Einzelaktienrisiko und das Sektorenrisiko weg. Es bleibt einzig und allein das allgemeine Marktrisiko übrig. Deshalb nennt man die Diversifikation auch den einzigen *Free Lunch* des Anlegers. Hier kann man Rendite machen, ohne das Risiko zu erhöhen.

Wie wird ein ETF gebaut?

Es gibt zwei grundverschiedene Arten, einen ETF zu bauen. Auf Anlegerseite stehen sich diese Lager oft unversöhnlich gegenüber. Die einen schwören auf *Swapper*, die anderen wollen nur *Replizierer*. Bevor wir in die Details des ETF-Baus einsteigen, lassen Sie uns kurz die Fundamente betrachten.

Exkurs: Der Index – Fundament des ETFs

Jeder ETF basiert auf einem Index. Ein Index ist nichts weiter als eine Excel-Tabelle mit Firmennamen und Prozentwerten.

Die Liste des *MSCI World* Index beginnt so:

Firma	Gewichtung
Apple	1,82 %
Exxon Mobil	1,26 %
Microsoft	1,11 %
...	...

So geht das weiter bis zur Position 1.645, der *GPE Bruxelles Lam VVPR Strip*.

Was Sie aus diesem Exkurs mitnehmen sollten:

Wenn die ersten 3 Firmen bereits 4,19 Prozent des Index ausmachen und die ersten 10 Firmen auf 9,45 Prozent kommen, dann müssen sich gut 1.600 Firmen die restlichen 90 Prozent teilen. Für die hinteren Positionen bleibt da nur noch eine homöopathische Dosis übrig. Diesen *Long Tail* in den Griff zu bekommen, ist eine Schwierigkeit, mit der die Macher eines ETFs klarkommen müssen.

Ein zweiter wichtiger Punkt:

Ein Index wird nach theoretisch-methodischen Prinzipien aufgebaut. Es geht darum, die richtigen Firmen im Index zu haben und diese korrekt zu gewichten. Lebenspraktische Erwägungen werden im Index nicht abgebildet. Der Index kennt weder Steuern noch Gebühren; Dividendenzahlungen verstärken den Index bereits am Tag der Hauptversammlung. Auf der Hauptversammlung wird aber nur beschlossen, dass eine Dividende von 2,50 € ausgeschüttet werden soll. Bis die Buchhaltung der AG das Geld dann wirklich überweist, kann es noch dauern. Der ETF muss so lange warten. Er hat das Geld noch nicht, deshalb steigt der ETF-Kurs nicht. Der Index hat die

Dividende aber schon verbucht. Die Folge: Der Index-Kurs entfernt sich vom ETF-Kurs. Der ETF verliert einen Teil seiner Perfektion und kann doch nichts dafür.

Das kostet ein ETF

Jeder ETF produziert allein durch seine Existenz Kosten.

Transaktionskosten

Wenn der Index sich verändert, müssen Aktien ge- und verkauft werden. Hier halten Broker, Marketmaker, die Börse selbst, Clearingstellen und noch jede Menge andere Leute die Hand auf.

Verwaltungskosten

Es muss jemanden geben, der einmal im Quartal bei der Index-Firma anruft und fragt: *Habt ihr was geändert, wenn ja, was?* Diese Änderungen müssen dann in Börsenaufträge umgesetzt werden. Eine Buchhaltung brauchen wir auch, schließlich sollen die ganzen Dividenden ja korrekt verbucht werden und bei ausschüttenden ETFs wollen wir als Anleger regelmäßige Eingänge auf unserem Konto sehen. Wenn sich der ETF gut entwickelt, müssen neue Anteile produziert und dann über die Börse verkauft werden.
Das alles erledigt sich nicht von alleine.

Steuern

Auch ein Fonds muss Steuern zahlen. Entweder wird Kauf oder Verkauf oder der Gewinn besteuert oder es wird eine Steuer auf das Fondsvermögen erhoben. Viele dieser Steuern lassen sich vermeiden oder minimieren. Aber gerade ETFs, die Nischenmärkte bedienen, sehen sich oft mit exotischen Gepflogenheiten konfrontiert.
Auch wenn eine geschickte Konstruktion das Steuerthema sehr entschärfen kann: Diese Konstruktion muss erst einmal gebaut und dann gepflegt werden (Steuergesetze ändern sich). Das kostet ebenfalls Geld.

Wir reden hier von Kosten, die bei diesem Geschäft einfach anfallen. Das Fondsmanagement hat sich hier noch nicht gierig die Taschen vollgemacht.

Managementkosten
Da ein ETF nicht aktiv gemanagt wird, entfallen diese Kosten. Der Wegfall dieses Kostenblocks macht einen guten Teil des Preisvorteils aus, den ETFs gegenüber aktiv gemanagten Fonds haben.

Gewinnmarge
Eine Fondsgesellschaft ist keine karitative Organisation, sie will einen angemessenen Gewinn erwirtschaften.

Wie kann man diesen Problemen zu Leibe rücken?
Grundsätzlich gibt es zwei Methoden, einen ETF zu bauen. Das ist so ähnlich wie bei einem Automotor: Er ist entweder nach dem Otto- oder dem Diesel-Prinzip konstruiert. Bei den ETFs heißt es nicht Otto versus Diesel, sondern Replizierer versus Swapper.

Replizierende ETFs
Bei einem replizierenden ETF geht der ETF-Konstrukteur zu seinen Broker-Kollegen und beauftragt sie, ihm einen Aktienkorb gemäß der Index-Tabelle zusammenzukaufen. Der Auftrag lautet beispielsweise: *Wir wollen einen MSCI World anbieten und ETF-Anteile im Wert von 10 Millionen Euro ausgeben.*
Was passiert dann?

Erstens: Die Broker-Kollegen schauen in der Indextabelle nach. Welche Firma ist die erste in der Liste und welchen Anteil hat sie am Index? Sie lesen ab: *Apple* ist mit 1,82 Prozent das Fondsschwergewicht.
Zweitens: 1,82 Prozent von 10 Millionen € sind 182.000 €. Die Broker müssen *Apple*-Aktien im Wert von 182.000 € bunkern.

Drittens: Wie viele Aktien bekomme ich für 182.000 €? Am 03.09.2016 stand die *Apple-Aktie* bei 96,29 €. 182.000 € / 96,29 € = 1.890,12 Stück. Aktien gibt es nur ganz oder gar nicht, also wird aufgerundet.

Viertens: Kaufauftrag: 1.891 *Apple-Aktien.*

So arbeiten sich die Broker durch die gesamten 1.645 Positionen. Stolz präsentieren sie schließlich dem ETF-Konstrukteur den wohlgefüllten Aktienkorb. Mission erfüllt. Die ETF-Anteile können in den Verkauf gehen.

Der Konstrukteur ist aber nicht glücklich, sondern bricht jammernd zusammen. Warum? Weil ihm seine Kollegen nicht nur den Aktienkorb, sondern auch die dazugehörige Rechnung überreicht haben. Und die ist horrend. Dieser ETF wird sich nie eng an den Index anschmiegen, sondern fußlahm weit hinterherhinken. Die Kaufkosten machen den ETF praktisch unverkäuflich. Kein Anleger wird so eine Abweichung vom Index akzeptieren.

Die Analyse zeigt: Die Top-Positionen wurden sehr kostengünstig gekauft. Je kleiner jedoch die zu kaufende Aktienmenge ist, umso ungünstiger ist das Verhältnis von Kaufkosten zum Aktienwert.

Das hat drei Gründe:

1. Bei jedem Aktienkauf fallen Fixkosten an. Je kleiner die Position ist, umso mehr schmerzen die Fixkosten.

2. Standardwerte kaufen institutionelle Anleger nicht an der Börse, sondern kostengünstig in sogenannten *Darkpools.*

3. Wird eine Aktie nicht so oft gehandelt, reagiert der Kurs sensibel auf eine erhöhte Nachfrage. Ob ein Fonds ein paar *Apple*-Aktien kauft, ist egal. *Apple*-Aktien werden täglich gut 70 Millionen mal gehandelt, da spielt es keine Rolle, ob ein ETF sich mit einigen Tausend oder auch zehntausend Aktien einer Firma eindeckt. Aber bei weniger oft gehandelten Werten kann das den Markt durchaus beeinflussen.

So geht das nicht. Die volle Replikation eines Index hat ihre Tücken. Was tun? Entweder müssen die Kosten runter oder wir müssen uns etwas hinzuverdienen.

Kosten senken

Auch bei ETFs gilt die 80:20-Regel: Die Kurse der dicken Brocken am Anfang der Liste bewegen den Index, das Kroppzeug am Ende eher weniger. Was liegt näher, als einfach nur die ersten 500 Firmen des Index zu kaufen?

Rein kaufmännisch gesehen sicher eine gute Lösung. Das Problem: Unsere Strategie war ja eigentlich *den Markt zu kaufen*. Wo *World* draufsteht, sollt auch die Welt enthalten sein. Der Index selbst ist ja bereits ein Kompromiss. So deckt beispielsweise der *MSCI World* nur 85 Prozent der handelbaren Aktien der beteiligten Länder ab.

Das bedeutet, man kann den Index nicht einfach abhacken, sondern die Produktentwickler müssen den Index methodisch sauber auslaufen lassen, um die Abweichungen vom Index möglichst gering zu halten. Das nennt sich dann *Teilreplikation* oder *optimierte Replikation*.

Mir persönlich gefällt *Teilreplikation* besser als *optimierte Replikation*, denn der verkürzte Index ist ja nicht besser, also nicht optimaler als der Originalindex, sondern nur *kosten*optimiert.

Die Produktentwickler müssen die beiden gegenläufigen Tendenzen
- weniger Positionen = geringere Kosten,
- weniger Positionen = ungenauere Abbildung des Originalindex

in den Griff bekommen.

Aktien verleihen
Um die Abweichung vom Index noch weiter zu verringern, verleihen die ETFs ihre Aktienbestände.

Anwendungsgebiete für replizierende ETFs
Replizierende ETFs sind gut geeignet, wenn ein schmaler Standardwerte-Index abgebildet werden soll. Typische Vertreter sind
- ETFs der *Titan-Klasse*. Diese ETFs umfassen zwischen 20 und 100 Bluechip-Titel.
- ETFs, die den Namen *Dividend* oder *select Dividend* im Namen tragen. Diese ETFs bündeln eine zweistellige Zahl an Dividenden-Aristokraten. Auch dies sind klassische Standardwerte.

Marktbreite Indizes wie der *MSCI World* oder der *MSCI Emerging Markets* lassen sich sinnvoll nur durch eine teilweise Replikation abbilden.

Wenn es darum geht, einen Index vietnamesischer Nebenwerte abzubilden, versagt ein replizierender ETF allerdings.

Vorteile replizierender ETFs
Replizierende ETFs werden als *ehrliche* ETFs vermarktet. Da ist das drin, was draufsteht. Ein *DAX*-ETF hält auch nur Aktien von *DAX*-Firmen. Replizierende ETFs sind deshalb sicher. Wenn das Armageddon über die Finanzmärkte hereinbricht und alles zerfällt, sind die ETFs als Sondervermögen geschützt. Selbst wenn die Fondsgesellschaft draufgeht, würde der ETF als Sondervermögen erhalten bleiben.

Die Investmentgesellschaft ist ein reiner Verwalter. Der ETF ist deshalb vor dem Zugriff der Investmentgesellschaft selbst oder ihrer Gläubiger geschützt.

Wenn die Kapitalanlagegesellschaft (KAG) insolvent wird, steht der ETF ohne Verwalter da. Es kann sein, dass dann der Handel ausgesetzt wird und erst wieder aufgenommen wird, wenn sich eine neue Verwaltungsgesellschaft gefunden hat.

Nachteile replizierender ETFs

1. Die schon angesprochenen höheren Kosten
2. Wertpapierleihe: Was passiert, wenn der Ausleiher die Aktien nicht zurückgibt? Dieses Risiko erscheint mir persönlich gering, denn die ETFs verleihen ihre Wertpapiere nicht einfach so, sondern fordern Sicherheiten. Außerdem gibt es eine maximale Summe, die der ETF pro Ausleiher herausrückt. Jede Kapitalgesellschaft handhabt das Thema *Wertpapierleihe* anders. Es ist Ihre Aufgabe, sich vor dem Kauf zu informieren und das Kleingedruckte zu lesen.

Swappende ETFs

Wir erinnern uns: *Der perfekte ETF soll genau die Index-Performance liefern.*

Wenn man diesen Satz analysiert, stellt man fest: Da steht nichts von *Aktienkorb*. Wenn der Index um 2 Prozent steigt, soll der ETF auch 2 Prozent mehr wert sein. Das ist gefordert. Wie diese Steigerung zustande kommt, interessiert nicht. Auf diesem Ansatz basiert ein swappender ETF.

Bei dieser Konstruktion gibt es zwei Partner:

• Die Kapitalanlagegesellschaft, die den ETF auflegt. So verwaltet beispielsweise die *DB Platinum Advisors SA die db X-trackers ETFs*.

• Den Swap-Kontrahenten. Meist übernimmt die Mutterbank diese Rolle für ihre ETF-Töchter. In unserem Fall wäre das die *Deutsche Bank*.

Der Deal läuft so: Die ETF-Tochter wirtschaftet munter vor sich hin und in regelmäßigen Abständen tauschen (englisch: *swappen*) Mutter und Tochter das Vermögen. Dabei garantiert der Swap-Kontrahent (fachchinesisch für *Tauschpartner*) die Index-Performance.

Die folgenden Tabellen zeigen, wie dieser Vertrag in der Praxis abläuft.

Nehmen wir an, dass alle zwei Tage ein Tausch stattfindet:

	heute	morgen
Index (wird vom Swap-Kontrahenten garantiert)	100 €	102 €
swappender ETF	100 €	104 €

Am Tauschtag erhält die Bank 104 € und die ETF-Gesellschaft 102 €. Die Bank verdient 2 €.

	heute	morgen
Index (wird vom Swap-Kontrahenten garantiert)	100 €	102 €
swappender ETF	100 €	98 €

Am Tauschtag erhält die Bank 98 € und die ETF-Gesellschaft 102 €. Die Bank muss den Verlust von 4 € ausgleichen.

Warum machen die das?
Die ETF-Gesellschaft ist von allen Zwängen befreit. Sie kann mit allen Tricks, die nur institutionellen Anlegern offenstehen, versuchen, den Index zu schlagen. Sie muss nicht mit langweiligen Standardwerten arbeiten, sondern kann in wesentlich riskantere, aber auch lukrativere Papiere investieren. Etwaige Verluste müssen von der Bankenmutter ausgeglichen werden. Andere Kapitalanlagegesellschaften nutzen ein Trägerportfolio für ihre gesamte ETF-Familie und profitieren so von Skaleneffekten.

Das Ziel der ganzen Unternehmung ist es natürlich, dass die ETF-Töchter dauerhaft den Index schlagen und so den Gewinn der gesamten Bankengruppe erhöhen.

Aha, also nur wieder böse Spekulation? Durchaus nicht, es gibt auch sachliche Gründe, die für einen swappenden ETF sprechen.

Vorteile swappender ETFs

Der Index selbst ist ein recht synthetisches Gebilde. Wie oben beschrieben, nimmt er keine Rücksicht auf die im echten Leben anfallenden Gebühren und Steuern. Deshalb ist die Idee, einen synthetischen Index auch synthetisch abzubilden, durchaus sinnvoll.

1. Ein swappender ETF kann kostengünstiger arbeiten als ein replizierender ETF.
2. Ein swappender ETF kennt keine Dividenden und ausschüttungsgleiche Erträge, sondern nur Kursgewinne. Deshalb sind Swapper für die meisten Investoren steuerlich vorteilhafter, da die Besteuerung erst bei der Veräußerung greift. Man spart sich eine Menge Papierkram.
3. Wer in vietnamesische Nebenwerte investieren will, kann das mithilfe eines swappenden ETFs wie dem *db X-trackers FTSE Vietnam* tun.
4. Rohstoff-ETFs lassen sich ausschließlich als Swapper konstruieren.

Nachteile swappender ETFs

Die Swap-Konstruktion als solche ist natürlich nicht so robust wie die des Replizierers. Wenn Rauch zum Himmel steigt und alles den Bach runtergeht, kann es sein, dass die Konzernmutter als Tauschpartner ausfällt und man als Anleger mit dem Trägerportfolio vorliebnehmen muss. Wenn man von diesem *The-Walking-Dead*-Szenario absieht, sind die Swaps im Regelbetrieb gut abgesichert.

1. Das Delta darf nicht mehr als 10 Prozent des Fondsvermögens betragen (UCITS-Regularie der EU). Die meisten ETFs swappen in der Praxis allerdings viel früher. Sollte der Swap-Partner pleitegehen, sind nicht mehr als 2 – 4 Prozent des Fondsvermögens betroffen.
2. Dazu kommt, dass viele Swapper mittlerweile besichert sind (Fachwort: *funded Swap*). Dabei hinterlegt der Tauschpartner Wertpapiere mit erstklassiger Bonität als Sicherheit. Bei der

Deutschen Bank (db X-trackers ETF) übersteigt der Wert der Sicherheiten das Fondsvermögen um 8 Prozent. Sollte der Swap-Partner ausfallen, kann der ETF diese Wertpapiere verkaufen und so den Verlust ausgleichen. Allerdings verleihen auch manche swappenden ETFs die Wertpapiere ihres Trägerportfolios.

 Den idealen ETF gibt es nicht.
Replizierende ETFs versuchen, dem Kostenproblem durch Wertpapierleihe zu begegnen und verstoßen damit gegen die Forderung, die Indexperformance bei gleichem Risikoprofil zu liefern.
Swappende ETFs können kostengünstig sehr nahe am Index kleben, verstoßen aber durch ihre Swap-Konstruktion ebenfalls gegen die Forderung, die Indexperformance bei gleichem Risikoprofil zu liefern.
Sie haben die Wahl:
1. Index und ETF haben das gleiche Risikoprofil. Dann hinkt der ETF dem Index immer hinterher.
2. Index und ETF haben die gleiche Performance. Dann ist der ETF riskanter als der Index.

Praxistipp

Es gibt keinen Zusammenhang zwischen der Konstruktionsmethode und den Kosten eines ETFs. Ein replizierender ETF ist nicht per se teurer oder billiger als ein Swapper. Es kommt immer auf den zugrunde liegenden Index und den Anbieter an. Ein ETF auf den *MSCI World* ist ein ETF auf den *MSCI World*, egal ob er von *iShares, db X-trackers, Comstage* oder *Lyxor* angeboten wird. Wer Marktanteile gewinnen will, muss den Preis sprechen lassen. Gerade bei den

Brot-und-Butter-Indizes wie dem *MSCI World*, dem *S&P 500* oder dem *MSCI Emerging Markets* sind die ETF-Kosten oft marketinggetriebene Preise. Man will sein Stück vom Kuchen abhaben beziehungsweise es verteidigen.

ETFs skalieren gut. Ob 10 oder 100 Millionen zu verwalten sind: Der Aufwand ist praktisch der gleiche. Oft ist deshalb eine rabiate Wachstumsstrategie bei moderaten Gebühren profitabler, als möglichst viel pro Anleger herauszuholen.

Steuereinfache ETFs

Steuereinfach bedeutet: Weniger Arbeit bei der Steuererklärung. Es ist ja nicht so, dass man sein Geld nicht zurückbekommt. Außerdem ist nicht gesagt, dass ein steuereinfacher ETF für immer steuereinfach bleibt. Steuergesetze ändern sich. Ich würde darauf achten, einen steuereinfachen ETF zu kaufen, aber nicht darauf bauen, dass das bis in alle Ewigkeit so bleibt.

Während der Recherche zu diesem Buch haben sich die folgenden Änderungen ergeben:

1. *Lyxor* hat seine ETFs von *swappend* auf *replizierend* umgestellt.
2. *iShares* hat die Ausschüttungsmethodik für die in Irland domizilierten ausschüttenden ETFs umgestellt. Bisher steuerproblematische ETFs sind nun steuereinfach.
3. Der ETF auf den *MSCI Emerging Marktes* (DE000A1JXC94) von *HSBC* wird steuerlich problematisch.

Ausschüttend oder thesaurierend?

Auch diese Entscheidung hängt von den eigenen Lebensumständen ab. Ist der Steuerfreibetrag ausgeschöpft, wollen Sie von den Ausschüttungen leben? Es ist im Übrigen nicht verboten, die Ausschüttungen gleich zu investieren. Man kann sie sogar für das *Rebalancing* nutzen.

Sparplanfähig

Sparplanfähig zu sein ist keine Qualität des ETFs, sondern eine Marketingaktion der jeweiligen Bank. Hier stellt sich die Frage: *Wie stark will ich mich von den Vertriebsaktivitäten der Bank lenken lassen?* Dazu kommt: Es ist nicht gesagt, dass ein sparplanfähiger ETF seinen Status behält.

Aber *Sparplanfähig sein* hat ein großes psychologisches Plus: Sie bezahlen sich zuerst. Das Geld wird automatisch am Monatsersten abgebucht und angelegt. Dieses *Zwangssparen* ist nicht zu unterschätzen. Mein Tipp: Nutzen Sie Sparpläne, wo immer sie nur können.

Mein persönliches Ranking

1. marktbreiter Index
2. sparplanfähig
3. geringe Kosten
4. steuerlich einfach

Wie finde ich einen steuerlich einfachen ETF?

Egal ob Tagesgeld, Anleihen oder Aktien: keine Kapitalanlage ohne Steuern. Sehen Sie es so: Wenn Sie ein erfolgreicher Anleger sind, zahlen Sie Steuern. Kein Erfolg = keine Steuern. Dann doch lieber erfolgreich anlegen und Steuern zahlen.

Aber wenn schon Steuern zahlen, dann sollte der Prozess möglichst so einfach wie möglich sein. In diesem Kapital zeige ich Ihnen, wie Sie einen steuereinfachen ETF finden.

Begriffsdefinitionen

Beim Steuerstatus von ETFs wird im Folgenden unterschieden zwischen *steuereinfach* (mit mehreren Untergruppen) und *steuerproblematisch*. Alle betrachteten ETFs sind in Deutschland zum Handel zugelassen und somit steuertransparent.

Steuertransparent bedeutet: Die Erträge werden regelmäßig den deutschen Behörden gemeldet und im Bundesanzeiger veröffentlicht. Egal ob steuereinfach oder steuerproblematisch: steuertransparent muss der ETF sein. Sonst schätzt und versteuert das Finanzamt die Erträge einfach pauschal.

Dauerhaft steuereinfach

Der Fonds hat sein Domizil in Deutschland (erstes Indiz: die ISIN-Nummer fängt mit DE an).

Bei thesaurierenden ETFs führt die Kapitalanlagegesellschaft (KAG) und bei ausschüttenden Ihre Bank die fällige Kapitalertragssteuer (KESt) ab. Diese ETFs sind entweder von *Deka* oder *iShares* (DE) sowie fast alle physisch replizierend und ausschüttend.

Ausschüttungsgleiche Erträge

In den jährlichen Bekanntmachungen im Bundesanzeiger ausgewiesene Erträge eines ETFs: Diese Erträge müssen in Deutschland jährlich versteuert werden, allerdings werden sie im ETF-Vermögen thesauriert. Die deutsche Depotbank kann die Quellensteuer nicht automatisch abziehen, wenn der ETF ein ausländisches Domizil hat.

Steuereinfach thesaurierend

Die Thesaurierung erfolgt ohne ausschüttungsgleiche Erträge. Erst wenn Sie verkaufen, werden die Wertzuwächse (Kursgewinne und Dividenden) durch Ihre Depotbank in Deutschland versteuert. Alle ETFs in dieser Kategorie sind thesaurierende Swapper mit ausländischem Domizil von *Comstage, db-X, ETFS* oder *Source*.

Steuereinfach ausschüttend

Der ETF schüttet aus und überweist das Geld an die Depotbank. Die führt die KESt ab und damit ist das Steuerthema erledigt.

Problematisch sind die sogenannten *teilthesaurierenden* ETFs. Sie schütten nicht alles aus, sondern thesaurieren einen Teil der Gewinne. Die ausschüttungsgleichen Erträge werden aber durch die steuerlich zeitgleichen Ausschüttungen neutralisiert. Ihre Depotbank bezahlt dann die Quellensteuer auf die thesaurierten Erträge aus den ausgeschütteten Erträgen und führt die KESt dann für die ausschüttungsgleichen und die ausgeschütteten Erträge ab.

Das klappt, sofern im *Bundesanzeiger* bei der Thesaurierung zum Geschäftsjahresende die Ausschüttung mindestens 40 Prozent der ausschüttungsgleichen Erträge umfasst. Die ETFs in dieser Kategorie haben ein ausländisches Domizil und können physisch replizierend (*HSBC, UBS, db-X*) oder swappend sein (*Lyxor*).

Steuerproblematisch

Der ETF thesauriert vollständig. Die ausschüttungsgleichen Erträge werden nicht durch steuerlich zeitgleiche Ausschüttungen neutralisiert. Bei diesen ETFs müssen Sie die Anlage *KAP* Ihrer Einkommenssteuererklärung selbst ausfüllen. Beim Verkauf müssen Sie nachweisen, dass Sie die KESt bereits bezahlt haben, sonst werden Sie doppelt besteuert. Manche ETFs sind permanent steuerproblematisch, andere ETFs nur ab und zu.

Zu dieser Kategorie gehören

- Alle thesaurierenden physisch replizierenden ETFs mit ausländischem Domizil
- Manche thesaurierende Swapper (z. B. *UBS, EasyETF* und *RBS* immer, *Amundi* meistens, *Lyxor* vereinzelt) – sowie die ETFs von *SPDR* und *Powershares* die, warum auch immer, zuerst ausschütten und erst später thesaurieren.

Die Steuererklärung – das ist zu tun

Wenn ein bei einer deutschen Depotbank gehaltener ETF steuereinfach ist, braucht man sich als Privatanleger steuerlich selbst um nichts zu kümmern und muss die Erträge auch nicht in seiner

Steuererklärung angeben. Der steuerliche Aufwand beschränkt sich hier auf Freistellungsaufträge.

Bei ETFs mit Domizil Deutschland braucht man den Steuerstatus (steuereinfach ja/nein) nicht in jedem Jahr anhand des Bundesanzeigers zu überprüfen.

Wenn der Quellensteuer-Freibetrag noch nicht ausgeschöpft ist, sind ausschüttende ETFs steuerlich vorteilhaft.

Wenn der KESt-Freibetrag bereits ausgeschöpft ist, sind physisch replizierende ETFs nach Steuern meist am kostengünstigsten.

Bei thesaurierenden Swappern erfolgt die Besteuerung der Dividenden erst in der Zukunft, was bei ausgeschöpftem Quellensteuer-Freibetrag vorteilhaft sein kann.

Das hier gesagte galt im Sommer 2016. Ob diese Aussagen auf Sie und die aktuelle Steuersituation zutreffen, müssen Sie selbst prüfen.

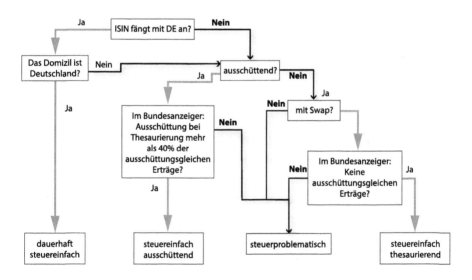

Entscheidungsbaum zur Ermittlung
des Steuerstatus in Deutschland handelbarer ETFs
Quelle: Finanzwesir

Beispiel für _steuereinfach ausschüttend:_ Angenommen, ein ETF hätte ausschüttungsgleiche Erträge von 100 € und zusätzlich ausgeschüttete Erträge von 40 €. Dann beträgt die fällige Quellensteuer (100 € + 40 €) * 26,375 Prozent = 36,93 €.

Wenn die ausgeschütteten Erträge bei der Thesaurierung zum Geschäftsjahresabschluss also zumindest 40 Prozent der ausschüttungsgleichen Erträge betragen, dann reicht die Ausschüttung für die Depotbank, um die Quellensteuer auf beides zu entrichten und der Fonds ist _steuereinfach._

In der Praxis ist es meist so, dass die ausgeschütteten Erträge entweder 0 oder mehrere 100 Prozent der ausschüttungsgleichen Erträge umfassen. Werte dazwischen sind eher selten.

Der Check im Bundesanzeiger

Wie finde ich denn die ganzen Angaben zu Erträgen und ausschüttungsgleichen Erträgen? Diese werden im Bundesanzeiger veröffentlicht. Mittlerweile gibt es den Bundesanzeiger nicht nur auf Papier, sondern auch im Internet.

1. Rufen Sie www.bundesanzeiger.de auf und geben Sie als Suchbegriff die ISIN des ETFs an.

2. Klicken Sie links auf _Besteuerungsgrundlagen._

3. Es werden Besteuerungsgrundlagen der letzten Jahre angezeigt, die alle geprüft werden sollten. Also zunächst auf die erste klicken, um diese zu öffnen.

4. In der geöffneten Bekanntmachung der Besteuerungsgrundlagen sind in der Regel mehrere Fonds der Gesellschaft aufgelistet. Suchen Sie nach dem gewünschten Fonds. Drücken Sie dazu die Tastenkombination STRG + F (auf manchen Computern heißt die Taste CRTL statt STRG). Es erscheint dann ein Suchfeld. Geben Sie hier die ISIN ein und drücken Sie die Enter-Taste.

5. Wenn Sie den gewünschten Fonds in der Liste anhand der ISIN gefunden haben prüfen Sie, ob in der Zeile § 5 b ausschüttungsgleiche Erträge vorhanden sind. Steht dort 0, dann gibt es keine

Zwischenthesaurierungen und der Fonds ist steuereinfach für dieses Jahr. Wichtig: Prüfen Sie das für mehrere Jahre. Es ist der Fondsgesellschaft unbenommen, das auch mal ein Jahr lang anders zu handhaben.

Was sind die Probleme mit ETFs?

Warum empfehle ich wieder und immer wieder ETFs? Weil ich ETFs für das Nonplusultra schlechthin halte? Nein.

Weil ich ETFs für die beste Lösung in einer nicht perfekten Welt halte? Ja.

ETFs sind weit davon entfernt, perfekt zu sein. Hier fasse ich die Nachteile zusammen.

ETFs haben einen Verkaufsprospekt

Eine Aktie kommt ohne Kleingedrucktes aus, zu jedem ETF gibt es drei Dokumente frei Haus:

1. Das *Factsheet* liefert die Infos, die Ihnen die Marketing-Abteilung mitteilen möchte.
2. Das *Key Investor Information Document* (KIID) liefert die Informationen, von denen der Gesetzgeber möchte, dass Sie sie kennen.
3. Der Verkaufsprospekt – die volle Breitseite.

Diesen Papierkram muss man lesen und verstehen.

Front-Running – ein konstruktionsbedingter Nachteil

Was ist *Front-Running*? Wer läuft da vor wem her?

Jeder Index wird regelmäßig angepasst. Dann müssen die Indexfonds ebenfalls umschichten. Es ist bekannt, wann das passiert. Aktive Anleger machen sich das zunutze, indem sie gezielt Aktien von Unternehmen kaufen, die kurz davor stehen, in einen großen Aktienindex aufgenommen zu werden. Der Fonds muss dann zu erhöhten Kursen einkaufen. Das kostet Anleger zwischen 0,2 und 0,5 Prozent pro Jahr an Performance.

Market-Maker – ein konstruktionsbedingter Nachteil

Wie läuft so ein ETF-Handel ab? Grob vereinfacht so: Ich will kaufen, Sie wollen verkaufen, der Deal geht durch, fertig. Alle sind zufrieden. Was passiert aber, wenn ich kaufen will, aber Sie nicht verkaufen wollen oder wenn Sie verkaufen wollen und ich auch? Dann betritt der sogenannte *Market-Maker* die Szene. Er *macht den Markt,* indem er kauft, wenn keiner kaufen will und verkauft, wenn keiner verkaufen will. Der Market-Maker stellt die Kurse und bringt die Liquidität in den Markt. Market-Maker sind Banken, Brokerhäuser und andere Profis, die von der ETF-Firma angeheuert werden, um die Liquidität sicherzustellen.

iShares hat in seinem *Multidealer Model* bis zu 52 Market-Maker unter Vertrag, um sicherzustellen, dass ein Handel immer möglich ist. *Klingt doch gut. Wo ist das Problem? Bei 52 Hanseln wird doch wohl einer handeln wollen?* Ja, aber nur wenn die Märkte ruhig dahinfließen. Fragen wir uns doch mal: Wie kommen die Kurse für den ETF denn zustande?

Ganz einfach: Der Kurs des ETFs berechnet sich aus den gewichteten Kursen des Aktienkorbs.

Beispiel: Mein ETF besteht zu

*   30 % aus Aktie A mit dem Kurs 50 €
*   20 % aus Aktie B mit dem Kurs 100 €
*   50 % aus Aktie C mit dem Kurs 40 €

Dann kostet ein Anteil meines ETF:

30 % * 50 € + 20 % * 100 € + 50 % * 40 € = 55 €

Was aber, wenn ich als Market-Maker keine Kurse für meine Aktien bekomme? Dann kann ich entweder den Handel einstellen oder ich muss raten. Wenn ich im Blindflug unterwegs bin, werde ich eine riesige Sicherheitsmarge einbauen. Dann werde ich nicht 55 € pro Anteil bieten, sondern vielleicht 15 bis 20 €.

Wie kann es dazu kommen? Wenn die *Wall Street* den Ausnahmezustand erklärt, wird der Handel eröffnet, ohne dass vorab – wie sonst üblich – Hinweise auf den wahrscheinlichen Eröffnungskurs für gelistete Aktien geliefert wurden. So, und schon steh' ich da wie der Depp als Market-Maker.

Auch wenn ETFs hier eher Opfer als Täter sind: Sie leiden unter diesem Verhalten. Für Buy-&-Holder ist das sicher ein aussitzbares Problem. Sie müssen nur aufpassen, dass Ihnen das nicht gerade am Rebalancing-Tag passiert.

Meine Überlegungen sind nicht bloß Theorie, sondern am 24. August 2015 so eingetreten, wie die *Neue Züricher Zeitung*[4] schreibt.

ETFs sind nicht passiv

Kein richtiger Nachteil, aber ein großes Missverständnis. Die Masse der ETFs ist nicht entwickelt worden, um passiven Anlegern das Leben zu vereinfachen, sondern damit gewerbliche Anleger aktiv auf ganze Märkte oder Segmente setzen können. – Wer an die glorreiche Zukunft Brasiliens glaubt, musste sich früher seinen Aktienkorb selbst zusammenkaufen, heute nimmt man einen ETF auf den *MSCI Brasilien* und ist fertig.

ETFs unterstützen die Industrialisierung der Finanzindustrie. Kein Autobauer zieht noch selbst die Strippen, man kauft fertige Kabelbäume vom Zulieferer. ETFs sind die Kabelbäume der Finanzindustrie und wir Privatanleger dürfen auch kaufen. Das bedeutet: ETFs sind im Allgemeinen sehr liquide. In der Krise brauchen Sie als Do-it-yourself-Anleger starke Nerven, um nicht zu verkaufen. Wenn gerade mal keine Krise ist, laden die ETFs zu einem kleinen Zock ein: *Hallo Süßer, ich bin der Pharma-ETF. Wie wär's mit uns. Ich steige in den nächsten drei Monaten ganz bestimmt. Dann kannste mich wieder verkaufen.*

Deshalb spricht sich die Investment-Legende John Bogle ganz klar gegen ETFs aus: *The 85-year-old said the fact that ETFs can be bought*

---

[4] www.nzz.ch/nzzas/anlageprodukte/ein-beunruhigender-unfall-1.18627915

and sold at any time created a temptation to trade in which the only sure winners are the brokers and dealers of Wall Street. (Quelle: Financial Times[5]) Gut, auch Aktien sind schnell verkauft, aber die gelten auch nicht als passiv.

ETFs wandeln sich

ETFs sind keine statischen Produkte. Die Initiatoren wollen verkaufen und möglichst viel Investorengeld einsammeln. Wenn ein ETF beim Publikum nicht gut ankommt, versucht man ihn attraktiver zu machen.

- Man senkt die Kosten.
- Man ändert den Aufbau. Synthetische ETFs sind nicht so beliebt wie replizierende ETFs, deshalb hat beispielsweise die *Deutsche Bank* ihre *db X-trackers* reihenweise umgestellt.
- Manchmal, wie bei *iShares* oder der *HSBC* ändert sich auch der Steuerstatus einzelner ETFs.

Geben Sie sich nicht der Illusion hin, ein einmal gekaufter ETF würde sich nie mehr ändern. Es ist das Schicksal langfristiger Buy-&-hold-Anleger, sich mit Produktänderungen herumschlagen zu müssen.

ETFs vermehren sich wie die Karnickel

Auch kein echter Nachteil, sondern eher ein Ärgernis, das es Anfängern schwer macht, den richtigen ETF zu finden.

Wir leben in einer Überflussgesellschaft. Wenn man ein 72-Stunden-Deo an den Mann bringen kann, warum dann nicht auch einen dreifach gehebelten ETF anbieten? Wenn bestimmte formale Kriterien erfüllt sind, muss die *BaFin* einen ETF zulassen, egal ob der Fonds sinnvoll ist oder nicht. Erfahrene Anleger werfen dann die Kettensäge an und mähen sich durch den Dschungel, der Anfänger und vor allem die Anfängerin sind vollkommen verunsichert.

95 Prozent aller ETFs, die angeboten werden, braucht kein Mensch. Vor allem nicht die ETFs zwischen Low-Beta- und

---

[5] www.ft.com/cms/s/0/f7634ce0-c8b4-11e4-b43b-00144feab7de.html#axzz4J16CpvRM

Momentum-Strategie. Bedenken Sie: Ein ETF kann nur so liquide sein wie die Wertpapiere, die er abbildet. Je enger der Markt ist, den der Index abbildet, umso schneller kann er austrocknen, wenn es zu einem Crash kommt.

Wertpapierleihe

Das Fondsmanagement verdient sich ein Zubrot, indem sie die Aktienbestände des ETFs verleiht. Natürlich gegen eine Gebühr und entsprechende Sicherheiten. Bei den *iShares*-ETFs liegt der Ertrag durch Wertpapierleihe zwischen 0,02 Prozent und 0,25 Prozent pro Jahr. Um diesen Ertrag zu erwirtschaften, verleihen die ETF-Anbieter bis zu 99 Prozent ihres Aktienbestandes. Ein physisch replizierender ETF hat – was die Wertpapierleihe angeht – mehr mit einer Leihbücherei als mit *Fort Knox* gemeinsam.

Die Fonds nutzen die Wertpapierleihe auch, um Steuern zu sparen. Kurz vor dem Dividendentermin werden die Aktien außer Haus geschickt. Die Dividende wird dann in einem Teil der Welt ausgezahlt, in dem weniger Steuern erhoben werden als in Europa. Der Entleiher behält die Dividenden, zahlt aber eine erhöhte Leihgebühr. Eine Leihgebühr ist keine Dividende und landet deshalb in einem steuergünstigeren Einnahmetopf.

Das Problem bei der Sache: Das Management bürdet dem Fondskäufer, also Ihnen, das Kontrahentenrisiko auf (der Entleiher wird insolvent), streicht aber in den meisten Fällen die Leihgebühren ein. Da die Verleihquote nicht gesetzlich geregelt ist, müssen Sie im Kleingedruckten nachlesen, wie Ihr ETF es mit der Wertpapierleihe hält. (Suchen Sie in dem PDF nach *Wertpapierleihe*.)

Suchen Sie sich einen Fonds aus, bei dem Sie wenigstens von den Leihgebühren profitieren. Dann werden Sie für das zusätzliche Risiko zumindest bezahlt und können so den *Tracking Error* weiter minimieren.

Intransparenz

Zwar sind ETFs im Allgemeinen transparenter als klassische Fonds, das ist aber weniger ein Verdienst des Managements. ETFs haben weniger Haken und Ösen als aktiv gemanagte Fonds, es gibt daher einfach weniger Chancen auf Intransparenz. Da wo es möglich ist, wird aber trotzdem weiter fleißig gemauschelt.

Ein Beispiel: Die berühmte Gesamtkostenquote, auch als *TER* (Total Expense Ratio) bekannt. Leider ist diese Kostenquote nicht so total und allumfassend, wie ihr Name glauben macht. Positionen wie *Swap-Kosten* und *Transaktionskosten für die Wertpapierleihe* sind oft nicht Teil dieser Quote.

Das nervt, aber in diesen sauren Apfel muss man als Investor beissen, denn es ist zurzeit nichts Besseres am Markt zu haben. Wichtig ist nur, dass man als Investor diese Missstände kennt, benennt und dadurch hoffentlich zu ihrer Beseitigung beiträgt.

Tracking Error

Der ETF hat das Ziel, den Index absolut identisch nachzubilden. Theoretisch sollten der Kurs des ETF und der des Index absolut deckungsgleich sein. In der Praxis decken sich der Kurs des ETFs und der des Index aber nie zu 100 Prozent.

Diese Schwankungen in der Differenz zwischen der täglichen Wertentwicklung des ETFs und der täglichen Wertentwicklung des zugrunde liegenden Index nennt man *Tracking Error*. Tracking Error muss keinesfalls heißen, dass der ETF schlechter läuft als der zugrunde liegende Index. Wenn der Index auf 100 € steht und der Tracking Error 2 Prozent beträgt, dann kann der ETF bei 102 € oder 98 € stehen. Es geht beim Tracking Error nur um die Abweichung vom Indexkurs.

Auch bei einem sehr kleinen Tracking Error kann es – übers Jahr gesehen – zu einer starken Abweichung des ETF-Kurses vom Index kommen. Dieses Phänomen heißt *Tracking-Differenz*. Mehr dazu weiter unten.

Wie entsteht der Tracking Error?

Durch Gebühren und zeitliche Verzögerungen. Der Index kennt keine Managementgebühren und auch keine Transaktionskosten. Außerdem geht der Index davon aus, dass ausgeschüttete Zinsen und Dividenden unverzüglich auf dem Konto des Fonds erscheinen und wieder angelegt werden. Auch die bei Umstellungen im Index anfallenden Kauf- und Verkaufskosten interessieren den Index nicht. In der Realität kostet die Überweisung einer Dividendenzahlung Geld und braucht ihre Zeit. Manchmal werden auch Steuern (bei britischen Aktien die *Stamp Duty*) oder Wechselgebühren fällig. Gerade ETFs, die in Aktien aufstrebender Märkte investieren, sind davon betroffen. Die Dividende einer indonesischen Palmöl-Gesellschaft muss erst von Rupien in Dollar umgerechnet werden und dann von Indonesien zum Sitz der Fondsgesellschaft gelangen. Es ist nicht gesagt, dass das alles auf rein elektronischem Weg erfolgt. Womöglich bekommt man als Aktionär einen Scheck, den man einlösen muss.

Wovon hängt der Tracking Error ab?

Zum einen von der Expertise der Fondsgesellschaft. Die haben aber alle großen Anbieter. Im Wesentlichen hängt der Tracking Error von der Art der Indexnachbildung ab.

Replizierer halten die Aktien und sind deshalb näher dran an der echten Welt. Deshalb haben sie mit einem höheren Tracking Error zu kämpfen. Große Indizes, wie beispielsweise der *MSCI World* mit rund 1.600 Positionen, lassen sich über die volle Replikation nicht ohne Tracking Error realisieren.

Die synthetischen Swapper tun sich da leichter. Sie sind rein elektronisch. Ihnen funken keine Zwänge der Kohlenstoffwelt dazwischen. Deshalb ist der Tracking Error hier viel geringer, aber natürlich vorhanden, denn auch hier verzichtet das Management nicht auf seine Gebühren.

Tracking-Differenz

Die Tracking-Differenz misst die langfristige Qualität eines ETFs. Diese Kennzahl beantwortet die Frage: *Wie gut wird sich der ETF voraussichtlich im Vergleich zu dem entsprechenden Index entwickeln?* Während der Tracking Error eine relative Kennzahl ist, misst die Tracking-Differenz den Unterschied in der Wertentwicklung in absoluten Zahlen: Hat der ETF den Index überholt oder blieb er zurück?

Standardzeitraum für die Tracking-Differenz ist ein Jahr. Tracking-Differenzen können immer nur im Nachhinein bestimmt werden. Die Tracking-Differenz enthält sämtliche Positionen auf Fondsebene wie Gebühren, Maklerprovisionen, Steuern und Gewinne durch Wertpapierleihe, die die Rendite des Fonds beeinflussen. Da sich diese Positionen im Allgemeinen nicht so schnell ändern, ist die Tracking-Differenz trotzdem eine sehr wertvolle Größe, wenn es darum geht, die zukünftige Performance eines ETFs einzuschätzen. Damit hat man als Anleger die Chance, sich ein Bild von den tatsächlichen ETF-Kosten und der daraus resultierenden Performance zu machen. Die Kosten gehen direkt zulasten der ETF-Performance.

Es gibt vieles, das man an ETFs kritisieren kann, doch die Frage ist immer: Was ist die Alternative? Was kann ich als Privatmensch, der sein Geld mit abhängiger Arbeit verdient, an Aufwand stemmen? Wie viel Zeit kann ich für meine Finanzen aufwenden, wenn ich schon Arbeit, Familie, Freunde und den Schlafen-Essen-Hygiene-Block am Start habe?

Die Frage ist doch: Wo bekomme ich ein Finanzvehikel, mit dem ich
* breit diversifiziert,
* kostengünstig und
* einfach (Sparplan)

an der wirtschaftlichen Entwicklung teilhaben kann? Für mich ist das aktuell ein ETF. Zeigen Sie mir etwas Besseres als einen marktbreiten ETF und ich bin dabei.

Welcher Aktienindex ist der Richtige?

Indexfonds basieren auf einem Index, wie der Name schon sagt. Aber was ist ein Index überhaupt? Ein Index ist nichts weiter als ein Set von Regeln. Firmen, die den Kriterien entsprechen, werden in den Index aufgenommen. Dann wird in regelmäßigen Abständen nachgeschaut,
* ob alle Firmen, die sich im Index befinden, den Regeln noch entsprechen (wer den Regeln nicht mehr entspricht, fliegt raus) und
* ob es Kandidaten für eine Neuaufnahme gibt. Da Indizes meist vom Umfang her begrenzt sind (so umfasst der *DAX* beispielsweise 30 Werte), muss es für jeden Aufsteiger auch einen Absteiger geben. So kennt man es aus der *Hitparade*.

Der *DAX* als Beispiel

Jeder Index wird von einem Anbieter veröffentlicht und gepflegt. In unserem Fall ist das die *Deutsche Börse AG*. Sie legt die Kriterien fest, nach denen eine Firma in den Index aufgenommen wird und aktualisiert die Zusammensetzung des Index in regelmäßigen Abständen. Für den *DAX* hat die *Deutsche Börse AG* als Regelset unter anderem festgelegt, dass

- der *DAX* 30 Firmen umfassen soll,
- die Werte entsprechend ihrer Streubesitz-Marktkapitalisierung gewichtet werden sollen (man hätte hier genauso gut eine Gewichtung nach Börsenwert oder nach Eigenkapital einführen können),
- ein Unternehmen im Prime-Standard gelistet sein muss,
- ein Unternehmen fortlaufend in Xetra gehandelt werden muss,
- ein Unternehmen mindestens einen Streubesitz von 10 Prozent aufweisen muss,
- ein Unternehmen seinen Sitz in Deutschland oder den Schwerpunkt seines Handelsumsatzes an Aktien in Frankfurt und einen Sitz in der EU haben muss,
- die Zusammensetzung des Index einmal pro Quartal aktualisiert wird.

Diese Regeln hat die *Deutsche Börse AG* festgelegt. Letztendlich kann aber jeder sein eigenes Regelset aufstellen und darauf einen Index begründen.

Was bedeutet das für Sie als Anleger? Sie müssen genau schauen, wie der Index konstruiert ist. Passt das vom Anbieter vorgegebene Regelwerk zu Ihren Investmentplänen?

Der *DAX* beispielsweise ist ein schlechter Index, gehässige Zungen behaupten sogar, der *DAX* sei gar kein Index, sondern ein Marketing-Instrument. Warum? Weil er nicht marktbreit genug ist. Er umfasst nur 30 Firmen, Indizes wie der *MSCI World* (umfasst die weltweit größten Firmen) bestehen aus über 1.600 Positionen.

Selbst die Top-Position (aktuell *Apple*) macht nur 1,82 Prozent des Index aus. Selbst wenn *Apple* sich jetzt in dieser Sekunde in Luft auflösen würde und alle Aktien komplett wertlos würden, wäre dem Index dieser Totalausfall egal, denn das Schadenspotenzial ist auf 1,82 Prozent begrenzt. Das ist der Vorteil eines breit aufgestellten und robusten Index.

Im Vergleich dazu der *DAX*: *Bayer*, die aktuelle Top-Position, stellt knapp 10 Prozent des Index dar. Schwächelt Bayer, wackelt auch der *DAX*.

Enge, hausgemachte Spezialindizes wie z. B. *DJ Global Titans* (50 von 40.000 Aktiengesellschaften) oder enge Branchenindizes sind eher als Marketing-Instrumente zu verstehen, die dem Kunden eine künstliche Segmentierung vorgaukeln und dazu dienen, immer neue Produktinnovationen am Markt zu platzieren.

Gerade bei Branchenindizes geht der Hauptvorteil eines Index, sein Diversifikationseffekt, verloren. Der von der Firma *STOXX* herausgegebene Automobil-Index ist ein besonders krasses Beispiel: Er besteht aus 19 Werten. *Daimler* dominiert mit 30 Prozent. Da kann ich *Daimler*, *BMW*, *Continental* und *VW* auch gleich direkt kaufen und habe so mehr als die Hälfte des Index mit vier Positionen erledigt.

Welches Konzept verfolgt der Index-Anbieter?

Von den Spezialindizes einmal abgesehen hilft es auch, das grundsätzliche Konzept der Index-Anbieter zu verstehen. Basiert der Index auf der Marktkapitalisierung der jeweiligen Firmen oder auf ihren Umsätzen?

Ein Index, der die Firmen nach Marktkapitalisierung gewichtet, ist anfällig für Spekulationsblasen. Nehmen wir als Beispiel die wilden Dotcom-Jahre Ende der 90er-Jahre des letzten Jahrhunderts. Die Aktien der jungen Internet-Firmen erreichten schwindelnde Höhen, die Marktkapitalisierung (Aktienkurs multipliziert mit der Zahl der ausgegebenen Aktien) war gewaltig. Oft waren Internet-Buden an der Börse teurer als gestandene Industrieunternehmen wie VW oder

Siemens. Die Umsätze dagegen waren eher mau. In einem Index nach Marktkapitalisierung sind solche Firmen überproportional vertreten. Wenn die Blase dann platzt, fliegen diese Firmen aus dem Index. Es wird turbulent. Der Index wankt und die Fonds, die diesen Index abbilden, haben hohe Transaktionskosten, denn sie müssen Aktien umschichten. Die abgestürzten Werte müssen verkauft werden und die Aktien der neu im Index vertretenen Firmen müssen gekauft werden.

Also doch lieber einen umsatzbasierten Index auflegen, in dem die alten Dickschiffe unter sich bleiben und die Jung-Hysteriker nicht vorkommen, weil ihre Umsätze einfach nicht groß genug sind? Das ist auch nicht das Wahre, denn auch wenn viel Schrott am Markt war: Firmen wie *Amazon* oder *Google* waren auch Teil der Internet-Blase und Aktien dieser Firmen hätte man schon gerne frühzeitig im Depot gehabt.

Dieses Beispiel zeigt: Die Konstruktion eines Index beeinflusst seine Zusammensetzung und damit auch die Performance maßgeblich. Es geht hier nicht um gut oder schlecht, sondern um *passt zu mir* oder *passt nicht zu mir*. Ein Index nach Marktkapitalisierung ist nicht per se besser oder schlechter als ein Index nach Umsatz oder Bilanzgewinn. Es kommt auf Ihre Investmentziele an.

Worauf soll ich bei der Auswahl eines Index achten?
Wie breit deckt der Index den Markt ab, in den ich investieren will? Gerade im europäischen Bereich gilt *Euro* ≠ *Europe*. Ein Index, der den Begriff *Euro* im Namen führt, investiert in den Euroraum, Unternehmen aus der Schweiz, Großbritannien oder Norwegen finden sich in diesem Index nicht. Wenn *Nestlé* und *Vodafone* auch mit dabei sein sollen, muss der Namenszusatz *Europe* her. Ein *Europe*-Index betrachtet den europäischen Raum (geografisch gesehen). Ein Euro-Index betrachtet nur die Eurozone.

Grundsätzlich gilt: Breiter ist besser, weil repräsentativer und robuster. Für den US-Aktienmarkt ist deshalb der Index *S&P 500* relevanter als der nur aus 30 Werten bestehende *Dow Jones*. So war Microsoft beispielsweise bis 1999 nicht Teil des *Dow Jones*, obwohl Microsoft auch 1999 schon zu den weltweit größten Firmen zählte.

Wenn Sie in mehr als einen Indexfonds investieren möchten, stellt sich die Frage der Überschneidung der Indizes, die zu einer ungewollten Übergewichtung bestimmter Firmen oder Regionen führen kann.

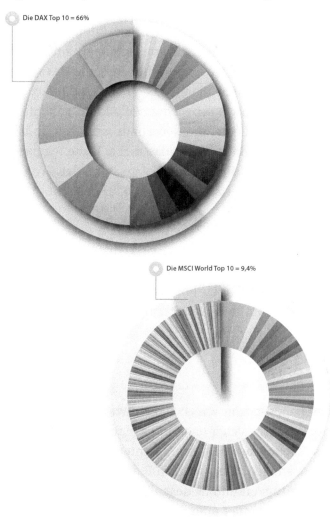

Quelle: Finanzwesir

Index und Fonds, wie spielt das zusammen?

Es gibt Finanzdienstleister, Firmen wie *MSCI* oder *Russell*, die sich Indizes ausdenken und diese konstruieren. Es gibt Fondsgesellschaften, die diese Indizes lizenzieren und einen Fonds auflegen, der diesen Index abbildet. Dafür zahlt die Fondsgesellschaft Lizenzgebühren an die Index-Entwickler.

Der Index ist die Basis für den Fonds. Die Intelligenz der ganzen Unternehmung steckt im Index, die Fondsmanager sind nur noch für die operative Ausführung zuständig. Ihre Aufgabe ist es, die Kosten möglichst gering zu halten, damit der Fonds den Index möglichst genau abbildet. Im echten Leben müssen Aktien gekauft und verkauft werden und die Leute, die den Fonds managen, müssen auch bezahlt werden. Den Index schert das nicht. Diese – unabwendbaren – Transaktions- und Verwaltungskosten sind der Grund, warum ein Indexfonds nie die Performance des Index erreicht.

Auf welchem Index basiert mein Fonds?

Die Factsheets der jeweiligen Fonds sind ein guter Einstiegspunkt. Sie finden die Infos auf den Websites der Anbieter.

Anleihen-Fonds

Den Anleihen-Fonds möchte ich ebenfalls etwas mehr Platz einräumen, da viele Anleger sie für sicher halten. Das sind sie aber nur bedingt.

Solange das Zinsniveau fällt, sind Renten-Fonds eine Topanlage, denn die Kurse steigen. Ein Anleihen-Fonds hält seine Anleihen selten bis zur Endfälligkeit und ist deshalb den Kursschwankungen voll ausgesetzt. Deshalb landet man dann als Anleger schnell bei Begriffen wie *Duration* und *modifizierte Duration*.

Ein Beispiel ist der *Deutsche Boerse EUROGOV® Germany 3-5-ETF von Deka.*

Holding Name	WKN	ISIN	Rate
DEUTSCHLAND REP 3.5% 09-04/07/2019	113538	DE0001135382	14,83%
DEUTSCHLAND REP 3.75% 08-04/01/2019	113537	DE0001135374	14,54%
DEUTSCHLAND REP 3.25% 09-04/01/2020	113539	DE0001135390	13,40%
DEUTSCHLAND REP 4.25% 08-04/07/2018	113535	DE0001135358	12,97%
BUNDESOBL-167 1% 13-12/10/2018	114167	DE0001141679	9,33%
BUNDESOBL-171 0% 15-17/04/2020	114171	DE0001141711	8,88%
BUNDESOBL-120 1% 14-22/02/2019	114168	DE0001141687	8,76%
BUNDESOBL-169 0,5% 14-12/04/2019	114169	DE0001141695	8,59%
BUNDESOBL-170 0,25% 14-11/10/2019	114170	DE0001141703	8,50%

Fondszusammensetzung Deutsche Boerse EUROGOV® Germany 3-5
Quelle:Deka-Website

Der ETF hält aktuell 9 (maximal erlaubt sind 15 Positionen) deutsche Staatsanleihen mit einer Restlaufzeit zwischen 3 und 5 Jahren. In diesem Beispiel stecken 12,97 Prozent des Kapitals in der Anleihe *DEUTSCHLAND 4.25 Prozent 08-04/07/2018* mit der WKN 11353. Diese Anleihe wird am 04.07.2018 fällig. Rechnen wir 3 Jahre zurück, dann stellen wir fest: Diese wunderbare Anleihe, die jedes Jahr traumhafte 4,25 Prozent brachte, wurde am 06.07.2015 verkauft. Warum? Weil da ihre Restlaufzeit kürzer als 3 Jahre war und sie damit in diesem ETF nichts mehr zu suchen hatte.

Als Beispiel hier die Kennzahlen vom 30. April 2015 und vom 12. Juni 2015:

Fonds-Kennzahlen

30.04.2015 ▼	
Rendite (Durchschnitt/%)	-0,07
Duration (Durchschnitt/Jahre)	3,60
Modified Duration (Durchschnitt/%)	3,60
Kupon (Durchschnitt/%)	2,16
Restlaufzeit (Durchschnitt/Jahre)	3,74
Konvexität (Durchschnitt)	17,26

Fonds-Kennzahlen

12.06.2015 ▼	
Rendite (Durchschnitt/%)	0,01
Duration (Durchschnitt/Jahre)	3,74
Modified Duration (Durchschnitt/%)	3,74
Kupon (Durchschnitt/%)	2,30
Restlaufzeit (Durchschnitt/Jahre)	3,89
Konvexität (Durchschnitt)	18,43

Deutsche Boerse EUROGOV® Germany 3-5
Quelle: Deka-Website

Duration ist nicht Laufzeit

Die Laufzeit einer Anleihe gibt an, wann das Kapital zurückgezahlt wird. Das ist die sogenannte *Endfälligkeit*. Eine Anleihe, die im Juni 2015 in den Verkauf kam und deren Endfälligkeit im Juni 2025 liegt, hat eine zehnjährige Laufzeit. Im Juni 2020 hat diese Anleihe eine Restlaufzeit von 5 Jahren.

Die Duration dagegen ist eine abstrakte Kennzahl die angibt, wie sensibel eine Anleihe auf Zinsänderungen reagiert.

Zwei Beispiele:

1. Eine Anleihe hat einen Coupon von 1 Prozent und wird in einem Jahr fällig. Der Marktzins steigt auf 2 Prozent. Was passiert? Niedrige Duration, der Kurs wird etwas nachgeben.

2. Eine Anleihe hat einen Coupon von 1 Prozent und wird in 9 Jahren fällig. Der Marktzins steigt auf 3 Prozent. Was passiert? Hohe Duration, die Anleihe reagiert sensibel, der Kurs saust in den Keller.

Die Duration gibt an, wie viele Jahre es dauert, bis sich die Kurs- und Zinseffekte jeweils ausgleichen. Die Duration ist umso höher, je länger eine Anleihe noch läuft und je niedriger die Verzinsung der Anleihe ist.

Wenn Sie steigende Zinsen erwarten, sollten Sie auf eine niedrige Duration achten. Suchen Sie sich eine Anleihe, die kurz läuft und einen möglichst hohen Zinscoupon hat.

Wenn Sie sinkende Zinsen erwarten, ist eine hohe Duration Ihr Freund. Kaufen Sie eine Anleihe, die möglichst lange läuft.

Das Klumpenrisiko

Ich würde keinen Aktien-ETF anfassen, der nicht mindestens eine hohe dreistellige Zahl an Firmen enthält. Bei Anleihen-ETFs kann ich diese Anforderung nicht stellen.

Der hier vorgestellte *Deutsche Boerse EUROGOV® Germany 3-5 ETF* umfasst maximal 15 Positionen. Auch ein *iBoxx EUR Liquid Sovereign Diversified 1-10*, der in europäische Staatsanleihen investiert, hält maximal 25 Titel. Da hat man dann 18 Prozent Spanien und 15 Prozent Italien im Depot. Das ist ein ganz anderes Risiko als die knapp 2 Prozent, die *Apple* im *MSCI World* Index auf sich vereinigt. Auch ein *Deka iBoxx EUR Liquid Corporates Diversified*, der in europäische Unternehmensanleihen investiert, hat nur 75 Positionen. Der *iShares Euro High Yield Corporate Bond*, der in Anleihen von Firmen unterhalb von Investmentqualität anlegt, hat immerhin 477 Positionen.

Aktien-ETFs sind im Allgemeinen deutlich breiter diversifiziert als Anleihen-ETFs.

Auch bei einem Anleihen-ETF müssen Sie ganz genau hinsehen:

1. In welche Anleihen investiert der ETF?
2. Hält der ETF die Anleihen bis zur Endfälligkeit oder verkauft er sie vorher?
3. Wie wirkt sich eine Änderung des Zinsniveaus auf den Kurs meines ETFs aus?
4. Wie beim Aktien-ETF sind natürlich auch die Kosten ein Thema.

Anleihen oder Aktien – was ist komplizierter?

Ich befasse mich lieber mit Aktien als mit Anleihen. Warum? Wenn ich mein Geld in Aktien anlegen will, kaufe ich 1 – 4 breit anlegende ETFs und bin fertig. Anleihen dagegen sind ein ziemlich bösartiges Zeug und nicht so einfach zu verstehen, wie man immer glaubt. Nicht umsonst gibt es Aktien-Händler und Bond-Händler. Diese beiden Märkte haben wenig miteinander zu tun.

In meinen Augen sind die Bond-Märkte deutlich komplizierter als die Aktienmärkte. Die Kurse der Anleihen hängen extrem vom Zinsniveau ab und die Leitzinsen sind rein politisch motiviert. Irgendwo findet immer eine Wahl statt und irgendein Politiker will seine Klientel bedienen und meint, an den Zinsen herumpfuschen zu müssen.

Außerdem kommen Anleihen immer mit einem Emissionsprospekt, in dem sich alle möglichen Schweinereien wie *Kapitalherabsetzungen* verstecken können. Diese ganzen Informationen müssen Sie sich als Anleger zusammensuchen.

Außerdem müssen Sie Sätze wie *Die Vorlegungsfrist gemäß § 801 Abs. 1 Satz 1 BGB für den fälligen Kapitalbrief wird gemäß § 801 Abs. 3 BGB verkürzt und beträgt drei Jahre* nicht nur lesen, sondern auch verstehen. Eine gewisse Freude am Lesen juristisch verklausulierter Texte schadet deshalb nicht. Letztendlich ist das ein Terrain für den **aktiven Anleger**, der sich ein eigenes Bild machen kann und will.

Immobilie ja/nein

Kaum ein Thema bewegt die Menschen mehr als das Thema *Wohnen in den eigenen vier Wänden.*
Es gibt zwei Fundamental-Entscheidungen im Leben eines Menschen:
* heiraten und Kinder kriegen
* eigene Immobilie ja/nein

Beide Entscheidungen verpflichten einen auf Jahrzehnte und beide Entscheidungen schränken einen sehr ein.
Die selbst genutzte Immobilie ist in den seltensten Fällen eine gute Investition. Die Renditen sind lausig. Oft baut man zu groß und so richtig passen tut die Immobilie nie. Meist ist sie im Alter viel zu groß.
Mit dem Vermieten kann man Geld verdienen, allerdings ist das kein Geschäft, das man so nebenher betreiben kann. Alle erfolgreichen Immobilieninvestoren die ich kenne, sind vom Fach (Architekt, Bauingenieur oder Handwerker) und betreiben das Geschäft aktiv.
Ich empfehle an dieser Stelle das Buch *Kaufen oder mieten* von Gerd Kommer. Herr Kommer beleuchtet das Thema sehr gründlich und räumt mit den ganzen Makler-Mythen auf.
Wenn Sie sich für eine Immobilie entscheiden, dann gibt es meiner Meinung nach nur den einen Weg, den ich am Anfang des Buches unter *To build or not to build* beschrieben habe.

Die eigene Arbeitskraft, ein unterschätztes Asset

Das berühmt-berüchtigte *Humankapital*, die Basis Ihres Wohlstandes ... Ich möchte Ihnen hier die Analyse *Lebensverdienst nach Qualifikation* vorstellen.

1.083.000 €	1.325.000 €	1.561.000 €	2.002.000 €	2.320.000 €
ungelernt	Berufsausbildung	Abitur	FH-Abschluß	Uni-Abschluß

Lebensverdienst nach Qualifikation, IAB-Studie
Quelle: Bildung lohnt sich[6]

Man kann trefflich über die Studie streiten, denn die Verfasser gehen von ungebrochenen Erwerbsbiografien aus. Zusätzlich wurde angenommen, dass Personen ohne Abitur vom 19. bis zum 65. Lebensjahr durchgängig in Vollzeit beschäftigt sind, während dies für Abiturienten vom 21. bis zum 65. Lebensjahr und für Akademiker vom 26. bis zum 65. Lebensjahr gilt. Außerdem werden Bruttolöhne verglichen, die Steuerprogression wird das Netto etwas nivellieren.

[6] doku.iab.de/kurzber/2014/kb0114.pdf

Bildungsabschluss	Brutto-Lebensverdienst	Jahres-Brutto
ungelernt	1.083.000 €	23.543 €
Berufsausbildung	1.325.000 €	28.804 €
Abitur	1.561.000 €	35.477 €
Fachhochschulabschluss	2.002.000 €	51.333 €
Hochschulabschluss	2.320.000 €	59.487 €

Was bedeutet das?

1. Egal, ob ein Ungelernter jetzt nur 800.000 € verdient oder doch 1.200.000 €, es handelt sich in jedem Fall um erhebliche Summen.
2. Es handelt sich um *Potenziale*. Ein ungelernter 19-Jähriger hat die realistische Chance, in seinem Leben gut eine Million Euro zu verdienen. Ein 26-jähriger Akademiker hat das Potenzial, im Laufe seines Lebens knapp 2,5 Millionen zu verdienen.
3. Das Potenzial des Ungelernten schrumpft jedes Jahr um 23.543 €, das des Uni-Absolventen um 59.487 €.
4. Um die folgende Humankapital-Tabelle aufzustellen, habe ich extrem vereinfacht.
5. Die Potenzialkurve fällt linear ab.
6. Das Erwerbspotenzial eines 65-Jährigen ist gleich null. Das steht zwar im Widerspruch zur Rente mit 67, aber da die Verfasser der Studie so rechnen, mache ich das auch.

Alter	Ungelernt	Berufs-ausbildung	Abitur	FH-Abschluss	Uni-Abschluss
19	1.083.000 €	1.325.000 €	0 €	0 €	0 €
26	918.195 €	1.123.369 €	1.383.613 €	2.002.000 €	2.320.000 €
30	824.021 €	1.008.152 €	1.241.704 €	1.796.666 €	2.082.051 €
40	588.586 €	720.108 €	886.931 €	1.283.333 €	1.487.179 €
50	353.152 €	432.065 €	532.159 €	770.000 €	892.307 €
60	117.717 €	144.021 €	177.386 €	256.666 €	297.435 €
65	0 €	0 €	0 €	0 €	0 €

Was bedeutet das für die Geldanlage?

Ein sinnvoll aufgebautes Portfolio arbeitet mit Anlageklassen. Aktien, Anleihen, Immobilien und Rohstoffe sind Anlageklassen, die man kennt. Die bei Weitem wichtigste Assetklasse wird dabei gerne übersehen: Sie selbst. Sie und Ihre Arbeitskraft sind der Hauptvermögenswert, den Sie besitzen. Das einzig Unschöne: Dieser Vermögenswert hat ein eingebautes Verfallsdatum.

Die durch Arbeit aktiv erwirtschafteten Jahresbruttos liegen zwischen 25.000 € und 60.000 €. Wenn Sie diese Summe passiv mit Dividenden und Zinsen bestreiten möchten, dann brauchen Sie ein Vermögen von

Ausschüttung nach Steuern	Ausschüttung vor Steuern	Rendite	Vermögen
25.000 €	33.955 €	4 %	848.896 €
60.000 €	81.494 €	4 %	2.037.351 €

Das entspricht in etwa dem Lebensbrutto.

Vollends irrsinnig wird es, wenn die Leute in Verzückung verfallen, weil sie Tagesgeld zu 1,2 statt 1 Prozent ergattert haben. Das entspricht bei einer Anlagesumme von 5.000 € ein paar wenigen Arbeitsstunden mehr pro Jahr.

Der Vermögenshebel ist Ihr Wert auf dem Arbeitsmarkt. Rechnen Sie aus, was es bedeutet, wenn Sie von Ihrem jetzigen Einkommen auf Hartz IV abstürzen (ab 2016 beträgt der Hartz-IV-Regelsatz 404 € pro Monat).

Das dürfte Sie härter treffen als nicht ganz so tolle Zinsen oder eine mittelmäßige Aktienperformance.

Ihre Aufgabe

Bevor Sie darüber nachdenken, ob es lieber ein *MSCI-World*-ETF oder ein ETF auf den *S&P 500* sein soll, beantworten Sie lieber diese Fragen:

1. Sitzen Sie beruflich fest im Sattel? Geht es der Firma so weit gut? Sind die Löhne sicher oder zeichnen sich am Horizont (der gerne noch zwei Jahre entfernt sein kann) Probleme ab? Wenn Sie es nicht wissen: Was sagt der *Flurfunk*?
2. Wie geht es Ihnen gesundheitlich? Fit oder fett? Was macht der Rücken?

Die Sicherung Ihres Einkommenspotenzials ist absolut vorrangig.

Ein Beispiel

- Ein 40-jähriger Akademiker mit Uni-Abschluss hat laut obiger Tabelle ein merkantiles Restpotenzial von 1.487.179 €.
- Selbiger Akademiker hat 100.000 € gespart.
- Die Ersparnisse sind ausgewogen angelegt. 50 Prozent in ETFs (RK3-Anteil) und 50 Prozent in Tages- und Festgeld (RK1-Anteil).

Diese 100.000 € sollen jetzt ertragsoptimiert werden.
- Der RK1-Anteil soll statt 1,5 jetzt 2 Prozent bringen.
- Der RK3-Anteil soll statt 5 jetzt 8 Prozent bringen.

Anteil	Brutto-Delta
RK1	250 €
RK3	1.500 €
Summe	**1.750 €**

Das sind 0,12 % des merkantilen Restpotenzials oder knapp 3 % des jährlichen Potenzials. Natürlich sind 1.750 € eine Menge Geld, die man nicht auf dem Tisch liegen lassen sollte, aber dafür haben Sie erst Zeit, wenn jobmäßig alles im grünen Bereich ist.

Aber man wird ja nicht jünger, und das Einkommenspotenzial wird jedes Jahr weniger, deshalb stellt sich die Frage:

Wo kommt das Geld her?

Es gibt vier legale Geldquellen:
1. Arbeitslohn aus abhängiger Beschäftigung
2. Gewinne aus selbstständiger Tätigkeit
3. passives Einkommen aus Vermögen (Dividenden, Zinsen, Kursgewinne, Rentenanwartschaften, Beteiligungen etc.)
4. Erbschaft, Lottogewinn und andere Zufallsgewinne

Punkt 4 interessiert nicht, weil einmalig und nicht vorhersehbar. Schön, wenn man davon profitieren kann, aber nichts, worauf man eine Strategie aufbaut.

Ebenfalls uninteressant: eine staatliche Rente. Die Rente habe ich nicht berücksichtigt, weil ich davon ausgehe, dass die Rente in Zukunft eine Grundsicherung sein wird. Niemand wird unter der Brücke schlafen müssen, aber das Frequent-Flyer-Leben der heutigen Rentner wird nicht mehr drin sein.

Die meisten von uns werden mit Punkt eins starten – kein Vermögen, keine selbstständige Tätigkeit, nur ein millionenschweres Potenzial. Dieses gilt es zu nutzen.

Auch hier wenden wir das *Schema F* der Finanzanalyse an. Unsere Stichwörter sind die üblichen drei Verdächtigen: Rendite/Risiko-Verhältnis, Klumpenrisiko und Diversifikation.

Wir stellen fest: Sie sind ein Klumpenrisiko, denn es gibt nur einen Einnahmestrom und das ist Ihr Arbeitslohn. Dieses Klumpenrisiko kann und muss beseitigt werden.

- **Defensiv:** Absicherung Ihrer Arbeitskraft durch eine Berufsunfähigkeitsversicherung.
- **Offensiv:** Durch Diversifikation – Sie brauchen zusätzliche Erlösquellen.

Sie stehen unter Zeitdruck, denn der Lohnsee, aus dem Sie Ihr Potenzial schöpfen, ist wie der Aralsee: Er trocknet jedes Jahr ein bisschen mehr aus. Das Fatale: Das Potenzial verdunstet unabhängig davon, ob Sie es ausschöpfen oder nicht. Einem 50-Jährigen, der sich nicht beizeiten neue Erlösquellen erschlossen hat, läuft die Zeit davon, egal wie gut er aktuell verdient.

Passives Einkommen aus Vermögen
Die klassische Umverteilung: Versteuerter Arbeitslohn wird eingesetzt, um passiv Zinsen, Dividenden und Kursgewinne zu erzielen. Das ist ein langfristiger Horizont mit möglichst pflegeleichter Umsetzung – so wie ich das hier und in meinem Blog seitenweise beschreibe.

Gewinne aus selbstständiger Tätigkeit
Finanzwesir, das Leben ist doch nicht nur Arbeit! Soll ich jetzt noch zusätzlich zu meinem Job abends und am Wochenende arbeiten?
Nein, ich würde mich nur nicht darauf verlassen, bis ans Ende meiner Tage als abhängig Beschäftigter durchzukommen.
Ich finde es erschreckend, wenn ich im Wertpapier-Forum lese: *Ich bin 26 und möchte etwas für meine Altersvorsorge tun. Mein Zeithorizont: Rente mit 67.* Warum diesen ausgetretenen Pfaden folgen? Die Rente mit 67 ist doch nur ein politisches Konstrukt. Wir hatten schon die Rente mit 63 und 65, nun die Rente mit 60, die Rente mit 70 wurde schon diskutiert, und in den goldenen Jahren der Frühverrentung gab's die Rente mit 55. Warum nicht ein maßgeschneidertes Rentenalter anstreben? Auf den klassischen Trott *Ausbildung – Erwerbstätigkeit – Rente* ist doch sowieso kein Verlass mehr. Die Zeiten, in denen man als Lehrling bei Siemens anfing und mit 65 als verdienter Siemensianer in den Ruhestand entlassen wurde und dazwischen ein auskömmliches Leben hatte, sind vorbei. Selbst im öffentlichen Dienst überleben die jungen Leute heute von Elternzeitvertretung zu Elternzeitvertretung. Früher konnte man das

Arbeitgeber/Arbeitnehmer-Verhältnis vielleicht als Lehnsherr/Vasall-Verhältnis beschreiben – Treue und Gehorsam gegen Treue und Lehen. Heutzutage ist jeder Angestellte Söldner in eigener Sache. Einkommen durch Selbstständigkeit erfordert Kreativität und ist eine sehr individuelle Angelegenheit: Der eine vermietet ein Zimmer bei AirBnB, die andere verkauft selbst gemachten Schmuck über Etsy, wieder einer züchtet Enten und Gänse und verkauft die an Martini, der Nächste macht was mit Medien und betreibt einen Blog, den er mit Anzeigen monetarisiert, eine weitere verdient sich als Tennislehrerin etwas dazu ...

Es geht darum, sich aus diesen drei Bausteinen im Laufe der Zeit einen sinnvollen Einkommens-Mix zusammenzustellen. Deshalb mein Vorschlag: Betrachten Sie emotionslos die drei Ihnen zur Verfügung stehenden Erlöstöpfe und treten Sie in einen Prozess ein, den ich *qualifiziertes Verwerfen* nenne.

Qualifiziertes Verwerfen, nie gehört?

Natürlich nicht, ist ja auch *Qualifiziertes Verwerfen*™ by *Finanzwesir*. Qualifiziertes Verwerfen geht so:

1. Erst einmal kommen alle Optionen auf den Tisch. *Alle* bedeutet alle! Egal wie irrsinnig die Geschichte sich auch anhört.
2. Dann wird jede Option ausführlich begutachtet und ganz gründlich von allen Seiten geprüft und en détail beschnuppert, so wie es die Preisrichter bei der Pudel-Show machen. Die Prüfung ist ideologiefrei, jede Option hat eine faire Chance. Tipp: *Excel* und *Word* sind dabei unverzichtbar.
3. Nun wird qualifiziert verworfen: Diese Option ist nicht gut, weil ... jene Option will ich nicht umzusetzen, weil ...

Diese Sieberei ist ziemlich aufwendig, dafür ist die Lösung sehr robust. Das zahlt sich aus, wenn die gewählte Strategie unter Druck gerät. Und das wird sie. Bis jetzt hat noch kein Plan den Kontakt mit der Realität unbeschadet überstanden.

Wenn man seine Optionen dem Assessment-Center des qualifizierten Verwerfens unterzieht, kennt man die Stärken und Schwächen und weiß: Die Alternativen würden jetzt noch schlechter aussehen. Das erhöht die Sturheit, am Plan festzuhalten.

Rebalancing auf der Meta-Ebene

So, wie man innerhalb des Wertpapier-Portfolios eine bestimmte Zusammensetzung pflegt und diese durch Rebalancing über die Zeit konstant hält, so kann man die drei Einkommensformen mischen. Nicht jede Kombi ist für jeden gleich gut geeignet. Genau so, wie nicht jeder Rohstoffe in seinem Depot hat, wird nicht jeder alle drei Einkommensformen nutzen wollen. Das ist auch okay, solange Sie qualifiziert verwerfen. Die Mischung macht's.

In diesem Zusammenhang ist es wichtig zu überlegen, wie man seine Zeit investiert. Ist es wirklich sinnvoll, das Tagesgeld zu optimieren? Wäre es nicht besser spazieren zu gehen, im Garten zu buddeln, ein Buch zu lesen oder an der Modelleisenbahn zu basteln, um am Montag wieder fit zu sein für den Brotjob? Eins sollte klar sein: Maloche rund um die Uhr ist sinnlos.

Nehmen wir meinen Blog: Die Rohbauten fast aller Artikel entstehen während meiner morgendlichen Jogging-Touren und der anschließenden Dusche. Das ist nichts, was ein Arbeitgeber als Arbeitszeit durchgehen lassen würde. Ein anderes Beispiel: Immer wieder finden Leute eine neue Stelle, weil sie beim Grillen mit Kumpels in einem Nebensatz angemerkt haben, das sie bereit wären für *eine neue Herausforderung*.

Es geht nicht darum, eine 40-Stunden-Woche Angestelltendasein mit einer 20-Stunden-Woche der Selbstständigkeit abzurunden, sondern zu überlegen: Wie kann ich die mir zu Verfügung stehende Zeit sinnvoll nutzen?

Einatmen (arbeiten) **und** ausatmen (entspannen) – so läuft's!

Ist dieses Rebalancing einfach umzusetzen?

Nein. Die die meisten Arbeitgeber sind nicht sonderlich flexibel und auch die meisten Chefs haben ein starkes Stromberg-Gen und sind nur glücklich, wenn sie ihre Untergebenen sehen können. Löhne sind ein Stück weit einfach eine Anwesenheitsprämie.

Sollte man es trotzdem probieren?

Definitiv. Eine Karriere kann man dann zwar vergessen, aber Karriere machen widerspricht dem Prinzip der Diversifikation. Wer Karriere macht, ist wie ein Hochleistungssportler, der alles auf eine Karte setzt. Wenn es klappt, dann winkt das große Geld, wer aber aussortiert wird, hat nichts. An der Spitze der Pyramide sind wenige Plätze – die Chance aussortiert zu werden, steigt mit jedem Karriereschritt.

Das Äquivalent zum Karrieremachen ist das *Stockpicking*. *Google*-Aktien haben ihre Besitzer sehr wohlhabend gemacht, wer auf *Enron* gesetzt hat, hat alles verloren. Wer drei Tage die Woche bei Firma A gute Arbeit macht und an zwei Tagen sein eigenes Geschäft pflegt und dazu noch einige Euros auf der Bank hat, ist das Äquivalent zum ETF. Langweilig, kein Sozialprestige, aber sehr solide und krisenfest aufgestellt.

Dieser Weg ist sehr ungewöhnlich und deshalb mit Sicherheit kein leichter. Trotzdem gilt die alte Volksweisheit: *Wer etwas will, findet Wege. Wer etwas nicht will, findet Gründe.*

Was ich Ihnen nahebringen möchte, ist:

Der Vorteil der Diversifikation

Wer zu 100 Prozent auf seinen Arbeitslohn angewiesen ist und womöglich noch Schulden hat (Haus muss abgezahlt werden), ist ein Spielball seines Arbeitgebers. Mit solchen Leuten kann man machen, was man will, denn sie sind wehrlos.

Ein Arbeitnehmer hat nur eine einzige Waffe, und das ist der Satz: *Ich kündige*. Wer darauf verzichtet, hat nichts mehr. – Das sage nicht ich, sondern der Personalberater Heiko Mell, der seit 1969 im Geschäft ist. Er schreibt: *Daher ist der eigene Werdegang stets so auszurichten, dass eine Kündigung jederzeit ins Auge gefasst werden könnte.* Wer mehrere Eisen im Feuer hat, reagiert gelassener und ist nicht erpressbar. Meine Arbeitgeber konnten stets mit meiner professionellen Loyalität rechnen, aber wenn sich etwas Besseres ergab, war ich weg. Ich war nie vom Wohlwollen eines Arbeitgebers abhängig und bin damit gut gefahren. Das war nicht immer einfach und man muss dafür auch einen Preis bezahlen, wie beispielsweise einen Umzug von München nach Hamburg.

Bonus-Diversifikation: Heiraten

Heiraten? Ja, ich weiß, heutzutage wird viel geschieden, aber ein Paar, das gut zusammenarbeitet und ähnliche Wertvorstellungen hat, profitiert in mehrfacher Hinsicht:

1. Die Lebenshaltungskosten sind geringer: Jeder finanziert nur eine halbe Wohnung und die halbe Einrichtung. Wenn beide sich ein Auto teilen können, senkt das die Grundkosten noch einmal.
2. Diversifikation der Einkommen: Wenn jeder Partner genug verdient, um den anderen mitzuversorgen, ist keiner von beiden auf Gedeih und Verderb seinem Arbeitgeber ausgeliefert.
3. Eine höhere Sparrate bedeutet: Der Zinseszinseffekt setzt schneller ein.

Zwei sind eine Gruppe und eine Gruppe schultert Lasten leichter als ein Single.

1. Mit einem Einkommen aus nicht selbstständiger Arbeit beginnt alles. Je höher das Einkommen ist, umso besser.
2. Dieses Einkommen ist Klumpenrisiko und versiegende Quelle zugleich. Diversifikation schafft Abhilfe. Entweder durch Umverteilung (aus Sparleistung wird passives Einkommen) oder durch Einkommen aus selbstständiger Arbeit.
3. Unkonventionelle Überlegungen plus qualifiziertes Verwerfen führen zu robusten Lösungen.

Rohstoffe, ein überschätztes Asset

Rohstoffe gehören in jedes Depot. Ohne Gold ist keine Geldanlage komplett. Kaufen Sie Platin und Silber und legen Sie Ihr Geld in Baumwollplantagen an. Spekulieren Sie auf steigende Ölpreise. – Die Sirenengesänge der Banken sind verlockend.

Ich lege mein Geld nicht in Rohstoffen an und habe es auch nicht vor. Bevor ich meine Entscheidung begründe, möchte ich Ihnen zwei rohstoffskeptische Kronzeugen präsentieren:

Börsenlegende André Kostolany schreibt in seinem Buch Die Kunst über Geld nachzudenken:

Ich habe später in so ziemlich allen Rohstoffen herumgepanscht, die auf Termin gehandelt werden und wurden. Zeitweise besaß ich sogar einen Sitz an der legendären Getreidebörse von Chicago. Per Saldo habe ich nichts verloren und nichts gewonnen. [...] Die Rohstoffspekulation ist nur etwas für erfahrene Spekulanten, die das Risiko kennen und Verluste verkraften können. [...] Ich würde keinem privaten Spekulanten empfehlen, sein Glück ausschließlich an den Rohstoffbörsen zu suchen.

Mythos 1: Rohstoffe sind endlich und unersetzbar

Ja, Rohstoffe sind endlich, aber nicht unersetzbar. Machen wir ein kleines Gedankenexperiment: Erdöl ist alle. Was jetzt?
Halten Sie folgendes Szenario für realistisch? Die Marine verfügt nur noch über große Schiffe, die von Atomreaktoren angetrieben werden, die Luftwaffe besteht aus ultraleichten solarbetriebenen Aufklärungsdrohnen, Fesselballons und kühnen Segelfliegern (die heutige Luftschlacht musste wegen mangelnder Thermik leider abgesagt werden) und die Mädels schwärmen für Husaren in ihren eleganten Uniformen, denn das Heer ist zu einer Reiterarmee geworden. Die Kanonen werden von Gespannen gezogen, die aus sechs Oktoberfest-Rössern bestehen. Bilder, wie man sie von 1914 – 1918 kennt. Ohne Diesel fährt kein Lastwagen und kein Panzer.
Oder glauben Sie, dass die Zukunft eher so aussieht: Panzer und Lastwagen werden mit Energy-Packs betrieben. Energy-Packs sind buchgroße, blau leuchtende Platten, die im Inneren des Fahrzeugs in spezielle Schlitze geschoben werden, dort einrasten und das Fahrzeug dann mit Energie versorgen. Jeeps werden von einem E-Pack angetrieben, Panzer brauchen bis zu vier Packs.
Klingt wie Science-Fiction, ist in meinen Augen aber die realistischere Variante. Glauben Sie wirklich, dass sich das Militär damit abfindet, Ulanen mit wehenden Helmbüschen in die Schlacht galoppieren zu lassen?
Ein weniger martialisches Beispiel: Als China 2011 und 2012 anfing, *seltene Erden* zu horten und ein Monopol aufzubauen, stiegen die Preise enorm. Was passierte?
1. Neue Lagerstätten wurden gesucht und gefunden.
2. Bestehende Lagerstätten im Ruhezustand wurden reaktiviert, denn bei den hohen Preisen lohnte sich der Abbau wieder.
3. Die Industrie fing an zu forschen. Die Forscher fanden Ersatz für die *seltenen Erden* und lernten, wie man die Metalle aus Altelektronik herauslösen und wiederverwerten kann.

Immer, wenn die Menschheit mit dem Rücken zur Wand stand, hat sie sich etwas einfallen lassen, um sich aus der Sache herauszuwinden. Lineares Fortschreiben bestehender Zustände ist nicht hilfreich. Der Fortschritt macht Sprünge, die wir nicht voraussehen können.

 Rohstoffe mögen endlich sein, aber sie sind nicht unersetzlich. Naturwissenschaftler und Ingenieure werden einen Ausweg finden, wenn bestimmte Rohstoffe knapp werden.

Mythos 2: Rohstoffe helfen in Krisenzeiten

Hier ist vor allem Gold gemeint. Gold in kleinen Stückelungen versteckt unterm Bett oder im Bankschließfach soll gegen Krisen helfen. Wirklich? Ich halte ein Häuschen mit Garten in dieser Situation für hilfreicher als Goldstücke. Menschen, die nach dem Zweiten Weltkrieg auf Hamstertour gehen mussten, können davon erzählen. Zuerst fanden die Bauern den Deal Gold gegen Kartoffeln attraktiv, aber nachdem auch der letzte Schweinestall dick mit Perserteppichen ausgelegt war, sank die Geschäftsfreudigkeit des Landvolkes dramatisch.

Zuerst wird die Familie versorgt, dann das Dorf und danach die Fremden aus der Stadt. Zu viel Gold will der Bauer auch nicht horten, denn wie soll er es verteidigen?

Ein Blick auf die alten Werkssiedlungen hilft hier weiter. Wer durch die alten Siedlungen geht, die *Siemens* oder *Krupp* für ihre Arbeiter errichten ließen, stellt fest: Zu jedem Häuschen gehört ein Kartoffelgarten, und Platz für Kleinfleischlieferanten wie Hühner und Kaninchen ist auch da. Das Arbeiterhaus deluxe hatte einen Schweinestall.

Übers Jahr schön fett füttern mit den Essensresten, und im Winter dann Hausschlachtung.

 Das Gebot in der Krise heißt nicht Gold, sondern Selbstversorgung. Wenn die Zeiten noch unsicherer werden, helfen nur Freunde und Waffen.

Mythos 3: Rohstoffe sind Vermögenswerte

Rohstoffe sind keine Vermögenswerte, sondern Verbindlichkeiten. – Vermögenswerte bringen Geld in die Kasse, Verbindlichkeiten leeren das Portemonnaie.

Rohstoffe müssen abgebaut oder produziert und dann gelagert werden. Das kostet Geld. Gold gehört – was die Lagerung angeht – noch zu den gutmütigsten Rohstoffen. Es muss bewacht werden, das ist schon alles. Als Edelmetall kann Gold unter freiem Himmel gelagert werden. Wenn ich hingegen Flüssigkeiten (Erdöl) oder Gase (Erdgas) lagern möchte, brauche ich entsprechende Behälter. Außerdem muss ich bei brennbaren oder giftigen Rohstoffen Sicherheitsmaßnahmen ergreifen. Agrarrohstoffe sind wahre Lagerungs-Diven: witterungsgeschützt muss es sein, bei richtiger Temperatur und natürlich mäusefrei. Monat für Monat muss ich also die Lagerung bezahlen, egal, ob meine Rohstoffe im Preis steigen oder fallen. Die Älteren unter uns erinnern sich noch an die organisierte Lebensmittelvernichtung der EU, als die Lagerhäuser am Ende ihres Fassungsvermögens waren.

Das Argument *Ich will keinen Ölsee im Garten, ich kaufe nur einen Terminkontrakt* gilt nicht. Die Lagerkosten entstehen und müssen bezahlt werden. Sie werden anteilig zur Kasse gebeten, auch wenn Sie nie die Absicht haben, sich den Rohstoff liefern zu lassen.

Rohstoffe kosten ihren Besitzer erst einmal Geld. Erst wenn der Verkaufswert die Kosten übertrifft, wird aus der Verbindlichkeit ein Vermögenswert.

Mythos 4: Rohstoffe sind ein Investment

Rohstoffe sind kein Investment, sondern eine reine Preisspekulation. Warren Buffett drückt das so aus:

This type of investment requires an expanding pool of buyers, who, in turn, are enticed because they believe the buying pool will expand still further. Owners are not inspired by what the asset itself can produce – it will remain lifeless forever – but rather by the belief that others will desire it even more avidly in the future. What motivates most gold purchasers is their belief that the ranks of the fearful will grow. (Briefe an die Aktionäre 2011[7])

Am Rohstoffmarkt steht jeder Kaufposition immer eine Verkaufsposition gegenüber. Der eine wettet auf steigende Preise, der andere auf fallende. Beide spekulieren auf Termin. Nur einer kann recht haben. Das führt dann regelmäßig zu unschönen Szenen, wie man sie aus *Spiel mir das Lied vom Tod* kennt: Staubige Dorfstraße, zwei Revolverhelden, einer zieht schneller, der andere liegt im Staub. Woher nehmen Sie den Optimismus, in diesem Spiel den *Lucky Luke* geben zu können?

Aktien sind kein Nullsummenspiel. Wenn *Apple* mehr *iPhones* verkauft, bedeutet das nicht automatisch, dass *Samsung* weniger *Galaxys* verkauft. Beide Firmen können mehr verkaufen. Deshalb sind Aktien eine Investition. Aktionäre profitieren vom Mehrwert, den ihre Unternehmen erwirtschaften. Rohstoffhändler sind Spekulanten, die hoffen, jemanden zu finden, der ihnen ihre Ware zu einem höheren Preis abnimmt.

[7] www.berkshirehathaway.com/letters/letters.html

Rohstoff-Investments sind Spekulationen, die von Angst und Hoffnung leben.

Ich will aber trotzdem Rohstoffe kaufen

Nun, so sei es. Die Welt der Rohstoffe besteht aus den 5 Segmenten
1. Edelmetalle (Gold, Silber, Platin, Palladium)
2. Industriemetalle (Aluminium, Kupfer, Nickel, Zink)
3. Energie (verschiedene Erdgas- und Erdöl-Qualitäten)
4. Agrarwirtschaft (Baumwolle, Kaffee, Mais, Sojabohnen, Weizen, Zucker)
5. Viehwirtschaft (Lebendvieh, magere Schweine)

Rohstoffe zum Anfassen

Die Edelmetalle Gold, Silber, Platin und Palladium, aber auch die Industriemetalle Rhodium und Kupfer können Sie als Barren oder Münze kaufen. Besonders Kupfer ist als Geldanlage sehr zu empfehlen: 5 kg für 70 €. Bevor ein Dieb Kupfer im Wert von 1.000 € geklaut hat, bricht er mit *Isch hab' Rücken* zusammen.

Gold kaufen Sie mehrwertsteuerfrei, für die anderen Metalle fallen 19 Prozent Mehrwertsteuer oder bei Silbermünzen die Differenzbesteuerung an. Zum Vergleich: Beim Hauskauf liegen die Nebenkosten bei 9 – 12 Prozent und da ist das Gejammer schon groß. Nur um den Verlust durch die Mehrwertsteuer auszugleichen, muss der Kurs um fast ein Fünftel steigen. Das ist heftig. Dafür können Sie Ihre Rohstoffe aber zu Hause verstecken oder im Bankschließfach lagern und jederzeit besuchen.

Rohstoffe in Papierform

Niemand will einen Ölsee im Vorgarten, und auch die gleichzeitige Investition in magere Schweine und Sojabohnen kann verlustreich werden: das Soja ist plötzlich weg und die Schweine sind nicht mehr mager. Der Ausweg aus dieser misslichen Lage heißt *ETC* oder *ETF*.

Exchange Traded Commodity (ETC)

Commodity ist die englische Bezeichnung für Rohstoff, das *ET* steht für *Exchange Traded* (börsengehandelt). Ein ETC ist ein börsengehandeltes Zertifikat. ETCs sind Schuldverschreibungen ohne Laufzeitbeschränkung, die an die Wertentwicklung eines oder mehrerer Rohstoffpreise gekoppelt sind, und zwar entweder direkt an den Spot-Preis (der Preis, der für die sofortige Lieferung des Rohstoffs zu zahlen ist) oder an den Preis eines *Rohstoff-Futures* (Kontrakt für Lieferung auf Termin). Gehandelt werden sie wie ETFs an der Börse. Deshalb haben beide das *ET* im Namen. Es gibt aber einige gravierende Unterschiede:

Die Rechtsform des ETC ist die Schuldverschreibung. *Schuldverschreibung* bedeutet: Jemand schuldet Ihnen was. Wenn der pleitegeht, ist das Ihr Pech, fass mal einer einem nackten Mann in die Tasche. Dieses Emittentenrisiko, dass der Herausgeber des ETCs ausfällt, schalten die Anbieter durch eine sogenannte *Besicherung* aus. Bei Edelmetall-ETCs wird einfach eine entsprechende Menge Gold oder Silber gebunkert (physisch hinterlegte ETCs). Bei anderen Rohstoffklassen stellt der Emittent hochklassige Wertpapiere (beispielsweise US-Schatzanweisungen, deutsche Bundesanleihen oder andere Anleihen in AAA- oder AA-Qualität) und Bargeld als Sicherheit.

Aktuell sind in Deutschland gut 150 ETCs zugelassen. Die meisten ETCs betreffen nur einen Rohstoff (Gold-ETC, Weizen-ETC). Wenn ein ETC die Preisentwicklung mehrerer Rohstoffe abbildet, dann sind es eigentlich immer Rohstoffe, die aus einem Segment kommen (Edelmetall-ETC, Agrar-ETC).

ETCs kaufen Sie genau wie Aktien oder ETFs über Ihren Broker.

Rohstoff-ETF

Genau wie ihre Aktien- und Anleihen-Kollegen bilden auch Rohstoff-ETFs einen Index nach. Typische Vertreter sind der *Bloomberg Commodity Index*, der *Rogers International Commodity (RICI) Index* oder der *S&P GSCI Commodity Index*. Diese Indizes decken alle fünf Rohstoffbereiche ab.

Die Indizes bilden nicht den aktuellen Rohstoffpreis ab, sondern die Preise der sogenannten *Rohstoff-Futures*. Das sind Terminkontrakte, die besagen, welcher Rohstoff wann in welcher Qualität zu welchem Preis geliefert werden soll. Das Gegenstück zu einem replizierenden Aktien-ETF wäre ein Rohstoff-ETF, der direkt in diese Futures investiert.

Das Problem: Ein Rohstoff-ETF, der wirklich in Futures investiert, wäre nicht UCITS-konform und würde in Deutschland keine Zulassung bekommen. Alle in Deutschland zugelassenen ETFs sind deshalb thesaurierend und nutzen Swaps zur Abbildung der Index-Performance.

In der praktischen Umsetzung hat ein Rohstoff-ETF also nicht mehr viel mit dem Rohstoff-Markt zu tun. Abgebildet wird der Preisverlauf von Terminkontrakten und die Index-Performance wird vom Swap-Partner garantiert. Wie der Swap-Partner seinerseits die Performance erzielt, bleibt ihm überlassen. Er muss das Geld keineswegs in Rohstoff-Terminkontrakten anlegen.

Index ist nicht gleich Index. Jeder Index gewichtet die einzelnen Rohstoffklassen unterschiedlich. Der S&P-Index beispielsweise ist sehr energielastig. Wenn Sie Ihr Geld in einen Rohstoff-ETF anlegen wollen, müssen Sie sich zuerst für einen Index entscheiden.

Wie läuft das jetzt konkret ab?

Dieses Beispiel geht von einem ETF aus, der direkt in Futures investiert. In den USA sind solche Etfs zugelassen und auch ein swap-basierter ETF ist – wenn auch indirekt – von der weiter unten angesprochenen Rollproblematik betroffen.

In diesem Beispiel kauft der ETF einen Terminkontrakt. In dem Terminkontrakt steht: *Am Monatsende sind 100 Tonnen Mahlweizen (EU-Ware mit 15 % Feuchte, 76 kg/hl, 4 % Bruchkorn, 2 % Auswuchs, 2 % Besatz,) für 160 € je Tonne zu liefern.* Was Bruchkorn ist, kann ich mir noch vorstellen, aber was ist Besatz? Und vor allem: Was soll ich mit 100 Tonnen *Mahlweizen?* Das sagt sich der ETF auch und verkauft seinen Kontrakt. Mit dem Geld, das er einnimmt, kauft er einen neuen Kontrakt. Dieser Kontrakt endet dann am Monatsende des nächsten Monats. Aber auch dieser Kontrakt wird vor der Fälligkeit verkauft und der ETF erwirbt den nächsten Kontrakt. So geht das bis in alle Ewigkeit. Der ETF wechselt von einem Kontrakt in den nächsten. Diesen Kontraktwechsel bezeichnen Fachleute als *Rollen.* Die Differenz zwischen dem neuen und dem alten Preis nennt man *Roll-Rendite.*

Es gibt zwei Rollszenarien:

Contango

Der Rohstoff ist teurer geworden. Dann bekommt man für sein Geld weniger Kontrakte. Diese Situation nennt man *Contango,* und die Roll-Rendite ist negativ. Da die Terminkurve steigt, ist der aktuelle Spot-Preis niedriger als Geschäfte auf Termin – ein Zeichen für volle Lager. Rohstoffinvestoren mögen keine Contango-Situation, denn sie beschert ihnen Rollverluste. Sie verkaufen ihre Futures kurz vor Verfall und müssen für die neuen Futures mehr bezahlen beziehungsweise können mit dem erlösten Geld weniger neue Kontrakte erwerben. Sind die Rollverluste höher als der Preisanstieg, macht der Anleger einen Verlust.

Backwardation

Der Preis für den Rohstoff ist gefallen. Man bekommt für sein Geld mehr Kontrakte und die Roll-Rendite ist positiv. Diese Situation nennt man *Backwardation*. Geschäfte auf Termin sind günstiger als der aktuelle Spot-Preis. Wer auf seine Ware warten kann, muss weniger zahlen als der, der sie sofort braucht. Backwardation deutet daher auf leere Lager hin. Für reine Rohstoffinvestoren, die keine physische Ware kaufen oder verkaufen wollen, bedeutet Backwardation *Rollgewinne*. Sie verkaufen einen Future kurz vor Verfall und müssen für den neuen weniger zahlen.

Bei der Rendite von Rohstoff-ETFs spielen Roll-Renditen eine wichtige Rolle:

Gesamtrendite = Spot-Rendite + Roll-Rendite + Zins-Rendite

- **Spot-Rendite:** Rendite durch Änderungen des Rohstoffpreises selbst.
- **Roll-Rendite:** Ein Anleger verdient Geld, wenn der Rohstoff in Backwardation ist. Er verliert Geld, wenn der Rohstoff sich im Contango befindet. Die Roll-Rendite ist der zentrale Renditebaustein und muss unbedingt gemanagt werden. Blindes, rein zeitgesteuertes Rollen des gesamten Bestandes kann sich verheerend auf die Rendite auswirken.
- **Zins-Rendite:** Die Zins-Rendite entsteht, da bei einer Futures-Position nur ein geringer Teil des Geldes als Sicherheit hinterlegt werden muss. Der Großteil des Geldes ist nicht gebunden und kann zinsbringend angelegt werden – natürlich nur, wenn man in dieser Nullzinswelt ein entsprechendes Angebot findet, deshalb ist heutzutage dieser Renditeteil sehr klein. Die Fonds legen so kurzfristig wie möglich an und kaufen nur hochwertige Euro-Anleihen mit gutem oder sehr gutem Rating.

Aus dieser Gemengelage soll das Fondsmanagement eine attraktive Rendite destillieren. Das wird nicht einfach.

An der Spot-Rendite ist nicht viel zu drehen, da ein ETF zu klein ist, um die Rohstoffpreise zu beeinflussen. Aber bei der Roll-Rendite muss das Fondsmanagement Farbe bekennen. Futures gibt es in den unterschiedlichsten Laufzeiten. Das Fondsmanagement versucht, den Verkauf der Preiskurve vorherzusehen und kauft dann einen Kontrakt mit einer entsprechenden Laufzeit. ETFs wie der *db X-trackers DLBC – OY Balanced* von der *Deutschen Bank* versuchen, mit ausgefeilten Strategien die Roll-Rendite zu optimieren. Bei Backwardation versucht der ETF die Rollgewinne zu maximieren, im Contango sollen die Rollverluste minimiert werden. Die Fonds rollen nicht mehr den gesamten Bestand an einem Stichtag, sondern es wird permanent gerollt. So tüftelt jeder Anbieter an einer individuellen Optimierungsstrategie.

Auch bei der Zins-Rendite müssen die Fondsmanager aktiv werden und gute Zinspapiere finden. Gut bedeutet in diesem Fall: schnelle Verfügbarkeit bei guten Zinsen.

Was passiert eigentlich, wenn alle ihr Geld in Rohstoffen anlegen?

Kurze Rekapitulation: Warum wollten wir (also ich ja eigentlich nicht) unser Geld eigentlich in Rohstoffen anlegen? Wir wollten eine Anlageklasse im Depot haben, deren Preisentwicklung nicht parallel zu den Aktienbörsen verläuft und uns so gegen die schwankenden Aktienmärkte absichern. Außerdem wollten wir uns eine Inflationsabsicherung ins Depot kaufen.

Jetzt noch schnell ein Blick auf die Besonderheiten des Rohstoffmarktes: Der Rohstoffmarkt ist kein Buy-&-hold-Markt. Wenn ich eine Aktie kaufe, dann will ich diese Aktie, und niemand kann mich dazu zwingen, meine Unternehmensbeteiligung zu verkaufen. Ganz anders der Rohstoffmarkt: Letztendlich wandern die Rohstoffe von den Erzeugern (Minengesellschaften, Landwirten) zur verarbeitenden Industrie.

Alles dazwischen ist reine Spekulation. Die einzigen Käufer von Weizen-Futures, die wirklich daran interessiert sind, das Zeug auf den Hof zu bekommen, sind die Bäcker. Alle anderen müssen den Kontrakt vor seiner Fälligkeit loswerden. Dazu kommt: Es gibt pro Jahr nur eine endliche Menge an Rohstoffen, die man verkaufen kann.

Was passiert jetzt, wenn Geld ohne Ende in einen endlichen Markt gepumpt wird? Wenn Pensionsfonds wie Calpers (Pensionsfonds für die Angestellten des Bundesstaates Kalifornien) Milliarden investieren und an den Rohstoffmärkten die gleichen Renditeziele verfolgen wie an den Aktienmärkten? Genau: dann laufen die Rohstoffpreise Amok. Wo soll das ganze Geld hin? Weder die Minen noch die Landwirte können von jetzt auf gleich ihren Ausstoß vervielfachen. Damit verlieren die Rohstoffmärkte ihre Unabhängigkeit und laufen parallel zu den Kapitalmärkten. Aber genau diese Unabhängigkeit von den Kapitalmärkten war der Hauptgrund, warum wir uns überhaupt für Rohstoffe interessiert haben.

Wenn ein Kontrakt ausläuft, muss der Rohstoff-Spekulant verkaufen, egal zu welchem Preis. Wenn frisches Geld in den Markt strömt, kann er zu höheren Preisen verkaufen. Aber irgendwann muss der Rohstoff einen echten Käufer finden, der ihn weiterverarbeitet. Die Käufer haben nur eine begrenzte Verarbeitungskapazität. Kein Bäcker kann mal so eben die doppelte Menge backen. Wenn dann mehr Verkäufer als Käufer am Markt sind, bricht der Preis zusammen.

Im Gegensatz zu den Finanzmärkten, die mittlerweile vollkommen virtuell sind, sind die Rohstoffmärkte sehr real. Während in der Finanzwelt elektronische Buchungen dreimal pro Sekunde um den Erdball sausen, stellen die Rohstoffhändler Zug- und Schiffsladungen zusammen und das braucht seine Zeit. Irgendwie muss der Kakao ja von der Elfenbeinküste in die Milka-Werke kommen.

Meiner Ansicht nach kann es nicht gut gehen, wenn man den Rohstoffmärkten die Arbeitsweise der Finanzmärkte aufzwingt. Das muss über kurz oder lang schiefgehen.

Ich lege mein Geld nicht in Rohstoffen an, weil es nicht in meine passive Anlagestrategie passt. Im risikobehafteten Teil meiner Anlage will ich von dem Mehrwert profitieren, den die Firmen erwirtschaften, in die ich investiere. Den risikoarmen Teil decke ich mit Zinsprodukten wie Anleihen und Festgeld ab.

Ein Rohstoff-ETF passt da nicht hinein. Rohstoffe selbst erwirtschaften keine Rendite. Sie bilden zwar einen Index nach, aber um auf eine akzeptable Rendite zu kommen, müssen sie aktiv gemanagt werden. Das Fondsmanagement muss eine Strategie entwickeln, um die Rollverluste zu minimieren. Wenn diese Strategie versagt, weil zum Beispiel die Preise zu stark schwanken, stürzt die Rendite ab.

Für mich bedeutet das: Ich investiere in ein aktiv gemanagtes Produkt (den ETF), das wiederum in Dinge investiert (die Rohstoffe), die keine eigene Rendite erwirtschaften. Außerdem bin ich kein Freund swappender ETFs. Aber das ist meine persönliche Ansicht. Das bedeutet: dreimal die rote Flagge beim Strategie-Check – jedenfalls für mich.

Mir ist der Rohstoffmarkt auch nicht transparent genug. Das Oligopol *A*rcher Daniels, *B*unge, *C*argill und Louis *D*reyfus (auch ABCD genannt) beherrscht 80 Prozent des weltweiten Getreidehandels. Glencore, einer der weltweit größten Rohstoffhändler, hat beim Handel mit Kupfer einen Marktanteil von 50, bei Kobalt von 23 und bei Nickel von 14 Prozent. Wer sagt mir, dass die Preisfindung in solchen Märkten wirklich auf Angebot und Nachfrage beruht und nicht auf der steuerlichen Jahresplanung dieser Giganten?

Die Rohstoff-Indizes sind viel schmaler als Aktien-ETFs. Während ich mit einem ETF auf den *MSCI World* oder den *MSCI Emerging Markets* in Hunderte von Firmen investiere, umfasst der

- *Commerzbank Commodity ex-Agriculture Index* 12 Rohstoffe,
- *Thomson Reuters/Jefferies CRB Index* 19 Rohstoffe,
- *Bloomberg Commodity Index* 22 Rohstoffe,
- *S&P GSCI Index* 24 Rohstoffe.

Das ist kein Vorwurf an die Indizes, es gibt einfach nicht mehr relevante Rohstoffe. Das bedeutet aber, dass jeder Rohstoff mehr Gewicht hat. Beim *Commerzbank Index* ist jeder Rohstoff mit 8,33 Prozent vertreten. Zum Vergleich: *Apple*, die Nummer eins im *MSCI World*, hat in selbigem nur eine Gewichtung von 1,82 Prozent.

Mir ist das nicht breit genug. Ich würde nie einen Aktien-ETF mit nur 30 Komponenten kaufen (das sind die *DAX*-ETFs oder die Titan- und Dividenden-ETFs), warum soll ich dann einen Rohstoff-ETF kaufen, der deutlich unter 30 Komponenten hat?

Ein letzter Grund: Warum soll ich mich mit etwas herumplagen, woran selbst ein Kostolany gescheitert ist?

Meine Bitte an Sie

Kaufen Sie keine Rohstoff-ETFs *weil man das so macht*, sondern wenn, dann nur weil Sie der Meinung sind, dass ein Rohstoff-ETF in Ihre Strategie passt.

Ich habe in diesem Abschnitt nur dargelegt, warum Rohstoff-ETFs nicht in **meine** Strategie passen. Ob und wenn ja inwieweit Sie meinen Gedanken folgen, ist Ihre Sache. Ich bin nur der Finanzwesir und kein Guru.

Alternative Anlageformen

Was sind *alternative Investments*? Alles, was über Aktien, Anleihen, Fonds, Sparbuch, Tagesgeld und Festgeld hinausgeht. All das, worüber ein Journalist spannende Geschichten schreiben kann und was nach großer weiter Finanzwelt riecht. Alternative Investments sind viel cooler als ETFs oder Tagesgeld.

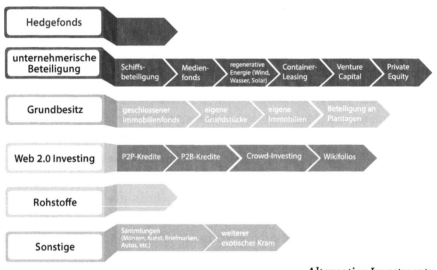

Alternative Investments
Quelle: Finanzwesir

So herzig wird für alternative Investments geworben:

Investieren in Palmöl
Garantierte Rendite von 9 % p.a. +
Anlage ab 7.500 € + Auszahlungen
bereits im 1. Jahr!

Werden Sie Waldbesitzer
Schweizer Premium-Geldanlage:
12% Rendite* mit Holz + Ab 3.900€ +
Steuerfrei und wachstumsstark

Werbung für alternative Investmentquellen
Quelle: Agrofinanz, Life Forestry Group

Was macht alternative Investments so attraktiv?

Alternative Investments werben immer mit ihrer Renditestärke. Gleichzeitig wird suggeriert, man könne Top-Renditen zum Sparbuchrisiko bekommen. Gern verwendete Worte sind *garantiert* oder *Premium*.

Anders als Fonds sind alternative Anlageformen nicht abstrakt, sondern handfest und konkret. Ich besitze Anteile am ETF *iShares MSCI World*.

Wenn Sie mich jetzt fragen: *Nun, lieber Finanzwesir, dann sprich, welche Firmen stecken denn in deinem tollen ETF drin?*, dann geht hier das große Stottern los. *Äh, ja, also Apple ist drin, GE auch, das weiß ich, aber sonst? Hm, da müsste ich mal nachsehen.*

Der ETF hält Anteile an über 1.600 Firmen. Von den meisten Firmen habe ich noch nie gehört. Kennen Sie die *Shimzu Corp.* oder die *Valeo SA*? Ich auch nicht, die sind aber beide Teil des *iShares MSCI World*.

So ein ETF ist ein furchtbar abstraktes Gebilde. *MSCI* stellt die Kriterien auf und bestimmt dann, welche Firmen ins Raster passen. *iShares* macht einen Fonds draus und kauft die Aktien zusammen. Ich kaufe Anteile des ETF. Alles anonym und nicht so recht greifbar. Alternative Investments sind da viel fassbarer.

Schauen Sie sich den netten Herrn mit Strohhut an. Da kommt doch gleich Pflanzer-Feeling auf und man sieht sich im weißen Tropenanzug seine Latifundien abschreiten. Auch die Waldbesitzerin kuschelt glücklich mit ihren Bäumen und freut sich ein Loch in den Bauch über 12 Prozent Rendite.

Dieses konkrete *Mir gehört ein Waldstück in der Schweiz, Mir gehört dieser Container, der jetzt über die Weltmeere schippert* spricht viele Anleger mehr an als das abstrakte Konzept eines Fonds oder einer Aktie. Wer fragt noch nach Renditen, wenn es die App zur Anlage gibt und man sehen kann: *Mein Container ist jetzt auf der Eleonora Maersk in der Straße von Malakka bei 4,8°n.B. und 99,54°ö.L.*

Auch das gute Gewissen ist eine perfekte Leimrute beim Anleger-fang. Tun Sie etwas für die Umwelt, zeichnen Sie diesen Öko-Fonds, 10 Prozent Rendite gibt's obendrauf. Wer kann da schon *Nein* sagen?

Was macht alternative Investments so gefährlich?

Alternative Investments sind meist intransparente und oft nicht li-quide unternehmerische Beteiligungen. *Unternehmerische Beteiligung* bedeutet: *Totalverlust inklusive.*

Während man an der Börse auf Dauer jeden Profi mit einer passi-ven Strategie schlägt (sagt Warren Buffett), müssen alternative In-vestments nicht nur aktiv gemanagt werden, sondern man muss sich auch in der Sache auskennen.

Beispiel: Angenommen, Sie wollen in Solaranlagen investieren und man bietet Ihnen ein Feld voller Panele an. Die Leistung ist korrekt angegeben, die Berechnungen stimmen, das haben Sie sorgfältig überprüft. Die Aktenlage ist top und hat bei der Besichtigung ei-nen sehr gepflegten Eindruck gemacht. Trotzdem werden Sie beim Kauf übers Ohr gehauen. Wie das? Ganz einfach: Die Anlage sollte ursprünglich mal preiswert gebaut werden. Deshalb hat man die Pa-nele auf billige Stützen montiert. Mechanisch sind die Stützen noch vollkommen okay, das Problem ist nur, dass die Dinger eine blöde Querstrebe recht weit unten haben. Man kommt mit dem Balken-mäher kaum durch, viel Handarbeit ist gefordert. Damals war das egal, denn die Stromsubventionen waren höher und die Gemeinde hat damals noch den Einsatz von Herbiziden erlaubt. Nach der letz-ten Wahl sind die Grünen aber nun Teil der regierenden Fraktion des Gemeinderates und Herbizide sind verboten. Obwohl die Anlage auf dem Papier einen guten Eindruck macht und der Verkäufer Sie nicht angelogen hat, lässt sich die Anlage nicht wirtschaftlich be-treiben. Diese Fallstricke erkennt nur jemand, der selbst langjährig in der Branche tätig ist oder auf den Cousin der Tante seines Vaters zurückgreifen kann. Probleme, die sich ein interessierter Laie vorstellen kann, werden vom Verkäufer vorher aus dem Weg geräumt. Wer die Schliche des Gewerbes nicht kennt, wird immer überrascht werden. *Das* meine ich mit *man muss sich in der Sache auskennen.* Prospekte lesen reicht nicht. Wer mit vielen anderen in einen geschlossenen Fonds investiert, setzt sich Risiken aus, von deren Existenz er erst erfährt, wenn der Schadensfall eingetreten ist. Wie viele Immo-Fonds-Zeichner haben die Immobilie nicht nur besichtigt, sondern sich ein Hotel genommen und einige Tage in der Nachbarschaft verbracht? Welcher Zeichner des *Prokon*-Fonds hat wirklich nachgeforscht, ob das Geschäftsmodell als solches überhaupt tragfähig ist oder ob die Gewinne nur subventionsbefeuert sind?

Was das *aktive Managen* angeht: Wer ein Solarfeld oder eine Biogasanlage besitzt, sollte sich mit den lokalen Politgrößen gut stellen. Wäre doch schade, wenn eine Auflage die Rendite ruiniert. Wer Anteile an einem geschlossenen Immo- oder Öko-Fonds gezeichnet hat, tut gut daran, die Geschäftsberichte zu lesen, zu verstehen und an den Gesellschafterversammlungen teilzunehmen. Das kostet eine Menge Zeit, die man am Abend nach der Arbeit oder am Wochenende aufbringen muss. – Ich frage mich: Wie kann jemand, der normal arbeiten gehen muss, Familie und Freunde hat, die Zeit und die Kraft aufbringen, um mit den Profis zu konkurrieren?

Der dritte Grund gegen alternative Investments: Der Privatinvestor sitzt viel zu weit stromabwärts. Das bedeutet: Es gibt viel zu viele Leute vor einem, die ihren Schnitt machen wollen. Der Initiator, die Bank, der Wirtschaftsprüfer, der Rechtsanwalt, die Marketingagentur, der Vertrieb ... Kleinanlegern werden keine lukrativen Deals angeboten. Sie können nur in einen Fonds investieren und ein paar Brosamen erhaschen – aber nur, wenn die Sache gut geht. Ihre Marge ist so dünn, dass Sie schnell unter Wasser geraten und Verlust machen. Selbst die Steuervorteile sind meist schon eingepreist. Privatanleger werden als Letzte ins Boot geholt und als Erste wieder gefeuert. – Wessen Container werden wohl als Erste stillgelegt, wenn das Frachtaufkommen sinkt? Die vom Container-König, der 100.000 Container verleast, oder Ihre 2 Container? Sie sind nur irgendein anonymer Kleinanleger, der Container-König soll einem aber – wenn der Laden wieder brummt – irgendwoher noch 100 Container herzaubern. Mit dem verscherzt man es sich nicht.

Jetzt mal etwas Positives: Typische Erfolgsfälle sind die Gründer der ersten Internetgeneration, die durch den Verkauf ihrer Firmen so viel Geld verdient haben, dass sie jetzt als Business-Angel und Privatinvestoren aktiv sind. Diese Leute kennen sich sehr gut aus in ihrem Metier, schließlich waren sie von Anfang an dabei, und sie sitzen an der Quelle. Wenn sie investieren, dann direkt und nicht über einen Fonds, aus dem die Finanzmanager noch 20 Prozent Weichkosten absaugen.

Sammlungen

Ein Sammler begibt sich auf einen gänzlich illiquiden, starken Moden unterworfenen Markt. Sammelt noch jemand Telefonkarten? Wer weiß heute, welche Produkte in 30 Jahren begehrte Sammelgüter sind? Wer weiß, ob sich Produkte, die man heute teuer gekauft hat, weil sie begehrte Sammlerobjekte sind, in 30 Jahren noch teurer verkaufen lassen?
Nach allem, was man so hört, wollen Sammler alte, aber originalverpackte Stücke. Das bedeutet: Ich muss den Dingern 30 Jahre lang eine museale Pflege angedeihen lassen: *Wertes Sammlerstück, passt dir die Luftfeuchte? Bist du mit der Temperatur zufrieden? Darf ich dich abstauben? Wie fühlst du dich sonst so …* Bei den heutigen Energiepreisen kein billiger Spaß.

Alternatives Investment – Crowdfunding

Crowdfunding gibt es in zwei Spielarten:
1. karitatives Crowdfunding
2. kommerzielles Crowdfunding, auch *Crowdinvesting* genannt

Das karitative Crowdfunding
Beim karitativen Crowdfunding geht es darum, Mitstreiter für eine gute Sache zu gewinnen.

- Ein Journalist findet *diese Story muss geschrieben werden* und sammelt Geld für die Recherche.
- Ein Musiker möchte ein neues Album aufnehmen und wendet sich an seine Fans, um die Studiokosten bezahlen zu können.
- Ein Ingenieur für Regelungs- und Verfahrenstechnik möchte die Bienen mit einer Sauna vor der Varroamilbe schützen.

Was springt dabei für mich heraus?
1. Das gute Gefühl, das Richtige getan zu haben.
2. Je nachdem, wie viel Sie gegeben haben, bekommen Sie entweder eine Dankeschön-Karte, vier Kilo Honig oder der Künstler kommt vorbei und stellt seine neue CD bei Ihnen im Wohnzimmer vor. Jeder Projektstarter legt fest, welches Dankeschön es für welche Unterstützerbeiträge gibt.

Was gibt es da zu meckern?
Nichts. Das karitative Crowdfunding ist eine gute Möglichkeit, schnell und unbürokratisch Mitstreiter zu finden. Die Anbieter lassen sich diesen Service bezahlen. *Ecocrowd* beispielsweise mit 8 Prozent der Unterstützersumme. Das dürfte aber in den meisten Fällen billiger sein, als einen e. V. zu gründen und das Geld auf traditionelle Weise zu sammeln.

Wie ist das Risiko?

Die Anbieter versprechen zwar, sich die einzelnen Projekte genau an-zusehen, aber wenn das Finanzierungsziel erreicht ist, überweisen die Crowdfunding-Plattformen das Geld an den Projektstarter. Wenn der sich dann vom Acker macht, ist das einfach Betrug. Keine Plattform übernimmt eine Garantie dafür, dass der Projektstarter das Geld auch so einsetzt, wie er es während der Finanzierungsphase versprochen hat. Wird das vorkommen? Mit Sicherheit. Überall, wo Geld den Besitzer wechselt, sind Betrüger nicht weit. Aber das passiert auch offline. Man erinnere sich nur an den Maserati fahrenden Chef der Berliner Obdachlosenhilfe.

Meine persönliche Einschätzung (reines Bauchgefühl): nicht höher als das allgemeine Lebensrisiko. Vor allem nicht bei den Summen, die im Spiel sind. Das Risiko lauert im kommerziellen Crowdfunding.

Aber, bei aller Liebe: Ein Investment, eine Geldanlageform, ein Bei-trag zur eigenen Altersvorsorge ist das natürlich nicht. Das ist eine Spende, sonst nichts.

Das kommerzielle Crowdfunding

Das kommerzielle Crowdfunding, auch *Crowdinvesting* genannt, ist das *Venture Capital* (VC) des kleinen Mannes. Auch fürs Crowdinves-ting gilt die klassische Definition von Risikokapital:

Risikokapital – auch Venture-Capital oder Wagniskapital genannt – ist außerbörsliches Beteiligungskapital (private Equity), das eine Betei-ligungsgesellschaft (Venture-Capital-Gesellschaft) zur Beteiligung an als besonders riskant geltenden Unternehmungen bereitstellt. (Quelle: Wikipedia)

Weder Crowdinvesting noch klassisches VC sind ein Eheverspre-chen. Anleger wie *Earlybird* halten ihre Beteiligungen 5 – 7 Jahre. Branchenübergreifend liegt die maximale Haltedauer bei rund 10

Jahren, spätestens dann wollen die Anleger ihr Geld zurück. Das klappt nicht immer.

- 20 – 30 Prozent der Start-ups gehen Pleite.
- 50 Prozent laufen so einigermaßen.
- 20 – 30 Prozent werden richtig erfolgreich und schaffen den großen Börsengang.

Welche Summen sind im Spiel?

1. Die bereits erwähnte deutsche VC-Gesellschaft *Earlybird* investiert zwischen 250.000 und 10.000.000 € pro Start-up. Wer sich beteiligen möchte, ist mit 5 Millionen € dabei.
2. Peter Thiel, einer der Mitgründer von *Paypal*, investierte 280.000 $ in *Paypal* und danach 500.000 $ in *Facebook*.
3. Richard Branson stieg mit 25 Millionen Dollar beim Start-up *Transferwise* ein.
4. Ashton Kutcher (ja, der aus *Two and a Half Men*) investiert über seine VC-Firma *A-Grade Investments* zwischen 50.000 und 200.000 $ pro Start-up.

Welche Renditen erwarten die Anleger?

Die Anleger wollen jährliche Renditen zwischen 20 und 30 Prozent, halten Renditen von 10 – 20 Prozent pro Jahr aber für realistischer.

Die Befragten hoffen zwar auf höhere Renditen, bleiben aber realistisch und rechnen mehrheitlich mit Renditen zwischen 10 und 20%. Vor dem Hintergrund des allgemeinen Zinsniveaus sind dies nach wie vor Renditen, die die **Lukrativität der Beteiligungsbranche** unterstreichen. Allerdings sind solche Renditen auch notwendig, um Ausfälle bei anderen Investments zu kompensieren.

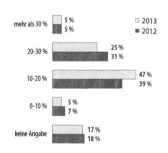

Rendite Venture Capital Deutschland
Quelle: Die deutsche Beteiligungsbranche 2013 – Rödl & Partner[8]

[8] www.roedl.de/de-de/de/medien/publikationen/studien/documents/beteiligungsgesellschaften-private-equity-studie-2013-roedl-partner.pdf

Wie bekommt man diese Renditen mit den branchenüblichen Pleite-quoten hin? Das Szenario sei wie folgt:
- Anlagesumme: 100.000 €
- Zahl der Start-ups: 10 (10.000 € je Start-up)
- Renditeerwartung: 20 Prozent pro Jahr (vor Steuern und Inflation).

Zum Vergleich: Ein langfristiges, passives ETF-Portfolio bringt je nach Studie 7 – 9 Prozent pro Jahr (vor Steuern und Inflation). In meinen Augen sind 11 – 13 Prozent ein angemessener Risikozuschlag.

So sieht die Vermögensentwicklung bei einer zehnjährigen Halte-dauer aus (Zinseszinsrechnung mit 20 Prozent p.a.):

Jahr	Anlagebetrag
1	100.000 €
2	120.000 €
3	144.000 €
4	172.800 €
5	207.360 €
6	248.832 €
7	298.598 €
8	358.318 €
9	429.981 €
10	515.978 €

Nach 10 Jahren hat sich das Geld verfünffacht. Das deckt sich mit der Aussage von Ciarán O'Leary, Partner bei *Earlybird*: *Wenn man bei uns anlegt, kann man in der Regel sein Geld verdrei- bis verfünffachen.* Jetzt die darwinistische Betrachtung: Wie viel Rendite muss ein einzelnes Start-up bei einer Pleitequote jenseits der 50 Prozent stemmen?

Überlebende	jährliche Renditeforderung
9	22,22 %
8	25,00 %
7	28,57 %
6	33,33 %
5	40,00 %
4	50,00 %
3	66,67 %
2	100,00 %
1	200,00 %

Wenn wir von 2 Leichen im Keller ausgehen, bedeutet das: Die restlichen 8 Start-ups müssen jedes Jahr eine Rendite von 25 Prozent bringen, um diesen Verlust aufzufangen. Gehen wir jetzt davon aus, dass von diesen 8 Start-ups 5 diese Renditeanforderungen nicht erfüllen können, dann bedeutet das: Die letzten beiden Start-ups müssen ihren Wert jedes Jahr verdoppeln und verdreifachen, sonst kommt das mit der Durchschnittsrendite von 20 Prozent pro Start-up nicht hin. Diese Start-ups tragen Namen wie *Amazon, Google* oder *Facebook* und bringen ihren Investoren Renditen von mehreren 1.000 Prozent ein. Aber das muss auch sein, denn bei den vielen Pleiten rechnet sich das Ganze sonst nicht.

Was macht ein Start-up erfolgreich?

Letzten Endes kann man alle wirtschaftlichen Vorgänge auf drei Worte reduzieren: Menschen, Produkte und Gewinne. Wenn man kein gutes Team hat, kann man mit den beiden anderen nicht viel anfangen.

Lee Iacocca, amerikanischer Unternehmer,
Retter von Chrysler (*1924)

Gerade im Start-up-Bereich gilt der Spruch: *Lieber eine gute Idee mit einem Top-Team umsetzen, als ein mittelmäßiges Team mit einer brillanten Idee an den Start schicken.* Beim Risikokapital-Geschäft geht es nicht ums Geld, sondern um die Menschen.

Paul Graham, CEO des Start-up-Inkubators Y-Combinator beschreibt die Erfolgschancen eines Start-ups mit der folgenden Formel: Qualität der Idee mal Umsetzungsqualität im Produkt mal Qualität des Teams mal Leistungsfähigkeit bei der Umsetzung ergeben die Basischance eines Start-ups. Dieser Wert wird dann mit einem Zufallswert zwischen 0 und 100 multipliziert, der leider nicht beeinflussbar ist und aufzeigt, dass auch die besten Teams und gute Ideen manchmal scheitern.

Was können Sie als Crowdinvestor zum Erfolg eines Start-ups beitragen?
Außer ein bisschen Geld nicht viel. Ein Start-up braucht zwei Dinge ganz dringend:
1. **Umsätze:** Können Sie dem Start-up Kunden verschaffen? Ein Richard Branson telefoniert sein Adressbüchlein einmal rauf und runter und sorgt so dafür, dass der Vertrieb seines Start-ups keine Klinken putzen muss.
2. **Bekanntheit:** Welche Möglichkeiten haben Sie, das Start-up bekannt zu machen? Ein Ashton Kutcher twittert und 16,6 Millionen Follower kennen das Start-up.

Das sind zwei Extrembeispiele, aber jeder Risikokapitalgeber ist bestrebt, seinen Start-ups in diesen Bereichen so viel Hilfe wie möglich zu geben.

Vom Vorteil, ein alter Sack zu sein
Wenn ich mir ansehe, wie Crowdinvesting vermarktet wird – *Jetzt in spannende Start-ups investieren* (Seedmatch) – *Innovative Investmentchancen entdecken* (Companisto) –, erinnert mich das sehr an den

Hollywoodhype in den 90er-Jahren des letzten Jahrhunderts; jede Menge Fonds buhlten damals sehr erfolgreich um Gunst und Geld der Investoren. Versprochen wurden Spannung, Spaß und tolle Renditen. Die Anleger fühlten sich als Filmmogule (*Ich finanziere den nächsten Blockbuster*), doch die versprochenen Gewinne tauchten nie auf. Entweder der Film floppte oder trickreiche Verträge verhinderten einen Rückfluss des Geldes.

Wozu dann Crowdinvesting?

Nun zum einen, weil es geht. Das Internet macht es möglich, also wird es auch jemanden geben, der probiert, ob man nicht auch Firmenanteile über das Internet verkaufen kann. Es gibt ja auch immer wieder Versuche, Lebensmittel über das Internet zu verkaufen – aber nur, weil etwas technisch machbar ist, bedeutet das nicht, dass es auch sinnvoll ist.

Zum anderen brauchen die Start-ups natürlich Geld, das sie sich über die Crowd günstig besorgen können. Plattformen wie Companisto und Seedmatch setzen die Beteiligung über paritätische Nachrangdarlehen um. Die Plattform *Innovestment* nutzt *unverbriefte, qualifiziert nachrangige und vinkulierte Namens-Genussrechte* für diesen Zweck.

Das bedeutet: *Sie als Anleger geben Ihr Geld ab, haben aber kein Mitspracherecht.*

Als jemand, der sein ganzes Berufsleben in Start-ups zugebracht hat, weiß ich, wie es in dieser Welt zugeht. Da hat niemand Zeit, sich um irgendwelche Kleinanleger zu kümmern, die sich aufspielen wie Graf Koks vom Gaswerk, nur weil sie 250 € investiert haben. Deshalb investieren die VCs auch so hohe Summen. Sie sichern sich damit ein Mitspracherecht.

Diese rechtliche Konstruktion macht das Crowdinvesting aber attraktiv für Start-ups.

Seedmatch hat das wie folgt zusammengefasst:

- Gewinnen Sie Investoren aus der Crowd: Risikokapital aus vielen Quellen als Ergänzung zu Business-Angels oder Venture Capital.
- Marketing-Effekt: Ihre Investoren werden zu Multiplikatoren und machen Ihr Start-up bekannter – ohne zusätzliche Kosten!
- Keine Mitsprache: Sie geben keinerlei Stimmrechte an Ihre Investoren ab.
- Feedback und Input aus der Crowd: Nutzen Sie die Intelligenz und das Netzwerk des Schwarms.
- Machen Sie Ihre Fans zu Investoren und Ihre Investoren zu Fans!

Und da ist sie wieder, die Emotion, mit der schon die Hollywood-Fonds im letzten Jahrhundert auf Kundenfang gegangen sind.

Einige Fragen, die Sie sich als Crowdinvestor stellen sollten

Habe ich genug Geld, um die Assetklasse *Crowdinvesting* sinnvoll abzudecken?
Jede Investition ist mit Papierkram verbunden. Ich kann aus eigener Erfahrung sagen: Unternehmerische Beteiligungen gehören nicht zu den pflegeleichten Anlageformen.
Man steht als Wagniskapitalist wie alle Anleger vor den klassischen zwei Problemen:

Wie schaffe ich Diversifikation?
Wenn man sich die Pleitequoten ansieht und die Summen, die andere Player im Markt einsetzen, dann wären für mich 100.000 € verteilt auf 20 Start-ups (5.000 € pro Firma) die absolute Untergrenze. Bei 20 Firmen hat man eine realistische Chance, an 2 – 4 Firmen beteiligt zu sein, bei denen sich ein Investment wirklich lohnt.

Wenn Sie sich die abgeschlossenen Investitionen auf *Innovestment* ansehen, werden Sie feststellen, dass meine Kalkulation bezüglich der investierten Summe pro Start-up durchaus passt.

Wie vermeide ich ein Klumpenrisiko?
Das Gesamtvermögen muss so groß sein, dass 100.000 € kein Klumpenrisiko mehr sind.

Wie viel muss ich an die Plattform bezahlen?
Die Frage nach den Weichkosten: *Companisto* erhält 10 Prozent des an den *Companisten* ausgeschütteten Gewinns. Außerdem berechnet *Companisto* dem Unternehmen für die gesamte Abwicklung des Crowdinvestings eine erfolgsabhängige Provision in Höhe von 10 Prozent der gesammelten Investitionssumme.
Seedmatch zieht 5 – 10 Prozent der eingesammelten Gelder für sich ab. Diese Kosten müssen die Start-ups zusätzlich erwirtschaften.

Zum Vergleich: Ein ETF mit einer Kostenquote von 0,9 Prozent p. a. gilt als teuer, ein aktiver Fonds nimmt 2 – 5 Prozent p. a. und beim Hauskauf liegen die einmaligen Weichkosten bei 9 – 14 Prozent.

Kann ich bewerten, ob der Wert des Start-ups fair ermittelt wurde?
Stellen wir uns die Frage: Wie wird der Wert einer Firma ermittelt? Im Groben so:
1. Materielle Wirtschaftsgüter (Grundstücke, Gebäude, Maschinen) plus
2. immaterielle Wirtschaftsgüter (Kunden, Patente, Produktionsverfahren, Markenname) plus
3. Goodwill, der Scheck auf die Zukunft, das Potenzial der Firma.

Ein Start-up besteht fast nur aus Goodwill, manchmal bringen die Gründer auch Patente oder Produktionsverfahren in die neue Firma ein. Das Problem: Materielle Wirtschaftsgüter lassen sich gut bewerten und auch für die immateriellen Wirtschaftsgüter kann man sich plausible Kriterien einfallen lassen (ein Kunde macht X € Umsatz pro Jahr etc.), aber beim *Goodwill* sind dem Gestaltungsmissbrauch Tür und Tor geöffnet.

Vertrauen Sie denen, die das Start-up bewerten?
Bei *Seedmatch* gilt: *Die Unternehmensbewertung wird grundsätzlich vom Start-up erstellt.* ➜ Wird hier der Bock zum Gärtner gemacht?

Companisto schreibt: *Generell erfolgt die Unternehmensbewertung durch Companisto und wird anhand einer Vielzahl von Faktoren bestimmt, die wir zusammen mit Corporate-Finance-Spezialisten entwickelt haben.* ➜ Klingt für mich nach Finanz-Voodoo; mystische Faktoren, die alle bei Vollmond in einen großen Kessel geworfen werden, und dann murmeln die Corporate-Finance-Spezialisten ihre Beschwörungsformeln.

Despektierliche Zwischenfrage: Was ist eigentlich ein *Corporate-Finance-Spezialist*? Womöglich ist das nur ein schöngefärbter Buchhalter?

Hier ein Beispiel: Warum ist *Edition F*, eine Website für *karrierebewusste Frauen, für die berufliche Verwirklichung und ein moderner Lifestyle wichtig sind*, 1.500.000 € wert?

437 Companisten

33.564 Verkaufte Anteile

167.820€ Investiert

200.000€ Maximum [*]

21 Tage Fundingzeit übrig [*]

🖪 Gefällt mir 136 💌 Twittern 142 8+1 7

EDITION F ist die führende Business-Lifestyle-Plattform für Frauen. Mit meinungsstarken Artikeln im Online-Magazin, karrierefördernden Kontakten in der Community, spannenden Unternehmen und Jobs in der Jobbörse sowie interessanten Business-Produkten im Affiliate-Shop sind wir das erste digitale Zuhause für karrierebewusste Frauen und moderne Männer.

167.820,00€
INVESTIERT (33,5%)

5,00 € (ᴧᴧ) INVESTIER
Anteilspreis

INHALT
01. Einleitung und Hintergrund
02. Produkte und Geschäftsmodell
03. Alleinstellungsmerkmale
04. Geschäftspartner und Kunden
05. Zielgruppe und Marktvolumen

Website: www.editionf.com
Gesuchtes Kapital: 50.000 € (200.000 € max.) [*]
Anteilspreis: 5,00 € / Anteil
Angebotene Anteile: 10.000 (40.000 max.)
1 Anteil = 0,00024 % vom Unternehmenswert [*]
Unternehmensbewertung: 1.500.000 € [*]

Edition F, Companisto Crowdfunding
Quelle: Companisto Web-Site

Warum ist diese Website nicht 1 Million Euro oder 2 Millionen Euro wert? Das ist keine Polemik, sondern eine ehrliche Frage, die ich nicht beantworten kann.

Ich denke, das ist auch eine Tatsache, mit der man sich abfinden muss. Start-ups sind sehr illiquide Wirtschaftsgüter. Anders als bei Aktien gibt es keine permanente Preisfeststellung, sondern das Start-up ist das wert, was die Investoren zu zahlen bereit sind.

Privatleute kennen das vom Immobilienkauf. Natürlich kann man einen Gutachter beauftragen, den Wert des Hauses zu schätzen, aber das Haus ist das wert, was ein Käufer bereit ist, dafür zu zahlen. Ein vom Gutachter auf 250.000 € geschätztes Haus, für das ein Maximalgebot von 200.000 € vorliegt, ist 200.000 € wert.

Ich denke, so ähnlich muss man das Thema Crowdinvesting auch sehen. Die Bewertung eines Unternehmens ist mehr Kunst als Wissenschaft.

Wie bin ich gegen die Verwässerung meines Anteils abgesichert?
Wenn das Start-up gut gedeiht, passieren zwei Dinge:
1. Es wird wertvoller.
2. Es braucht mehr Geld, um weiter expandieren zu können.

Dabei treten zwei Probleme auf:

Wie viel ist das Start-up genau wert?
Die Altinvestoren wollen hier einen möglichst hohen Betrag sehen, die neuen Investoren wollen möglichst billig einsteigen. Die Gründer wollen Investoren, die mehr als nur Geld mitbringen, zu bevorzugten Konditionen aufnehmen. Jemand, der mir Kunden oder einen großen Medienauftritt verschaffen kann, ist für mich ein attraktiver Investor.
Sie sehen, die Gemengelage ist eher unübersichtlich. Sie müssen darauf achten, dass Sie als Kleinanleger bei diesem *Game-of-Thrones*-Spiel nicht unter die Räder geraten.

Verwässerung
Die Anteile der Altinvestoren werden – relativ gesehen – weniger. Man spricht hier von *Verwässerung*. Wenn Sie Crowdinvestor werden, müssen Sie wie ein Luchs darauf achten, dass Ihre Anteile im Rahmen einer neuen Finanzierungsrunde nicht an Wert verlieren.

Ein Beispiel:
- Vor der Finanzierungsrunde: Ihr Anteil beträgt 0,1 Prozent, der Firmenwert 1 Million.
- Nach der Finanzierungsrunde: Ihr Anteil beträgt 0,05 Prozent, der Firmenwert 10 Millionen.

In diesem Beispiel hat sich der Wert Ihres Anteils verfünffacht. Aus 1.000 € wurden 5.000 €), während sich der Wert der Firma verzehnfacht hat. Ohne Verwässerung wären Ihre Anteile 10.000 € wert.

Was passiert bei einer Pleite, was im Erfolgsfall?

Ist dann alles verloren oder werde ich wenigstens an der Resteverwertung beteiligt? Wie wird verhindert, dass die Gründer die immateriellen Wirtschaftsgüter aus der Firma herausziehen und mit einem neuen Firmenmantel einfach weitermachen?

Bin ich im Erfolgsfall bis zum Ende mit dabei oder werde ich vor dem Börsengang oder dem Verkauf ausgebootet?

Der aktuelle *Companisto*-Beteiligungsvertrag kann zum 31.12.2021 vom Start-up gekündigt werden. Was spricht dagegen den Vertrag vorher zu kündigen, die Crowdinvestoren auszuzahlen und dann das ganz große Rad zu drehen?

Was passiert, wenn das Start-up nicht an die Börse geht, sondern verkauft wird? Der Baranteil des Kaufpreises ist recht gering. Stattdessen werden die Gründer reichlich mit den Aktien des kaufenden Unternehmens ausgestattet, die sie nach einer gewissen Haltefrist verkaufen dürfen, und erhalten ein sehr ordentliches Festgehalt. Der Anteil der Crowdinvester am Erfolg fällt deshalb recht dürftig aus, denn viel Cash gab's nicht.

Viele Privatanleger sind durch die Minizinsen so konditioniert, dass sie bei 4 Prozent Rendite schon in Jubel ausbrechen und sich nicht vorstellen können, dass im Wagniskapitalbereich zweistellige Renditen einfach normal sind und auch sein müssen.

Beim Crowdinvesting-Projekt *Stromberg – der Film* ist alles, aber auch wirklich alles gut gegangen und die Anleger haben tatsächlich Geld gesehen, obwohl sich *Brainpool* als Produzent die komplette Zweitverwertung (Video/DVD/Blueray) und das Merchandising unter den Nagel gerissen hat. Bei den Start-ups *Cashboard* und *Bloomy Days* lief es nicht so gut für die Crowd. Zweimal wollte ein Profi-Investor einsteigen und zweimal wurde die Crowd gnadenlos ausgebootet.

Ich investiere nur in Dinge, die ich auch verstehe – können Sie das unterschreiben, in Bezug auf Crowdinvesting? Kennen Sie wenigstens die typischen Fallstricke?

Ich habe ein grundsätzliches Problem mit dem Crowdinvesting. Die DNA der Start-up-Finanzierung ist aktiv. Plattformen wie *Seedmatch, Companisto* oder *Startnext* versuchen, eine aktive Geschäftstätigkeit in das zu enge Korsett der passiven Geldanlage zu pressen. Wenn ich in einen ETF investiere, ist das eine reine Finanzanlage in einen transparenten und effizienten Markt. Ich kann tausend Charts studieren und Hunderte von Geschäftsberichten lesen, das wird meine Chancen nicht verbessern. Wenn ich dagegen mit dem richtigen Old-Boys-Netzwerk am Start bin, kann ich meine Chancen im Start-up-Geschäft durchaus zu meinen Gunsten beeinflussen. Ich muss dazu aber auch ein *Old Boy* sein. Wenn ich dem Netzwerk nichts geben kann, warum sollen mich die anderen dann profitieren lassen? Crowdinvesting-Plattformen versuchen einen Spagat, der in meinen Augen auf Dauer nicht gut gehen kann. Schon Friedrich Schiller wusste: *Der Mohr hat seine Schuldigkeit getan, der Mohr kann gehen.* Wer braucht schon ein Rudel Crowdinvesting-Hobbyisten, die außer etwas Geld nichts zu bieten haben?

Alternative Anlageform: Kredite an Unbekannte vergeben

Was ist eine Bank?

Machen wir es wie Lehrer Bömmel aus der *Feuerzangenbowle: Stelle mehr uns janz dumm. Und da sage mer so:* Eine Bank nimmt das Geld von A und verleiht das Geld dann an B. B zahlt hohe Zinsen. Die Bank gibt A ein bisschen etwas von den Zinsen ab und lebt von dem Rest ganz kommod.

Da fragt man sich doch: Warum soll ich mich in diesem Spiel mit der Rolle des A oder des B zufriedengeben? Warum kann ich nicht die Bank sein? Warum kann ich nicht mein eigenes Geld gegen hohe Zinsen verleihen? Schließlich wusste schon Bertolt Brecht: Was ist ein Einbruch in eine Bank gegen die Gründung einer Bank?

Wir leben im Internetzeitalter. Musik und Videos kommen per Stream ins Haus, unseren Krempel verkaufen wir auf *eBay* und nicht mehr übers Kleinanzeigenblättchen. Der Urlaub wird online gebucht. Warum soll ausgerechnet die Institution *Bank* die Stürme der Zeiten unbeschadet überstehen?

Banking is necessary, banks are not.

Bill Gates

P2P-Marktplätze greifen das Kreditgeschäft der Banken an

Was ist P2P-Lending? *P* steht für Person, *lending* ist nichts weiter als das englische Wort für Kreditgewährung. Es geht also um die Gewährung von Krediten von privat an privat.

Hier geht es darum, Folgendes zu klären:

1. Wie funktionieren Plattformen für Privatkredite?
2. Welche P2P-Anbieter gibt es?
3. Sind Privatkredite eine Alternative zum Tagesgeld- oder Festgeldkonto?

Wie funktioniert eine Privatkredit-Plattform?

Die Privatkredit-Plattformen bringen Geldanleger und Kreditsucher zusammen: Die Geldanleger sind unzufrieden mit den Sparzinsen, sie wollen mehr als den Inflationsausgleich, die Kreditnehmer bekommen von den Banken kein Geld mehr oder nur noch zu sehr hohen Zinsen.

Die P2P-Plattform bringt beide zusammen. Sie verspricht den Geldgebern Sicherheit und hohe Zinsen und den Kreditnehmern niedrige Zinsen und eine unbürokratische Auszahlung. Kann das klappen?

Wie wird der Privatkredit vermittelt?

Der Kreditsuchende stellt sich kurz vor und gibt die gewünschten Konditionen ein:

* Wie hoch soll der Kredit sein?
* Wie lange soll die Rückzahlung dauern?
* Außerdem müssen noch die üblichen Bonitätsfragen beantwortet werden.

Daraus berechnet die Plattform dann den zu zahlenden Zinssatz.

Sie als Anleger schauen sich die Kreditgesuche an und entscheiden, welche Kredite Sie ganz oder teilweise finanzieren möchten. Wenn ein Kreditnehmer einen Kredit über 1.000 € aufnehmen möchte, kann es sein, dass sein Kredit von bis zu 40 Anlegern finanziert wird, von denen jeder den Mindestbetrag von 25 € beisteuert. Größere Projekte werden von Gruppen finanziert, die mehrere Hundert Anleger umfassen.

Umgekehrt gilt das Gleiche: Wenn Sie 1.000 € anlegen, werden Sie Ihr Geld nicht in einen Kredit investieren, sondern das Risiko streuen und in 30 bis 40 Kredite investieren.

Je nach Plattform haben Sie als Anleger 14 bis 21 Tage Zeit, um sich an einem Kredit zu beteiligen. Wenn der Kredit voll finanziert ist, unterschreibt der Kreditnehmer den Vertrag, Sie überweisen das Geld an die P2P-Plattform und diese zahlt den Kredit aus. Die Betreiber der Plattform nehmen die Rückzahlungen entgegen und überweisen Ihnen monatlich Ihren Anteil.

Wichtig: Nicht jeder Kredit wird von der Community akzeptiert und voll finanziert. Es gibt keine Teilfinanzierungen. Entweder der Kredit wird zu 100 Prozent finanziert oder gar nicht.

Sehr interessant in diesem Zusammenhang ist die Diskussion aus der Praxis über Stornoquoten. Zwischen 38 und 50 Prozent aller Kredite werden nicht finanziert. Das bedeutet: die ganze Auswahlarbeit war für die Katz. Wohlgemerkt: Vorher hat die Plattform schon 80 bis 90 Prozent der Anträge ausgesiebt. Den Anlegern werden nur die Filetstücke präsentiert und von denen geht dann immer noch knapp die Hälfte in die Küche zurück.

Der Grund: Die Kreditnehmer sind ein buntes Völkchen. Bei *Lendico* möchte ein 69 Jahre alter Mann einen Kredit über 3.500 € aufnehmen. Unter Projektbeschreibung schreibt er: *Mit dem Geld ruhig leben. In Zukunft keine Sorgen mehr haben.* Bei *auxmoney* möchte *andi1968* 11.800 € aufnehmen, um *neu durchzustarten.* Wohin die Reise gehen soll, sagt er nicht.

Welche Anbieter gibt es?

Neben der Kurzvorstellung habe ich jeden Anbieter gegoogelt. Das Suchergebnis sagt sehr viel darüber aus, wie sich der jeweilige Anbieter positioniert:

auxmoney

Ein deutscher Anbieter, bei dem Sie mit 25 € Anlagesumme dabei sind. Versprochen werden Zinsen zwischen 7 und 15 Prozent. Der Veteran unter den P2P-Lending-Plattformen, seit 2006 am Markt.

auxmoney in Google

auxmoney.com: Geld leihen – Privatkredit – Kredit von privat.
auxmoney bietet Kredite von privat an privat. – Geld schnell und einfach leihen. – Privatkredit auch für Selbstständige. – Jetzt Geld leihen auf auxmoney! – Login – Kreditanfrage starten – Geld anlegen – So funktioniert auxmoney.
auxmoney bedient fünfmal das Thema *Kreditanfrage* und nur einmal das Thema *Geldanlage*. Für mich als Anleger ein Warnzeichen.

Bondora

Vormals als *Isepankur* bekannt. *Bondora* ist ein estnischer Anbieter, der europaweit Kredite vergibt und auch in Deutschland eine Zulassung hat. Versprochen werden Zinsen zwischen 20 und 32 Prozent. Seit 2009 am Markt.

Bondora auf Google

Bondora: Join for free – Secure sign-in – Borrow – Invest – Bondora is the meeting place that unites investors and borrowers from all corners of the world …
Bondora hat Anleger und Kreditnehmer im Blick.

Lendico

Lendico gehört zu *Rocket-Internet* (Samwer-Brüder) und ist seit 2013 aktiv. Versprochen werden Zinsen zwischen 4 und 15 Prozent. Ziel ist Samwer-üblich die Weltherrschaft. *Lendico* vermittelt Privatkredite in Deutschland, Österreich, Polen, den Niederlanden, Spanien und Südafrika und will weiter expandieren.

Lendico auf Google

Lendico P2P Kredite – Privatkredite von 1.000 € bis 25.000 € – P2P-Kredite von privat an privat. – Günstige Zinsen erhalten & attraktive Rendite erzielen. – Einfach, schnell, sicher. – Jetzt anmelden und profitieren! *Lendico* richtet sich auch an Anleger, umwirbt aber die Kreditnehmer mehr.

Bondora ist die einzige Plattform, die Geldanleger und Kreditnehmer gleichberechtigt behandelt. Alle Plattformen rechnen in Euro, Währungsverluste sind kein Thema.

Privatkredite sind riskant

Kredite zwischen Privatleuten sind ein riskantes Geschäft mit unbesicherten Konsumentenkrediten. Was heißt *unbesichert*? Wenn Sie sich anschauen, wofür die Kreditnehmer Ihr Geld ausgegeben wollen, werden Sie feststellen, dass es in den meisten Fällen um Möbel, Hochzeiten, Umschuldungen oder Urlaube geht. Also nichts, was man zu Geld machen kann, wenn der Schuldner nicht mehr zahlen kann. Deshalb *unbesichert*: Es gibt keine Sicherheiten, wenn der Schuldner nicht zahlt.

Was macht eine gute Privatkredit-Plattform aus?

Zwei Dinge machen eine P2P-Plattform gut:

1. Sorgfältige Auswahl der Kreditnehmer und die Einteilung der Schuldner in Risikoklassen.
2. Ein energisches Inkasso, damit säumige Schuldner nicht zu sehr in Rückstand kommen.

So sorgen die P2P-Kreditplattformen dafür, dass sich die Ausfälle in Grenzen halten und Betrüger abgeschreckt werden. Diese Prüfung kostet Geld. Den Löwenanteil der Kosten trägt der Kreditnehmer, aber Plattformen wie *auxmoney* und *Lendico* verlangen auch vom Geldanleger Gebühren. Aktuell ist das ein Prozent auf die Anlagesumme bzw. auf die Rückzahlung (Anlagesumme plus Zinsen).

Wie gut ist die Kreditprüfung?

Alle Anbieter behaupten von sich, ganz genau hinzuschauen und sehr stark zu filtern. Hier ein Zitat von der *auxmoney*-Website: *Mehr als 80 % aller Kreditanfragen werden vom auxmoney-Marktplatz ausgeschlossen.* Trotzdem lassen sich die meisten Plattformen hier nicht in die Karten schauen, sondern geben nur globale Ausfallraten an. Eine Ausfallrate über alle Risikoklassen ist sinnlos. – Da fällt mir das Beispiel mit dem Grillhuhn und dem Brötchen ein: Wenn ich ein Hähnchen und Sie ein Brötchen essen, haben wir beide statistisch gesehen ein halbes Hähnchen und ein halbes Brötchen gegessen. – Hohe Ausfallraten sind Gift fürs Geschäft.

Ich glaube den Anbietern deshalb, dass sie permanent daran arbeiten, ihr Scoring zu verbessern und die Spinner schon vorher auszufiltern. Angeblich beträgt die Ablehnungsquote der P2P-Kredit-Firmen rund 90 Prozent. Trotzdem stellt sich mir die Frage: Können die sehr jungen Anbieter (*auxmoney* ist als Veteran seit 2006 am Markt) und das nach wie vor geringe Darlehensvolumen (*auxmoney* hat seit Bestehen gerade einmal Kredite im Wert von 100 Millionen Euro vergeben) es wirklich mit klassischen Endkundenbanken wie der

Norisbank, der *Targobank* oder der *Santander Consumer Bank* aufnehmen, wenn es um die Risikoabschätzung geht? Nur als Vergleich: Als die *Deutsche Bank* die *Norisbank* 2006 gekauft hat, hatte diese ein Kreditvolumen von 1,4 Milliarden Euro in den Büchern.

Warum ich zurzeit nicht in P2P-Kredite investiere

Mir fehlt das Vertrauen in die Scoring-Prozesse der Anbieter

Das A und O im Kreditgeschäft ist der Risikobewertungsprozess. Banken haben dazu Kreditprüfer. Das ist ein Beruf, für den man entweder ein betriebswirtschaftliches Studium oder eine Ausbildung als Bankkaufmann/-frau absolviert haben muss. Ich habe weder die Zeit noch die Möglichkeit, die Kredite auf Herz und Nieren zu prüfen. Das bedeutet: Ich muss der Risikobewertung der jeweiligen P2P-Plattform blind vertrauen. Beschreibung und Verwendungszweck taugen nicht als Bewertungskriterien. Ich glaube nicht daran, dass ein Kredit, mit dem ein Auto gekauft werden soll, besser ist als ein Kredit, der für einen Urlaub draufgeht. Schließlich kann jeder Kreditnehmer mit dem Geld machen, was er will. Er muss es nicht so verwenden wie beschrieben. Und selbst wenn: solange das Auto nicht als Sicherheit für den Kredit eingetragen ist, habe ich nichts davon.

Aussagekräftige Kennzahlen fehlen

Die P2P-Plattformen werben mit der Höhe der vermittelten Kredite. Das interessiert mich als Geldgeber nicht wirklich. Ich will die Inkasso-Kurve sehen. Wie viele Kredite sind nach 3, 6, 9 oder 12 Monaten im Inkasso oder im Verzug? Den Leuten Geld zu geben, ist einfach. Das Problem besteht darin, es wieder zurückzubekommen – wenn möglich mit Zinsen!

Was ich auch wissen will: Wie hoch ist die Kundenzufriedenheit auf beiden Seiten?

- Wie viele Kreditnehmer nehmen mehrfach Kredite auf? Werden diese Kredite zur Umschuldung benutzt oder wurde der Altkredit vorher abbezahlt? Im ersten Fall handelt es sich um einen unerwünschten Kettenkreditnehmer, im zweiten Fall um einen mit der Plattform zufriedenen Schuldner.
- Für die Anleger gilt: Wie viele Anleger sind seit wie vielen Monaten aktiv, und zwar ohne Unterbrechung? Ziehen sie Geld ab, investieren sie frei werdendes Geld neu (mit oder ohne Zinsanteil) oder legen sie sogar frisches Geld an? Nutzer, die später dazukommen, sollten schneller Vertrauen fassen und mehr Geld anlegen als die Vorgängerkohorte.

Dann ist der P2P-Marktplatz auf dem richtigen Weg.

Auf die von den Anbietern veröffentlichten Kennzahlen würde ich mich jedenfalls nicht blind verlassen,denn:

1. Anbieter wie *Lendico* und *Zencap* sind viel zu jung. *Lendico* gibt es seit Dezember 2013 und der *Zencap-Webserver* ging im März 2014 an den Start. Hier können noch keine aussagekräftigen Zahlen vorliegen.
2. P2P-Kredite liegen im Trend. Alle Anbieter erfreuen sich hoher Mittelzuflüsse. Diese Schwemme an frischem Geld kann dazu führen, dass Kennzahlen wie die *Ausfallquote* viel zu optimistisch angegeben werden. Junge Kredite hatten einfach weniger oft die Chance, nicht bedient zu werden, als alte. Manchmal zieht die P2P-Kreditplattform auch in letzter Sekunde die Notbremse. Dann wird ein eigentlich bewilligter Kredit nicht ausgezahlt und die Gelder gehen an die Kreditgeber zurück. Solche Kredite gelten dann als *vorzeitig abbezahlt*. Das peppt die Ausfallquote auf.
3. Es ist oft sehr schwer nachzuvollziehen, wie die Anbieter die Renditen berechnen (gewichtet, ungewichtet, abgezinst – es gibt da viele Möglichkeiten, die alle legal sind).

Die Branche ist noch in ihrer Sturm- und Drangphase

Alle Marktplätze sind noch sehr jung und dauernd kommen neue hinzu. *Mintos* und *Twino* beispielsweise gibt es erst seit Anfang 2015. Es ist sehr schwer, einen wirklich gut funktionierenden Marktplatz für Privatkredite aufzubauen.

Die Herausforderungen sind vielfältig:

* Da die Plattformen wachsen wollen, müssen immer mehr Schuldner gefunden werden. Dabei darf die Qualität der Schuldner aber nicht sinken.
* Das Schuldner/Anleger-Verhältnis muss ausgewogen sein Also müssen auch permanent neue Anleger rekrutiert werden.
* Zahlreiche Regularien sind zu beachten.

Es ist deshalb noch lange nicht klar, wer von den Anbietern wirklich überlebt. Es ist ein Wettrennen zwischen den Banken und den P2P-Plattformen: Wer kann das Produkt *Privatkredit* am billigsten anbieten.

Die Gleichung sieht so aus:

Schuldzinsen =
operative Kosten + Betrugs-/Ausfallkosten + Gewinnmarge

Die Schuldzinsen finanzieren

* die operativen Kosten der Bank oder der P2P-Plattform,
* die Ausfälle und Betrügereien;
* was übrig bleibt, steckt die Bank ein, beziehungsweise wird zwischen P2P-Plattform und Geldanleger aufgeteilt.

Wenn die P2P-Plattformen die Banken aus dem Privatkreditgeschäft verdrängen wollen, müssen sie sowohl dem Anleger wie dem Kreditnehmer bessere Zinsen bieten als die Bank. Das kann nur funktionieren, wenn die P2P-Plattformen billiger produzieren (weniger Kosten, bessere Risikoabschätzung) als die Banken.

Geringere Kosten? Das ist sicher möglich. Keine byzantinischen Banktürme in Frankfurt, keine Boni, die selbst einen Scheich neidisch machen – schnell und schlank, das lässt sich von Stunde eins an bewerkstelligen.

Geringere Ausfälle? Das klappt nur, wenn die P2P-Kredit-Anbieter die ausgetretenen Schufa-Pfade verlassen und sich zusätzliche Ratingkriterien ausdenken.

Wie kann sich ein Anbieter wie *auxmoney* oder *Lendico* einen Vorteil gegenüber der Bank herausarbeiten, wenn er genau die gleichen Werkzeuge verwendet wie die traditionellen Banken? Das können die Banken im Zweifelsfall besser, weil sie es schon länger machen. Die web-affinen Anbieter müssen Social-Media-Portale wie *Facebook* oder *Twitter* auswerten. Hinweise darauf, wie lange jemand seine E-Mail-Adresse schon hat, könnten ebenfalls interessant sein. Auch die Auswertung des Nutzerverhaltens auf der eigenen Website ist extrem wichtig. Was bedeutet es, wenn ein Schuldner lange mit dem Regler herumspielt, mit dem er die Höhe seines Kredites einstellt? Ist *zögerlich* gut, weil das jemand ist, der genau nachdenkt, oder ist *zögerlich* schlecht, weil das jemand ist, der sich den Kredit sowieso nicht leisten kann?

Es ist nicht einfach, solche Daten zu bekommen und sinnvoll auszuwerten (Stichwort *Big Data*). Alles ist mit allem verknüpft, und es ist die Aufgabe der Plattform, daraus sinnvolle Schlüsse zu ziehen. Das braucht seine Zeit. Je länger eine Plattform das macht, umso besser wird sie und umso erfolgreicher kann sie anbieten und damit die Konkurrenz aus dem Markt drängen.

Der beste Algorithmus gewinnt! Die P2P-Plattformen sind zum Wachstum verdammt, denn erst bei wirklich großen Kreditvolumen können die Algorithmen ihren Vorteil ausspielen und wirklich profitabel werden. Privat- und Kleinkredite müssen automatisiert vergeben werden, sonst rechnet sich das nicht. Das machen die Banken bereits. *Sofortzusage* bedeutet doch nichts anders als: *Ein Sachbearbeiter tippt die Werte ein, der Algorithmus antwortet.*

Für mich als Anleger bedeutet das: Ich warte, bis die P2P-Plattformen den Kinderschuhen entwachsen sind und schaue mir das dann noch einmal an. Mir entgeht ja nichts. Die Zinsen, die ich erhalte, hängen nicht vom Zeitpunkt meines Einstiegs ab, sondern vom allgemeinen Zinsniveau.

Operativer Stress
P2P-Kredite müssen betreut werden und brauchen den aktiven Geldanleger.
auxmoney und *Bondora* kennen sogenannte *Investitionsprofile*. Das sind Biet-Agenten, die sich automatisch an neuen Krediten beteiligen und so Ihr Portfolio auffüllen. Zwar machen Sie die Vorgaben, aber auch die Biet-Agenten müssen gewartet und justiert werden. P2P-Kredite sind nicht vergleichbar mit einem Tagesgeldkonto. Einzahlen und Zinsen kassieren ist nicht. Manche Kredite werden überfällig, andere wandern ins Inkasso, wieder andere erholen sich und werden wieder pünktlich bedient. Irgendwas ist immer.

Hochrisikokredite sind steuerlich unattraktiv
Wenn ich mich für Schuldner mit zweifelhafter Bonität entscheide, werde ich
- mit hohen Zinsen belohnt und
- muss mit einer gewissen Ausfallrate leben.

Das Problem: Die Zinszahlungen muss ich als Kapitalerträge voll versteuern. Die Verluste durch Zahlungsausfälle kann ich aber grundsätzlich nicht gegenrechnen, denn Verluste aus privaten Forderungen sind nicht absetzbar.[9] Diese ungleiche steuerliche Behandlung verschiebt das Risikoprofil.

[9] https://www.steuertipps.de/lexikon/d/darlehen-verluste

Nehmen wir an, ich erhalte 50 € Zinsen und habe 40 € Zahlungsausfall. Dann darf ich nicht rechnen:

50 € – 40 € = 10 € zu versteuerndes Einkommen, also 7,36 € Gewinn nach Steuern,

sondern ich muss rechnen:

50 € – 13,19 € Steuern = 36,81 € für mich.

Abzüglich der 40 € Zahlungsausfall habe 3,19 € Verlust gemacht.

Stimmt die Strategie?

Das Bieten auf Privatkredite ist keine Shoppingtour, sondern muss
strategisch vorbereitet werden. Die einschlägigen Foren sind voll
von Leuten, die das nicht verstanden haben und nun ihre Verluste
bejammern.

Laufzeit

Wie viel Geld will man anlegen und für wie lange? Die Kreditlauf-
zeiten liegen zwischen 1 und 60 Monaten. 60 Monate, das sind 5
Jahre. Solange ist das Geld gebunden. Eine vorzeitige Rückzahlung
ist im Allgemeinen nicht vorgesehen. Wenn man auf regelmäßige
Rückflüsse Wert legt, muss man lang und kurz laufende Kredite geschickt mischen.

Stückelung

Kein All-in, das ist klar, aber wie stückelt man sinnvoll? Immer den
Mindestbetrag, der bei *Bondora* 5 € beträgt oder lieber 1 Prozent der
Gesamtsumme pro Kredit? Dann haben Sie nie mehr als 100 Kredite
zu verwalten. 1.000 € in 5-Euro-Tranchen bedeutet 200 Kredite.
Damit ist das Ausfallrisiko fast auf null, aber dafür gibt's Papierkram
satt. Das Finanzamt freut sich auch nicht über die Deklaration von
200 verschiedenen Cent-Beträgen. 15 Prozent Zinsen für einen 5-Eu-
ro-Kontrakt bringen 75 Cent Zinsen pro Jahr.

Risikoklasse

Welche Risikoklassen akzeptieren Sie? Nur die nervenschonenden A+ oder auch die B- und C-Bonitäten? Oder fahren Sie eine No-risk-no-fun-Strategie und packen sich die F-Kredite ins Depot? Wenn die F-ler nicht in die Privatinsolvenz gehen, zahlen sie immerhin satte 35 Prozent Zinsen.

Aber vielleicht ist eine Mischung aus allen Risikoklassen besser. Wollen Sie alle Risikoklassen gleich gewichten oder lieber eine Risikoklasse übergewichten? Also 60 Prozent mit A-Rating und den Rest dann auf die B- bis F-Bonitäten verteilen?

Sehr sinnvoll ist auch die Kombination von gewünschter Kreditsumme und Bonität des Schuldners. Ein A-Schuldner, der sich 3.000 € leihen möchte: Gerne! Ein F-Schuldner, der sich 10.000 € wünscht? Niemals! Wie soll der das jemals zurückzahlen?

Was tun mit zurückgezahlten Privatkrediten?

Wenn ein Kredit komplett zurückgezahlt ist, müssen Sie sich entscheiden: Ziehen Sie das Geld ab oder suchen Sie sich einen neuen Kredit – vorausgesetzt, Sie finden einen, der Ihnen zusagt?

Aktuell passen Nachfrage und Angebot recht gut zusammen. Wenn jetzt aber viele das P2P-Investing für sich entdecken, kann es gut passieren, dass sich zu viele Anleger um viel zu wenige Kredite bewerben und ein guter Teil leer ausgeht.

Nur nicht nervös werden

Wenn Sie Ihre Strategie haben, heißt es diszipliniert sein. Auch wenn die Beschreibungen der Kreditsucher noch so herzzerreißend formuliert sind: Wenn das Kredit-Rating nicht stimmt, wird nicht geboten! Wie bei jeder aktiv betriebenen Geldanlage sind Sie selbst Ihr größter Feind. Angst, Gier, Nachlässigkeit – die von der Börse bekannten apokalyptischen Renditekiller – reiten auch bei den Privatkrediten mit.

Wie viel Verlust kann man sich als Anleger hierbei erlauben?

Diese Tabelle zeigt, wie hoch der Pleite-Anteil in Abhängigkeit der Zinsen sein darf, wenn Sie 1.000 € in P2P-Kredite vergeben. Bei dieser Quote kommen Sie plus/minus null aus der Sache heraus.

So lesen Sie die Tabelle: Von allen Krediten mit fünfprozentigem Zinssatz, die Sie vergeben haben, dürfen Sie nur 3 Prozent des Eigenkapitals abschreiben. Bei 1.000 € sind das Kredite im Wert von 30 €, die platzen dürfen. Dann bleiben Ihnen 5,71 € als jährlicher Gewinn nach Steuern. Wenn Sie 25 Prozent an Zinsen kassieren, dann können Sie auf 150 € Ihres Eigenkapitals verzichten und kommen trotzdem mit einem blauen Auge (kleines Plus von 6,45 €) aus der Sache heraus.

Zinssatz	Ausfall-Quote	Ihr Gewinn nach Steuern pro 1.000 €
5 %	3 %	5,71 €
6 %	4 %	2,41 €
7 %	5 %	-1,04 € (Verlust)
8 %	5 %	5,96 €
9 %	6 %	2,29 €
10 %	7 %	-1,53 € (Verlust)
15 %	10 %	-0,61 € (Verlust)
20 %	13 %	-1,89 € (Verlust)
25 %	15 %	6,45 €

Was bedeutet das? Immer schön die Ausfallquote im Blick behalten!

Wie viel Zeit darf ich investieren?

Nehmen wir an, Sie wollen 500 € anlegen und Sie haben einen Netto-Stundenlohn von 15 €.

Zinsen	jährlicher Ertrag	Ertrag nach Steuern	jährliche Arbeitszeit
5 %	25 €	18,41 €	1 Stunde, 14 Minuten
10 %	50 €	36,81 €	2 Stunden, 27 Minuten
15 %	75 €	55,22 €	3 Stunden, 41 Minuten

Nicht besonders lohnend und auch leicht geschönt, denn eigentlich muss man von diesen Zinsen noch den risikolosen Festgeldzinssatz von 1,5 – 2 Prozent abziehen.

 Die Vergabe von P2P-Krediten ist eine unternehmerische Tätigkeit in einem sehr jungen Feld der Finanzbranche. Langfristig haben P2P-Kredite mit Sicherheit das Zeug dazu, den Banken im Bereich Kreditvergabe Konkurrenz zu machen. Aber momentan ist die Kreditprüfung der Anbieter noch nicht signifikant besser als die der Banken. Das heißt: Beobachten und gegebenenfalls einsteigen, wenn P2P-Kredite etwas mehr im Mainstream angekommen sind.

Kredite von privat an privat sind eine ganz andere Anlageklasse als Tages- oder Festgeld und deshalb nicht vergleichbar. Auf dem Tagesgeldkonto liegt der Notgroschen. Das Festgeld bildet den risikoarmen Teil des Vermögens. Wenn Sie P2P-Kredite vergeben, sind Sie unternehmerisch tätig.

Nach diesem Parforceritt stellt sich die Frage:

Sollte man alternative Investments meiden?

Im Allgemeinen ja. Es gibt aber ein alternatives Investment, das immer wieder vergessen wird: Sie selbst und Ihre Arbeitskraft. Dieses alternative Investment sollten Sie pflegen. Tun Sie etwas für sich, bleiben Sie gesund und sorgen Sie dafür, dass Ihre berufliche Entwicklung so verläuft, wie Sie sich das vorstellen. Überlegen Sie, wo Sie in 5, 10 oder in 15 Jahren sein wollen und wie Sie diese Ziele erreichen, anstatt sich den Kopf darüber zu zerbrechen, ob lieber *Wald in der Schweiz* oder *Palmöl in Malaysia*. Ihre Hauptaufgabe ist es, wie schon zuvor erwähnt, für ein regelmäßiges, verlässliches und dauerhaftes Einkommen zu sorgen. Ich bezweifle sehr, dass alternative Investments dazu etwas Sinnvolles beitragen können, es sei denn, Sie haben genug Know-how und Zeit, dann können diese Investments sehr lukrativ sein.

Alle anderen (mich eingeschlossen) sollten lieber passiv investieren.

Nun sind alle wesentlichen Anlageklassen besprochen. Jetzt geht es darum, wie man das Ganze jetzt zusammenbaut – oder anders gefragt:

Gibt es eine optimale Depotzusammenstellung für Buy-&-hold-Anleger?

Um die Pointe gleich vorwegzunehmen: Für einen langfristig denkenden Privatanleger, der eine passive Anlagestrategie verfolgt, macht es keinen großen Unterschied, ob man nur in die Anlageklassen *Aktien* und *Anleihen* investiert oder noch in *Gold, Rohstoffe, Immobilienfonds* und *Windkraft*. Die ganzen ausgetüftelten Gewichtungen à la *Wir investieren 15 Prozent des Geldes in Aktien großer*

Firmen, nehmen dann noch 10 Prozent Aktien kleiner, aufstrebender Firmen dazu, dann 5 Prozent in Gold ... sind für die Katz.

Die ganzen mit großem Excel-Aufwand geführten Grabenkriege für 5 Prozent mehr dieses oder 5 Prozent weniger jenes sind vollkommen unnötig, denn sie bringen langfristig keinen nennenswerten Zusatzgewinn.

Wieso sind die meisten Depots viel komplexer als nötig?

Weil es unserer Erfahrung im täglichen Leben entspricht.

1. Gleichartige Probleme bringen gleichartige Lösungen hervor.
Nehmen wir Kakteen und Euphorbien (Wolfsmilchgewächse) als Beispiel: Beide leben in den Trockengebieten dieser Erde, die Kakteen in der neuen Welt, die Euphorbien in der alten. Beide Gattungen sind biologisch nicht im Geringsten verwandt, aber beide sind der gleichen Anforderung ausgesetzt: *Sieh zu, dass du deinen Wasserhaushalt in den Griff kriegst.* Also haben beide ihre Körper zu Wasserspeichern umgebaut und verzichten auf klassisches Blattgrün. Für Laien ist es nicht einfach, einen Kaktus von einem Wolfsmilchgewächs zu unterscheiden.

2. Die erste Lösung ist nie die Beste.
Klar gibt man sich Mühe mit dem ersten Modell, aber man lernt aus den Erfahrungen und verbessert die Nachfolger kontinuierlich. So hat es *VW* zu insgesamt sieben Golfgenerationen gebracht. Jede Generation ist dabei besser, aber natürlich auch komplexer als ihre Vorgängergeneration.

Auf die Finanzwelt übertragen bedeutet das:

1. Für jede finanzielle Anforderung muss es ein optimales Depot geben. Dieses Depot ist so zusammengesetzt, dass es optimal an die Anforderungen angepasst ist und maximale Renditen liefert.
2. Man wird das Ziel *optimales Depot* nicht gleich erreichen, aber wenn man geduldig optimiert, also passende Wertpapiere kauft und unpassende verkauft, wird man irgendwann ein optimales Depot erreicht haben. Je mehr Erkenntnisse man gewinnt, umso genauer kann man sein Depot ausbalancieren. Dazu braucht man natürlich auch mehr Positionen.

Beide Vorstellungen sind leider Finanzmythen. So läuft das Spiel nicht.

Der Mythos vom optimalen Depot

Am Anfang meiner Finanzkarriere war ich davon überzeugt: *An den Finanzmärkten muss man ganz genau wissen, was man tut und es ist wichtig, die richtigen Produkte zu kennen. Nur so kann ich erfolgreich sein.* Ich habe Experten angeheuert, da ich mir das selbst nicht zugetraut habe. Nach einiger Zeit habe ich festgestellt: *Mein Depot leidet an Schwindsucht. So dolle ist das mit den Experten nicht.*

So trat das Konzept *passives Investieren in Eigenregie* in mein Leben. Meine Überzeugung: Passiv funktioniert – aber nur, wenn man sich ganz genau überlegt, wie man seine Anlageklassen kombiniert. Ein Vermögen braucht ein solides Fundament. Deshalb muss ich mir ganz genau überlegen:

- Wie soll das Verhältnis von Industrie- zu Schwellenländern sein?
- Wie hoch muss der Anteil von Nebenwerten *(Small Caps)* sein?
- Was ist mit Value-Aktien?
- Soll ich nach Marktkapitalisierung oder nach Bruttoinlandsprodukt gewichten?

Ich war der Überzeugung, ohne ein sorgfältig konstruiertes Regelwerk würde ich Schiffbruch erleiden. Deshalb habe ich sehr viel Zeit und Excel in diese Bachelor-Arbeit investiert. Die von mir in dieser Abhandlung festgelegten Prozentwerte sind schließlich die Basis für meinen Anlageerfolg.

Ein paar Jahre später: Nachdem ich die meiner Meinung nach perfekte Assetallokation herausdestilliert hatte, habe ich mich – rein interessehalber – weiter in den einschlägigen Foren herumgetrieben und Blogs und Bücher zum Thema gelesen. Dort wurden ebenfalls Buy-&-hold-Assetallokationen propagiert. Jede dieser Assetallokationen wurde – mit durchaus vernünftigen Begründungen – als **die** Assetallokation schlechthin vorgestellt. *Kein Problem, dachte ich, ich weiß es besser. Sind halt alles Idioten, die anderen.*

Doch irgendwann, so nach der zehnten Variante, wird man mürbe und ein Verdacht keimt auf: Was, wenn es schnurzpiepegal ist, ob man 90 Prozent Industrieländer mit 10 Prozent Schwellenländern kombiniert oder 41 Prozent USA plus 24 Prozent Europa, 11 Prozent Japan und 24 Prozent Schwellenländer? Oder noch *Small Caps*, Value-Aktien und Rohstoffe und Immobilien dazu mixt? Was, wenn es nur darauf ankommt

1. hinreichend breit diversifiziert zu sein und
2. hinreichend lange investiert zu sein?

Ein entsetzlicher Verdacht! Würde er sich erhärten, wären 99 Prozent des ganzen *Smoke-and-Mirrors*-Spiels der Finanzbranche vom Tisch.

Mein Kronzeuge

Darf ich Ihnen Meb Faber[10] vorstellen? Herr Faber ist Mitgründer und Chief Investment Officer von *Cambria Investment Management*. Er hat das Buch *Global Asset Allocation: A Survey of the World's Top Asset Allocation Strategies* verfasst. Meb Faber vergleicht 13 renommierte

[10] mebfaber.com/

Buy-&-hold-Ansätze miteinander. Seine Analyse umfasst die 40 Jahre zwischen 1973 und 2013.

Mit *renommierte Ansätze* meine ich Portfolios wie das

- *Risk-Parity-* und das *All-Seasons*-Depot, hinter denen Ray Dalio, der Gründer von *Bridgewater Associates* (einem der größten Hedgefonds) steht,
- *Permanent Portfolio* von Harry Browne, Präsidentschaftskandidat und Finanzberater,
- *Warren Buffet Portfolio* (Herr Buffet riet seiner Frau, nach seinem Ableben 10 Prozent des Vermögens in kurz laufende Staatsanleihen und 90 Prozent in einen weltweit investierenden Index-Fonds zu stecken),
- Portfolio von Rob Arnott, dem *Smart-Beta*-Advokaten,
- Portfolio der Schweizer Fonds-Legende Marc Faber,
- Portfolio, das David Swensen für die *Yale Universität* managt.

Also schon eher Sachen, die den Horizont der örtlichen Sparkasse übersteigen.

Herr Faber hat munter hin und her gerechnet und kommt zu dem Schluss:

Your buy and hold allocation doesn't matter. If you exclude the permanent portfolio (high cash), they are all within 1 percentage point of each other!

Nach 40 Jahren hat sich alles ausgemittelt. Warum ist das so?

- Es gibt Jahre, in denen rocken die brasilianischen Aktien.
- Dann sind die Biotech-Aktien die Überflieger.
- Es gibt Perioden, in denen Nebenwerte besonders gut laufen.
- Dann gibt es Jahre, in denen der Aktienmarkt als Ganzes am Boden liegt und die Anleihen für die Rendite sorgen.
- Zwischendurch kommen und gehen die Rohstoff-Jahre. Mal glänzt das Gold ganz besonders, dann wieder Öl und Soja-Jahre gibt es auch.

Jede Region, jede Branche, jede Assetklasse ist mal top und mal flop. Das ist ein bisschen so wie in der Grundschule beim Malen mit Wasserfarben: Am Anfang ist die Farbe im grünen Töpfchen grün, im blauen blau und im roten rot. Am Ende der Stunde ist alles ein trauriges Graubraunschlammgrün. Das nennt man *die Marktrendite*. Wenn man die Renditen aller Assetklassen nur lange genug zusammenrührt, kriegt man Graubraunschlammgrün.

Ein anleihenlastiges Depot mag 15 Jahre in Führung liegen, irgendwann rafft sich der Aktienmarkt auf und stürmt los. Dann schmilzt die Führung in den nächsten 10 Jahren dahin. Bevor aber die Aktien mit ihrer Rendite am Horizont verschwinden, schmeißt die Anleihe ihr Lasso und bringt die Aktien fürs Erste zu Fall.

So geht das – wie in *Game of Thrones* – Jahr um Jahr. Alles sehr unübersichtlich. Keine Anlageklasse behauptet ihre Führung auf Dauer. Bereits tot geglaubte Anlageklassen erleben ein Revival und entreißen den Publikumslieblingen den Renditepokal.

Aber alle huldigen nur einer Macht: der Regression zum Mittelwert. Die Regression zum Mittelwert stutzt den Arroganten die Flügel und hilft den Gefallenen auf. Denn die Lieblingsfarbe der Regression zum Mittelwert ist Graubraunschlammgrün.

Die Regression zum Mittelwert ist für die Finanzmärkte das, was für uns Menschen die Schwerkraft ist: die Kraft, der keiner entkommt.

Buy-&-hold ist wie Kuchenbacken: gewisse Grundzutaten müssen rein, der Rest ist ad libitum; und Geduld muss man haben.

Mangels Fähigkeit backe ich seit 30 Jahren den gleichen Geburtstagskuchen. Ich brauche dazu Butter, Zucker, Mehl, Eier und Backpulver. Ohne geht's nicht. Im Rezept steht: 250 Gramm Mehl plus 50 Gramm *Mondamin*. Wenn ich kein *Mondamin* habe, nehme ich 300 Gramm Mehl und bin auch fertig. Was das Backpulver angeht: 2 Teelöffel sollen es sein – okay, sind drin; aber jetzt ist noch ein halber Löffel im Tütchen übrig ... macht nix, kommt auch mit rein. Was die Zutaten angeht: Gemahlene Haselnüsse sind gewünscht. Wenn ich den Kuchen für einen Haselnussallergiker backe, nehme ich gemahlene Mandeln. Sukkade, Rosinen und Schokolade gehören ebenfalls in den Kuchen. Außer, es ist ein Kindergeburtstag, dann ohne Rosinen und Sukkade, denn die sind eklig. Lieber mehr Schokolade oder ordentlich Streusel drüberkippen.

Sie sehen, ich habe eine Menge Freiheiten. Was ich aber nicht tun darf, ist:

- dauernd nachsehen, ob der Kuchen denn nun endlich fertig ist,
- die Backzeit von 50 Minuten bei 170 Grad auf 25 Minuten bei 340 Grad abkürzen. Egal wie die Mischung ist: Die Backzeit ändert sich nicht.

Will sagen: Solange Sie marktbreite Indizes (Mehl und Butter) als Fundament haben, können Sie gerne Small Caps (Rosinen) oder Value-Aktien (Schokolade) hinzutun. Sie können Ihren Kuchen auch mit allem pimpen, was nicht bei drei auf den Bäumen ist. Unsere Mädchen haben das mal gemacht und fanden es sehr lecker, meine Frau und ich mussten unsere Mägen erst einmal mit einem Likörchen rebalancen.

Wenn auch Sie nach dem Rebalancen Ihres ETF-Depots erst mal einen Schnaps brauchen, sollten Sie über das Thema *operative Komplexität* nachdenken: Wenn es Ihren Wunsch-ETF nicht in der Haselnussvariante gibt, dann nehmen Sie die Mandelvariante, und wenn es gerade operativ gut passt wegen Sparplan, dann nehmen Sie eben statt Mehl und *Mondamin* etwas mehr vom Mehl-ETF.

Ihr ETF-Kuchen wird in jedem Fall gelingen!

Denn es kommt nur darauf an

1. hinreichend breit diversifiziert und
2. hinreichend lange investiert zu sein.

Hauptsache, Sie fangen damit nicht erst mit 50 an, denn 340 Grad – das hält kein Sparplan aus!

Es gibt für Passivanleger keinen Heiligen Gral, sondern es führen viele Wege nach Rom. Man hat als Anleger bei der Zusammenstellung seines Portfolios deutlich mehr Freiheitsgrade als vermutet. Da es keine optimale Depotzusammensetzung gibt, kann man sich – so lange man halbwegs vernünftig diversifiziert – sein Depot so zusammenstellen, dass man gut schläft. Dabei muss das Depot noch nicht einmal übermäßig viele Positionen enthalten. Auch mit einem einfachen Depot lassen sich gute Ergebnisse erzielen.

Eine Optimierung des Portfolios findet nicht statt. Wenn man sich einmal für eine bestimmte Zusammensetzung entschieden hat, bleibt man dabei. Also gerade **kein** ingenieurmäßiges Herumschrauben und Optimieren, sondern sture Konstanz ist gefragt.

Meb Faber hat in seiner Simulation die Depots über 40 Jahre hinweg nicht verändert. Eine Geldanlage ist gut genug,

1. wenn die Kosten gering sind.
2. wenn man die einzelnen Produkte versteht,
3. wenn das Portfolio breit aufgestellt ist und alle wesentlichen Komponenten enthält.

Das Portfolio muss so stabil sein, dass man es bis ans Ende seiner Tage behalten kann. Natürlich werden die einzelnen Bestandteile des Portfolios im Laufe der Jahre unterschiedlich gewichtet, aber die Grundkomponenten sollten immer vorhanden sein.

Ihr Depot muss wie eine Ratte sein: allen Spezialisten unterlegen, aber nicht totzukriegen.

Das Weltportfolio oder: Wie stelle ich die Anlageklassen in der Praxis zusammen?

Mein persönlicher Ansatz für den passiven Investor:

Schritt 1 – Finanzfeuerwehr aufbauen

Aufbau einer Liquiditätsreserve von 7.000 – 15.000 € auf dem Tagesgeldkonto.

Schritt 2 – Klären der Frage: *Wie mutig bin ich?*

Das anzulegende Geld wird in einen risikoarmen und einen risikobehafteten Teil aufgeteilt.

Der risikoarme Teil wird in Festgeld, Tagesgeld und Anleihen erstklassiger Schuldner (AAA-Rating) wie beispielsweise in Anleihen der Bundesrepublik Deutschland angelegt. Die bringen zwar kaum die Inflationsrate ein, werden aber praktisch garantiert zurückgezahlt. Vor 2008 war dieser Teil des Vermögens der risikolose Teil. Zu dieser Bezeichnung kann zumindest ich mich nicht mehr durchringen. Risikoarm: ja – risikolos: nein.

Der risikobehaftete Teil wandert an die Börse und erwirtschaftet dort die Rendite.

Stellt sich die Frage: Wie werden risikoarmer und risikobehafteter Teil gewichtet? Nun, das ist Ihr Individualproblem.

Klären Sie mit sich: Was halte ich aus? Kriege ich Schnappatmung, wenn sich mein Gesamtvermögen um 10 Prozent verringert oder kann ich auch einen Kursrückgang von 50 Prozent locker aussitzen?

Das ist keine Macho-Frage, bei der *mehr* automatisch *besser* ist, sondern eine Frage nach Ihrem Wohlbefinden. Wer sicherheitsbewusst ist oder es beispielsweise aus familiären Gründen sein muss, teilt sein Depot eben anders auf als jemand, der eine eher robuste Konstitution hat. Es geht hier nicht um *richtig* oder *falsch*, sondern: *Passt das für Sie?*

Beispielrechnung

Das Gesamtvermögen beträgt 100.000 €. Schwankungen bis zu 10 Prozent werden toleriert. Wie viel Euro landen im risikoarmen Teil, wie viel im risikobehafteten Teil? Die Annahme: Wenn es an den Börsen richtig übel wird, ist ein Kursrutsch von 50 Prozent drin.

In diesem Szenario wandern 80.000 € in den risikoarmen Teil und 20.000 € in den risikobehafteten Teil. Wenn sich bei einem Kursrutsch die 20.000 € halbieren, dann sinkt das Gesamtvermögen trotzdem nur um 10 Prozent auf 90.000 €.

Schritt 3 – Aufbau des Weltportfolios

Der risikobehaftete Anteil wird in ein sogenanntes *Weltportfolio* investiert. Das Weltportfolio ist ein breit gestreutes Aktienportfolio und enthält Firmen der verschiedensten Größen und Branchen aus allen wichtigen Ländern dieser Welt. Die breite Streuung macht das Weltportfolio relativ unempfindlich gegen starke Kursschwankungen, denn wie der Münchner sagt: *A bisserl was geht immer.* Wenn die Branche A in der Region B schwächelt, dann fangen das die Firmen der Branche C in der Region D auf und umgekehrt.

Am schnellsten und kostengünstigsten lässt sich ein Weltportfolio mit zwei Indexfonds abbilden. Der erste Indexfonds bildet den weltweiten Index *MSCI World* ab, der zweite Indexfonds setzt auf Aktien aus Schwellenländern und bildet den Index *MSCI Emerging Markets* ab. Eine sinnvolle Aufteilung wäre:

- 70 Prozent *MSCI World*, dieser Index umfasst 1.645 Firmen,
- 30 Prozent *MSCI Emerging Markets*, dieser Index umfasst 836 Firmen.

Damit sind Sie weltweit und sehr breit aufgestellt.

Ein Wort noch zum Begriff *Schwellenländer*: Damit sind nicht Länder wie Südsudan oder Burkina Faso gemeint, sondern Länder wie die BRIC-Staaten. Brasilien, Russland, Indien und China. Die aktuell größte Position des EM-Index ist *Samsung* aus Korea. Wir reden also auch bei den Firmen des Schwellenländer-Index nicht von irgendwelchen putzigen Klitschen, sondern von Namen wie *Samsung, Gazprom* oder *Hyundai*.

Mit diesen beiden Indizes erschlagen Sie die gesamte Anlageproblematik. Mehr brauchen Sie nicht.

Wer nach Bruttoinlandsprodukt (BIP) gewichten will, landet bei vier Indizes: *Nordamerika* (28 Prozent), *Europa* (25 Prozent), *Pazifische Region* (11 Prozent) und *Schwellenländer* (36 Prozent).

Dabei kommt einem dann aber wieder die Praxis in die Quere: Man braucht ja letztendlich einen Fonds, in den man investieren kann. Dieser Fonds sollte eine gewisse Größe haben und kostengünstig sein. Nehmen wir als Beispiel die 28 Prozent Nordamerika. Nordamerika = Kanada + USA + Mexiko. Jetzt find' mal einen real existierenden Fonds, der genau das abbildet. Die meisten Fondsmanager sagen – nicht zu unrecht – Nordamerika = USA und bieten einen Fonds an, der einen US-amerikanischen Index wie den *S&P* oder *Dow Jones* abbildet. Das Gefummel mit Kanada und Mexiko tun die sich einfach nicht an. Und schon ist unsere ganze schöne BIP-Gewichtung hinüber.

Dann fängt man an und sagt: *Okay, Nordamerika ohne Kanada und Mexiko setzen wir zu 24 Prozent, die restlichen Prozente verteilen wir auf die drei anderen Sektoren. Kommt der Nächste und sagt: Nordamerika zu 24 Prozent ist okay, aber ich würde die 4 Prozent bei Europa aufschlagen, schließlich leben wir hier und zahlen unsere Rechnungen in Euro. Da ist es doch nur richtig, Europa überzugewichten. Kommt der Dritte und sagt: Nun ja, aber Europa ist nicht gleich Euro. UK, Schweiz und das ölreiche Norwegen haben ihre eigenen Währungen. Da muss man schon differenzieren ...* Und dann differenziert man hin und her und landet letztendlich in der vollkommenen Beliebigkeit. Dabei vergisst man die wirklich wichtigen Punkte:

1. Gibt es überhaupt real existierende Indexfonds, mit denen man seine Strategie umsetzen kann?
2. Sind diese auch kostengünstig zu haben? Ein Welt-Index und ein Schwellenland-Index sind Brot-und-Butter-Indizes. Hier herrscht Konkurrenz unter den Anbietern, das hält die Verwaltungskosten, die man an die Fondsgesellschaft zahlt, angenehm niedrig – draufgeschlagen wird bei den Spezial-Fonds. Dazu kommt, dass diese Dickschiffe immer genug Interessenten finden und deshalb nicht von der Schließung bedroht sind. Ein Indexfonds, der nicht mindestens 50 Millionen Euro verwaltet, hat keine lange Lebenserwartung. Eine granulare und ausgefuchste Strategie mag auf dem Papier höhere Gewinne versprechen als eine Simpel-Strategie, hat aber einen entscheidenden Nachteil: Man braucht Nischenfonds, um sie umzusetzen und die sind teurer als Standardfonds. Der Deal ist: möglicherweise überlegene Gewinne in der Zukunft kassieren versus jetzt Gebühren sparen. Wobei *Gebührensparen* bedeutet: der Zinseszinseffekt kann früher und stärker wirken. In meinen Augen ein weiterer Vorteil der Einfachstrategie.

Dazu John Bogle, Gründer der Investmentgesellschaft *The Vanguard Group* und neben Warren Buffett, Peter Lynch und George Soros einer der vier Finanz-Giganten des 20. Jahrhunderts: *Simplicity is the master key to financial success. When there are multiple solutions to a problem, choose the simplest one.*

Welche Fonds kommen infrage?
Darüber sprechen wir im Kapitel *Wie werde ich ein guter Anleger.* Dort geht es um konkrete Produkte.

Schritt 4 – Finden eines sicheren Hafens

Den risikobehafteten Teil sinnvoll zu investieren war einfach. Doch wie platzieren wir den risikoarmen Teil unseres Geldes in einer Zeit, in der es keine risikolosen Zinsen mehr gibt, sondern nur noch zinsloses Risiko?
Grundsätzlich gilt für alle Investitionen in diesem Bereich: Sie werden sich schwertun, die Inflation zu schlagen, die Kaufkraft Ihres Geldes wird also sinken. Sehen Sie es als *Stabilitätsabgabe*: Sie bezahlen dafür, im Falle eines Falles den Spatz in der Hand zu haben, wenn die Taube auf dem Dach schon lange davongeflogen ist. Besser, 5 Jahre Inflation zu 2 Prozent haben aus 10.000 € 9.000 € gemacht, als dass ein Börsencrash 10.000 € in 5.000 € verwandelt.

Tagesgeld oder Anleihen für den risikoarmen Teil des Depots?

Richtig simpel ist nur Tages- oder Festgeld bei einer westeuropäischen Bank mit AAA-Rating. Alle anderen Zinsprodukte sind keine Selbstläufer, sondern bedürfen des prüfenden und abwägenden Anlegers. Sollte ich jemals Lust verspüren, aktiv am Börsengeschehen teilzunehmen, würde ich mir immer die Bond-Märkte als Spielwiese wählen.

Warum? Aktien kann jeder; Anleihen sind die intellektuelle Champions League. Ich stelle mir einen erfolgreichen Anleihen-Anleger so vor: Ein Teil Trüffelschwein, kombiniert mit einer ordentlichen Portion Sherlock Holmes, abgeschmeckt mit einem Pfund furztrockener, vollkommen humorbefreiter Buchhalter. *Neugierig, scharfsinnig, detailversessen* sind die passenden Adjektive.

Deshalb ist meine Empfehlung: Setzen Sie auf Tages- und Festgeld (Sparbriefe), wenn Sie nur passiv den RK1-Anteil, also den risikoarmen Teil Ihres Weltportfolios aufbauen wollen. Solange Sie unter 100.000 € am Start haben, greift noch die Einlagensicherung. Wenn das Vermögen dann mit der Zeit größer wird, ist immer noch Zeit, sich zum Anleihen-Fuchs weiterzubilden.

Zwei Nachteile will ich dem Tages-/Festgeld zugestehen:

- Tagesgeld gleicht offen im Haus herumliegenden Süßigkeiten: Man braucht einen Willen aus Stahl, um nicht doch ein bisschen zu naschen.
- Wenn man am Ende seiner Festgeldleiter angekommen ist, muss man neu anbauen. Das macht Arbeit – oder man gibt das Geld einfach für den nächsten Urlaub aus.

Ein ETF auf deutsche Staatsanleihen oder deutsche Pfandbriefe ist als Ewigkeits-Anleihe *aus den Augen, aus dem Sinn.* Man nimmt zwar die Kursschwankungen mit, bleibt aber investiert. Das ist vielleicht besser, wenn Sie zu den *Naschkatzen* gehören.

Tagesgeld

Bei einer Bank, die dem deutschen oder einem vergleichbaren Einlagensicherungsfonds unterliegt und die dauerhaft gute Zinsen bietet, kann man sein Geld parken.

Meine persönliche Haltung: Ich mache das Zinshopping nicht mehr mit. 3 – 6 Monate Traumzinsen und dann der Absturz, das ist mir der Aufwand nicht wert. Vor allem, wenn man bedenkt, dass der Unterschied oft nur 0,1 bis 0,2 Prozent beträgt. Das bedeutet, pro

10.000 € Einlage erhalte ich pro Jahr 10 – 20 € mehr. Davon gehen dann noch 25 Prozent Kapitalertragssteuer und der Soli ab. Dafür alle 6 Monate ein neues Konto eröffnen und ein altes schließen plus der Aufwand bei der Steuer und den Freistellungsaufträgen? Das lohnt nicht, finde ich. Die ganzen türkischen, bulgarischen und estnischen Banken habe ich – für mich – ebenfalls aussortiert. Zwar bieten diese Banken höhere Zinsen, aber sie unterliegen auch nicht dem strengen deutschen Einlagensicherungsfonds.

Da wir hier vom *sicheren Hafen* sprechen, ist es für mich konzeptionell unsinnig, solche Angebote anzunehmen. Wenn ich bereit bin, ein höheres Risiko zu tragen, dann gehört dieses Geld in den risikobehafteten Pool.

Festgeldleiter

Eine *Festgeldleiter*, auch *Sparbriefleiter* genannt, ist eine feine Sache. Wie beim Tagesgeld sucht man sich eine oder mehrere Banken, die dem deutschen Einlagensicherungsfonds angehören, und legt sein Geld dort in mehreren Tranchen an. Da man bei einer Sparbriefleiter sein Geld einer Bank über mehrere Jahre anvertraut, ist es besonders wichtig darauf zu achten, dass diese Bank zahlungsfähig bleibt. Angenommen, Sie möchten 25.000 € anlegen. Dann teilen Sie das Geld in 5 Tranchen zu je 5.000 € und legen die ersten 5.000 € für ein Jahr fest, für die nächsten 5.000 € kaufen Sie einen zweijährigen Sparbrief und der letzte Sparbrief hat eine Laufzeit von 5 Jahren. In einem Jahr, wenn der Einjährige fällig wird, verlängern Sie Ihre Leiter mit dem Kauf eines weiteren 5-Jahres-Sparbriefes um eine Sprosse.

So bekommen Sie noch halbwegs passable Zinsen und kommen trotzdem jedes Jahr an ein Fünftel Ihrer Ersparnisse.

Deutsche Staatsanleihen oder Pfandbriefe

Als dritte Variante bietet sich der Kauf von Staatsanleihen oder Pfandbriefen an. Sie sollten hier auf Schuldner mit Top-Rating achten, deshalb kommt hier eigentlich nur die Bundesrepublik Deutschland als Schuldner infrage. Da die Zinsen so niedrig sind, empfiehlt es sich nicht, langlaufende Anleihen zu kaufen. Papiere mit einer Restlaufzeit von 1 – 5 Jahren wären aktuell das Mittel der Wahl.

Ihre Optionen:

1. Direktkauf mehrerer Anleihen zwecks Aufbau einer *Anleihenleiter* (so wie unter *Festgeldleiter* besprochen). Vorteil: Kostenminimierung und genau die Papiere im Depot, die Sie ausgewählt haben. Nachteil: Sie müssen sich darum kümmern.
2. Kauf eines Indexfonds (ETF), der in Anleihen mit dieser Laufzeit investiert. Vorteil: Sie bekommen das fertige Paket und müssen nichts mehr tun. Nachteil: Sie zahlen laufende Verwaltungskosten.

Bei *JustETF* finden Sie einen Überblick, welche ETFs in deutsche Staatsanleihen und Pfandbriefe investieren.

Die *JustETF*-Datenbank enthält knapp 1.100 in Europa zugelassene ETFs. Wenn Sie auf der Suche nach einem passenden ETF sind, rufen Sie die Seite www.justetf.com/de/find-etf.html auf. Sie können auf dieser Seite

1. direkt einen einzelnen ETF suchen,
2. alle ETFs auf einen Index auflisten,
3. ETFs nach bestimmten Kriterien wie Region, Sektor, Währung oder Laufzeit filtern.

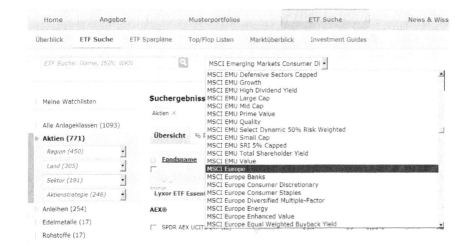

Checkliste: Richtig investieren

Ihr Grundsatz sei: *Mach's einfach!*
Verheddern Sie sich nicht bei der Anzahl der Positionen. Wenn Sie nicht genug Geld haben, um zwei Aktien-ETFs zu besparen, dann schmeißen Sie den Schwellenland-ETF raus und besparen Sie nur den Welt-ETF.
Wenn Ihnen eine Sparbriefleiter nur unwesentlich mehr Geld einbringt als Tagesgeld, dann lassen Sie das Geld auf dem Tagesgeldkonto und verzichten Sie auf die Sparbriefleiter.
Ich kann Ihnen aus eigener Erfahrung sagen: Die ganzen Optimierungen sehen auf dem Papier immer großartig aus, aber Steuern und Inflation lassen den Zusatzgewinn ordentlich zusammenschnurren. Wenn man dann noch die Arbeitszeit (*Schatz, ich muss noch den Freistellungsauftrag für unser XY-Konto fertigmachen, wo finde ich die Briefmarken?*) gegenrechnet, dann kommt oft genug ein Minusgeschäft heraus.

Jetzt aber die Checkliste

1. Solange sparen, bis die Liquiditätsreserve auf dem Tagesgeldkonto groß genug ist.
2. Risikotoleranz festlegen. Wie sollen sich risikoarmer und risikobehafteter Anteil zueinander verhalten?
3. Risikobehafteter Anteil
   a. 70 Prozent gehen in einen ETF, der den Index *MSCI World* abbildet,
   b. 30 Prozent gehen in einen ETF, der den Index *MSCI Emerging Markets* abbildet.
4. Risikoarmer Anteil; folgende Möglichkeiten stehen zur Verfügung:
   a. Tagesgeld,
   b. Festgeld/Sparbrief-Leiter,
   c. Anleihen von Schuldnern mit Top-Rating in mittlerer Laufzeit (1 – 5 Jahre Restlaufzeit).

Fehlt da nicht was?

Nö, da fehlt nix! *Riester, Rürup* und den *wüstenroten Fuchs* würde ich sehr kritisch hinterfragen. Sicher gibt es Fälle, in denen der Abschluss eines solchen Vertrags sinnvoll weil profitabel ist, aber das sind immer Einzelfallentscheidungen, die ich hier im Buch nicht abdecken kann. Da muss dann mit spitzem Bleistift unter Einbeziehung aller Kosten gerechnet werden.

Das Argument *Aber das macht man doch so! Mein Bruder/Schwester/ Arbeitskollege/Nachbar/Hund hat auch so einen Vertrag abgeschlossen* lasse ich nicht gelten. Diese Lemming-Nummer ist noch nie gut ausgegangen. Ich sage: *Verstehen und dann selber rechnen macht reich.*

Ein Wort zum Schluss

So stelle ich mir einen sinnvollen Investitionsansatz vor. Wichtig sind hier die Worte *ich* und *mir.* Das hier ist mein Beitrag zur Debatte und keineswegs das Patentrezept für finanzielle Glückseligkeit.

Die Umsetzungsstrategie: aktiv oder passiv?

Aktiv und passiv – was bedeutet das eigentlich im Bereich Geld anlegen? Es handelt sich um die beiden großen und grundlegenden philosophischen Schulen des Finanzmarktes. Nach knapp 20 Jahren Börsenerfahrung bin ich ein hundertprozentiger Verfechter der passiven Strategie. Sie werden hier kein gutes Wort zum Thema *den Markt schlagen* finden.

Bevor wir uns diese beiden Strategien näher ansehen, basteln wir uns einen kleinen Aktienmarkt, der nur aus den drei Firmen A, B und C besteht.

Firma	Aktien	Startkurs	Marktwert	Endkurs	Marktwert	Rendite
A	640	50 €	32.000 €	52,00 €	33.280 €	4 %
B	570	70 €	39.900 €	57,00 €	32.490 €	-19 %
C	1.405	20 €	28.100 €	27,92 €	39.230 €	40 %
Summe/ Durch- schnitt	2.615		100.000 €		105.000 €	5 %

Die Marktrendite

Am Jahresanfang hatte der gesamte Aktienmarkt einen Wert von 100.000 €, am Jahresende waren es 105.000 €, ein Plus von 5 Prozent. Diese 5 Prozent sind die Marktrendite. Der Wert des gesamten Aktienmarktes hat sich um 5 Prozent erhöht. Die Firma A hat dazu mit einem moderaten Wachstum von 4 Prozent beigetragen, bei Firma B gab es einen Qualitätsskandal, deshalb fiel die Aktie von 70 auf 57 €. Bei Firma C gab es Gerüchte um eine Übernahme, deshalb stieg der Kurs um 40 Prozent. Aber alle drei in einen großen Topf geworfen, ordentlich umgerührt und fertig ist die Marktrendite, die Ihnen dann als Index, beispielsweise als *DAX* serviert wird. Dieser Index ist der Benchmark, die Messlatte, an der alle Anleger gemessen werden. Warum? Nun, weil man diese Rendite durch rein passives Herumsitzen bekommt. Einfach am Jahresanfang Aktien von A, B und C in der entsprechenden Gewichtung kaufen und dann die Sache aussitzen.

Die Anleger

10 Anleger bilden unseren Aktienmarkt. Jedes Depot war am Jahresanfang 10.000 € wert. Am Jahresende ist das Volumen des gesamten Marktes von 100.000 auf 105.000 € gestiegen. Die Frage ist nun: Wie verteilen sich diese 5.000 € auf unsere 10 Anleger?

Teilnehmer	Start	Ende	Gewinn	Steigerung	Alpha
A	10.000 €	12.500 €	2.500 €	25 %	20 %
B	10.000 €	11.500 €	1.500 €	15 %	10 %
C	10.000 €	11.200 €	1.200 €	12 %	7 %
D	10.000 €	11.000 €	1.000 €	10 %	5 %
E	10.000 €	10.500 €	500 €	5 %	0 %
F	10.000 €	10.500 €	500 €	5 %	0 %
G	10.000 €	10.000 €	0 €	0 %	-5 %

Teilnehmer	Start	Ende	Gewinn	Steigerung	Alpha
H	10.000 €	9800 €	-200 €	-2 %	-7 %
I	10.000 €	9500 €	-500 €	-5 %	-10 %
J	10.000 €	8500 €	-1.500 €	-15 %	-20 %
Summe/ Durchschnitt	**100.000 €**	**105.000 €**	**5.000 €**	**5 %**	-

1. A, B, C und D haben besser abgeschnitten als der Markt.
2. E und F haben die Marktrendite geliefert.
3. G, H, I und J haben schlechter abgeschnitten als der Markt.

Was ist dieses ominöse *Alpha*, mit dem immer öfter geworben wird? Der Alphafaktor (α), auch *Jensen-Alpha* genannt, ist ein Maß für die Überrendite (positives Alpha) oder eine Minderrendite (negatives Alpha) einer Anlage gegenüber einem Vergleichswert (dem Benchmark). Der Alphafaktor entspricht damit dem Teil der Aktienrendite, der von der Marktrendite unabhängig ist.

Im obigen Beispiel beträgt die allgemeine Marktrendite 5 Prozent. Das ist unser Benchmark. Die 25-Prozent-Rendite von A setzt sich wie folgt zusammen:

1. 5 Prozent Marktrendite, die jeder passiv in Index-Fonds anlegende Anleger erhält,
2. 20 Prozent Alpha, die auf Glück oder Können zurückzuführen sind.

Wir werden im Folgenden sehen, dass Ihr Alpha und das Alpha, das ein normaler Publikums-Fonds erzielt, weniger *alpha*, sondern eher *omega* ist.

Die Anleger A bis D haben ihre Überrenditen auf Kosten der Anleger G bis J erzielt. Das verlangt die Mathematik so. Die Marktrendite ist ein Nullsummenspiel. Für jeden, der besser abschneidet, muss es einen geben, der schlechter abschneidet.

Zeit, mit einem Mythos aufzuräumen. Oft hört man: Dieses Verhalten ist typisch für effiziente Märkte. – Das ist Unfug. Die Mathematik gilt immer, egal ob die Märkte effizient sind oder nicht. Anleger A hat einen Gewinn von 2.500 €. In einem effizienten Markt bedeutet das: A hatte Glück (A wird natürlich sagen, das der Gewinn auf seine überdurchschnittlichen Fähigkeiten zurückzuführen ist). In einem ineffizienten Markt bedeutet das: A kennt die richtigen Leute. Aber egal, ob korrupt oder nicht: Die Überrendite von A muss durch die Underperformance der anderen Anleger ausgeglichen werden. E und F sind Index-Fonds. Sie bringen die Marktrendite und sonst nichts. Ein Index-Fonds kann nie schlechter als der Markt abschneiden, aber auch nie besser.

Was will *Passiv*?

Der passive Anleger sagt wie Sokrates: *Ich weiß, dass ich nichts weiß.* Deshalb versucht er nicht den Markt zu schlagen, sondern will *nur* die Marktrendite (in der Realität: abzüglich Steuern und Kosten) haben. Passive Anleger verfechten die Effizienzmarkthypothese, die besagt, dass kein Anleger einen Informationsvorsprung hat, den er dazu nutzen kann, auf Dauer überdurchschnittliche Gewinne zu erzielen. Langfristig ist der Markt effizient, oder wie es Benjamin Graham, der Begründer des *Value Investings* ausdrückt: *In the short run, the market is a voting machine, but in the long run it is a weighing machine.* – Es gibt immer wieder Zeiten, in denen der Markt von Hysterie getrieben ist, aber langfristig gewinnen die Fundamentaldaten und dann platzt die Blase.
Irgendwann um die Jahrtausendwende hat auch der glaubensstärkste Dotcom-Investor einsehen müssen, das eine Firma mit einem Businessplan und der Ankündigung, man werde ganz Amerika über das Internet mit Hundefutter beliefern, keine Milliarden wert ist. Ab da waren Langweiler wie *Nestlé, Kraft* und *Unilever* wieder interessant.

Es gibt auch immer wieder Fondsmanager, deren Anlagestil exakt zum herrschenden Börsenklima passt und die deshalb große Erfolge feiern. Praktisch alle sind aber nach ein paar Jahren weg vom Fenster.

Ein passiver Anleger sagt: *Natürlich möchte ich am liebsten nur in Firma C investieren und 40 Prozent verdienen statt nur 5 Prozent. Aber ich bin kein Hellseher. Ich weiß nicht, was die Zukunft bringt und außerdem habe ich auch noch Besseres zu tun, als die Aktienkurse zu belauern. Ich bin aber zuversichtlich, dass noch nicht alle Erfindungen gemacht sind und die technische Entwicklung der Welt weitergehen wird. Deshalb gehe ich davon aus, dass die Börsen langfristig steigen werden.* Das ist eine Grundvoraussetzung. Wenn Sie nicht davon ausgehen, dass es mit der Menschheit grundsätzlich – trotz aller Krisen und Kriege – vorangeht, sollten Sie nicht an die Börse gehen.

Die Grundidee des passiven Anlegers beruht auf langfristigem Optimismus. Deshalb betreiben die meisten passiven Anleger auch buy & hold. Ihr Anlagehorizont ist, wenn schon nicht für immer, so doch jahrzehntelang.

Das Problem mit *Passiv*

Der Passiv-Anleger ist die Krone der Schöpfung. Man wird allerdings nicht als Passiv-Anleger geboren, sondern muss sich die Gelassenheit mühsam und mit Umwegen erarbeiten.

Achtung: Ein passiver Anleger und ein resignierter Anleger sehen sich sehr ähnlich.

- Resigniert: *Ich check nix und lass mich treiben.*
- Passiv: *Ich bin so souverän, dass ich es aushalte, bewusst nichts zu tun.*

Sie können nicht einfach anfangen, passiv anzulegen. Sie müssen erst die aktive Trial-and-Error-Phase durchmachen. Das ist wie mit den Kerlen, die immer brav waren: studieren, Karriere machen, Frau,

Kinder, Haus. Und mit 50 ticken sie dann komplett aus, lassen sich scheiden und organisieren sich eine Harley und eine Blondine. Warum? Weil sie das Gefühl haben, etwas verpasst zu haben. Genau so ist es mit dem Passiv-Anlegen. Sie müssen erst mit Ihren eigenen genialen Ideen auf die Nase gefallen sein, bevor Sie die Qualitäten des passiven Anlegens würdigen können.

Sie sind bereit für das passive Investieren, wenn

- Sie sagen: *Ich muss das nicht mehr haben, diesen Stolz auf die selbst ausgewählte Aktie,*
- Ihr Lebenspartner mault: *Musst du schon wieder den ganzen Sonntag mit diesem Börsenscheiß verdaddeln?* und Sie finden, dass er oder sie recht hat.

Sie sind soweit, wenn Sie sagen können: *Dieses Aktien-Durchstöbern nach dem besten Deal ist sehr zeitaufwendig und nachdem die anfängliche Euphorie verflogen ist, habe ich da auch nur noch selten Lust darauf.*

Eine gewisse Abgeklärtheit ist zwingende Voraussetzung für einen erfolgreichen passiven Investor. Solange das Gefühl *Und ich hätt's doch besser hinbekommen!* an Ihnen nagt, werden Sie lieber aktiv und geben Sie diesem Gefühl nach – aber nur mit Summen, die Sie nicht ruinieren.

Was will *Aktiv*?

Der aktive Anleger sagt: *Ich kann herausfinden, dass C dieses Jahr der Überflieger wird und wenn ich die ersten Anzeichen des Qualitätsskandals bei B am Kursverlauf erkenne, dann verkaufe ich sofort.* Der aktive Anleger geht davon aus, dass er systematisch, vorhersagbar und langfristig den Markt schlagen kann, also dauerhafte Überrenditen (ein positives Alpha) erwirtschaftet.

Dazu nutzt er Techniken wie

- **Markttiming:** Er handelt und versucht die besten Ein- und Ausstiegszeitpunkte zu finden.

- **Stockpicking:** Er kauft nicht den gesamten Markt, sondern wählt einzelne Aktien oder Aktiengruppen aus, die er für besonders erfolgsversprechend hält.

Diese Strategie hat mehrere Probleme:
1. Sie ist zeitaufwendig.
2. Sie ist teuer.
3. Sie ist nicht verlässlich.
4. Sie ist nervenaufreibend.

Markttiming

Es gilt eine größere Summe an der Börse zu investieren, sei es eine Erbschaft, eine Abfindung oder einen Jahresbonus. Es ist dabei egal, ob es sich um Aktien, Anleihen oder Fonds handelt. Etwas anderes sollte ein Privatanleger sowieso nicht kaufen.

Nun stellt sich die Frage: Soll der gesamte Betrag auf einmal investiert werden oder lieber in mehreren Tranchen?

1. Bei steigenden Kursen ist es optimal, alles sofort zu investieren, denn dann nimmt man maximal am Aufschwung teil.
2. Bei fallenden Kursen ist es optimal, gar nicht zu investieren, sondern zu warten, bis die Kurse wieder steigen und dann alles zu investieren.
3. Bei stagnierenden Kursen (Sägezahnverlauf) ist es sinnvoll, das Geld nach und nach zu investieren, um so einen attraktiven Durchschnittskaufpreis zu erzielen.

Das Problem: Niemand kann voraussagen, welches der drei Szenarien eintreten wird, also was tun? Am besten erst einmal einen Schritt zurücktreten und einige Strategieüberlegungen anstellen.

Es gibt zwei Strategien, die sich sehr ähnlich sehen, aber vollkommen unterschiedlich arbeiten.

Markt-Timing kontra zeitliches Diversifizieren

Was ist Markt-Timing?

Ein Anleger, der Markt-Timing betreibt, glaubt, den Kursverlauf vorhersehen zu können. Er kauft zu Tiefstkursen und verkauft zu Höchstkursen. So hofft er, den Markt zu schlagen.

Was ist zeitliches Diversifizieren?

Diversifikation kennt man vor allem als

*   **regionale Diversifikation:** Ich investiere weltweit und habe Wertpapiere aus allen entwickelten Volkswirtschaften (Europa, Nordamerika, Japan) und den Schwellenländern (Südamerika, Asien, Naher Osten) in meinem Portfolio.
*   **Diversifikation über verschiedene Anlageklassen:** Ich besitze Aktien, Anleihen, Immobilien und eventuell Rohstoffe.

Bei der zeitlichen Diversifikation geht es darum, das Kursrisiko zu vermindern, indem man nicht den gesamten zur Verfügung stehenden Betrag auf einmal investiert, sondern in mehrere Tranchen aufteilt und dann nach einem **vorher festgelegten Zeitraster** investiert. Ziel ist es, die Kursspitzen zu nivellieren und einen attraktiven mittleren Kurs zu erhalten.

Ein Beispiel: 100.000 € sind anzulegen.
Erste Frage: Wie groß soll jede Tranche sein?
Da gibt es keine feste Regel. 50.000 € wären sicherlich die Obergrenze, denn sonst ist keine sinnvolle zeitliche Diversifikation möglich. Zu klein sollte die Tranche auch nicht sein, denn bei kleinen Beträgen steigen die Transaktionsgebühren überproportional an und es dauert ewig, bis Sie das Geld investiert haben.

Zweite Frage: In welchen Abständen wollen Sie investieren?
Auch hier gilt: Die Intervalle dürfen nicht zu kurz sein. Ein wöchentliches Investment bringt nicht unbedingt den gewünschten

Diversifikationseffekt, ein Jahresabstand ist kein Investitionsintervall, sondern Rebalancing. Zeiträume zwischen 3 und 6 Monaten haben sich in der Praxis bewährt.

Worin unterscheiden sich Markt-Timing und zeitliches Diversifizieren?

Der Markttimer ist ein aktiver Anleger, der die Extremkurse sucht. Er liegt auf der Lauer, beobachtet die Kurse, und dann heißt es: *Rein in die Kartoffeln, raus aus den Kartoffeln.* Der Markttimer tradet und hofft, so eine Überrendite zu erzielen. – Eine sehr aufwendige Strategie, die auch eine Menge Kosten verursacht und deren Misserfolg zahlreiche Studien dokumentieren. Markt-Timing funktioniert nicht.

Der zeitliche Diversifizierer ist ein passiver Anleger, der die Extremkurse nivellieren möchte. Er ist sich als Erstes über seine Anlagepolitik klar geworden (wie viele Tranchen will ich in welchen Intervallen investieren) und zieht seine Strategie dann durch, egal wo der Kurs steht. Er kauft und behält.

Die folgende Grafik zeigt, wie unterschiedlich die beiden Strategien sind (Markttimer kursiv, Diversifizierer oben).

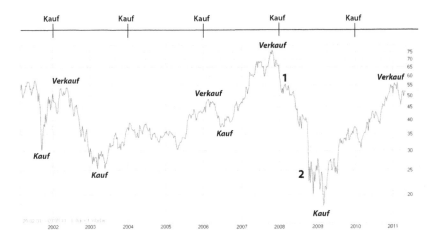

Markt-Timing vs. zeitliches Diversifizieren
Quelle: Finanzwesir

Das Problem bei der Sache: Während der Diversifizierer tatsächlich kauft, sind die Kaufs- und Verkaufspunkte des Markttimers bloßes Wunschdenken. Der Markttimer **möchte** zu diesen Kursen handeln, ob er sie auch erwischt, ist eine ganz andere Sache.

Die Praxis hat gezeigt, dass der Markttimer trotz des vielen Aufwands noch nicht einmal die Performance des Diversifizierers schafft, weil ihn die Tradinggebühren auffressen. Nehmen wir den rabiaten Absturz kurz nach dem zweiten Verkauf (die 1 in der Grafik). Der Markttimer muss nur einen Tag zu spät verkaufen, und schon ist ein Großteil des Erfolges dahin. Oder nehmen wir den Punkt 2: Was, wenn der Markttimer das für den Beginn eines erneuten Höhenflugs hält und dann mit ansehen muss, wie die Aktie neue, nie zuvor gesehene Tiefstände erreicht?

Nicht vergessen: Diese Kurve zeigt die Vergangenheit. Da ist es immer einfach zu sagen *Da hätte man kaufen sollen, da hätte man verkaufen sollen.* Aber Herr Hätte hat noch keinen reich gemacht.

Welche Nachteile hat zeitliches Diversifizieren?

Getreu dem Grundsatz *Wer weniger Risiko will, muss dafür bezahlen* schmälert diese Strategie die Rendite. Ein vermindertes Kursrisiko heißt nicht nur *Ich kann bei fallenden Kursen nachkaufen*, sondern bedeutet auch *Ich bin nicht voll dabei, wenn die Kurse steigen, und ich erhalte weniger Dividenden beziehungsweise Zinsen.* Das Geld arbeitet nicht, sondern liegt auf dem Konto herum. Zusätzliche Transaktionsgebühren vermindern die Rendite ebenfalls.

Soweit die rationalen Gründe. Es gibt noch einen Psycho-Grund, an dem diese Strategie scheitert: Nicht alle Menschen haben die Disziplin, Geld über eineinhalb Jahre nicht anzurühren, sondern auch wirklich zu investieren (statt erst Urlaub zu machen und sich dann von dem Rest einen neuen Fernseher zu kaufen).

Was tun?

Die Frage sollte eher lauten: Was **nicht** tun? Auf keinen Fall Markt-Timing betreiben. Das ist aufwendig und bringt nicht den gewünschten Erfolg – selbst wenn Sie auf dem Monitor Ihres Büro-PCs einen Börsenticker installieren dürfen. Glauben Sie wirklich, Sie könnten schneller sein als die Profis (die Typen, die vor 15 Monitoren sitzen)? Sie können sicher sein: Die optimale Kaufgelegenheit taucht genau dann auf, wenn Sie in diesem stinklangweiligen Meeting mit all diesen Dummschwätzern sitzen.

Eine konsequent durchgeführte zeitliche Diversifizierung ist in meinen Augen das Mittel der Wahl. Sie können dabei sehr aggressiv vorgehen und 2 Tranchen in 3 Monaten platzieren oder die Sache etwas relaxter angehen und 5 – 6 Investments innerhalb von 12 – 18 Monaten durchführen. Alles ist erlaubt, solange Sie sich dabei wohlfühlen. **Wichtig nur: Überlegen Sie sich, was zu Ihnen passt und halten Sie sich dann an Ihren Plan.**

Wenn der Kauftag kommt, dann wird gekauft und nicht gezickt. Kein *Warten wir mal, was die Krim macht,* kein *Die US-Notenbank hat aber gesagt,* sondern Browser anwerfen, beim Broker einloggen, Wertpapier auswählen, Transaktion mit TAN bestätigen und fertig. In 30 Minuten ist alles vorbei.

Buy & hold

Die langjährige Marktrendite kriegt nur, wer immer mitspielt. Deshalb hat ein Passivanleger einen langen Zeithorizont, handelt nur sehr wenig und achtet strikt auf die Kosten, die ein Finanzprodukt verursacht.

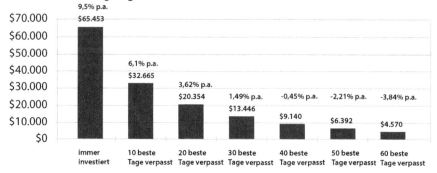

Rendite einer Anlage in den Standard & Poor' s 500 Index
$ 10.000 angelegt zwischen dem 3.1.1995 und dem 31.12.2014

Immer investiert sein bringt die Rendite
Quelle: J. P. Morgan[11]

Auch die *Sutor Bank* hat dazu im Februar 2016 eine Studie für den deutschen Markt herausgegeben.[12] Die Auswertung zeigt:

1. Die 15 besten Börsentage tragen seit Einführung des *DAX* 1987 fast die Hälfte zur Gesamtrendite des *DAX* bei. Die meisten der besten Börsentage lagen in stürmischen Zeiten.

2. Von Ende Dezember 1987 bis zum Stichtag, dem 24.02.2016, erzielte der *DAX* eine jährliche Wertentwicklung von 8,33 Prozent.

3. Ohne die 15 besten Tage hätte der *DAX* nur eine Wertentwicklung von 4,09 Prozent jährlich erzielt.

Mit anderen Worten: Diese 15 Tage waren die sprichwörtliche halbe Renditemiete. Wenn Sie als Anleger diese 15 Tage oder auch nur einige Tage davon verpassen, dann verzichten Sie auf einen erheblichen Renditeanteil. Wenn Sie beispielsweise die 6 besten Tage des *DAX* verpassen, verlieren sie ziemlich genau 2 Prozentpunkte pro Jahr. Statt um 8,33 Prozent vermehrt sich ihr Vermögen nur um 6,3 Prozent pro Jahr.

[11] https://am.jpmorgan.com/us/en/asset-management/gim/adv/insights/principles-for-investing, Abschnitt „6. Staying invested matters"

[12] https://www.sutorbank.de/home/aktuelles/sutor-presse/presse-einzelansicht/news/detail/News/sutor-bank-analyse-keine-panik-bei-kursrueckgaengen-wer-hektisch-aussteigt-halbiert-rendite/?cHash=ad44f9f386a81bce0bda97368a76012c

Klingt nicht viel, bedeutet aber, dass aus 2.000 DM (umgerechnet zu 1.000 €), die Sie im Jahr 1987 angelegt haben, bis Ende 2015 9.396 € wurden. Aber nur, wenn Sie stur durchgehalten haben. Wenn Sie 6 der besten Tage verpasst haben, kostet Sie das 3.864 €. Ihr Depot ist statt 9.396 € nur 5.533 € wert.

Gebühren & Kosten – was 1,8 Prozent ausmachen

In diesem Beispiel möchte ich untersuchen, wie sich unterschiedlich hohe Gebühren auf die Performance auswirken. Dazu vergleiche ich zwei Aktienfonds. Beide sollen weltweit in große Standardwerte investieren. Beide Fonds sollen jedes Jahr 3 Prozent an Rendite bringen. Der einzige Unterschied zwischen den beiden:
- Fonds 1 verlangt 0,2 Prozent Gebühren
- Fonds 2 verlangt 2 Prozent Gebühren

Was wird aus 10.000 €?

Wir stecken heute einmalig 10.000 € in beide Fonds und starten dann die Excel-Simulation. Wie werden sich unsere 10.000 € über die nächsten 30 Jahre entwickeln? Die Tabelle zeigt es.

Zum Thema 30 Jahre: So lange ist das nicht. Wer mit 30 Jahren 10.000 € anlegt, verfügt mit 60 über das Geld. Wer erst mit 40 beginnt, ist 70, wenn die Auszahlung fällig wird. Das ist zwar schon alt, aber noch kein Zeitpunkt zum Sterben. Ich finde, dass 30 Jahre ein sehr realistischer Anlagezeitraum sind.

Zeitraum in Jahren	0,2 % Kosten	2 % Kosten	Wertdifferenz	Wertdifferenz in %
1	10.279,40 €	10.094,00 €	185,40 €	1,8 %
5	11.477,28 €	10.478,92 €	998,36 €	9,5 %
10	13.172,79 €	10.980,78 €	2.192,01 €	20,0 %
15	15.118,77 €	11.506,67 €	3.612,10 €	31,4 %
20	17.352,23 €	12.057,74 €	5.294,49 €	43,9 %
25	19.915,63 €	12.635,21 €	7.280,42 €	57,6 %
30	22.857,72 €	13.240,34 €	9.617,38 €	72,6 %

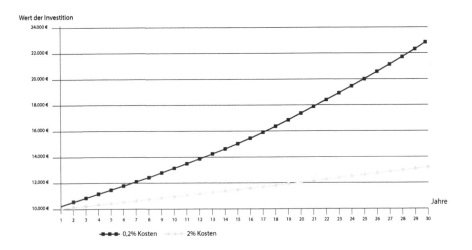

Was 1,8 Prozent ausmachen
Quelle: Finanzwesir

Nach 30 Jahren hat sich eine Kostendifferenz von 1,8 Prozent in einen satten Vorsprung von 72,6 Prozent verwandelt. Absolut gesehen hat Fonds 1 knapp 10.000 € mehr gebracht. Allein durch die Kraft des Zinseszinses hat sich das Geld in Fonds 1 mehr als verdoppelt, während Fonds 2 gerade mal 3.000 € einbringt. In meinen Augen ein ziemlich mickriger Ertrag für eine Wartezeit von 30 Jahren.

Wie wirkt sich der Ausgabeaufschlag aus?

Die Hardcore-Variante:

- Fonds 1 verlangt 0,2 Prozent Gebühren
- Fonds 2 verlangt 2 Prozent Gebühren und nimmt 5 Prozent Ausgabeaufschlag.

Ausgabeaufschlag? Das ist so eine Art Türstehergebühr. Der Fonds verlangt 5 Prozent der Anlagesumme einfach dafür, dass Sie mitmachen dürfen. *Du willst uns 10.000 € geben? Na gut. Aber nur, wenn du uns das mit 500 € versüßt.* Für Sie bedeutet das: Sie gehen im Jahr 1 mit nur 9.500 € ins Rennen, statt mit den vorgesehenen 10.000 €.

- Fonds 1 bringt 3 Prozent von 10.000 € und zwackt davon 0,2 Prozent ab.
- Fonds 2 bringt 3 Prozent von 9.500 € und zwackt davon 2 Prozent ab.

Letztendlich bedeutet das für Sie: Sie müssen 6 (in Worten sechs) Jahre warten, bis Sie endlich wieder die Nulllinie überqueren. Sie erinnern sich: Sie hatten 10.000 € abgeliefert – erst im Jahre 6 nach der Einzahlung überspringt Ihr Fondsanteil wieder die 10.000-Euro-Grenze. Nach 30 Jahren haben Sie ein Plus von knapp 2.600 € erwirtschaftet, während Fonds 1 mit einem Gewinn von knapp 13.000 € vom Platz geht.

Zeitraum in Jahren	0,2 % Kosten	2 % Kosten + 5 % AA	Delta	Delta in %
1	10.279,40 €	9.589,30 €	690,10 €	7,2 %
5	11.477,28 €	9.954,97 €	1522,30 €	15,3 %
10	13.172,79 €	10.431,74 €	2.741,05 €	26,3 %
15	15.118,77 €	10.931,33 €	4.187,44 €	38,3 %
20	17.352,23 €	11.454,86 €	5.897,38 €	51,5 %
25	19.915,63 €	12.003,45 €	7.912,18 €	65,9 %
30	22.857,72 €	12.578,32 €	10.279,40 €	81,7 %

Die folgende Grafik zeigt das ganze Elend.

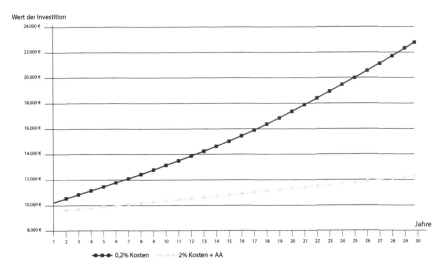

Der Ausgabeaufschlag ruiniert alles
Quelle: Finanzwesir

Der Ausgabeaufschlag ruiniert alles. Der anfängliche Verlust der 500 € durch den Ausgabeaufschlag ist nie mehr aufzuholen. Die Kombi *hohe Gebühren plus Ausgabeaufschlag* bricht jeder Investition das Genick. Der Fonds hat ja nicht schlecht performt, aber die Gebühren haben ihm das Fleisch von den Knochen genagt.

Der Ausgabeaufschlag wirkt sich deshalb so verheerend aus, weil er ganz am Anfang abgezogen wird. Wenn Sie einen Euro heute zu 3 Prozent anlegen, dann bekommen Sie nach einem Jahr den Euro zurück und dazu 3 Cent Zinsen. Wenn Sie den Euro nicht anlegen, sondern sich ein Eis dafür kaufen, dann verzichten Sie aufs Jahr gesehen auf 3 Cent Zinsen. Dieser Verlust ist zu verschmerzen.

Wenn Sie heute einen Euro zu 3 Prozent anlegen und 30 Jahre warten, dann bekommen Sie nach 30 Jahren den Euro zurück und 1,36 € an Zinsen. Das Faszinierende dabei: Sie bekommen nach 30 Jahren nicht bloß das 30-Fache des Einjahreszinses, sondern mehr als das 45-Fache des Einjahreszinses (1,36 € /0,03 €). Wenn man die Endstände der beiden Varianten mit/ohne Ausgabeaufschlag vergleicht, stellt man fest, dass der Abstand der beiden Fonds nicht geringer wird, sondern größer.

Zeitpunkt	Fonds 2 % ohne AA	Fonds 2 % mit AA
Start	10.000,00 €	9.500,00 €
Ende	13.240,34 €	12.578,32 €

Kostolanys 4 Gs, die ein erfolgreicher Anleger braucht

Kostolany, der verstorbene Altmeister unter Deutschlands Börsianern, hat einmal gesagt:
Wer in finanziellen Dingen reüssieren will, braucht die 4 Gs:
1. Geld
2. Gedanken
3. Geduld
4. Glück

Geld

Ob jemand Geld hat oder nicht, hängt nicht von der Höhe seines Vermögens ab. Wer schuldenfrei ist, 10.000 € auf dem Tagesgeldkonto hat und für 5.000 € Aktien und Anleihen gekauft hat, hat Geld. Wer 10 Millionen Euro besitzt und seine Kreditlinie voll ausgeschöpft hat, um sich mit 12 Millionen an der Börse zu engagieren, hat kein Geld. Geld zu haben bedeutet: schuldenfrei und liquide zu sein. Wer Geld hat, kann alle Börsenstürme einfach aussitzen.

Daraus ergibt sich: *Wertpapiere auf Kredit kaufen ist verboten.* Aktive Anleger kommen übrigens viel häufiger in Versuchung, auf Kredit zu spekulieren als Passiv-Anleger.

Gedanken

Wer sich Gedanken macht, hat eine Strategie. Ob diese Strategie richtig oder falsch ist, ist erst einmal nebensächlich. Wichtig ist nur, dass Sie überlegt handeln und Vorstellungskraft besitzen. Wo will ich in 5, 10, 15 Jahren sein? Welche Weichen muss ich heute stellen, um meine zukünftigen Ziele zu erreichen?
Wer sich Gedanken gemacht hat und überzeugt von seinen Überlegungen ist, muss daran festhalten. Weder Freunde noch die Medien dürfen einen vom Weg abbringen.
Daraus ergibt sich: *Ein bisschen Arroganz schadet nicht.* Ihre Strategie ist überlegen und dabei bleibt es.
Der passive Anleger hat es einfach: Er will die Marktrendite und die bekommt er auch. Die meiste Zeit des Jahres kann er Augen und Ohren verschließen und muss sich weder dem werblichen Trommelfeuer der Finanzindustrie noch den Spekulationen der Medien aussetzen.
Ganz anders der aktive Anleger: Er braucht einen guten Gedanken, einen originellen Gedanken, einen Gedanken, den so vor ihm noch niemand gehabt hat. Nur dann kann er den Markt schlagen.
Ich frage Sie: Wo wollen Sie diesen brillanten, noch nie gedachten Gedanken hernehmen als jemand, der einen Brotberuf hat und womöglich noch Familie? Auch für brillante Börsengedanken gilt Edisons Wort von 1 Prozent Inspiration zu 99 Prozent Transpiration. Selbst wenn Sie – höchst unwahrscheinlich – einen genialen Gedanken haben: Wie wollen Sie ihn umsetzen? In den meisten Fällen werden Ihnen als Privatanleger schlicht die Mittel dazu fehlen.

Geduld

Ein altes Börsensprichwort sagt: *Geld macht man an der Börse nicht mit dem Kopf, sondern mit dem Sitzfleisch.* Oder wie es die Börsenlegende Kostolany ausdrückte: *An der Börse ist zweimal zwei gleich fünf minus eins.*

Wenn die Strategie korrekt ist, wird sie aufgehen. Aber wann? Das ist eine Frage der Zeit. Kurzfristig kommt an der Börse immer etwas dazwischen. Die Tagesnachrichten überdecken die fundamentalen Fakten und lenken den Kurs ab.

Daraus ergibt sich: *Sie als Anleger müssen Geduld und Nerven haben.* Sie dürfen bei *fünf* nicht zusammenbrechen, sondern müssen durchhalten, bis *minus eins* eingetroffen ist.

Das ist maßgeschneidert für den Passiv-Anleger. Während der Aktive herumhüpft und tradet, wartet der Buy-&-hold-Anleger einfach ab und schaut zu, wie sich sein Vermögen vermehrt.

Glück

Jeder Anleger braucht auch eine Portion Glück. Kriege, Naturkatastrophen, politische Umstürze, aber auch neue Erfindungen oder Betrügereien können das Fundament Ihrer Strategie zerstören. Solche Entwicklungen sind nicht vorhersehbar und werfen auch die brillanteste Strategie über den Haufen. Wenn dieser Fall eintritt, müssen Sie als Anleger sofort handeln und den Schaden begrenzen. Kein Jammern im Konjunktiv, sondern nüchterne Analyse der Situation ist dann geboten. Wenn sich das Fundament der Strategie in Nichts auflöst, gilt es die Verluste zu begrenzen. Dann müssen Sie sich fix Gedanken machen.

Glück ist als psychologischer Faktor nicht zu unterschätzen. Wem immer wieder das nötige Quäntchen Glück fehlt, wird irgendwann den Glauben an sich verlieren und nicht mehr in Wertpapiere investieren. Eine solide aufgebaute Passiv-Strategie, die auf breit diversifizierte und kostengünstige Fonds setzt, ist viel weniger glücksabhängig als eine aktive Börsenstrategie, die auf Einzeltitel setzt. Ein Index-Fonds berücksichtigt die Aktien erfolgreicher Firmen automatisch stärker, während die Loser automatisch immer weiter absteigen.

Was passiert, wenn eines der 4 Gs fehlt?

Wer kein Geld hat, sondern Schulden, hat auch keine Geduld. Er muss bei der kleinsten Störung zwangsverkaufen, um seine Schulden zu begleichen.

Wer sich keine Gedanken macht, rennt hirnlos mit der Masse, kauft, wenn alle kaufen und verkauft, wenn alle verkaufen. Ein sicherer Weg, Geld zu verlieren.

Wer keine Geduld hat, kann *minus eins* nicht abwarten und verkauft verängstigt viel zu früh. Der Ungeduldige torpediert jede noch so gute Strategie.

Wer nie Glück hat bei seinen Investments, verliert den Glauben an sich und damit die Geduld und damit sein Geld.

Das harte Leben eines aktiven Anlegers

Unser Gehirn, der Endlevel-Gegner

Der klassische eiskalt und immer rational agierende *Homo oeconomicus* ist der Neandertaler der Ökonomie. Auch die Ökonomen haben festgestellt: Nur Mathe allein reicht nicht, wir brauchen auch Psychologie und Verhaltensforschung, um zu erklären, warum sich der Mensch so verhält, wie er sich verhält.

Begründet wurde die verhaltensorientierte Finanzmarkttheorie (engl.: *behavioral finance*) 1979 von Amos Tversky und Daniel Kahneman. Wer sich Bücher über verhaltensorientierte Finanzmarkttheorie durchliest, stellt fest, dass unser Gehirn ein fauler und verlogener Geselle ist. Überbordende Zuversicht kombiniert mit der Fähigkeit, sich alles schönreden zu können, führt immer wieder zuverlässig in die Katastrophe. Wer als aktiver Händler wirklich erfolgreich sein will, muss

- einen Fortgeschrittenenkurs in psychologischer Selbstanalyse erfolgreich absolvieren,
- schonungslos ehrlich zu sich selbst sein,
- über einen stählernen Willen und
- die Demut eines buddhistischen Mönches verfügen.

Das Commitment

Das *Commitment* (auf Deutsch: die Verpflichtung) ist der emotionale Klebstoff, der Sie an eine einmal gefällte Entscheidung bindet. Stimmen Commitment und Realität nicht miteinander überein, entsteht eine sogenannte *kognitive Dissonanz*. Diese Unstimmigkeit zwischen Wahrnehmung, Denken und Handeln mögen wir genauso so wenig wie Hunger oder Durst. Deshalb wollen wir sie beseitigen. Normalerweise zieht dabei die Realität den Kürzeren. Klassisches Beispiel ist der Fuchs, dem die Trauben zu sauer sind.

Ganz allgemein: Misserfolge werden auf Dritte abgewälzt, nur für den Erfolg übernehmen wir gern selbst die Verantwortung. – Und das alles der inneren Harmonie wegen.

Ein anderer interessanter Aspekt: Wir haben eine Fehlentscheidung getroffen. Der rationale *Homo oeconomicus* begradigt die Front und schreibt die Verluste ab, denn er hat weder Herz noch Seele und wird deshalb nie kognitiv dissonant. Wir dagegen werfen dem schlechten Geld noch gutes hinterher mit der Begründung: *Was man anfängt, muss man auch durchziehen.* Das ist aber Blödsinn. Wir machen das, um unser Gesicht zu wahren und um unsere erste Entscheidung nicht alt aussehen zu lassen. Alles für die Konsistenz. Erfolgreiche Börsianer sind nicht harmoniesüchtig, sondern hart gegen sich selbst. Sie erkennen, dass sie gerade in die Commit-ment-Falle getappt sind und sagen ehrlich: *Es war mein Fehler.*

Verlust oder Gewinn – alles ist relativ

Verluste werden viel stärker wahrgenommen als Gewinne. Das führt dazu, dass wir zu früh verkaufen und zu spät verkaufen. Das *Warum* erklärt die *Prospect Theory*, im Deutschen auch *Neue Erwartungstheorie* genannt, die 1979 von Daniel Kahneman und Amos Tversky als eine psychologisch realistischere Alternative zu der *Erwartungsnutzentheorie* vorgestellt wurde. Sie erlaubt die Beschreibung der Entscheidungsfindung in Situationen der Unsicherheit.

Was bedeutet das für Privatanleger?

Die unten stehende Grafik zeigt, warum Privatanleger Gewinne begrenzen und Verluste laufen lassen.

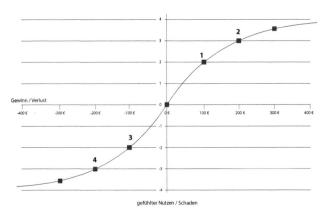

Prospect Theory: Das Prinzip des gefühlten Nutzens und Schadens
Quelle: Finanzwesir

Die waagerechte Linie zeigt die Gewinne beziehungsweise die Verluste an. Die senkrechte Achse zeigt den gefühlten Nutzen beziehungsweise den Schaden an.

Die Aktie steigt

Was passiert, wenn die Aktie um 100 € steigt? Dann steigt unsere Zufriedenheit um 2 Punkte (die 1 in der Grafik).

Wenn die Aktie um weitere 100 € steigt, dann sind wir nicht mehr so begeistert, die Kurve steigt nur noch um einen Punkt an (Punkt 2).

Was tut ein Anleger, der bei der 1 angekommen ist?

Der Anleger muss sich jetzt zwischen zwei Szenarien entscheiden.
1. Die Aktie steigt um 100 €.
2. Die Aktie fällt um 100 €.

Sein Gefühl sagt ihm:

1. Es ist schön, wenn die Aktie steigt.
2. Es ist viel schlimmer, wenn die Aktie fällt.

Der gefühlte Verlust ist viel höher als der gefühlte Gewinn, also wird der Privatanleger, wenn er beide Szenarien als gleich wahrscheinlich einstuft, verkaufen.

Die Aktie fällt

Was passiert, wenn die Aktie um 100 € fällt, der Investor also Verluste hinnehmen muss? Auch in diesem Fall sackt die Zufriedenheitskurve stark ab. Der Verlust der ersten 100 € tut richtig weh (Punkt 3 in der Grafik).

Wenn die Aktie dann noch einmal um 100 € fällt, macht uns das natürlich auch zu schaffen, aber der Mensch gewöhnt sich an alles. Der gefühlte Verlust der zweiten 100 € ist geringer als der gefühlte Verlust der ersten 100 €.

Was tut ein Anleger, der bei der 3 angekommen ist?

Der Anleger muss sich jetzt zwischen zwei Szenarien entscheiden.

1. Die Aktie fällt um 100 € auf Punkt 4.
2. Die Aktie steigt um 100 €.

Sein Gefühl sagt ihm:

1. Es ist schlimm, wenn die Aktie fällt.
2. Es ist viel schöner, wenn die Aktie steigt.

Der gefühlte Verlust ist viel geringer als der gefühlte Gewinn, also wird der Privatanleger, wenn er beide Szenarien als gleich wahrscheinlich einstuft, die Aktie halten. Denn: Die kommt schon wieder!

Wie halten Sie es mit dem Risiko? Sind Sie solide oder ein Zocker?

Kommt darauf an.

Der Solide

Sie sitzen an einem Tisch. Links liegt ein Briefumschlag mit 5.000 €. Rechts liegen 5 Briefumschläge untereinander. 4 sind leer, in einem sind 25.000 €. Sie dürfen einmal zugreifen.

Links oder rechts? Für einen rationalen *Homo oeconomicus* stellt sich diese Frage nicht – für ihn sind beide Fälle identisch, denn der Erwartungswert beträgt in beiden Fällen 5.000 €.

- 100 Prozent Chance auf 5.000 € → Erwartungswert 5.000 €
- 20 Prozent Chance auf 25.000 € → Erwartungswert 5.000 €

Ich vermute stark, dass Sie sich für die sicheren 5.000 € entscheiden.

Der Zocker

Das gleiche Szenario wie oben. Nur dass jetzt im linken Briefumschlag ein Schuldschein von 5.000 € liegt. Die müssen Sie zahlen. Im rechten Bereich liegen 4 Freifahrscheine und ein Schuldschein über 25.000 €. Ziehen Sie den, müssen Sie 25.000 € zahlen.

Was tun Sie? Die Mehrheit wird sich dafür entscheiden, rechts zuzugreifen. Das bedeutet: Unsere Risikotoleranz ändert sich, je nachdem, ob Gewinne winken oder Verluste drohen.

Als aktiver Börsianer müssen Sie wie ein Jedi-Ritter stets Ihre Gefühle prüfen, damit die dunkle Seite der Macht nicht Besitz von Ihnen ergreift. Meister Yoda sprach: *Vorsicht du walten lassen musst, wenn in die Zukunft du blickst. Die Furcht vor Verlust ein Pfad zur dunklen Seite ist.*

Kontrollwahn

Wir wollen keine Objekte, sondern Subjekte sein. Wir möchten unsere Umwelt verstehen und beeinflussen. Dieses Bedürfnis ist biologisch fest in uns verankert. Wichtig ist nicht, ob wir tatsächlich am Steuer sitzen – solange wir nur glauben, wir hätten alles im Griff, sind wir zufrieden. Kontrollverlust macht uns sehr unglücklich.

Das Problem: Börse ist Kontrollverlust pur. Der naive Anleger reagiert darauf mit Kontrolle durch Mustererkennung. Er versucht, Muster von gestern auf Vorgänge in der Zukunft zu übertragen. Diese Szenario-Analysen geben ihm ein trügerisches Gefühl der Sicherheit. Je detaillierter die Analyse, umso besser.

Vielen Anlegern reicht es, möglichst viele Informationen zusammenzutragen. Sie fühlen sich dann gut. Ob der zusammengehamsterte Info-Haufen ihre Chancen an der Börse erhöht, ist zweitrangig. – Lenin wäre ein lausiger Börsianer gewesen, denn mit *Vertrauen ist gut, Kontrolle ist besser* kommen Sie an der Börse nicht weit.

Schubladendenken

Daniel Kahnemann lässt grüßen. Ich spreche von *langsames Denken* versus *schnelles Denken*.

- **Langsames Denken:** das kontrollierte, bewusste System. Es ist unglaublich energieaufwendig, aber genau und vernünftig. Es wird deshalb nur zugeschaltet, wenn die Aufgabe es erfordert.
- **Schnelles Denken:** das Unterbewusste greift auf Erfahrungen, Normen und Emotionen zurück. Es läuft immer, tendiert aber zu Abkürzungen, Schubladendenken und Vorurteilen.

Beide Systeme sind untrennbar miteinander verbunden. Das eine kann nicht ohne das andere sein. Aus Energiespargründen geht Schnelligkeit vor Genauigkeit. Unser Gehirn jongliert mit Heuristiken und kommt dabei zu hinreichend guten Ergebnissen, die uns sicher durch den Alltag führen. An der Börse hingegen führt uns die Intuition oft auf die falsche Fährte.

Sie werfen zehnmal hintereinander eine Münze und haben zehnmal die Zahl gesehen. Was passiert beim elften Wurf? Noch eine Zahl oder endlich Kopf? Der kluge Börsianer schaltet sein langsames System ein und sagt: *Ist egal.* Der naive Börsianer hält eine tief gefallene Aktie weiter, denn *irgendwann muss es ja auch mal wieder nach oben gehen.* Und wieder hat die Repräsentativitätsheuristik zugeschlagen.

Ebenfalls eine beliebte Fehlerquelle ist die Bewertung verbundener Ereignisse. Was ist wahrscheinlicher?

- Eine Atomkatastrophe in einem deutschen Kernkraftwerk?
- Eine Sturmflut auf der Elbe löst eine Atomkatastrophe im *AKW Brunsbüttel* aus?

Oft genug werden beide Szenarien als gleich wahrscheinlich angesehen. Das kann aber nicht sein. Die Wahrscheinlichkeit, dass eine Sturmflut **zusammen** mit einer Atomkatastrophe eintritt, kann nie gleich oder größer sein als die Wahrscheinlichkeit eines Einzelereignisses (Sturmflut **oder** Atomkatastrophe). Das gibt die Mathematik nicht her.

Auf die Börse bezogen bedeutet das:
*Es ist weniger wahrscheinlich, dass der Dow Jones **gemeinsam** mit dem japanischen Nikkei-Index fällt, als dass entweder der Dow Jones **oder** der Nikkei fällt.*
Kombinierte Wahrscheinlichkeiten können erstaunlich niedrig ausfallen.
Beispiel:
- Ereignis A hat eine Wahrscheinlichkeit von 70 Prozent.
- Ereignis B hat eine Wahrscheinlichkeit von 90 Prozent.
- Ereignis C hat eine Wahrscheinlichkeit von 50 Prozent.
- Die Wahrscheinlichkeit A, B und C gemeinsam zu erleben, liegt bei 70 Prozent * 90 Prozent * 50 Prozent = 31,5 Prozent.

Trotzdem überschätzen wir kombinierte Wahrscheinlichkeiten systematisch. Der Grund: Die detailreiche Beschreibung spricht unser Szenario-Denken an und flugs haben wir die passende Schublade geöffnet.

 Nur weil etwas besonders plausibel klingt, ist es nicht besonders wahrscheinlich.

Das war jetzt eine kleine Auswahl. Der heuristische Affe in uns hat noch viel mehr Gemeinheiten auf Lager.

Das war jetzt ein kleiner Ausschnitt der Psycho-Pest, die den aktiven Anleger plagt. Es gibt noch weitaus mehr bösartige Bias (Home Bias und Kollegen), die dem Anleger das Leben schwer machen. Das ist der Grund, warum ich einen Fortgeschrittenenkurs in psychologischer Selbstanalyse empfohlen habe und warum erfolgreiche Anleger immer nach knallharten Regeln spielen, die sie selbst aufgestellt haben.
Aber eine Strategie haben wir jetzt ja noch immer nicht. Wenden wir uns deshalb der operativen Cholera zu.

Eine aktive Anlagestrategie entwickeln

Egal ob Momentum-, Value- oder Dividenden-Strategie: Sie müssen sich einlesen und verstehen, wie diese Strategie funktioniert. Nehmen wir die *Value-Strategie*. Hier möchten Sie Aktien von Top-Firmen zu einem günstigen Preis erwerben. Eine berechtigte und in ihrer Schlichtheit unverfängliche Forderung. Niemand wird bestreiten, dass die Value-Strategie sinnvoll ist. Auch ich nicht. Aber der Teufel ist bekanntlich ein Eichhörnchen, das im Detail sitzt.

- Wie definieren Sie *Top-Firma*?
- Was ist ein *günstiger Preis?*
- Welche *Kennzahlen halten* Sie für geeignet? Das Kurs-Gewinn-Verhältnis (KGV), das Kurs-Umsatz-Verhältnis oder die Eigenkapitalquote? Oder eine Kombination davon?
- Wenn Sie sich für das KGV als Kennzahl entscheiden: Welches KGV ist *Value*? 5, 17 oder 346? Wenn Ihre Value-Schwelle bei einem KGV von 5 liegt: Warum? Wer sagt das? Und kommen Sie mir nicht mit einem: *Das habe ich so im Internet gefunden.*

Och, muss ich das wirklich alles so genau machen? Ist ja brutal aufwendig.

Naja, Sie wollen doch den Markt schlagen und den Heiligen Gral der Überrendite erlangen. Glauben Sie wirklich, dass der Zufall hier ein guter Verbündeter ist? Irgendwann haben Sie sich Ihr theoretisches Gerüst gebaut, nun müssen Sie Ihre Strategie auch in die Praxis umsetzen. *Implementieren* sagen sie dazu bei McKinsey.

Eine aktive Anlagestrategie implementieren

Man reiche mir Excel. Ohne Excel-Kenntnisse keine aktive Anlagestrategie. Da beißt die Maus keinen Faden ab. Wenn Sie wissen, wie Sie die aktuellen Börsenkurse von *Yahoo! Finanzen* automatisch in Ihr Excel-Sheet bekommen, gibt's Bonuspunkte.
Als aktiver Anleger sind Sie ein Alpha-Männchen beziehungsweise ein Alpha-Weibchen. Mit *Alpha* bezeichnet man die Rendite, die auf Ihr Können zurückzuführen ist. Als ehrlicher, hart zu sich selbst seiender *Alpha-Wall-Street-Wolf* stellen Sie sich natürlich dem Benchmark. Planen Sie also für den Benchmark-Vergleich schon mal einen weiteren Reiter in Excel ein. Sie müssen sich natürlich einen Benchmark überlegen, der zu Ihrem Portfolio passt.
Och nee, kann ich nicht auf diesen Benchmark-Kram verzichten?
Klar können Sie das, aber dann werden Sie nie erfahren, ob sich die ganze Arbeit gelohnt hat.
Aber wenn ich besser als der DAX bin, ist doch alles gut?
Ist es nicht. Den *DAX* kann jeder schlagen. Ich muss mir nur genügend Risiko aufladen und Glück haben. Sie müssen schon die risikoadjustierte Rendite Ihres Depots mit dem passenden Benchmark vergleichen. Wenn Ihr Depot bei **gleichem** Risiko mehr Rendite bringt, **dann** sind Sie im Alpha-Team.
Und wie mache ich das, dieses Risikoadju...dingens?

Woher soll ich das wissen? Ich bin ein Passiver. Sie wollen doch aktiv sein. Dann legen Sie mal los. Werden Sie aktiv.

Wenn Sie schon dabei sind: Vergessen Sie nicht, Ihre Anlagestrategie auch auf Ihr Depot zu übertragen. Womöglich müssen Sie Stop-Loss-Kurse setzen oder automatische Merker einbauen, sodass Sie eine E-Mail bekommen, wenn eine Aktie auf Ihrer Watchlist bestimmte Kriterien erfüllt.

Welche Aktie soll's denn sein?

Als aktiver Anleger müssen Sie ein extrem vielseitig interessierter Mensch sein. Wo immer es etwas zu lesen, zu sehen oder zu hören gibt, sind Sie dabei. Und ich meine damit **ausdrücklich** nicht Bilanzen, Firmennachrichten und ähnliche Wirtschaftsthemen (das ist die Pflicht), ich meine damit das *Raus aus der Filterblase*.

• Fahren Sie nicht mit dem Auto zur Arbeit, sondern mit den öffentlichen Verkehrsmitteln. Warum? Weil Sie dort Menschen sehen, die nicht zu Ihrer sozialen Schicht gehören. Wie sehen diese Menschen aus, wie benehmen sie sich? Wecken Sie den Ethnologen in sich.

• Haben Sie schon ein *Netflix*- oder *Amazon-Prime*-Abo, nutzen Sie *Spotify*? Nein? Dann aber nichts wie ran an die Neuen Medien. Werden Sie wie die Teenager, werden Sie WLAN-abhängig.

• Unsere Gesellschaft wird immer älter. Kennen Sie den aktuellen Stand der Schlaganfallforschung? Was kann man eigentlich gegen Demenz tun?

Lange Rede, kurzer Sinn: Werden Sie zum *Polymath*, zum *Renaissanceman*. Warum? Weil Sie nur so die von André Kostolany geforderte Fantasie erwerben. Wie wollen Sie erfolgreiche Storys aufspüren, wenn Sie das denken, was alle denken?

Kurze Anekdote zur Auflockerung: Als ich Ende der 80er-Jahre mit meiner Freundin in Karlsruhe spazieren ging, wehte uns der Wind ein Flugblatt der NPD vor die Füße. Ich habe es aufgehoben und wollte es lesen. Meine Freundin hat sich fürchterlich aufgeregt, wie ich **so was!!!** nur lesen könne. Meine Antwort: *Vielseitig interessiert sein, breite Basis schaffen. Erst mal alles vorurteilsfrei lesen. Dann das Gelesene in die Matrix einordnen und bewerten.* Zuerst hat sie ein bisschen gegrummelt, es dann aber akzeptiert. Heute ist sie glücklich darüber, denn ich *weiß beim Kreuzworträtsel einfach alles.*

Meine Erfahrung: Wer sich vielseitig interessiert, sieht Zusammenhänge, die andere so nicht sehen. Das lässt sich für eine aktive Anlagestrategie ausbeuten, Psycho-Kram hin, operativer Aufwand her:

Trauen Sie sich zu, das hier dauerhaft hinzukriegen?

Fähigkeiten	aggressiver Anleger	defensiver Anleger
ohne überlegene Fähigkeiten	verdient viel, wenn der Markt steigt und verliert viel, wenn der Markt sinkt	verliert nicht viel, wenn der Markt sinkt, verdient nicht viel, wenn der Markt steigt
mit überlegenen Fähigkeiten	verdient viel, wenn der Markt steigt und verliert wesentlich weniger, wenn der Markt sinkt	verliert nicht viel, wenn der Markt sinkt, aber macht gute Gewinne, wenn er steigt

Wählen Sie Ihren Investment-Stil. Egal ob aggressiver oder defensiver Anleger: Sie müssen die Asymmetrie der Performance hinbekommen.

Als aggressiver Anleger liegt Ihnen der Bullenmarkt. Aber was passiert, wenn das Börsenklima sich ändert? Schaffen Sie es auch dann gut zu sein, wenn die aktuelle Situation nicht so Ihr Stil ist?

Das Gleiche gilt für defensive Anleger: Sie halten im Bärenmarkt eisern die Stellung und verlieren wenig, aber wenn die Bullen zur Stampede ansetzen, bleiben Sie dann im Staub zurück oder partizipieren Sie in einem vernünftigen Maß an steigenden Kursen?

Ihr Leben

Jetzt machen wir mal den Reality-Check, zum Polymath wird man schließlich nicht über Nacht:

Ihre Arbeit

Laut Statistischem Bundesamt arbeiten Vollzeitbeschäftigte 42 Stunden pro Woche. Ihre Fahrzeit setze ich mit je einer halbe Stunde an und gebe Ihnen eine halbe Stunde Mittagspause. – Damit sind 10 Stunden des Tages weg. Sie verlassen das Haus um 8:00 Uhr und kehren um 18:00 Uhr zurück.

Schlafen

Damit Sie auch fit sind am nächsten Tag, müssen Sie um 23:00 Uhr ins Bett.

Der Rest

Was machen Sie zwischen 18:00 Uhr und 23:00 Uhr? Erst einmal zu Abend essen, dann die Post durchsehen – die Werbung in den Müll, die Rechnungen prüfen und dann auf den *Zu-bezahlen*-Stapel legen. Irgendwann sind die Kinder im Bett, das Administrative ist durch und man hat alles Notwendige mit dem Partner besprochen.

Das sind die normalen Tage. Wenn Sie

- lange Überstunden machen,
- sich mit Freunden auf ein Bier treffen,
- ins Kino oder Konzert gehen,

machen Sie abends nichts mehr.

Wann tüfteln Sie an Ihrer Börsenstrategie?

1. Auf dem Weg zur Arbeit hören Sie Podcasts (Autofahrer) oder lesen Börsenbücher (unterwegs mit der S-Bahn).
2. Wenn Ihr Arbeitstag nicht sonderlich anstrengend ist, haben Sie auch auf dem Rückweg noch genug Kraft für anspruchsvolle Themen.
3. An normalen Tagen (wenn die Kinder im Bett sind und die Küche aufgeräumt ist), machen Sie nicht den Fernseher an, sondern Ihren Rechner und lernen etwas über die *Momentum-Strategie*.
4. Am Wochenende haben Sie endlich genug Zeit. Sie gehen weder in den Baumarkt, noch treffen Sie sich mit Freunden. Ihr Partner macht am Samstag mit den Kindern den Wohnungsputz, während Sie über Börsenstrategien brüten. Der Sonntag ist noch schöner, denn da sind die Kinder auf einem Geburtstag, und Sie können endlich mit Ihrem Partner über Finanzthemen sprechen. – Sie sind Single und fühlen sich von diesem Szenario nicht richtig angesprochen? Gut, Sie gehen weder Segeln noch in die Berge und auch nicht auf den Fußballplatz. Sie treffen sich auch nur sehr sporadisch mit Freunden, denn Sie arbeiten am Wochenende mindestens 10 Stunden an Ihren Finanzstrategien. Was, 10 Stunden? Na klar, Sie sind aktiver Anleger. Sie müssen immer wieder eine neue Sau auftun, die Sie durchs Dorf treiben können.

Ich frage Sie: Wie realistisch sind diese vier Szenarien? Vor allem: Wie machen Sie der Börse klar, dass Sie eigentlich nur am Wochenende richtig Zeit für sie haben? Unter der Woche fällt es Ihnen schwer, sofort zu reagieren. Es wäre schön, wenn die zickige Diva das berücksichtigen würde – oder wenigstens anwesend wäre.

Mein Argument gegen aktive Anlagestrategien bringe ich auch vor, wenn meine Töchter nach einem Hund fragen: *Und wer kümmert sich drum?*
Wenn Sie nur hinter dem schnöden Mammon her sind, machen Sie es wie ich: Legen Sie passiv an, kassieren Sie die Marktrendite und lassen Sie es gut sein.
Wenn Sie dagegen Bock auf Psycho-Battle haben und vor jedem Investment und jedem Trade erst einen Psychokampf mit sich selbst ausfechten möchten, legen Sie aktiv an. Ist ja auch ein schönes Hobby.

Zur Ehrenrettung der Aktiven: Ich glaube, dass aktives Handeln einen zu einem besseren Menschen machen kann.
Wer ehrlich und hart mit sich ins Gericht geht –
* *Das war Mist!*
* *Hier hast du die Selbstkontrolle verloren!*
* *Da hat der heuristische Affe dich ausgetrickst!*
– wer also die Fähigkeit entwickelt, sich neben sich selbst zu stellen und seine eigenen Handlungen wie ein unbeteiligter Dritter zu beurteilen, profitiert davon mit Sicherheit auch abseits der Börse.

Okay, ich traue mir das nicht zu, selbst aktiv zu sein und den Markt zu schlagen, aber ich kann mir doch einen Fondsmanager suchen, der das kann?
Leider nein.

Kann ich das Markttiming und die Aktienauswahl nicht einem Profi überlassen?

Mein Auto gebe ich in die Werkstatt und meine Zähne mach' ich auch nicht selbst. Warum nicht einen Profi beauftragen?
Ihr Problem: Sie müssen diese Manager erst einmal finden und diese Leute müssen auch bereit sein, für Sie zu arbeiten.
Normale Fondsmanager, die einen Publikums-Fonds verwalten, sind normale Angestellte und an strenge Anlegerschutzregeln gebunden. Außerdem haben solche Menschen ganz andere – absolut nachvollziehbare – Prioritäten, als Ihr Geld möglichst ertragreich anzulegen. Dazu später mehr.
Die Irren machen ihren eigenen Hedgefonds auf und investieren ihr eigenes Geld und das Geld institutioneller Anleger und reicher Privatleute. Diese Jungs (Frauen gibt's da kaum) arbeiten 70 bis 90 Stunden pro Woche und haben nur einen Auftrag: *Mach Gewinn!* Sie werden dabei durch keine Regeln des Anlegerschutzes gebremst. Das ist ein wildes und ertragreiches Geschäft, aber Kleinanleger sind da nicht willkommen. – Das meinte ich mit *bereit sein, für Sie zu arbeiten.* Wer selbstbewusst und besessen genug ist, um seinen eigenen Fonds zu gründen, ist charakterlich nicht geeignet, als abhängig Beschäftigter für einen *Deka*-Fonds zu arbeiten.

Fondsmanager: Erfolgreich auch ohne Kompetenz – der Finanzwesir macht Sie zum Finanz-Guru

Heute ist Stochastikstunde beim Finanzwesir. In der Schule waren das die Mathe-Stunden mit dem Topf voller schwarzer und weißer Kugeln. Eine Kugel wurde gezogen und die Frage war immer: *Wird es eine weiße oder eine schwarze Kugel? Was ist wahrscheinlicher?* Um Wahrscheinlichkeiten soll es an dieser Stelle gehen.

Das Gedanken-Experiment

Wir versammeln einen ganzen Haufen Fondsmanager. Wie viele? Der deutsche Fondsverband *BVI* hat zum Jahresende 2014 in Deutschland 11.617 Publikums- und Spezialfonds gezählt, der *Morningstar Fundscreener* kommt sogar auf 38.036 Fonds.

Wir arbeiten mit der Zahl, die der BVI herausgibt und erklären alle 11.617 Fondsmanager für inkompetent. *Inkompetenter Manager* definieren wir dabei so: Wir erwarten, dass er den Index nicht schlägt; die *erwartete Rendite* ist negativ.

Die Chancen stehen wie folgt:
* Mit einer Wahrscheinlichkeit von 45 Prozent wird ein Manager den Index schlagen,
* Mit einer Wahrscheinlichkeit von 55 Prozent wird ein Manager den Index **nicht** schlagen.

Jetzt das Kugelspiel:
In unserem Topf befinden sich 100 Kugeln.
* 45 sind weiß = Manager schlägt den Index,
* 55 sind schwarz = Manager trägt Trauer, weil er den Index nicht geschlagen hat.

Nach jeder Runde wird die gezogene Kugel ersetzt. Das Verhältnis zwischen weißen und schwarzen Kugeln bleibt gleich.

Jetzt ziehen wir für jeden Manager eine Kugel. Am Ende der ersten Runde (soll einem Jahr entsprechen) erwarten wir, dass 45 Prozent, also 5.228 Manager, den Index geschlagen haben. Im zweiten Jahr *überleben* noch 2.352 Manager und selbst nach 5 Jahren können 214 Manager eine makellose Erfolgsbilanz vorweisen.

Diese 214 schicken wir erst zum Friseur, dann zum Maßschneider und dann zum Fotografen. Dann schalten wir ganzseitige Anzeigen in der einschlägigen Presse und treiben unsere Erfolgs-Manager durch alle Talkshows und Konferenzen. Dann bauen wir einen Geldspeicher im Dagobert-Duck-Stil und harren der Geldflut, die da kommen wird.

Erste Lehre

Auch in einer Gruppe, die nur aus Losern besteht, werden einige Mitglieder fantastische Erfolgsbilanzen vorweisen können:

Zeitraum	Zahl der Fondsmanager
Start	11.617
nach 1 Jahr	5.228
nach 2 Jahren	2.352
nach 3 Jahren	1.059
nach 4 Jahren	476
nach 5 Jahren	214
nach 6 Jahren	96
nach 7 Jahren	43
nach 8 Jahren	20
nach 9 Jahren	9
nach 10 Jahren	4

Die 4 Manager, die 10 Jahre überlebt haben, werden als *Finanz-Titanen* gerühmt, führen sich auf wie Graf Koks vom Gaswerk und verlangen für jeden Konferenz-Vortrag mindestens 50.000 $. Diese 4 Manager sind 0,03 Prozent des Starterfeldes. Die restlichen 99,7 Prozent sind in den letzten 10 Jahren untergegangen. Aber wie heißt es in der Dreigroschenoper: *Und man siehet die im Lichte, die im Dunkeln sieht man nicht.*

Die Finanzfachleute nennen das den *Survivorship Bias.* Da Erfolge größere Sichtbarkeit im Alltag erzeugen als Misserfolge, neigen wir systematisch dazu, die Aussicht auf Erfolg zu überschätzen.

Zweite Lehre

Die Erwartung der maximalen Erfolgsbilanzen hängt von der Größe der Stichprobe und nicht von der individuellen Erfolgschance des einzelnen Managers ab.

Wenn wir im Jahr 1 statt der 11.617 Manager des BVI die 38.036 Manager, die *Morningstar* zählt, ins System kippen, dann können wir uns in 10 Jahren über 13 herausragende Manager freuen.

Diese 13 sind zwar genauso inkompetent wie die 4 im ersten Beispiel, aber das größere Starterfeld produziert einfach mehr *Finanz-Titanen*. Auf den Aktienmarkt bezogen bedeutet das: Wenn die Zahl der Berufsanfänger im Jahr 2010 größer war als im Jahr 2008, dann werden wir 2015 mehr *herausragende Managerpersönlichkeiten* sehen als 2013. Dazu kommt: Jedes Jahr sterben so um die 200 Fonds. 2002 waren es 216, 2003 wurden sogar 347 Fonds geschlossen. Aktuelle Zahlen vom BVI sprechen von 216 gelöschten Fonds in den letzten 12 Monaten. Diese Fondsmanager verschwinden von der Bühne, während neue Fondsmanager antreten, um ihre Inkompetenz zu beweisen. Selbst wenn die Zahl der Fonds in Summe konstant bleibt: der Pool der Fondsmanager ist weitaus größer. Damit wird es auch immer wahrscheinlicher, dass einige Manager herausragende Erfolge vorweisen können.

 Es ist nicht möglich festzustellen, ob ein Manager gut oder schlecht ist. Aufgrund der Volatilität des Aktienmarktes werden immer einige Manager Gewinne erzielen. Der Volksmund dazu: *Auch ein blindes Huhn findet mal ein Korn.*

Kommen wir zum Höhepunkt: Der Finanzwesir macht Sie zum Finanz-Guru

Wie, mich?

Ja, Sie. Nach der Lektüre dieses Abschnitts sind Sie ein Finanz-Guru. Ich verspreche es!

Wie soll das gehen? **So:**

1. Kaufen Sie beim einschlägigen Adresshandel 100.000 E-Mail-Adressen von börseninteressierten Mitbürgern.

2. Suchen Sie sich einen *DAX*-Wert aus. Irgendeinen, egal welcher, sagen wir die *BASF*.

3. Versenden Sie 50.000 E-Mails mit der Botschaft *Der BASF-Kurs wird steigen* und 50.000 E-Mails mit der Botschaft *Der BASF-Kurs wird fallen*.

4. Wählen Sie jetzt den zweiten *DAX*-Wert aus. Auch egal, welcher. Sagen wir *E.On*.

5. Wenn der *BASF*-Kurs gestiegen ist, schreiben Sie die 50.000 Leute, denen Sie den steigenden Kurs vorhergesagt haben, erneut an. 25.000-mal sagen Sie *Die E.On-Aktie wird fallen*, den anderen 25.000 sagen Sie *Die E.On-Aktie wird steigen*. Wenn der *BASF*-Kurs gefallen ist, dann schreiben Sie eben die anderen 50.000 an.

6. Wiederholen Sie das Spiel mit *Linde*, *SAP* und *RWE*.

7. Nun haben Sie fünfmal (**fünfmal!**) die Kurse richtig vorhergesagt und qualifizieren sich daher als Finanz-Guru.

8. Bevor Sie den sechsten Tipp abgeben, holen Sie Ihre Kosten wieder herein. Schreiben Sie die verbleibenden 3.125 börseninteressierten Mitbürger an, verweisen Sie auf Ihre Erfolgsbilanz und bieten Sie das Abo Ihres Börsenbriefes an. 1.200 € pro Jahr sind ein günstiges Angebot, schließlich haben Sie fünfmal die Kursentwicklung mit Ihrem *parallaxinduzierten Retro-Analyse-System* vorhergesagt (ein cooler Name, in dem das Wort System vorkommt, ist ein Must-have). Das soll Ihnen mal einer nachmachen. Wenn 10 Prozent anbeißen, haben Sie 375.000 € verdient.

Zwischenfrage: 3.125 mal 5 Richtige, das sind nur gut 3 Prozent, was machen wir mit den restlichen 97 Prozent? Na die Bertolt-Brecht-Nummer: Unter den Tisch fallen lassen, unter den Teppich kehren oder wahlweise in den Keller schleppen (da wo man die sprichwörtlichen Leichen aufbewahrt). Wir machen es wie der Rest der Finanzbranche, wir setzen auf den *Survivorship Bias*. Hauptsache Frisur und Anzug sitzen.

Das Spiel der großen Zahl: Wer genug Ereignispfade am Start hat, wird schon den richtigen dabei haben.

Unser Ereignispfad zu 5 Richtigen:

1. *BASF:* Kurs steigt.
2. *E.On:* Kurs fällt.
3. *Linde:* Kurs steigt.
4. *SAP:* Kurs steigt.
5. *RWE:* Kurs fällt.
6. Wir sind Guru.
7. *BMW:* Erst Börsenbrief abonnieren, dann Kursprognose.

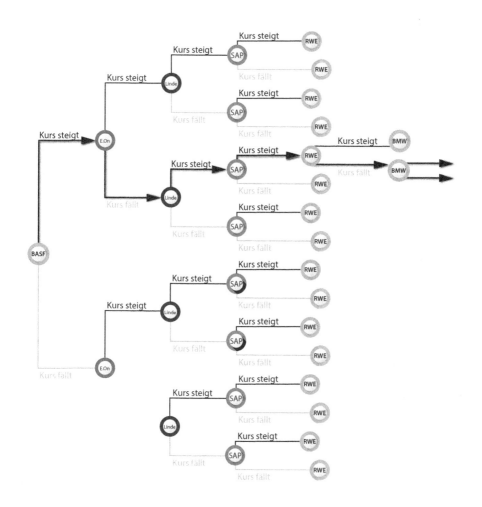

Ereignispfade - Dax-Kurse
Quelle: Finanzwesir

Was bedeutet das für Sie als Anleger?

Wenn es nur genug Fondsmanager gibt, wird es schon einen geben, der genau diesen Ereignis-Pfad geht und sich dann mit 5 Richtigen brüsten kann.

Wer mir vorwirft, ich wäre zu hart mit den Fondsmanagern ins Gericht gegangen (eine 45-Prozent-Chance ist doch arg knauserig), dem sei die Studie Does Performance Matter? The Persistence Scorecard[13] der Ratingagentur Standard & Poors ans Herz gelegt, diese liefert weitere Argumente für eine Investition in passive Fonds wie ETFs:

Studienbeginn war zeitgleich mit dem Start der Aktien-Hausse in den USA. Untersucht wurden 2.862 US-Fonds, die 2010 über mindestens 12 Monate auf dem US-Aktienmarkt aktiv waren. In Betracht kamen ausschließlich breit angelegte, aktiv gemanagte inländische Aktienfonds. Anschließend wurden dann die nach ihrer 12-Monats-Performance besten 25 Prozent ausgewählt und bis März 2014 beobachtet. Die Frage war, wie viele der Fonds ihre Position unter den besten 25 Prozent halten und den Markt über einen Zeitraum von 4 Jahren schlagen konnten. Die Antwort war ernüchternd: Nur 2 der 2.862 aktiv verwalteten Fonds waren in der Lage, ihre Performance zu halten.

Was den Aufstieg und Fall der Milliarden-Zauberer angeht: Wer kennt heute noch den Bond-König Bill Gross oder Mark Mobius, der lange Zeit als Guru der Schwellenland-Investments galt? Auch um Mary Meeker und Harry Blodget, die Dotcom-Auguren, ist es sehr still geworden.

---

[13] www.spindices.com/documents/spiva/persistence-scorecard-june-2014.pdf

Warum Sie verlassen sind, wenn Sie sich auf Fonds-manager verlassen

Was Fondsmanagern wirklich wichtig ist

Wer Geld in einen Aktienfonds investiert, der erwartet, dass die dort Beschäftigten sich nach Kräften mühen, das investierte Geld zu vermehren, und zwar weit besser, als man es selbst könnte. – Tun sie aber nicht.

Warum? Weil es böse, korrupte und unfähige Bastarde sind? Nein, nicht im Geringsten. Die meisten Fondsmanager sind intelligente, hart arbeitende Menschen. Aber ein Fondsmanager wird von Dingen beeinflusst, die mit der Vermehrung des ihm anvertrauten Geldes wenig zu tun haben.

Sehen wir uns doch den durchschnittlichen Fondsmanager einmal genauer an:

- Schon aus beruflichen Gründen gut und teuer gekleidet,
- das Auto geleast und eine Nummer zu groß und
- die Immobilie in einer begehrten Wohnlage gehört zum größten Teil der Bank.
- Dazu noch Frau und Kinder.

Dieser Status muss verteidigt werden. Die allerhöchste Priorität für unseren armen Fondsmanager hat deshalb die Arbeitsplatzsicherheit. In meinen Augen durchaus nachvollziehbar.

Welche Fragen stellt sich der Fondsmanager vor einem Investment?

1. Kann mich dieses Investment meinen Job kosten?

Früher gab es mal den Spruch: *Es wurde noch niemals jemand gefeuert, weil er Computer von IBM gekauft hat.* Warum? Weil alle ihre Rechner von IBM beziehen. Genau diese Strategie wendet der Fondsmanager auch an: Er bleibt in der Herde. Wenn die Analysten übergreifend den Kauf der X-Company empfehlen, dann kauft er.

Wenn das Investment dann in die Grütze geht, macht das nichts, denn

- die Analysten haben es empfohlen, er kann die Schuld also auf mehrere Schultern verteilen, und
- die Kollegen sind doch auch reingefallen, er steht also relativ zu den anderen Fonds gar nicht so schlecht da. Womöglich ist ein anderer Fonds noch stärker betroffen, dann hat er noch nicht einmal die rote Laterne und alles ist gut.

Sie als Investor macht so etwas natürlich verrückt, Sie wollen **absolute** Gewinne und niemanden, dessen **relative** Verluste eigentlich ganz gut ausschauen. Dem Fondsmanager ist das aber egal, er lebt in seiner Fondsmanagerwelt und wird dort mit anderen verglichen. Stellen Sie sich vor, der Fondsmanager hätte sich auf seinen tollen Fondsmanagerinstinkt verlassen und nicht die Aktien der X-Company gekauft, sondern die der Y-Firma. Jetzt haben wir die folgenden Szenarien:

1. Die X-Aktie steigt, die Y-Aktie fällt → Fondsmanager gefeuert.
2. Die X-Aktie steigt, die Y-Aktie steigt auch, performt aber schwächer → Fondsmanager in Argumentationsnöten.
3. Die Y-Aktie steigt, die X-Aktie auch, performt aber schwächer → Fondsmanager wird zwar gelobt, aber mit kritischem Unterton (Das hätte auch schiefgehen können). Bonus? Vielleicht!
4. Die Y-Aktie steigt, die X-Aktie fällt → Der Fondsmanager ist ein Gott und gibt aus dem Olymp Interviews. Er erhält außerdem einen schicken Bonus.

Die Ausbeute: zwei negative Szenarios, ein So-lala-Szenario und ein Super-Szenario. Dazu kommt, dass die Negativszenarien weitaus dramatischer sind als das Positivszenario (erinnern Sie sich hierzu auch noch mal an die eben behandelte *Prospect Theory*). Jobverlust versus Bonus, von dem die Steuer sowieso die Hälfte wegfrisst. Na, da kann er sich aber entscheiden, unser Fondsmanager. Solides Mittelmaß ist das Gebot der Stunde.

2. Was sagen die Juristen?

Bei jeder Entscheidung sitzt das hausjuristische Schattenkabinett mit am Tisch. Jeder Fondsmanager hat einen Haufen regulatorischer Auflagen zu beachten. Die Performance kann noch so toll sein: wenn er formale Kriterien verletzt, kann ihn das den Job kosten.

3. Wie hoch ist der Arbeitsaufwand?

Fondsmanager haben einen vollen Terminkalender und lange Arbeitstage. Kein Manager mit 5 Cent Hirn im Kopf wird sich vermeidbare Arbeit aufhalsen. Ein Investment, für das man die ausgetretenen Pfade verlassen muss? Nein, das lohnt sich nicht. Dann lieber die Standardprozeduren abspulen und schnell fertig werden.

Die Frage *Was bringt das Investment den Anlegern?* kommt erst unter *ferner liefen*. Eine sehr sinnvolle und rationale Entscheidung, die man dem Fondsmanager noch nicht einmal übel nehmen kann.

Wie Fondsmanager bezahlt werden

Auf jeden Fall nicht nach Erfolg. Jeder Fonds, der etwas auf sich hält, erhebt jede Menge Gebühren. Diese Gebühren heißen nicht *Gebühren* – das würde zu sehr nach Behörde klingen –, sondern *Management-Fee* oder *Performance-Fee*, aber auch *Ausgabeaufschlag*, *Bestandsprovision* oder *Depotkosten* sind beliebt – letztendlich ein buntes Potpourri an Renditekillern, deren wahre Anzahl und Höhe für Außenstehende nicht zu überblicken ist. Fast alle diese Gebühren werden prozentual erhoben und das macht – zumindest für die Fondsverwalter – den Charme der Sache aus. Flatrates oder feste Preise wären deutlich kundenfreundlicher, so nach dem Motto: *Die Depot-Flatrate: Die Verwaltung kostet jährlich 100 €. Da weiß man, was man zu zahlen hat.*

Aber 100 € für so ein bisschen Depot-Verwaltung, das ist doch Wucher, einfach eine unverschämte Abzocke! Das findet die Fondsverwaltung auch und bietet stattdessen eine Depotverwaltung für *nur* 4 Prozent an. Klingt doch viel besser. 100 € sind viel Geld, während 4 eine ganz kleine Zahl ist. Sind eben doch keine Abzocker, die Banker. Vorsicht, es gibt da noch das Prozentzeichen hinter der 4. Das Wort Prozent hat seine Wurzeln im lateinisch-italienischen per cento, vom Hundert. Es muss also irgendwo ein Hundert geben, von dem dann 4 Hundertstel an die Fondsverwaltung gehen. 4 Hundertstel – wie das schon klingt: total klein und mickrig. Die Definition dieser Grundgesamtheit ist ein Paradebeispiel für die Listigkeit der Fondsfirmen. Aus vertriebstechnischen Gründen soll die Prozentzahl so klein wie möglich sein. Je weniger Prozente der Fonds nimmt, umso einfacher lässt er sich an den Mann oder die Frau bringen. Was tut also der Fonds? Er maximiert die Grundgesamtheit. Wenn ich 4 Prozent von einer sehr großen Summe erhalte, dann ist das immer noch ein Haufen Geld. 4 Prozent von 10 Millionen sind 400.000 €.

Von welcher Summe nimmt der Fonds also seine Gebühren?

Ich habe behauptet, dass Fondsmanager nicht nach Erfolg bezahlt werden. Hier jetzt der Beweis:

Angenommen, ich zahle 10.000 € in einen Fonds ein, der in die Aktien großer deutscher Firmen investiert. Dieser Fonds hat übers Jahr gesehen ein Plus von 10 Prozent gemacht. Aus meinen 10.000 € sind jetzt 11.000 € geworden.

Fonds agieren nicht im luftleeren Raum, sondern müssen sich vergleichen lassen. Der Index, an dem sich unser Fonds messen lassen muss, ist der *DAX*. Die Performance des *DAX* bekomme ich risikolos und gebührengünstig. Ich muss nur mein Geld in einen Indexfonds investieren. Ein Indexfonds bildet die Zusammensetzung eines bestimmten Indexes nach. Nehmen wir den *DAX* als Beispiel: Am 23.12.2013 waren die Top-3-Werte des *DAX* die *Bayer AG* (10,30 %), die *Siemens AG* (9,74 %) und die *BASF AG* (8,74 %). Ein *DAX*-Indexfonds muss deshalb am 23.12.2013 ebenfalls zu 10,30 % aus *Bayer-Aktien*, zu 9,74 % aus *Siemens-Aktien* und zu 8,74 % aus *BASF-Aktien* bestehen. Wenn sich die Zusammensetzung des *DAX* ändert, muss der Indexfonds entsprechend nachziehen. Dies erfordert keinen besonderen Sachverstand, deshalb sind diese Fonds sehr gebührengünstig zu haben.

Zurück zur 10-Prozent-Performance meines Fonds. Ich habe den Fondsmanager engagiert, weil ich der Meinung bin, dass er besser ist als ich. Ich setzte mit meinem *DAX*-Indexfonds den Maßstab, den es zu schlagen gilt. Wenn der *DAX* ein Plus von 5 Prozent gemacht hat und mein Fondsmanager 10 Prozent bringt, dann bin ich bereit, diese Fünf-Prozent-Überrendite zu honorieren. In unserem Beispiel wären das 500 €. Von dieser Summe soll der Fondsmanager seine Prozente bekommen. Finde ich fair.

Was aber, wenn mein Kompetenz-Fonds nur 2 Prozent im Plus ist, während der *DAX* um 5 Prozent gestiegen ist? Soll dann der Fondsmanager für die 2 Prozent Plus honoriert werden? Ich finde nein. Meiner Meinung nach habe ich eine Entschädigung für die verlorenen 3 Prozent verdient.

Das Perverse an der Situation: Die Fonds halten sich mit so einem Kleinkram wie *Rendite* oder gar *Überrendite* nicht lange auf, sondern erheben die Gebühren einfach auf die maximal mögliche Summe, also in meinem Fall auf die 11.000 €. Ich habe damit das folgende Problem:

- Für die 10.000 € habe ich lange gearbeitet, ich habe jeden Euro nicht nur erwirtschaftet, sondern auch versteuert und dann gespart, bis ich das Geld zusammenhatte.
- 500 € sind einfach nur die DAX-Performance.
- 500 € sind dem Geschick des Fondsmanagers zu verdanken.

Aktienfonds haben eine durchschnittliche Kostenquote von um die 4 Prozent, bezogen auf das obige Beispiel zahle ich also jährlich

- 400 € für das Privileg, mein Geld diesem Fonds anvertrauen zu dürfen,
- 20 € für eine Rendite, die mir ein Indexfonds für 1 € liefert (Indexfonds haben Kostenquoten von 0,2 Prozent),
- 20 € für die Überrendite, die mir ein Fondsmanager bringt.

Was passiert, wenn der *DAX* absäuft und 10 Prozent verliert, der Fondsmanager es aber schafft, den Verlust auf 5 Prozent zu begrenzen? Dann sind aus 10.000 € 9.500 € geworden. 4 Prozent, also 380 € davon gehen an die Fondsgesellschaft.

Was passiert, wenn der *DAX* absäuft und 10 Prozent verliert, der Fondsmanager aber einen Verlust von 15 Prozent einfährt? Dann sind aus 10.000 € 8.500 € geworden. 4 Prozent, also 340 € davon, gehen an die Fondsgesellschaft. Selbst diese besonders schlechte Arbeit des Fondsmanagers wird immer noch attraktiv honoriert.

Ein klarer Fall von *Die Bank gewinnt immer.* Der Fondsgesellschaft ist es letztendlich egal, wie gut der Fonds performt, denn der Löwenanteil der Gebühren kommt aus dem Bestand und nicht aus den Gewinnen. Es gibt nur einen Grund, warum es gut ist, wenn ein Fonds eine schöne Performance hinlegt: Man kann dann im Verkauf die Neukunden besser ködern.

Die Vorteile des Selbstentscheiders

Als Klein- oder Privatanleger haben Sie große Vorteile gegenüber den Profis. Ein unschätzbarer Vorteil: Sie dürfen nichts tun.

Kein Profi kann es sich erlauben, eine Krise einfach auszusitzen. Er muss in operative Hektik verfallen, um zu zeigen, dass er sein Geld wert ist. Die Investmentlegende Warren Buffett beispielsweise ist zwar gewiss kein Kleinanleger, aber – genau wie sie – nur sich selbst verpflichtet. Als Fondsmanager hätte man ihn längst wegen Nichtstun abgesägt. Während der Dotcom-Blase hielt er stur an seiner *Value-Strategie* fest. Die Performance seiner Holding war unterirdisch. Während die Kurse der Internet-Aktien sich verzehn- und verhundertfachten, sanken die Kurse seiner Holding *Berkshire Hathaway Inc* zwischen Mai 1998 und Februar 2000 um knapp 44 Prozent. Das hat ihn nicht gestört. Er wusste: Die Bäume wachsen nicht in den Himmel. Irgendwann ist Schluss mit der Internet-Manie. Sein Konzept auf werthaltige Unternehmen zu setzen, wird sich langfristig durchsetzen. Hat es auch. In den letzten 16 Jahren hat der Kurs seiner Holding sich knapp verfünffacht.

Warum der Anlegerschutz gegen Sie arbeitet

Sie haben 10.000 € gespart und wollen diese nun gut angelegt wissen. Was tun? Zur Bank gehen? Eher nicht, denn dort wird man Ihnen keine Renditebringer verkaufen.

Ihre Feinde heißen *Basel III, MiFID II* und *MiFIR*

Kennen Sie nicht, nie gehört? Diese drei Begriffe benutzen die Tagesschausprecher immer dann, wenn sie eine Nachricht zum Thema *EU verstärkt Bankenregulation* verlesen. Dann sitzt man vorm Fernseher und freut sich: *Endlich werden die Bankster mal an die Kandare genommen und wir Kleinanleger geschützt.* Wirklich?

Diese Richtlinien und Verordnungen setzen auf den typischen *QM-Ansatz*: Erhöhung der Qualität durch lückenlose Dokumentation. Das bedeutet in der Praxis, dass alle Schriftstücke, alle E-Mails samt Anhängen, alle Telefonate sowie sämtliche Tweets und Facebook-Chats aufgezeichnet und archiviert werden müssen. Dieses *Alles-über-alle-Wissen* war bis jetzt den Kollegen in *Fort Meade* vorbehalten.

Für die Banken bedeutet das: Die *NSA* hat ein Budget von 10,8 Milliarden Dollar, wir nicht. Der Gesetzgeber zwingt uns dazu, alles zu dokumentieren, aber er schreibt uns nicht vor, was *alles* konkret bedeutet.

Was tun, um weiter profitabel zu arbeiten?

1. Gnadenlos standardisieren. Damit wird der Posten *Alles dokumentieren* handhabbar. Die Rechtsanwälte geben vor, welche Dinge abgefragt werden müssen, die IT setzt das in Datenbankfelder um und der Verkauf verkauft nur innerhalb dieser Leitplanken. Alles, was nicht in ein Datenbankfeld passt, ist nicht existent.

2. Die Bank verkleinert die Menge der Personen, mit denen sie zusammenarbeitet. Sie verzichtet lieber auf Kunden, bevor sie sich ein unkalkulierbares Risiko in die Bücher holt. Das gilt vor allem für Kredit suchende Geschäftskunden.

Privatanleger bieten der Bank kein attraktives Risiko/Chancen-Profil mehr. Die Chance, an Ihnen etwas zu verdienen, ist gering. Der Papierkram, den Sie verursachen, steht in keinem Verhältnis zu den paar Kröten, die Sie Ihr Eigen nennen. Wobei *ein paar Kröten* deutlich über Taschengeldniveau hinausgeht. Alles unter 100.000 € sind die sprichwörtlichen *Peanuts*. Bei sechsstelligen Summen bewegt sich der Banker, aber in Verzückung gerät er noch lange nicht. Erst eine siebenstellige Summe nennt er ein *Vermögen*.

Für die Banken wird es langsam wirklich ernst. Während man früher schmunzelnd über das Kavaliersdelikt Falschberatung hinwegsah, verhängen die Regulierer heute schon mal Berufsverbote. Da überlegt man es sich als Banker doch ganz genau, ob man bei der Dokumentationspflicht mal alle Fünfe gerade sein lassen will, selbst wenn Sie als Kunde genervt abwinken und gerne darauf verzichten.

Dazu passt ein Zitat von Jürgen Fitschen (Ex-Präsident des Bankenverbandes und Ex-Co-Chef der Deutschen Bank): *Die deutschen Banken verdienen nicht einmal ihre Kapitalkosten, das ist kein guter Zustand und muss sich radikal ändern. Im Geschäft mit Privatkunden verdient die Branche insgesamt zu wenig Geld. So, wie es jetzt läuft, kann es nicht bleiben.*

Wenn das Geld nicht zu den Banken soll, wohin dann?

Langfristig werden die *Robo-Advisors* das standardisierte Massenge-schäft aus zwei Gründen übernehmen. *Robo-Advisors* sind Online-angebote, die einen passiven Investmentansatz verfolgen. Meist investiert der Kunde in ETFs. Die Zusammensetzung des Portfolios wird dabei nicht von einem Menschen gesteuert, sondern von einem Algorithmus. Diese automatisierte Finanzberatung ist sehr effizient und preiswert. Typische Vertreter sind US-Anbieter wie *Wealthfront* und *Betterment* oder in Deutschland *Fintego* und *Scalable*.

Robo-Advisors können *von der Stange* billiger

Während beim klassischen Verkauf der Banker nach dem Kundenbe-such den ganzen Papierkram machen muss, übernimmt der Kunde bei den Robos die Dokumentation selbst. Es gibt einen klaren Pro-zess, den sich der Robo-Advisor von der *BaFin* oder einem anderen Regulierer zertifizieren lässt und dann ist er durch mit dem The-ma *Dokumentation*. Der Kunde klickt, akzeptiert und füllt aus. Zum Schluss muss der Robo nur noch alles sauber in der Cloud speichern, und gut ist´s. Sollte der Kunde meckern, so kann man ihn jederzeit auf den hundertprozentig dokumentierten und vor allem von den Regulierern akzeptierten Workflow verweisen und ist fertig mit al-len Haftungsfragen.

Ein klar definierter, voll digitaler Prozess ist viel kostengünstiger als die gewachsenen Prozesse, mit denen sich die Banken herumschla-gen müssen.

Robo-Advisors skalieren besser

Die Robos haben ein ganz anderes Geschäftsmodell als die Banken. Die Banken betreiben personalintensives Verkaufsgeschäft, die Robo-Advisors sind Plattformen. Wenn die Nutzerzahlen steigen, packt man mehr Server dazu und muss keine neuen Leute anstellen. Ein Web-Geschäft lässt sich auch besser optimieren, Stichwort *Web-Analyse*: Wenn die Robos ihr Geschäft verstehen, dann werden sie ihre Websites kontinuierlich optimieren und so die Akquisekosten stetig drücken. Den Banken dagegen weht der Wind des Misstrauens ins Gesicht.

Was bedeutet der Wandel für Sie?

Die Robos setzen einen finanziell halbwegs gebildeten Menschen voraus. Händchenhalten und Individualbespaßung (*Noch eine Tasse Kaffee? Und grüßen Sie Ihre Frau Gemahlin ganz herzlich von mir ...*) ist nicht. Damit findet im Finanzbereich das Gleiche statt wie in anderen Lebensbereichen, die von der IT übernommen wurden.

Beispiel 1
Fernsehen ist heutzutage kein Fernsehen im traditionellen Sinne mehr, sondern Bewegtbild-Streaming. Die Filme kommen unter anderem von Fernsehsendern, aber *Netflix*, die externe Festplatte oder *Youtube* sind ebenfalls am Start.

Beispiel 2
Früher war die Bereitstellung der Fernsprecheinrichtung ein hoheitlicher Akt. Wenn die Post den Antrag bearbeitet hatte, kam man dran. Das Telefon konnte jede Farbe haben, solange diese Grau war, und die Tarife konnte sich jeder merken:

1. Ortsgespräch,
2. Ferngespräch vor 18 Uhr,
3. Ferngespräch nach 18 Uhr.
4. Auslandsgespräche waren als ruinös verboten. *Schreib' halt einen Brief!*

Klingt unfassbar, hatte aber einen großen Vorteil: Das Thema *Telefonieren* verbrauchte keine Hirnkapazität. *Friss oder stirb. Nimm, was es gibt, oder lass es bleiben.*

Beispiel 3
Der Router hängt heutzutage an einer DSL-Leitung, die vor 10 Jahren eine mittelgroße Firma mit Internet versorgt hätte.

Der Preis der Power und der Wahlmöglichkeiten
Wir sind unsere eigenen Netzwerk-Administratoren und Programmmanager geworden. Das Wort *Medienkompetenz* gab es in meiner Jugend nicht. Da hieß es: *Bub, lies mal wieder ein Buch. Virus* bedeutete *ab ins Bett* und nicht *der Router brennt.*

Heutzutage braucht man in vielen Bereichen grundlegende Sach- und Marktkenntnis, um nicht abgezockt zu werden (Handy-Verträge) oder sinnlos seine Zeit zu verzappen (Fernsehen). Von 1950 bis 1961 brauchte niemand in Deutschland eine Fernsehzeitung. Heute reicht die Fernsehzeitung bei Weitem nicht, denn da steht nicht drin, was *Netflix, Amazon Prime* oder *Youtube* zu bieten haben.

Sie sind Teil des Marktes

Auch wenn Sie sich wegducken, nur ein Sparbuch besitzen und ansonsten den Vogel Strauß geben: Sie sind ein Teil des Marktes. Auch als Nichtaktionär betrifft Sie das Auf und Ab der Börsen. Auch die Zinssituation betrifft Sie mehr, als Sie glauben, denn wenn die Zinsen nicht langsam anziehen, gerät Ihre Lebensversicherung noch weiter in Schieflage. Einfach dadurch, dass Sie in einem westlichen Industrieland leben, sind Sie Teil des globalen Finanzmarktes. Von daher hilft alles Lamentieren nichts. Sie sind im Spiel, ob Sie wollen oder nicht, und Sie sollten Ihren Ball unter Kontrolle bringen.

Sie haben drei Optionen:
1. Aufgeben und die Produkte der Banken akzeptieren. Diese Produkte sind auf die Sicherheits- und Renditebedürfnisse der Banken zugeschnitten und nicht auf Sie.
2. Sich einen guten Berater suchen und diesen gescheit bezahlen.
3. Sich selbst die Grundlagen aneignen und Ihr Depot entweder selbst zusammenstellen oder den Service der Robo-Advisors nutzen. Das aktuelle Angebot der Robos hat noch deutliches Potenzial. Da werden wir in den nächsten Jahren noch einige Verbesserungen sehen. Der US-amerikanische Anbieter Wealthfront hat eine neue Finanzierungsrunde über 64 Millionen Dollar abgeschlossen und auch *Vaamo* hat in einer weiteren Finanzierungsrunde 2,5 Millionen Euro eingesammelt. An Geldmangel werden die Robo-Advisors jedenfalls nicht eingehen. Manche Analysten sehen sogar schon das Zeitalter der Roboter gekommen.

Was nicht funktionieren wird:

Zu glauben, man könnte sich mit einem Stundenhonorar von unter 50 € aus der Affäre ziehen. Laut einer Studie von *BBDO* ist den meisten Deutschen eine Finanzberatung weniger wert als eine Handwerkerstunde.

Der Megatrend *Digitalisierung* und die fortschreitende Regulierung der Banken zwingen Sie als Anleger, aktiv zu werden. Die schöne alte Welt, in der die Rente sicher war und der *Bankverkäufer* noch ein *Bankbeamter* war, geht gerade unter. Wenn Sie nicht mit untergehen wollen, müssen Sie sich Ihr eigenes Floß zimmern. Sie werden diese Trends nicht aussitzen können.

Fluch und Segen der Internet-Welt: Sie können sich so einfach wie noch nie informieren und dank der Discountbroker können Sie auch mit kleinen Summen anfangen, ohne dass die Gebühren alles auffressen. Aber Sie müssen es auch tun, sonst tun andere es für Sie, und das kann teuer werden.

Sehen Sie zu, dass Finanzthemen für Sie kein Neuland mehr sind. Es gibt genug hilfreiche Blogs, Foren und Bücher.

Wenn Sie sich trotzdem an aktiven Anlagestrategien versuchen wollen, sollten Sie sich fragen:

Was ist meine Zeit wert?
Wo haben Sie den größten Hebel?
1. Aktiv im Brotjob: bezahlte Überstunden, Beförderung oder Arbeitsplatzwechsel mit besserem Gehalt. Das, was man klassischerweise mit *Karriere machen* beschreibt.
2. Auf- und Ausbau eines Nebenjobs als zweites Standbein.
3. Aktiv an der Börse spekulieren.

Welche dieser drei Aktivitäten hat das größte Potenzial, sowohl was den Stundenlohn heute als auch die Verdienstmöglichkeiten in der Zukunft angeht?

Ich möchte Ihnen hier einen kleinen Trick vorstellen, der mir sehr hilft abzuwägen, ob ich dieses oder jenes Ding jetzt wirklich unbedingt kaufen muss. Hier geht es nicht um den Preis einer Sache, sondern um ihren Wert. Genauer gesagt darum, was sie mir wert ist. Kaufen bedeutet: Geld gegen Ware. Das Geld muss aber erarbeitet werden. Also bedeutet kaufen letztendlich: *Ich tausche Lebenszeit gegen Dinge.* Wenn etwas 50 € kosten soll, dann stellt sich die Frage: Wie viel Lebenszeit muss ich dafür aufwenden? Wie hoch ist mein Stundenlohn? Ich berechne den Stundenlohn aus dem Nettoeinkommen und der Bruttozeit.

Nettoeinkommen

Das Einkommen nach Abzug aller Steuern und Sozialabgaben, eben das, was am Monatsende auf dem Konto landet. Ich lege hier das monatliche Nettodurchschnittseinkommen der Deutschen zugrunde, es lag 2014 bei 3.147 € (lt. *Statista*[14]).

Bruttozeit

Die Zeit, die ich jobhalber außer Haus bin. Also Arbeitszeit plus Mittagspause und Pendelzeit. Das sind alles *berufsbedingte Aufwendungen,* wie es so schön in der Steuererklärung heißt. Für dieses Beispiel setze ich einen 10-Stunden-Tag an. 8 Stunden reine Arbeitszeit, eine halbe Stunde Mittagspause und 2 * 45 Minuten Fahrzeit. Das Finanzamt erkennt 230 Tage Jahresarbeitszeit bei einer Fünftagewoche an. Das sind 19 Arbeitstage pro Monat. Damit kommen wir auf eine monatliche Bruttoarbeitszeit von 190 Stunden.

Stundenlohn

3.147 € Einkommen geteilt durch 190 Stunden zeitlichen Aufwand ergeben einen Netto-Stundenlohn von 16,56 €. Das bedeutet: Jeder 50-Euro-Schein hat im Durchschnitt einen Wert von 3 Stunden

---

[14] de.statista.com/statistik/daten/studie/261850/umfrage/brutto-und-nettoeinkommen-je-privatem-haushalt-in-deutschland/

Arbeitszeit. Setzen Sie Ihre Zahlen ein. Ich würde mich sehr wundern, wenn Sie auf mehr als 25 € netto kommen.

Wozu das Ganze? Ich habe kein Problem, einige mit Zahlen bedruckte Papierstückchen gegen ein neues tolles Handy zu tauschen. Aber wenn die Papierstückchen auf einmal mit Lebenszeit verknüpft sind, ändert sich meine Einstellung. Dann frage ich mich: Will ich wirklich 20 Stunden meines Lebens in so einen Plastiktand investieren oder kann ich mein Geld nicht wirkungsvoller einsetzen?

Damit wären wir wieder beim Hauptthema dieses Buches: *Arbeite ich, um zu konsumieren oder arbeite ich für meine finanzielle Freiheit?* Für 20 geopferte Stunden meines Lebens bekomme ich ein Handy im Wert von 331 €. Da ist maximal ein Modell von *Huawei*, dem Opel unter den Smartphones drin. Das billigste *iPhone 6 S* kostet rund 800 € = 48 Stunden Lebenszeit (2 Tage rund um die Uhr malochen für ein Handy?).

Zusammengefasst: Warum ist passiv besser?

1. Passiv hat nach Steuern und Gebühren das beste Risiko/Rendite-Verhältnis.
2. Sie haben im Leben noch anderes zu tun, als sich um Aktienkurse zu kümmern.

Seien Sie froh, dass sich Aktien für eine passive Anlage eignen. Viele andere Anlageklassen lassen sich nur aktiv managen. Für Ihre Karriere müssen Sie etwas tun und Immobilien vermieten und reparieren sich auch nicht von alleine. – Was wollen Sie denn noch alles in Ihr Leben quetschen?

Die konkrete Umsetzung

Endlich! Die konkrete Produktauswahl. Doch bevor wir anfangen, konkrete Produkte in den Einkaufswagen zu legen, brauchen wir eine Einkaufsstrategie.

1. Wir achten auf die Kosten und kaufen nur preiswerte Produkte mit einer geringen Kostenquote und keinerlei Ausgabeaufschlag.
2. Die perfekte Geldanlage gibt es nicht. Deshalb optimieren wir nicht, sondern versuchen mit so wenig Finanzprodukten wie möglich auszukommen. Dieses Sparsamkeitsprinzip kommt uns spätestens bei der nächsten Steuererklärung zugute.

Der Notgroschen

Der Notgroschen ist Ihre Finanzfeuerwehr. Hier kommt nur ein Tagesgeldkonto infrage. Der Notgroschen hat nichts mit der Vermögensbildung zu tun. Die Rendite des Notgroschens ist die Vermeidung des Dispokredits. Damit meine ich, dass Sie zwar keine Zinsen für den Notgroschen kriegen, aber extrem hohe Zinsen im Falle eines erforderlichen Überziehungskredites vermeiden – dieses Vermeiden ist eine unglaublich starke Rendite.

Das Vermögen

Wie besprochen brauchen Sie zwei Töpfe:

1. Den risikoarmen *Petrus-Anteil* Ihres Vermögens: Hier kommen Tages- oder Festgeld sowie Anleihen-ETFs infrage.
2. Den risikobehafteten *Mr.-Market-Anteil*, auch Weltportfolio genannt. Diesen Teil decken wir mit breit diversifizierten Aktien-ETFs ab.

Fangen wir mit der Suche nach dem passenden Tagesgeld an.

Wie finde ich das richtige Tages- und Festgeld?

Zugegeben, darüber haben Sie hier bereits einiges gelesen, aber jetzt, für die endgültige Produktauswahl, müssen Sie da noch mal durch – und bevor Sie lange hin und her blättern, kommt es hier einfach noch mal im Detail:

Auf zur Zinsjagd

In diesem Abschnitt klären wir die Frage: *Welches Risiko hole ich mir ins Haus, wenn ich mich zu Tagesgeldzinsen jenseits der 2 Prozent hingezogen fühle?*

Anbieter wie *Weltsparen* oder auch die diversen Vergleichs-Websites locken mit Festgeldzinsen von bis zu 2,15 Prozent pro Jahr. Üblich sind Zinsen von maximal 1 Prozent. Viele Banken rücken selbst für Einjahres-Festgeld nur noch einen Zins von 0,x Prozent heraus. Geworben wird mit *Exclusive Top-Zinsen* und einer *Einlagensicherung gemäß EU-Richtlinie*. Schau'n wir mal, was da dran ist.

Grundsätzlich gilt: Kein Anbieter kann das magische Dreieck der Geldanlage außer Kraft setzen. Mehr Rendite bedeutet immer mehr Risiko.

Zum Operativen: Jede Geldanlage muss einen zweistufigen Prüfungsprozess durchlaufen.

Stufe 1: Passt die Geldanlage zu mir?

Die Geldanlage muss zu Ihnen und Ihrem Lebensstil passen. Sind Sie Single oder haben Sie eine Familie? Möchten Sie ein Haus bauen oder sind Sie Berufsnomade? Wie reagieren Sie, wenn der Wasserstand Ihres Vermögens stark schwankt?

Nicht jede Geldanlage ist für jeden von uns gleich gut geeignet. Dieses *Geeignetsein* wechselt auch mit den Jahren. Anlageformen, die für einen Dreißigjährigen sinnvoll sind, können für einen Sechzigjährigen nicht mehr akzeptabel sein und umgekehrt.

Ein kluger Anleger ist kein Geld-Messie (*keine Ahnung, wie ich an all diese Verträge gekommen bin, die sind mir so zugeflogen, da konnte ich nicht Nein sagen*), sondern ein Architekt. Jede neue Geldanlage muss sich in das Repertoire der bereits vorhandenen Anlagen einfügen und diese sinnvoll ergänzen.

Es ist Ihre Aufgabe zu definieren, was sinnvoll ist. Sinnvoll ist all das, was Ihre persönliche Lebensplanung unterstützt. Aber grämen Sie sich nicht, dieses zwanghafte Horten von Geldanlagen, nur weil einem ein kluger Vertriebler ein Renditemöhrchen vor die Nase hält, ist weit verbreitet.

Stufe 1 hat erst einmal nichts mit der Qualität der Geldanlage an sich zu tun. Niemand wird einem *Porsche* die Qualität absprechen wollen. Trotzdem ist ein *911er* vollkommen ungeeignet, wenn es darum geht Vater, Mutter, zwei Kindersitze und einen Kinderwagen am Wochenende in Richtung Großeltern zu transportieren.

Stufe 2: Stimmt das Risiko/Rendite-Profil?

Jetzt geht es um die Qualität der Anlage.

Im ersten Schritt kam heraus: *Ja, Sie möchten gerne die Summe X für ein Jahr fest anlegen.* Wegen der kurzen Laufzeit kommen nur Zinsprodukte infrage. Sie möchten heute ausrechnen können, welche Summe Sie in einem Jahr auf Ihrem Konto vorfinden werden. Infrage kommen Tagesgeld, Festgeld und Anleihen mit einer Restlaufzeit von einem Jahr.

Welches Produkt soll es sein?

1. **Tagesgeld:** Gibt arg wenig Zinsen und Sie können, wie gesagt, nur ein Jahr auf das Geld verzichten. Deshalb scheidet Tagesgeld aus.
2. **Anleihen mit einer Restlaufzeit von einem Jahr:** Zu hoher operativer Aufwand. Die passenden Wertpapiere muss man erst einmal finden, dann braucht man ein Depot, um sie zu verwahren ... nein, zu viel Stress.
3. **Bleibt Festgeld:** Außer der Kontoeröffnung kein Aufwand und keine Gebühren. Dazu kommt: Man soll ja nur in Sachen investieren, die man versteht.

Das Festgeld hat das Rennen gemacht, nun blasen die Zinsjäger zum Halali.

Festgeld-Zinsen bei seriösen Banken liegen bei rund 0,7 Prozent (*ABN AMRO* mit *MoneYou*). Online-Zinsportale wie *Savedo* oder *Weltsparen* haben da lukrativere Deals im Angebot: Bei *Weltsparen* ist die bulgarische *Bulgarian American Credit Bank* mit 1,55 Prozent der Bestseller.

Legen wir 10.000 € an (weniger geht nicht) und vergleichen wir *ABN AMRO* mit der *Fibank*. (Zum Thema Steuer: KapSt. plus Soli machen 26,375 Prozent aus.)

Bank	Betrag
Zinsen *ABN AMRO* vor Steuern	70,00 €
Zinsen *ABN AMRO* nach Steuern	51,54 €
Zinsen *Fibank* vor Steuern	155,00 €
Zinsen *Fibank* nach Steuern	114,12 €
Zinsdelta nach einem Jahr nach Steuern	62,58 €

Wie sieht jetzt das Rendite/Risiko-Profil aus?

Um nach Steuern 62,58 € zusätzlich zu verdienen, muss ich einer Bank mit zweifelhaftem Rating 10.000 € anvertrauen. Die mir vollkommen unbekannte bulgarische Ratingagentur *BCRA* bewertet die *Bulgarian American Credit Bank* mit einem B. Bei *Standard & Poor's* oder *Fitch* bedeutet ein B: *Nicht als Investment geeignet (Non-Investment Grade), sehr abhängig von der wirtschaftlichen Gesamtlage. Bei Verschlechterung der Lage sind Ausfälle wahrscheinlich.*

- Extra-Rendite: 62,58 €
- Risiko: verzögerte Rückzahlung durch den bulgarischen Bankenrettungsfonds, womöglich Totalverlust.

Ein wichtiger Parameter, um dieses Risiko abschätzen zu können, ist das Rating der Bank, der Sie Ihr Geld anvertrauen.

Das ist in der Praxis gar nicht so einfach. Ich habe ziemlich googeln müssen, bis ich die Infos für die *Bulgarian American Credit Bank* hatte. *Einwand: Das macht nichts, denn es gibt die europäische Einlagensicherung. Meine 10.000 € sind sicher.*

Zu den Einlagensicherungen ist Folgendes zu sagen: Theoretisch hört sich das toll an. Mein Geld ist bis zu einer Summe von 262 Millionen Euro pro Kunde (*Targobank*) oder sogar 498.638 Millionen Euro pro Kunde (*IKB Bank*) abgesichert. Doch wenn es richtig kracht, werden diese Fonds nicht standhalten und dann sind wir wieder bei Merkels Erklärung von 2008: *Die Konten sind sicher.*

Im Falle einer echten Krise kommt es auf die Leistungsfähigkeit des Staates an, in dem sich die Bank befindet, und da gibt es von Bulgarien (BBB-), Italien (BBB) und Portugal (BB) nur Trauriges zu berichten. Polen kann sich mit einem A- etwas absetzen. Wenn sich die Krise von 2008 wiederholt, sind die Steuerzahler gefragt. Ob, was und wer gerettet wird, hängt einzig und allein von den dann herrschenden **politischen** Konstellationen und Personen ab. Wird es unserem Mann im Rollstuhl gelingen, die Südländer in den Griff zu bekommen oder ist dann bereits ein anderer Finanzminister?

So bewerten die Ratingagenturen die Finanzkraft europäischer Länder:

Land	S&P	Moody's	Fitch
Belgien	AA	Aa3	AA
Bulgarien	BB+	Baa2	BBB-
Dänemark	AAA	Aaa	AAA
Deutschland	AAA	Aaa	AAA
Estland	AA-	A1	A+
Finnland	AA+	Aa1	AA+
Frankreich	AA	Aa2	AA
Griechenland	B-	Caa3	CCC
Großbritannien	AA	Aa1	AA
Italien	BBB-	Baa2	BBB+
Irland	A+	A3	A
Kroatien	BB	Ba2	BB
Lettland	A-	A3	A-
Litauen	A-	A3	A-
Luxemburg	AAA	Aaa	AAA
Malta	BBB+	A3	A
Niederlande	AAA	Aaa	AAA
Norwegen	AAA	Aaa	AAA
Österreich	AA+	Aa1	AA+
Polen	A-	A2	A-
Portugal	BB+	Ba1	BB+
Rumänien	BBB-	Baa3	BBB-
Russland	BB+	Ba1	BBB-
Schweden	AAA	Aaa	AAA
Schweiz	AAA	Aaa	AAA
Slowakei	A+	A2	A+
Spanien	BBB+	Baa2	BBB+
Tschechische Rep.	AA-	A1	A+
Türkei	BB+	Baa3	BBB-
Ungarn	BB+	Ba1	BBB-
Zypern	BB-	B1	B+

Stand Juni 2016
Quelle: Tagesgeld.net

Es gibt keine *europäische Einlagensicherung*, sondern eine *Einlagensicherung gemäß EU-Richtlinie*. Ein kleiner aber feiner Unterschied. Es gibt kein supranationales Einlagensicherungssystem.

Will sagen: Brüssel macht zwar eine Richtlinie, aber die Länder setzen diese dann in nationales Recht um. – Und wie meine Oma immer zu sagen pflegte: *Ein bisschen Schwund ist immer*. Nicht jeder Halbsatz, der in Brüssel losgeschickt wird, kommt auch in Sofia an. *Banken-Lobbyist* heißt auf Bulgarisch Банка лобист.

Die Arbeit dieser Wühlmäuse führt dann zur sogenannten *Primär Richtlinie 2009/14/EG*, in der festgelegt wird, dass die 100.000 € zwar sicher sein sollen, aber im Falle eines Falles auch in Lew ausgezahlt werden dürfen. – Wollten Sie 10.000 € zu 2,5 Prozent anlegen oder in Lew tauschen?

Ein weiterer Punkt: Einlagensicherung schützt nicht vor Kapitalkontrollen. Während der zypriotischen Finanzkrise hat das Land drakonische Kapitalverkehrskontrollen erlassen. Überweisungen über 5.000 € waren zustimmungspflichtig, die Geldautomaten gaben nur 300 € pro Tag und Kopf aus und die Zyprioten durften nur 1.000 € in bar außer Landes bringen. Warum sollte Bulgarien diesem Beispiel nicht folgen, wenn die Banken im ärmsten Land der EU zusammenbrechen?

Bevor ich des Bulgaren-Bashings für schuldig befunden werde: Ich bin mir sicher, dass auch die Banken Polens, Italiens und Portugals ihre *Lobbyści*, *Lobbisti* und *Lobistas* gut bezahlen. Ich hatte einfach nur keine Lust, noch weiter zu recherchieren. Aber ich will ja auch kein Geld bei diesen Finanzinstituten anlegen.

Wenn Sie Ihre Euros gut und sicher anlegen wollen, müssen Sie Recherchezeit mitbringen.

Was ist von den Angeboten der Zinsportale zu halten?

Ich halte mich bei der Auswahl meiner Finanzprodukte an die Bio-Regel: *Immer beim Erzeuger kaufen.* Im Hofladen bekomme ich die Sachen entweder billiger oder in besserer Qualität als im Lebensmittelladen. Dafür ist es bequemer, nach der Arbeit noch schnell beim *REWE* vorbeizuschauen.

Ich sehe außer der Bequemlichkeit für Kamikaze-Zinsjäger keinen Vorteil gegenüber einer Direktanlage. Nehmen wir das Beispiel *Weltsparen.* Wenn Sie sich bei *Weltsparen* anmelden, werden Sie

1. Kunde bei *Weltsparen,*
2. eröffnen bei der *MHB-Bank* ein unverzinstes Girokonto, das sogenannte *Weltsparkonto.* Von diesem Konto wird das Geld dann auf das Festgeldkonto der ausländischen Bank überwiesen. Sie werden ebenfalls Kunde dieser Bank.

Zitat von der Weltsparen-Web-Site: *Das Festgeldkonto wiederum schließen Sie bei einer unserer Partnerbanken ab. Für jedes Festgeldangebot, das Sie auswählen, wird ein eigenes Festgeldkonto eröffnet.*

Sie wollen Geld nur zu guten Zinsen anlegen und müssen dazu Kunde einer Vertriebsorganisation und zweier Banken werden? Das sind drei Firmen, die nichts zu verschenken haben und die an Ihnen Geld verdienen wollen und müssen. Dazu kommt das zusätzliche Risiko einer Pleite der *MHB-Bank.*

Die *MHB-Bank* gehört zum US-Finanzinvestor *Lone Star* und hat kein Publikumsgeschäft. Über die Solidität der Bank kann ich nichts sagen. Für mich als Anleger stellt sie ein unbekanntes Risiko dar, das ich möglichst eliminieren möchte.

Bei einer Direktanlage hole ich mir nur das Risiko *ausländische Bank* ins Depot. Das ist schon heftig genug. Allein die Frage *Funktioniert das Geschäftsmodell der ausländischen Bank?* ist nicht trivial. Nehmen wir die *Bulgarian American Credit Bank*: Verschuldet sie sich zu relativ günstigen Zinsen in Euro und vergibt teure Lew-Kredite an die lokale Bevölkerung? All das in der Hoffnung, dass die Kredite auch wirklich getilgt werden und dass keine großen Währungsverluste auflaufen? Oder spekuliert die Bank mit dem geliehenen Geld – hoffentlich erfolgreich – an den internationalen Märkten? – Wenn ich nicht weiß, was die Bank mit dem eingesammelten Geld macht, kann ich auch nicht beurteilen, wie riskant meine Anlage ist.

Sollte es krachen, ist *Weltsparen* als reiner Vermittler fein raus. *Weltsparen* ist nicht Ihr Anwalt. Im Falle eines Falles werden Sie selbst um Ihr Geld kämpfen müssen. Entweder auf Englisch oder in der Landessprache: *Wir weisen Sie ausdrücklich darauf hin, dass Weltsparen zu keinem Zeitpunkt Empfehlungen zu einzelnen Produkten oder Partnerbanken ausspricht.* (Zitat von der Web-Site)

Legen Sie nicht die gesamte Summe an, sondern behalten Sie so viel zurück, dass Sie den entsprechenden Sprachkurs an der VHS noch bezahlen können.

Einspruch: *Ich glaube nicht an diese Horrorszenarien. Wenn es hart auf hart geht, werden die Banken gerettet werden. Warum soll ich mich mit 0,7 Prozent Zinsen zufriedengeben, wenn ich über 1,5 Prozent haben kann?*

Ein guter Einwand. Meine ganze bisherige Argumentation beruht auf dem Axiom: *Das magische Dreieck der Geldanlage gilt.* Was nun, wenn dieses Axiom nicht mehr stimmt?

Bei sämtlichen Bankenkrisen wurde das Dreieck ausgehebelt. Die Banker sind extreme Risiken eingegangen und als *Samusin*, Gott des Ausgleichs, seinen Anteil haben wollte und die ganze Sache in die Grütze ging, musste der Steuerzahler *Samusin* auszahlen. Darauf können Sie wieder wetten. Aber *Samusin* ist ein launischer Gott mit einem Hang zur Bosheit. Es kann auch sein, dass er findet, dass Sie persönlich nicht *too big to fail* sind und niemand Ihnen Ihren Scherbenhaufen ersetzen wird.

Wie erfolgt die Besteuerung meiner Zinseinkünfte?

Eine Geldanlage soll Geld bringen und dabei möglichst wenig Arbeit machen. *Weltsparen* führt keine Kapitalertragssteuer ab. Es ist Ihr Job, das Formular *KAP Steuern* unter Punkt 7 korrekt auszufüllen:

Die Besteuerung erfolgt bei Vorliegen entsprechender Nachweise in der Höhe völlig analog zur Anlage in Deutschland. Der einzige Unterschied ergibt sich dadurch, dass wir für Sie die Kapitalertragsteuer nicht einbehalten können. Sie müssen also die innerhalb eines Jahres vereinnahmten Zinserträge in Ihrer persönlichen Einkommensteuererklärung angeben. Alle hierfür erforderlichen Unterlagen werden Ihnen zeitnah nach Fälligkeit des Festgeldes, spätestens jedoch nach dem Jahreswechsel in Ihrer elektronischen Postbox zur Verfügung gestellt. (Zitat von der Website)

Manche der ausländischen Partnerbanken führen die lokale Quellensteuer direkt ab. Sollte es ein Doppelbesteuerungsabkommen geben, können Sie sich die ausländische Quellensteuer ganz oder teilweise anrechnen lassen. Sind Ihnen 10 oder 20 € diesen Formular-Aufwand wert?

Für ein Netto-Zinsdelta von 60 € bei einer Anlagesumme von 10.000 € würde ich mir den Stress nicht antun. Dem Bequemlichkeitsargument kann ich nicht viel abgewinnen:

Dank unseres innovativen Prozesses entfallen Postident und Einzelkontoeröffnungen für viele einzelne Konten – der Anleger kann so seine Anlagen zentral über einen Zugang steuern und innerhalb von 1 – 2 Minuten Geld anlegen. (Interview mit dem Gründer des Start-ups *Zinspilot*)

Es geht doch nicht darum, **dass** ich mein Geld problemlos auf mehrere Banken verteilen kann, sondern **ob** ich mein Geld diesen Banken anvertrauen **will**.

Zinsjagd – ja lohnt sich das denn?

In diesem Teil stehen die kaufmännischen Aspekte im Vordergrund: *Unabhängig vom Risiko – ist die ganze Sache den Aufwand überhaupt wert?*

Die Messlatte: Der Mindestlohn. Die Frage: Erwirtschaften Sie als Zinsjäger wenigstens den Mindestlohn?

Wenn Sie mehr als 50.000 € anlegen, mag das mit dem Stundenlohn klargehen. Immerhin bekommen Sie jetzt 50 € Aufwandsentschädigung. Meine Frage wäre an dieser Stelle aber: *Sind Sie sicher, dass Sie kein Allokationsproblem haben?* Bevor Sie 50.000 € in Zinsprodukte stecken ist zu klären, wie es mit anderen Anlageklassen, insbesondere Aktien aussieht.

Hier prallen zwei Strategien aufeinander:

Die *Zinsportal-Strategie*
Maximieren des Ertrags durch Zins-Hopping. Das dauernde Bankwechseln ist arbeitsintensiv. Zinsportale versprechen operative Erleichterung.

Die Finanzwesir *Keep-it-easy-Strategie*
Man sucht sich einmal eine Bank, die dauerhaft brauchbare Zinsen bietet, und bleibt dabei. Durch die konsequente Anwendung der 80/20-Regel verzichtet man auf 20 Prozent des Profits, spart sich dabei aber 80 Prozent der Arbeit.
Ich mache das mit dem Online-Ableger *MoneyYou* der holländischen *ABN AMRO*. *MoneyYou* ist in den Vergleichen nie unter den ersten 3 zu finden, aber immer – und das über Jahre – in der Top-Gruppe.

 Ich bekomme für diesen Hinweis kein Geld und bin mir sicher, dass auch andere Banken hier infrage kämen. Es gab nur bis jetzt für mich keinen Grund zu wechseln.

Der Vergleich
Für Einjahresfestgeld war im Sommer 2016 die FIMBank mit 1,42 Prozent der zinsstärkste Anbieter bei *Zinspilot. MoneyYou* zahlt 0,8 Prozent.

Summe	Zinspilot 1,40 %	MoneyYou 0,8 %	Jahres-Delta brutto
2.000 €	28 €	16 €	12 €
50.000 €	700 €	400 €	300 €

Bei nicht ausgeschöpften Freibeträgen und einer Anlagesumme von 50.000 € beträgt das Jahres-Delta 300 €.

Einmal kurz besinnen: Warum machen wir das hier eigentlich? Nicht wegen der Rendite, sondern wegen der Sicherheit. Es geht um den *Petrus-Anteil* unseres Vermögens.

Wir erinnern uns: *Keine Rendite ohne Risiko.* Und fragen uns: *Wie kommen diese 300 € zustande?*

Die *FIMbank* sitzt in Malta. Die Ratingagentur *Fitch* bewertet die Bank mit einem B, das Land Malta mit einem A.

MoneYou ist der Online-Ableger der holländischen Großbank *ABN Amro*. *Fitch* bewertet die Bank mit einem A und die Niederlande mit AAA.

Sie wollen einer maltesischen Bank mit einer Ramschbewertung (deren Hauptanteilseigner zwei Banken aus dem mittleren Osten sind) 50.000 Euro in den Rachen werfen und lassen sich dann mit 300 Euro abspeisen? Glauben Sie wirklich, dass diese Konstruktion in den sicheren Anteil ihres Vermögens gehört?

Vorteile der *Zinspilot-Strategie*
Pi mal Daumen würde ich sagen: Mithilfe der Zinspiloten-Strategie kann man vor Steuern 10 – 300 € pro Jahr mehr erwirtschaften.

Nachteile der *Zinspilot-Strategie*
Zinspilot nimmt Ihnen so lange die Arbeit ab, bis das Geld auf dem Konto der Partnerbank angelangt ist. Der Steuerkram bleibt Ihnen. Wenn Sie bei 5 Banken anlegen, müssen Sie auch 5 Freistellungsaufträge stellen und fünfmal die entsprechenden Erträge in der Steuererklärung eintragen. **Sie** haben 5 Deals am Start, nicht *Zinspilot*, und **Sie** stehen beim Fiskus dafür ein, dass alles korrekt versteuert wird.

Sie können nur innerhalb des *Zinspilot*-Universums investieren. Eine Bank, die keine Vertriebsvereinbarung mit den *Zinspiloten* hat, steht Ihnen nicht zur Verfügung, auch wenn sie Top-Zinsen bietet. Wenn Sie Ihr Geld bei *Zinspilot* anlegen, dann vertrauen Sie darauf, dass die *Zinspilot*-Vertriebsmannschaft stets neue attraktive Deals heranschleppt.

Exkurs:
Lassen Sie uns einmal einen Blick auf das Geschäftsmodell von Anbietern wie *Zinspilot, Weltsparen* oder *Savedo* werfen. Keine Lust? Das hatten die *Prokon*-Anleger auch nicht und dann war das ganze Geld verdunstet.

Okay, das war jetzt unfaire Panikmache. Als reine Vertriebsorganisationen reichen die Zinsportale Ihr Geld nur weiter. Bei einer Vertriebspleite ist Ihr Geld nicht betroffen.

Hier ein Zitat aus der Fragensammlung der *Zinspilot*-Website: *Wir sind keine Bank und nehmen keine Anlagen entgegen. Ihr Geld genießt weiterhin die volle Einlagensicherung der jeweiligen Bankinstitute. Sie bleiben jederzeit der wirtschaftlich berechtigte Inhaber des Anlagebetrages. Es greift die jeweilige Einlagensicherung der ausgewählten Anlagebank nach dem gleichen Verfahren, als würden Sie dort direkt ein Tagesgeld- oder Festgeld-Konto eröffnen.*

Wie läuft das Geschäft jetzt?
Es gibt eine Bank. Diese Bank möchte Geld einsammeln, aus welchen Gründen auch immer. Was muss die Bank tun, um an frisches Geld zu kommen?

1. Dem Sparer ein attraktives Angebot machen, also gute Zinsen zahlen.
2. Das Angebot bekannt machen. Hier sind Marketing und Vertrieb gefragt.

Beides kostet Geld und schmälert die Marge. Die Bank wird also versuchen, so günstig wie möglich an das neue Geld zu kommen. In Prä-Internet-Zeiten hätte man in Zeitschriften, auf Plakaten, im Radio und im Fernsehen geworben und dabei eine Menge Geld verpulvert. Heutzutage setzt man auf die eigene Website, Online-Werbung und Affiliate-Marketing.

*Toll, und was bedeutet das jetzt konkret? Von diesem Affili-Dingens habe
ich noch nie gehört.*

1. **Eigene Website:**
   Muss seriös aussehen, den Abschluss ermöglichen und so präpa-
   riert werden, dass sie bei den wichtigen Suchbegriffen weit oben
   bei Google auftaucht. Dazu muss man aber erst einmal wissen,
   was denn diese *wichtigen Suchbegriffe* überhaupt sind.

2. **Online-Werbung:**
   Manche Anbieter schalten klassische Bannerwerbung, die meisten
   aber nur Textlinks. Hier wird jeder Klick mit einigen Cents vergü-
   tet. Diese Werbung wird über spezialisierte Werbenetzwerke auf
   Zehntausenden von Websites, von *Spiegel Online* bis zum kleinen
   Blog ausgeliefert. Da die Klickraten so lausig sind, werden die
   Werbemittel zu Millionen ausgeliefert und ständig optimiert. So
   eine Kampagne zu managen ist zu 95 Prozent ein knallharter
   Excel-Job und zu 5 Prozent pure Magie.

3. **Affiliate-Marketing:**
   Affiliate ist englisch für *Vertragspartner*. Beim Affiliate-Marketing
   rekrutiert die Bank Vertriebspartner. Websites wie *Tagesgeld.net*,
   Check24 oder der *Focus Money Tagesgeldvergleich* stellen das An-
   gebot der Bank vor und für jeden Abschluss gibt es eine Provision.
   Gute Vertriebspartner sind anspruchsvoll. Sie wollen immer neue
   Werbemittel und Aktionen und möchten auch sonst gut behan-
   delt werden.

Am liebsten wäre es der Bank natürlich, wenn Sie direkt auf der
Bank-Website Ihr Tages- oder Festgeldkonto eröffnen würden. Das
Problem: Geben Sie einmal Begriffe wie *Tagesgeld, Tagesgeldvergleich*
oder *Top-Zinsen* in Google ein. Sie werden feststellen, dass sich dort
hoch spezialisierte Anbieter festgekrallt haben. Diese Anbieter arbeiten – teilweise seit Jahren – mit allen legalen und auch halb-
legalen Tricks daran, bei Google die Nummer eins zu sein. Diese
Suchwörter sind **extrem** umkämpft. Da kann keine Bank mithalten.

Deshalb sind die Banken im Onlinebereich auf Vertriebspartner wie *Tagesgeldvergleich.com* angewiesen. Diese Websites besitzen Googles Vertrauen und ein über Jahre gewachsenes Link-Netzwerk. Solche Dickschiffe entthront man nicht von heute auf morgen.

Was hat das mit den Zinsportalen zu tun?

Diese Newcomer konkurrieren mit den Platzhirschen. Die Google-Trend-Analyse zeigt: Die Nutzer suchen nach *Tagesgeld* und *Festgeld* und nicht nach den Markennamen *Zinspilot* oder *Weltsparen*.

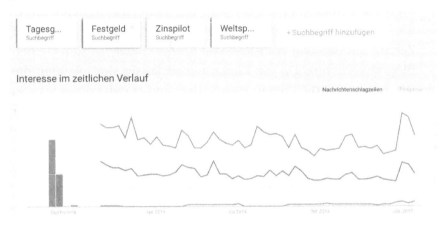

Suchvolumen Zinspilot, Weltsparen, Tagesgeld, Festgeld
Quelle: Google Trends

Die neuen Anbieter müssen sich nach vorne kämpfen. Um dieses Spiel zu gewinnen, braucht man Geld, Zeit und eine Menge Erfahrung. Auch die Newcomer wollen Geld verdienen und nicht nur wechseln. Was bringt es, die ganzen Provisionsgelder sofort wieder für Suchmaschinenoptimierung, Onlinewerbung und eigenes Affiliate-Marketing auszugeben? Außerdem ist zu vermuten, dass ein Newcomer sich erst einmal beweisen muss und von der Bank nicht sofort die guten Konditionen eingeräumt bekommt, die eine etablierte Vertriebsmaschine wie *Focus Money* verlangen kann.

Eine Bank wird nur dann dauerhaft mit einem der Newcomer zusammenarbeiten, wenn

1. die Neukunden-Akquise über eines der neuen Zinsportale nicht teurer ist als über eine der bestehenden Vertriebspartnerschaften,
2. die Newcomer auf absehbare Zeit ein ordentliches Abschlussvolumen beisteuern können.

Im Gegensatz zu den etablierten Vergleichsportalen, die mich als Kunden weiterleiten, die Provision kassieren und dann weg sind, bieten *Zinspilot* und die anderen Zinsportale mir einen Service. Die Anbieter stellen mir den Papierkram gebündelt in einem Online-Cockpit zur Verfügung.

Wer bezahlt das?
1. Ich als Kunde nicht, denn Zinskunden sind extrem preissensibel.
2. Die Bank? Vielleicht, aber nur, wenn *Zinspilot* der Bank einen Mehrwert bietet.
3. *Zinspilot* selbst. Das verringert dann die Marge. Dieses Geld fehlt dann bei der Kundenakquise.

Warum ich so auf der Wirtschaftlichkeit der neuen Zinsportale herumhacke?
Sowohl *Zinspilot* als auch *Weltsparen* und *Savedo* werben damit, mir das Leben leichter zu machen. *Kostenlos, bequem, einfach* – diese Worte findet man auf den Websites der Anbieter.

Das mag alles stimmen, aber ich vermisse das Wort dauerhaft. Ich sehe noch nicht, wie sich die neuen Zinsportale bei den niedrigen Margen profitabel gegen die harte Konkurrenz durchsetzen wollen. Ich will eine echte *Fire-and-forget*-Lösung und keine Sache, bei der ich womöglich nach 12 Monaten wieder im Regen stehe. Mein Tag hat auch nur 24 Stunden – Tagesgeld muss pflegeleicht mitlaufen.

Die Zinsportale lösen ein nicht existentes Problem.

Das erinnert mich an diesen Schnack zwischen Ingenieuren:
Sagt der erste Ingenieur: *Schau mal, wir haben hier eine ganz tolle Lösung entwickelt.*
Sagt der Zweite: *Sehr cool, aber habt ihr denn schon ein Problem für die Lösung gefunden?*

Die bereits am Markt etablierten Player bieten mir mehr als genug gute Zinsangebote. Der finanzielle Mehrwert, den mir *Zinspilot* bietet, liegt bei maximal 50 € im Jahr. Dafür spare ich mir das Postident-Verfahren, trage aber

- nach wie vor den steuerlichen Aufwand und
- das Risiko, dass der Anbieter nicht überlebt, weil er sich gegen die etablierte Konkurrenz nicht durchsetzen kann. Damit stehe ich dann wieder genau da, wo ich meine Reise angefangen habe.

Zinspilot wirbt mit: *Hier können Anleger mit nur einem einzigen Konto Tages- und Festgeld-Angebote verschiedener Banken nutzen.*
Warum sollte ich das wollen? Wenn man

- von den Summen ausgeht, die wir als Normalsterbliche bewegen und
- den ganzen Prozess von der Überweisung bis zur Steuererklärung betrachtet,

dann ist die direkte Eröffnung **eines** Tagesgeldkontos bei einer etablierten Bank, die dauerhaft gute Zinsen zahlt, die wirtschaftlichste Lösung. Warum soll ich ohne Not die Nahrungskette verlängern? Jeder Mitspieler bringt seine AGBs mit, die ich lesen, verstehen und akzeptieren muss. Und wenn er sie ändert, steht mir ein Sonderkündigungsrecht zu. Ich will aber kein Sonderkündigungsrecht, sondern meine Ruhe.

Schießen Sie bei der Zinsjagd keinen kapitalen Bock, sondern prüfen Sie jede Geldanlage mit diesem zweistufigen Prozess. Sie werden feststellen: Ihre Altpapiertonne wird immer gut gefüllt sein.

Festgeld-Leiter

Wen Sie Ihr Geld langfristiger anlegen möchten, bietet sich eine Festgeldleiter an.

Eine *Festgeldleiter*, auch *Sparbriefleiter* genannt, ist eine feine Sache. Wie beim Tagesgeld sucht man sich eine oder mehrere Banken, die dem deutschen Einlagensicherungsfonds angehören, und legt sein Geld dort in mehreren Tranchen an. Da man bei einer Sparbriefleiter sein Geld einer Bank über mehrere Jahre anvertraut, ist es besonders wichtig darauf zu achten, dass diese Bank zahlungsfähig bleibt.

Angenommen, Sie möchten 25.000 € anlegen. Dann teilen Sie das Geld in 5 Tranchen zu je 5.000 € und legen die ersten 5.000 € für ein Jahr fest, für die nächsten 5.000 € kaufen Sie einen zweijährigen Sparbrief und der letzte Sparbrief hat eine Laufzeit von 5 Jahren. In einem Jahr, wenn der Einjährige fällig wird, verlängern Sie Ihre Leiter mit dem Kauf eines weiteren 5-Jahres-Sparbriefes um eine Sprosse.

So bekommen Sie noch halbwegs passable Zinsen und kommen trotzdem jedes Jahr an ein Fünftel Ihrer Ersparnisse.

Tages- und Festgeld sind das neue Sparbuch. Der Zinssatz des Sparbuch 3000 plus der Post lag 2016 bei 0,01 Prozent. Sparkassen und Banken verzinsen ähnlich gut. Das muss sich niemand bieten lassen.

Der Entscheidungsbaum sieht so aus:

- Ich bin moralisch gefestigt und deshalb davor gefeit, mein Geld für sinnlosen Konsum rauszuhauen. → *Tagesgeld*
- Ich glaube außerdem, dass die Zinsen in den nächsten 12 – 24 Monaten wieder steigen werden und möchte deshalb zu gegebener Zeit von den steigenden Zinsen profitieren. → *Tagesgeld*
- Ich kenne mich: Wenn ich aktuelle Angebote online oder offline sehe, ist es aus mit mir. Deshalb schließe ich mein Geld weg. → *12-Monats- oder 24-Monats-Festgeld*
- Die Zinsen steigen doch sowieso nicht. Ich will das Thema vom Tisch haben. → *12-Monats- oder 24-Monats-Festgeld*

Die Konten werden bei seriösen Banken nördlich der Alpen abgeschlossen. Lockangebote sind uninteressant, stattdessen suchen wir uns eine Bank, die dauerhaft gute Zinsen bietet. Dauerhaft gute Zinsen sind besser, als für 3 Monate astral gute Zinsen zu kassieren und dann in den Zinskeller abzustürzen.

Das war's! Diese Politik der ruhigen Hand gilt nicht nur für unser Aktiendepot, sondern für alle Anlageformen.

Anleihen-ETFs für den risikoarmen Teil

Als Anleihen kommen nur kurz laufende Staatsanleihen erstklassiger Schuldner sowie Geldmarktanleihen infrage.
Im Klartext: Deutschland, sowie alle andern mit A oder besser bewerteten Staaten Europas und eventuell die USA. (Die USA sind sicherlich ein Top-Schuldner, aber wir haben hier das Fremdwährungsrisiko.) Meist durch Immobilien besicherte Pfandbriefe qualifizieren sich ebenfalls als sicher.
Warum *kurz laufend*? Weil nicht davon auszugehen ist, dass die Bundesrepublik oder die USA in den nächsten drei Jahren ihren Bankrott erklären. Deshalb kann man mit fast hundertprozentiger Wahrscheinlichkeit davon ausgehen,
* dass die Zinsen gezahlt werden,
* dass die Anleihe zurückgezahlt wird.
Damit erfüllen diese Anleihen das Kriterium des *sicheren Hafens*.
Hier ein Rendite-Snapshot vom 31. März 2016 der wichtigsten Anleihen-ETFs, die man als sicher ansehen kann. Diskrete Rendite (auch *einfache Rendite* (englisch: *return*) genannt, ist der prozentuale Zuwachs von einem Zeitpunkt zum anderen) für die folgenden Zeiträume:

ETF	1. Jahr	2. Jahr	3. Jahr
Geldmarkt	-0,35 %	0,01 %	-0,08 %
kurz laufende (1,5 – 2,5 Jahre Laufzeit) deutsche Staatsanleihen	0,30 %	11,24 %	-0,28 %
kurz laufende (1 – 3 Jahre Laufzeit) US-Staatsanleihen	0,67 %	0,71 %	0,14 %
kurz laufende (1 – 3 Jahre Laufzeit) europäische Staatsanleihen	0,33 %	1,35 %	2,00 %
Pfandbriefe	0,59 %	4,16 %	1,76 %
(1 – 20+ Jahre Laufzeit) deutsche Staatsanleihen	0,02 %	0,55 %	-0,22 %

Mit Ausnahme der kurz laufenden deutschen Staatsanleihen, die 2014 wegen der Griechenlandkrise extrem gut gelaufen sind, liegen die Renditen der anderen Anleihen alle unterhalb oder knapp auf Tages- und Festgeldniveau.

Aktuell sollten Sie überlegen, ob der risikoarme Teil nicht besser über Tages- und Festgeld realisiert wird – selbstverständlich nur bei einer seriösen Bank mit westeuropäischer Einlagensicherung. Einjähriges Festgeld notiert bei 1 Prozent, für zweijähriges Festgeld sind die Banken bereit, 1,2 Prozent zu zahlen. Festgeld wird auch *Sparbrief* genannt. Damit liegt die Rendite deutlich oberhalb der von sicheren Anleihen-ETFs.

Natürlich können Sie auch die Anleihen einzeln kaufen und bis zur Endfälligkeit halten. Schauen wir doch mal in den ETF der kurz laufenden deutschen Staatsanleihen. Dort finden wir mit der *WKN 113535* die bundesrepublikanische Anleihe *V.2008(2018)*.

Die Eckdaten: ein Coupon von 4,25 Prozent, fällig am 04.07.2018, Kurs: 110,70 €. Das bedeutet: Sie bezahlen 110,70 € für einen Anteil, der 100 € wert ist.

Wenn Sie die Anleihe heute (04.04.2016) kaufen, erhalten Sie bis zum Juli 2018 folgende Zahlungen:

- Zinsen für 2 Jahre und 3 Monate also:
  2 * 4,25 Euro + 1,06 € = 9,56 €
- Den Nennwert von 100 €.
- Macht in Summe: 109,56 € für Sie.
- Bezahlt haben Sie 110,70 € plus die Transaktionskosten.
- Macht einen Verlust von 1,14 € (oder 0,53 Prozent pro Jahr) plus Transaktionskosten.
- Sollten Sie den Freibetrag von 801 € überschreiten, müssen Sie die Zinsen auch noch versteuern.

Sie sehen: Die Kombi aus recht hohen Zinsen plus hoher Kaufpreis wirkt sich doppelt ungünstig aus.
- Die hohen Zinsen füllen den Freibetrag schnell auf.
- Die hohen Kaufkosten neutralisieren die Zinszahlungen und sorgen für Verluste.

Solange Sie deutlich unter der Grenze von 100.000 € des Einlagensicherungsfonds liegen, plädiere ich deshalb für Tages- und Festgeld. Bei Bankeinlagen haben Sie gegenüber institutionellen Anlegern einen signifikanten Vorteil: Tagesgeldzinsen sind nicht ganz marktgerecht, sondern liegen leicht über dem wirtschaftlich sinnvollen Niveau. Warum? Weil die Marketing-Abteilung der Bank zwecks Kundengewinnung und -bindung einen Teil der Marketing-Euros an Sie ausschüttet.

 Tagesgeld und Sparbriefe sind einfach einzurichten und die Nachsteuerrenditen sind einfach besser. Wenn die Zinsen der AAA-Anleihen wieder steigen, können Sie ja immer noch umschichten. Der einzige Nachteil einer Festgeldleiter: Sie kommen nicht sofort an ihr Geld heran.

Ich will aber unbedingt Anleihen kaufen

Dann empfehle ich Ihnen einen Anleihen-ETF. Die zugrunde liegenden Indizes sind entweder der
- *Deutsche Boerse EUROGOV Germany* oder der *eb.rexx Government Germany*, beide für deutsche Staatsanleihen,
- *iBoxx EUR Liquid Sovereign* für europäische Staatsanleihen.
Alle drei Indizes sind in Laufzeitbänder eingeteilt.

Exerzieren wir das mal am Beispiel der *eb.rexx*-Indexfamilie durch:
Die *eb.rexx*-Indexfamilie bildet den Markt für festverzinsliche, in
Euro denominierte Anleihen ab.

- Es gibt den *eb.rexx*-Gesamtindex. Dieser Index umfasst Anleihen mit einer Restlaufzeit von unter 1 – 20 + Jahre.
- Der *eb.rexx Government Germany 1.5-2.5yr* kauft nur Anleihen mit einer Restlaufzeit von 1,5 – 2,5 Jahren.
- *iShares eb.rexx® Government Germany 10.5 + yr* kauft nur Anleihen mit einer Restlaufzeit von mehr als 10 Jahren.
- Dazwischen gibt es noch einige Abstufungen.

Damit wäre der risikoarme Teil des Weltportfolios abgedeckt. Der
risikobehaftete Teil wird komplett über Aktien-ETFs realisiert.

Diese ETFs lohnen sich aktuell weniger als Tages- oder Festgeld und
sie sind durchaus nicht unproblematisch, wie ich im Kapitel *Die konkrete Umsetzung* dargelegt habe.

Ihnen muss klar sein: Die Strategie *Ich habe mir gaaaaanz viel Mühe
mit der Auswahl meiner Aktien-ETFs gegeben, für den risikoarmen Teil
meines Depots tackere ich mir geschwind ein paar Anleihen-ETFs zusammen und dann bin ich endlich fertig* wird **nicht** aufgehen.

Der risikobehaftete Anteil – so kommt die Rendite ins Depot

Der risikobehaftete Teil des Depots soll über ETFs realisiert werden.
Aber wie finde ich den richtigen ETF?

Eine erste Recherche ergibt: In Deutschland sind knapp 800 Aktien-ETFs zugelassen, die sich auf gut 430 Indizes verteilen. Da will
man doch spontan die Flinte ins Korn werfen und einen selbigen
trinken!

Das muss nicht sein. Lassen Sie uns ein Kettensägenmassaker veranstalten. Unser erstes Kriterium: Wir akzeptieren nur marktbreite und gut konstruierte Indizes – und schon sind wir 98 Prozent der Indizes los. Für uns sind nur 10 Indizes interessant. Die meisten stammen aus der *MSCI*-Familie.

Die MSCI Index-Familie
Quelle: Finanzwesir

1. MSCI ACWI: kombiniert den *MSCI World* und den *MSCI EM,* knapp 2.500 Unternehmen aus 23 Industrie- und 23 Schwellenländern.

2. MSCI World: gut 1.600 große Unternehmen aus den 23 Industrieländern Kanada, USA, Belgien, Dänemark, Deutschland, Finnland, Frankreich, Großbritannien, Irland, Israel, Italien, Niederlande, Norwegen, Österreich, Portugal, Spanien, Schweden, Schweiz, Australien, Hongkong, Japan, Neuseeland und Singapur.

3. MSCI Emerging Markets: gut 800 Unternehmen aus 23 Schwellenländern: Brasilien, Chile, Kolumbien, Mexiko, Peru, Ägypten, Griechenland, Polen, Katar, Russland, Südafrika, Türkei, Ungarn, Tschechische Republik, Vereinige Arabische Emirate, China, Indien, Indonesien, Korea, Philippinen, Taiwan und Thailand.

4. MSCI Europe: knapp 450 der größten Unternehmen Europas aus 15 Ländern: Großbritannien, Frankreich, Deutschland, Schweiz, Spanien, Niederlande, Schweden, Italien, Dänemark, Belgien, Finnland, Norwegen, Irland, Österreich und Portugal.

5. STOXX Europe 600: die 600 größten Unternehmen aus Europa aus den 18 Ländern Österreich, Belgien, Tschechische Republik, Dänemark, Finnland, Frankreich, Deutschland, Griechenland, Irland, Italien, Luxemburg, Niederlande, Norwegen, Portugal, Spanien, Schweden, Schweiz und Großbritannien.

6. MSCI North America: gut 700 große und mittlere Unternehmen aus den USA und Kanada. Besteht zu 95 Prozent aus US-Unternehmen.

7. S&P 500: die 500 größten Unternehmen der USA.

8. MSCI USA: gut 600 große Unternehmen der USA.

9. MSCI Pacific: deckt die Pazifikregion ab: 470 große Unternehmen aus Japan, Hongkong, Singapur, Australien und Neuseeland. Besteht zu 65 Prozent aus japanischen Firmen.

10. MSCI Japan: knapp 320 große japanische Unternehmen.

Unser zweites Kriterium:

Wir akzeptieren nur steuereinfache ETFs – und schon müssen wir uns nicht mehr zwischen 800, sondern nur noch zwischen 44 ETFs entscheiden; eine *Ab-in-den-Müll-Quote* von über 95 Prozent.

Index	Firma	ISIN	TER	Gewinnver-wendung
MSCI ACWI	Lyxor	FR0011079466	0,45 %	thesaurierend
MSCI World	HSBC	DE000A1C9KL8	0,15 %	ausschüttend
MSCI World	Comstage	LU0392494562	0,20 %	thesaurierend
MSCI World	UBS	LU0340285161	0,30 %	ausschüttend
MSCI World	Source	IE00B60SX394	0,35 %	thesaurierend
MSCI World	db X-trackers	LU0274208692	0,45 %	thesaurierend
MSCI World	Lyxor	FR0010315770	0,45 %	ausschüttend
MSCI World	iShares	IE00B0M62Q58	0,50 %	ausschüttend
MSCI Emerging Markets	Comstage	LU0635178014	0,25 %	thesaurierend
MSCI Emerging Markets	db X-trackers	LU0292107645	0,45 %	thesaurierend
MSCI Emerging Markets	UBS	LU0480132876	0,45 %	ausschüttend
MSCI Emerging Markets	Deka	DE000ETFL342	0,65 %	thesaurierend
MSCI Emerging Markets	iShares	IE00B0M63177	0,75 %	ausschüttend
MSCI Emerging Markets	Source	DE000A1JM6G3	0,85 %	thesaurierend
MSCI Europe	Source	IE00B60SWY32	0,20 %	thesaurierend
MSCI Europe	HSBC	DE000A1C22L5	0,20 %	ausschüttend
MSCI Europe	UBS	LU0446734104	0,20 %	ausschüttend
MSCI Europe	Comstage	LU0392494646	0,25 %	thesaurierend
MSCI Europe	Lyxor	FR0010261198	0,25 %	ausschüttend
MSCI Europe	Deka	DE000ETFL284	0,30 %	ausschüttend
MSCI Europe	iShares	IE00B1YZSC51	0,35 %	ausschüttend

Index	Firma	ISIN	TER	Gewinnver-wendung
STOXX Europe 600	Source	IE00B60SWW18	0,19 %	thesaurierend
STOXX Europe 600	Comstage	LU0378434582	0,20 %	thesaurierend
STOXX Europe 600	iShares	DE0002635307	0,20 %	ausschüttend
MSCI Nordamerika	Comstage	LU0392494992	0,25 %	thesaurierend
MSCI Nordamerika	iShares	DE000A0J2060	0,40 %	ausschüttend
S&P 500	Source	DE000A1JM6F5	0,05 %	thesaurierend
S&P 500	HSBC	DE000A1C22M3	0,09 %	ausschüttend
S&P 500	UBS	IE00B7K93397	0,12 %	ausschüttend
S&P 500	db X-trackers	LU0490618542	0,20 %	thesaurierend
S&P 500	iShares	IE0031442068	0,40 %	ausschüttend
MSCI USA	Comstage	LU0392495700	0,10 %	thesaurierend
MSCI USA	UBS	IE00B77D4428	0,20 %	ausschüttend
MSCI USA	Lyxor	FR0010296061	0,275 %	ausschüttend
MSCI USA	Deka	DE000ETFL268	0,30 %	ausschüttend
MSCI USA	HSBC	DE000A1C22K7	0,30 %	ausschüttend
MSCI USA	db X-trackers	LU0274210672	0,30 %	thesaurierend
MSCI USA	Source	IE00B60SX170	0,30 %	thesaurierend
MSCI Pacific	Comstage	LU0392495023	0,45 %	thesaurierend
MSCI Japan	HSBC	DE000A1C0BD3	0,19 %	ausschüttend
MSCI Japan	Comstage	LU0392495452	0,25 %	thesaurierend
MSCI Japan	Source	IE00B60SX287	0,40 %	thesaurierend
MSCI Japan	UBS	LU0136240974	0,35 %	ausschüttend
MSCI Japan	Deka	DE000ETFL300	0,50 %	ausschüttend

Diese 44 ETFs sind die Bausteine, aus den Sie sich Ihr Portfolio zusammenbauen.

Ich habe diese Liste nach bestem Wissen und Gewissen zusammenge-stellt, aber ETFs sind lebende Produkte, die ändern sich manchmal.

Vielleicht habe ich bei der Recherche auch einen Fehler gemacht ... Zahlendreher, in der Zeile verrutscht – soll ja manchmal vorkommen. Deshalb müssen Sie unbedingt vor dem Kauf noch einmal auf die Seite des ETF-Anbieters gehen und dort genau nachsehen ob das, was hier steht, noch stimmt.

Sie **müssen** dazu direkt an die Quelle gehen. Es reicht nicht, einfach mal schnell auf einem Finanzportal nachzusehen. Ich habe dort schon genug falsche Zahlen gefunden.

Wie kombiniere ich diese ETFs jetzt am besten?

Ich möchte Ihnen vier Musterportfolios vorschlagen:

1. Die Ein-ETF-Lösung.
2. Zwei ETFs: Industrieländer plus Schwellenländer.
3. Drei ETFs, gewichtet nach Bruttoinlandsprodukt (BIP): Industrieländer, Europa, Schwellenländer.
4. Vier ETFs: Die Regio-Lösung mit den vier Wirtschaftsräumen Nordamerika, Europa, Pazifikraum und Schwellenländer.

Ein ETF

Einen Index, die Gebühren zu minimieren, sie alle zu ersetzen, passiv zu investieren und ewig vom Wachstum zu profitieren. – Gibt's denn so etwas? Ja, und sogar steuereinfach.

Der *MSCI ACWI*

Der *All Country World Index* (*ACWI*) der Firma *MSCI* ist der Index der Wahl. Der *MSCI ACWI* ist nach Marktkapitalisierung gewichtet und besteht zu

- 90 Prozent aus dem MSCI World (Industrienationen)
- 10 Prozent MSCI Emerging Markets (Schwellenländer)

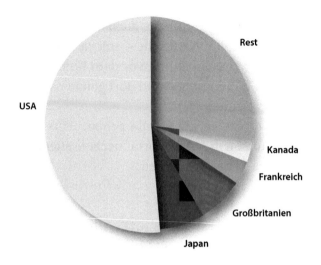

ACWI Länderverteilung
Quelle: MSCI

Mit anderen Worten: Geht es der US-Wirtschaft gut, steigt auch der *ACWI*-Index.

Ich bin dabei. Welchen ETF soll ich kaufen?
Es gibt nur einen, den Thesaurierer von *Lyxor* (FR0011079466) mit einer Kostenquote von 0,45 Prozent.

Wie setze ich diesen Plan in die Tat um?
Der *Lyxor-ACWI* ist aktuell bei keinem der großen Broker sparplanfähig. Damit die Transaktionskosten Sie nicht auffressen, sollte jeder Kauf zwischen 1.000 und 2.000 € umfassen. Wenn Sie keine monatliche Sparrate in dieser Höhe schaffen, überweisen Sie per Dauerauftrag am Monatsersten Ihre Sparrate auf das Verrechnungskonto Ihres Brokers. Wenn Sie zwischen 1.000 und 2.000 € zusammen haben, kaufen Sie. Was den Broker angeht, so haben Sie die freie Wahl.
Sie werden bei jedem der großen Direktbroker pro Kauf rund 10 € an Gebühren bezahlen.

Damit dieses Modell realistisch funktioniert, brauchen Sie eine monatliche Sparrate von 200 €. Dann können Sie jedes Halbjahr einmal kaufen.

Ich kann aber nur 50 € monatlich sparen. Was tun?
Dann würde ich vorschlagen, Sie besparen nur einen ETF auf den *MSCI World*. Damit sind Sie immer noch hinreichend gut diversifiziert. Selbst wenn es dabei bleibt, weil Sie nicht aufstocken können – besser als das Sparbuch oder ein gebührenfressender Mischfonds ist der *MSCI World* in jedem Fall.

Diese Brot-und-Butter-ETFs sind bei vielen Direktbrokern sparplanfähig, manchmal sogar als kostenlose ETF-Sparplan-Aktion. Sie werden dann vielleicht nicht Ihren Wunsch-ETF besparen können, aber dafür zahlen Sie auch weniger als einen Euro, um eine Sparrate von 50 € zu platzieren. Bei Aktions-ETFs kriegen Sie sogar brutto für netto: Sie sparen 50 €, der Broker kauft für 50 € ETFs.

Konkrete Hinweise, welcher ETF bei welchem Broker zu welchen Konditionen zu haben ist, wären mit Drucklegung veraltet. Deshalb verweise ich auf Merkels Neuland: In diesem Internet gibt es eine Web-Site namens *JustETF*. Schauen Sie dort mal auf der Sparplan-Vergleichsseite nach:
https://www.justetf.com/de/etf-sparplan/sparplan-vergleich.html

Das Psycho-Problem
Das gesamte Aktienthema mit nur einem ETF erschlagen? Kann das denn gut gehen? Was ist mit der Diversifikation? Ich bin der Meinung, dass diese Strategie gut, aber schwer umzusetzen ist.

Warum? Weil wir in einer Welt leben, in der es ein Kapitalverbrechen ist, schwarze Kleidung nicht mit einem speziellen Schwarzwaschmittel zu waschen, Buntes darf nur mit einem speziellen Farberhalter gewaschen werden und das richtig weiße Weiß bringt nur der *Weiße Riese*. Nicht vergessen: Ein Schluck *Calgon* muss immer mit dabei sein, sonst vorwurfsvoller Blick und *kratz-kratz* am Heizstab. Und da komme ich daher und empfehle im Finanzbereich das Äquivalent zum Vollwaschmittel!?

Das Wäschebeispiel ist nur besonders drastisch. Letztendlich hat die Werbung aber jeden Lebensbereich extrem segmentiert, um dann für jede Nische einen Marktführer aufzubauen. Dazu kommt der Optimierungswahn. Ausgerüstet mit optimal gewaschener Kleidung und mit dem optimalen Deo beduftet, erparshippt man sich dann den optimalen Partner. Diese Konditionierung lässt sich nicht so einfach abschütteln. Schon gar nicht, wenn es um etwas so Wichtiges wie die eigenen Finanzen geht. Da möchte man natürlich das Alleroptimalste herausholen.

 Ein *ACWI*-ETF ist eine All-inclusive-Lösung und bietet das Beste aus beiden Welten: Diversifikation ohne den Zwang zum Rebalancing.

Der Nachteil: Sie müssen die 90/10-Aufteilung akzeptieren und die USA sind Senior-Partner mit einem 50-Prozent-Anteil am Index.

So abstrus, wie er auf den ersten Blick erscheint, ist mein Vorschlag nicht. Warren Buffett hat seiner Frau wie gesagt genau das für die Zeit nach seinem Tod vorgeschlagen: *Darling, kauf einen marktbreiten und kostengünstigen Index-Fonds und lass gut sein.*

Für alle, die im Leben noch etwas anderes vorhaben, als Kurs-Charts zu belauern, eine bedenkenswerte Alternative – sagen Warren und ich.

Zwei ETFs

Dieser Vorschlag ist BIP-gewichtet und besteht zu

- 70 Prozent aus einem ETF auf den *MSCI World*, das sind die entwickelten Märkte in Europa, Nordamerika, Japan und Australien, und zu
- 30 Prozent aus einem Schwellenländer-ETF (*Emerging Markets*): Russland, China, Indien und Korea gelten als Schwellenländer.

Warum ist das gut?

1. Die entwickelten Märkte korrelieren ziemlich stark. Die einzelnen Börsen sind mittlerweile so eng verzahnt, dass sie – zumindest bei großen Schwankungen – im Gleichtakt auf und ab gehen. Ein World-ETF fasst all diese Regionen in einem Fonds zusammen.
2. Die Börsen der Schwellenländer haben ein etwas anderes Laufzeitverhalten und bieten sich deshalb als sinnvolle Ergänzung an.
3. Die ganze Welt steckt hierbei in nur zwei Fonds und man ist trotzdem breit aufgestellt. Beide Fonds zusammen legen Ihr Geld in Tausenden von Firmen an.
4. Viel Auswahl und preiswert zu haben: Diese beiden ETF-Klassen sind das Brot-und-Butter-Geschäft der Fondsanbieter, dementsprechend hoch ist die Konkurrenz, und für die Anbieter gilt: *Hier spricht der Preis.*
5. Praktische Erwägungen: einfach zu rebalancen, kostengünstig oder sogar kostenlos zu besparen, wenig Steuerkram, einfach übersichtlich.

Alles in allem das perfekte Starter-Paket.

Konkrete Produkte:

Die billigste Kombination hat eine Kostenquote (TER) von 0,18 %

Index	Firma	ISIN	TER	Gewinnverwendung
MSCI World	HSBC	DE000A1C9KL8	0,15 %	ausschüttend
MSCI Emerging Markets	Comstage	LU0635178014	0,25 %	thesaurierend

Die billigste Ausschütterkombi, TER 0,24 %

Index	Firma	ISIN	TER	Gewinnverwendung
MSCI World	HSBC	DE000A1C9KL8	0,15 %	ausschüttend
MSCI Emerging Markets	UBS	LU0480132876	0,45 %	ausschüttend

Die billigste Thesaurierer-Kombi, TER 0,22 %

Index	Firma	ISIN	TER	Gewinnverwendung
MSCI World	Comstage	LU0392494562	0,20 %	thesaurierend
MSCI Emerging Markets	Comstage	LU0635178014	0,25 %	thesaurierend

Wie setze ich diesen Plan in die Tat um?

Per Sparplan:

ETFs auf diese Indizes sind bei allen Discountbrokern sparplanfähig. Je nach Broker liegt die Mindestsparsumme pro ETF bei 25 oder 50 €. Bei einer Mindestsparsumme von 25 € sind Sie mit monatlich gut 80 € (25 € für den *MSCI EM* plus 58 € für den *MSCI World*) dabei. Bei einer Mindestsparsumme von 50 € pro ETF sind es dann 160 €. Es steht Ihnen aber frei, deutlich größere Summen per Sparplan zu platzieren.

Per Direktkauf:
Wenn Ihr Wunsch-ETF nicht sparplanfähig ist müssen Sie selbst Hand anlegen. Konkretes Beispiel: Die *HSBC*-ETFs sind nicht sparplanfähig. Das bedeutet, von den drei Musterportfolios lässt sich nur die Thesaurierer-Kombi per Sparplan umsetzen. Überweisen Sie in diesem Fall die monatliche Sparrate auf das Verrechnungskonto Ihres Brokers. Wenn dort 3.333 € lagern, kaufen Sie für 1.000 € den EM-ETF und für 2.333 € den *World-ETF*. Dann zahlen Sie bei einem Directbroker gut 20 € an Gebühren. Eine Kaufkostenquote von 0,6 % ist akzeptabel.

Grundsätzlich ist jeder der im Kapitel *Brokerwahl* vorgestellte Directbroker geeignet.

Alle drei Varianten sind gleich preiswert. Nehmen Sie die, die Ihnen am besten in den Kram passt. Und ja: Ein Delta von 0,06 Prozent bedeutet *sind gleich preiswert*. Wenn Ihnen das nicht einleuchtet – bitte noch einmal das Kapitel über die Anlagepolitik lesen.

Drei ETFs
Dieses Depot ist BIP-gewichtet und besteht aus den folgenden Komponenten:
- 50 Prozent Industrieländer, das sind ETFs auf den *MSCI World*,
- 20 Prozent Europa, das sind ETFs auf den *MSCI Europe* oder den *STOXX 600*,
- 30 Prozent *Emerging Markets*.

Warum ist das gut?

Der operative Aufwand ist geringer als beim Vier-ETF-Modell, trotzdem hat man die BIP-Regionengewichtung des Vier-ETF-Modells (30 Prozent Europa, 30 Prozent Nordamerika, 10 Prozent Pazifik und 30 Prozent Emerging Markets).

Das Depot ist ohne erkennbare Ertragseinbußen überschaubar strukturiert. Es sind nur 3 ETFs im Gleichgewicht zu halten. Das vereinfacht das Rebalancing. Weniger Transaktionen sparen Kosten. Weniger Anpassungen von Sparplänen spart Zeit.

Wer am Anfang der Sparphase mit geringen Summen einsteigt, hat von Anfang an die 4 Regionen im Depot und kann später kostenneutral auf 4 ETFs erweitern. Außerdem sind die 3 ETFs als Brot-und-Butter-ETFs bei vielen Brokern kostenlos sparplanfähig, bei einem Broker-Wechsel ist somit keine Neuausrichtung des Depots erforderlich – aktuell auch mit ausschüttenden ETFs zu realisieren und zu vergleichbaren Kosten, wie die Lösungen mit 2 oder 4 ETFs.

Konkrete Produkte

Auch hier das gewohnte Bild. Alles gleich preiswert.

Die billigste Kombination hat eine Kostenquote (TER) von 0,19 %

Index	Firma	ISIN	TER	Gewinnverwendung
MSCI World	*HSBC*	DE000A1C9KL8	0,15 %	ausschüttend
STOXX Europe 600	*Source*	IE00B60SWW18	0,19 %	thesaurierend
MSCI Emerging Markets	*Comstage*	LU0635178014	0,25 %	thesaurierend

Die billigste Ausschütterkombi, TER 0,25 %

Index	Firma	ISIN	TER	Gewinnverwendung
MSCI World	*HSBC*	DE000A1C9KL8	0,15 %	ausschüttend
MSCI Europe	*UBS*	LU0446734104	0,20 %	ausschüttend
MSCI Emerging Markets	*UBS*	LU0480132876	0,45 %	ausschüttend

Die billigste Thesaurierer-Kombi, TER 0,21 %

Index	Firma	ISIN	TER	Gewinnverwendung
MSCI World	Comstage	LU0392494562	0,20 %	thesaurierend
STOXX Europe 600	Source	IE00B60SWW18	0,19 %	thesaurierend
MSCI Emerging Markets	Comstage	LU0635178014	0,25 %	thesaurierend

MSCI Europe und *STOXX Europe* können Sie hier gleichsetzen. Beide decken den gesamten Europaraum ab.

Wie setzte ich diesen Plan in die Tat um?

Hier wird es schon langsam komplexer. ETFs auf den *MSCI World* und den *MSCI EM* bekommen Sie bei jedem Discountbroker kostengünstig im Sparplan. Auch die beiden Europa-ETFs sind sparplanfähig. Aber keine der drei vorgestellten Kombis ist komplett sparplanfähig. Sie müssen entweder eine etwas höhere TER akzeptieren oder auf das Adjektiv steuereinfach verzichten.

Wie schon weiter oben geschrieben: Je mehr ETFs, umso mehr Gefummel.

Wenn Sie per Sparplan starten möchten, müssen Sie monatlich rund 130 € sparen. Überschlägig gerechnet 25 € für Europa, knapp 65 € für den Welt-ETF und knapp 40 € für die Schwellenländer. Bei einer Mindestrate von 50 € pro ETF verdoppeln sich die Summen.

Wovon ich abrate: Ein Musterdepot auf Biegen und Brechen durchzusetzen. Verteilen Sie Ihr Depot nicht auf drei Broker, nur weil Sie meinen, dass einzig und allein diese ETF-Kombi Sie glücklich macht. Der Papierkram wird Sie umbringen.

Erinnern Sie sich lieber an Meb Faber aus dem Kapitel *Mix der Anlageklassen* und gehen Sie Kompromisse ein. Tauschen Sie lieber den ETF aus, bevor Sie Kunde bei mehreren Brokern werden.

Wenn Sie die Direktanlage bevorzugen: Mit 5.000 Euro sind Sie dabei. 1.000 € für Europa, 1.500 € gehen in die Schwellenländer und 2.500 in den MSCI World. Kosten: Rund 30 €, Kostenquote: 0,6 %.

Auch hier gilt: Ansparen auf dem Verrechnungskonto des Brokers und dann kaufen.

Vier ETFs

1. 30 Prozent Europa – ob *MSCI Europe* oder *STOXX Europe 600*, ist Ihre Entscheidung.
2. 30 Prozent Nordamerika – Nordamerika bedeutet vor allem USA. Im Index *MSCI Nordamerika* sind kanadische Firmen nur zu 7 Prozent vertreten. Das bedeutet, der *S&P 500*, der *MSCI Nordamerika* und der *MSCI USA* sind für unsere Zwecke identisch.
3. 10 Prozent Pazifikraum – Pazifik-ETFs gibt es mit oder ohne Japan. Pazifik ohne Japan (tragen ein ex Japan im Namen) ist meiner Meinung nach wenig sinnvoll, da Japan im pazifischen Raum nach wie vor die mit Abstand wichtigste Wirtschaftsnation ist. Im *MSCI Pacific* ist Japan mit 62 Prozent das absolute Schwergewicht. Australien folgt mit 24 Prozent, dann kommen Hongkong (9 Prozent) und Singapur (4 Prozent). Neuseeland ist zwar ein entwickelter Markt, aber als Hobbitland zu klein, um wirtschaftlich wichtig zu sein (0,42 Prozent). Wenn der Pazifik-ETF nicht passt, dann reicht auch ein reiner Japan-Fonds, um diese Region abzudecken.
4. 30 Prozent Schwellenländer.

Warum ist das gut?

Dieses Depot ist nach Bruttoinlandsprodukt (BIP) gewichtet. Wirtschaftlich starke Regionen sind stärker vertreten als wirtschaftlich schwache.

Wer gleich etwas größer anfangen möchte, für den ist diese Kombi gut geeignet. Bei 4 Positionen ist das Handling überschaubar und die Gebührenbelastung hält sich im Rahmen. Man muss aber etwas suchen, bis man seine Fonds zusammen hat. Für den pazifischen Raum kommt eigentlich nur der *ComStage-ETF MSCI Pacific* infrage. Trotzdem: Wenn Sie sich für diese Viererkombi entscheiden, decken

Sie kostengünstig die ganze Welt ab und Ihre Fonds basieren auf vernünftig konstruierten Indizes.

Konkrete Produkte

Die billigste Kombination ist eine reine Thesaurierer-Kombi und hat eine Kostenquote (TER) von 0,19 Prozent

Index	Firma	ISIN	TER	Gewinnverwendung
STOXX Europe 600	Source	IE00B60SWW18	0,19 %	thesaurierend
S&P 500	Source	DE000A1JM6F5	0,05 %	thesaurierend
MSCI Pacific	Comstage	LU0392495023	0,45 %	thesaurierend
MSCI Emerging Markets	Comstage	LU0635178014	0,25 %	thesaurierend

Die billigste Ausschütterkombi, TER 0,24 %

Index	Firma	ISIN	TER	Gewinnverwendung
MSCI Europe	UBS	LU0446734104	0,20 %	ausschüttend
S&P 500	HSBC	DE000A1C22M3	0,09 %	ausschüttend
MSCI Japan	HSBC	DE000A1C0BD3	0,19 %	ausschüttend
MSCI Emerging Markets	UBS	LU0480132876	0,45 %	ausschüttend

Wie setze ich diesen Plan in die Tat um?

Vier ETFs, vierfache Schwierigkeit. Weder der Pazifik-ETF, noch der Japan-ETF sind sparplanfähig. Zwar können Sie die drei anderen ETFs (wenn auch nicht unbedingt in der konkreten Ausprägung) besparen, den kleinsten ETF müssen Sie jedoch manuell dazubuchen – entweder jährlich beim Rebelancing oder unterjährig, wenn Ihr Budget das hergibt.

Beim Wertpapierkauf gilt die Regel: keine Transaktion unter 1.000 €. Nehmen wir an, Sie wollen den 10-%-Anteil halbjährlich dazukaufen. Dann müssen Sie monatlich je 500 € in jeden der drei

30-%-ETFs investieren; eine monatliche Sparrate von 1.667 €, das ist beeindruckend. 167 € gehen jeden Monat auf das Verrechnungskonto Ihres Depots, dann haben Sie nach sechs Monaten die 1.000 Euro für den Pazifik-ETF zusammen.

Dieses Beispiel zeigt: Ein Vierer-Depot ist eher für finanzkräftige Anleger geeignet. Das ist der Vorteil dieser Kombi: Bei diesen Sparraten können Sie sich von Sparplänen emanzipieren und beim Wunsch-Broker Ihre Wunsch-Kombi kaufen. Sparen Sie sechs Monate und kaufen Sie dann für 10.000 € ein. Die vier Transaktionen kosten rund 50 €, macht eine Kaufkostenquote von 0,5 % – da kann man nicht meckern.

Auch hier gilt: Grundsätzlich ist jeder Onlinebroker geeignet. Sie müssen schauen, ob Ihre Wunsch-ETFs dort sparplanfähig sind und gegebenenfalls Kompromisse machen in Bezug auf

- Sparplanfähigkeit: Es muss dieser ETF sein, dann spare ich eben an.
- ETF-Auswahl: Sparplanfähigkeit ist mir wichtiger als steuerlich einfach oder eine besonders geringe Kostenquote.
- Broker-Wahl: Dann eben nicht der Wunsch-Broker, sondern der Broker, der meine ETFs im Sparplan anbietet.

Grundsätzlich gilt: Je mehr ETFs Sie haben, umso mehr Kompromisse müssen Sie machen. Das darf Sie aber keinesfalls vom Anlegen abhalten. Deshalb meine Weniger-ist-mehr-Strategie bei ETF-Depots.

Es sei denn, dass ihre Sparraten so hoch sind, dass Sie keinen Sparplan mehr brauchen, um kostengünstig zu kaufen. Das gilt für alle Musterdepots. Je weniger ETFs ein Musterdepot hat, umso schneller erreichen Sie die Sparplan-egal-Flughöhe.

Warum nicht sechs oder noch mehr ETFs?

Ein typisches 6er-Depot ist so zusammengesetzt:

1. 26 Prozent Europa.
2. 26 Prozent Nordamerika.
3. 8 Prozent Pazifikraum.
4. 26 Prozent Schwellenländer.
5. 4 Prozent Grenzmärkte *(Frontier Markets)* – Länder aus Afrika, Lateinamerika, Asien, Osteuropa und dem Nahen Osten; Staaten wie Kuwait, Nigeria, Argentinien, Pakistan und Marokko sind dabei.
6. 10 % Nebenwerte *(Small Caps)* – kleinere börsennotierte Unternehmen. Die entsprechenden Fonds legen entweder weltweit oder in einer der oben besprochenen Regionen an. Diese Position ist eine Wette darauf, dass *Small Caps* nach wie vor ein Renditepremium bringen. Auch hier: Gewichtung nach BIP.

Mir persönlich sind ja schon 6 ETFs, geschweige denn 8 oder mehr, aus 3 Gründen zu viel.

Psychologie

Das Hauptproblem der meisten Anleger: Sie theoretisieren und optimieren endlos herum und kaufen nicht. Jeder weitere ETF wirft Sand ins Getriebe. Bei jedem ETF hat man noch einmal die Chance zu zögern, zu zaudern und das große Ganze noch einmal zu überdenken. – Wer 6 ETFs hält, der hat auch keine Angst davor, sich 8 ins Depot zu legen. Damit wäre dann eine erneute Optimierungsrunde eingeleitet.

Am Ende hat man sich so verheddert, dass man alles in die Ecke wirft und gar nichts tut. Dabei ist der Schritt von Tagesgeld zum ETF-Depot der renditeträchtigste Schritt überhaupt. Ob man dann 1, 2 oder 4 ETFs hält, ist fast schon Nebensache.

Der US-Broker Charles Schwab hat das für die 20 Jahre zwischen 1993 und 2012 einmal ausgerechnet: Es gab Anleger, die immer zum Tiefstkurs eingestiegen sind, andere haben investiert, sobald Geld da war, und andere haben immer wieder die Höchstkurse erwischt. Das Erstaunliche: Alle drei Anleger lagen gar nicht so weit auseinander. Selbst der schlechte Markttimer, der 20 Jahre lang zum Höchstkurs kaufte, hatte noch 83 Prozent der Gewinne, die der Sieger einheimste. Richtig schlecht schnitt nur einer ab: der Ängstliche, der 20 Jahre lang auf seinem Tagesgeld hockte. Er musste sich nach 20 Jahren mit 59 Prozent von dem zufriedengeben, was der Rendite-Sieger einstrich. – Wenn Sie analog zu dieser Untersuchung einfach kaufen, sobald Geld da ist, dann bekommen Sie 94 Prozent der maximal möglichen Rendite.

Dass *nicht lang nachdenken, sondern einfach kaufen* eine ziemlich clevere Sache ist, wusste schon die Investment-Legende Sir John Templeton. Eine junge Dame fragte ihn einmal: *Ich habe gerade ein bisschen Geld von meinem Großvater geerbt. Wann ist für mich der ideale Zeitpunkt, es anzulegen?* Sir John hielt kurz inne und gab dann eine nicht minder banale Antwort: *Junge Dame, der beste Zeitpunkt, Geld anzulegen, ist dann, wenn Sie Geld haben.*

Kosten

Damit die Rebalancing-Gebühren nicht überproportional hoch werden, sollte jede Position mindestens 10.000 € umfassen. Wenn die 4 Prozent *Frontier Markets* 10.000 € entsprechen, ist das gesamte ETF-Portfolio 250.000 € wert.

Dazu kommt, dass diese 250.000 € nur der renditestarke aber risikobehaftete Teil des Vermögens sind. 30 – 50 Prozent des Geldes sollten in risikoarmen Anlagen wie Tagesgeld, Festgeld oder Top-Anleihen liegen. Damit liegt das Gesamtvermögen zwischen 357.000 € und 500.000 €. Da muss man erst einmal hinkommen.

Aufwand

ETFs sind der Vermögenskern. Dieses Buy-&-hold-Kernvermögen soll einfach aufzubauen und zu pflegen sein. 6 zueinanderpassende

ETFs zu finden dauert. Der eine ist steuerlich anspruchsvoll, der andere schüttet aus, man hätte aber für diese Position gerne einen Fonds, der die Dividenden wieder anlegt ... Und so geht das dann dahin.

Beim Rebalancing ist man fast schon beim aktiven Fondsmanagement. Außerdem verzichtet man bei diesem Szenario auf die Selbstheilungskräfte einer einfachen Konstruktion.

Was passiert, wenn sich im Laufe der nächsten 30 Jahre die Gewichtungen verschieben? Asien und Afrika werden wirtschaftlich immer erfolgreicher, China löst die USA als Wirtschaftsmacht Nr. 1 ab ... Ein World-ETF geht da einfach mit. Aktuell besteht der *MSCI-World*-Index zu über 50 Prozent aus US-Aktien. In 30 Jahren besteht er vielleicht zu 50 Prozent aus chinesischen Aktien. Kein Rebalancing nötig, der Fonds justiert sich automatisch neu und man hat immer die Gewinner-Regionen im Depot. Bei einem 6-ETF-Portfolio müssen Sie die strategische Ausrichtung vornehmen, da justiert sich nichts von alleine. China ist irgendwann kein Schwellenland mehr, verschwindet also aus dem EM-Index. Und wo taucht das Reich der Mitte wieder auf? Im Pazifik-Index oder im nicht im Depot vorhandenen Asien-Index? Bleibt der Pazifik-Index dann bei 8 Prozent? Bei der World/EM-Kombi rollt China von *EM* nach *World* und fertig ist die Laube.

Wo finde ich konkrete Infos zu den ETFs?
Gebündelt bei *JustETF* und dann bei den jeweiligen Anbietern. Ganz wichtig: Vor dem Kauf immer auf der Seite des Anbieters informieren. Die Daten auf den Portalen können falsch sein. Wer möchte, schreibt auch eine E-Mail an den Vertrieb und fragt nach. Auf den Anbieter-Web-Sites finden Sie die E-Mail-Adressen.

Wie viel Stress muss ich mir machen?
Ob 1 oder 4 ETFs: Wählen Sie die Kombi, die Ihnen zusagt und machen Sie den Sack zu.

Grundsätzlich sind Sie mit der Kombi *ETF und Discountbroker* schon so preiswert, dass es keine große Rolle spielt, ob der ETF jetzt 0,3 oder 0,5 Prozent an Gebühren kostet. Hören Sie auf zu optimieren! Es gibt sowieso kein perfektes Depot!

Fertig ist besser als perfekt. Mich erreichen E-Mails von Lesern, die seit 3 Monaten um den heißen Brei herumschleichen und hier noch optimieren und da noch verbessern und darüber nicht zum Investieren kommen. Irgendwann muss doch auch mal gut sein mit dem Geldanlegen, man hat ja noch Wichtigeres zu tun. – Oder wie wir damals bei *Yahoo!* immer gesagt haben: *Just fuckin' do it!*

Eine granulare und ausgefuchste Strategie mag auf dem Papier höhere Gewinne versprechen als eine Simpel-Strategie. Sie hat aber einen entscheidenden Nachteil: Man braucht Nischenfonds, um sie umzusetzen, und die sind teurer als Standardfonds.

Der Deal ist: Möglicherweise überlegene Gewinne in der Zukunft kassieren versus jetzt Gebühren sparen – wobei *Gebührensparen* bedeutet: *Der Zinseszinseffekt kann früher und stärker wirken.* In meinen Augen ein weiterer Vorteil der Einfachstrategie.

Dazu John Bogle noch mal mit dem bereits zitierten Spruch: *Simplicity is the master key to financial success. When there are multiple solutions to a problem, choose the simplest one.*

Was tun, wenn das Leben schon zugeschlagen hat?

Wenn Sie nicht bei null anfangen: Ihr Depot ist ein Produkthaufen und kein strukturiertes Portfolio – was tun? Prüfen Sie jede Aktie, jede Anleihe und jeden Fonds genau. Passt dieses Produkt noch zu Ihnen und Ihrer Strategie? Alles was nicht passt wird verkauft. Wenn Sie so knallhart rational vorgehen können: Gratulation! Tun Sie es. Allen anderen hilft vielleicht der Griff in die Psychokiste.

Warum tun sich viele Menschen so schwer Altlasten mitleidlos zu entsorgen? Die meisten Gründe habe ich Ihnen im Kapitel *Was will Aktiv* bereits vorgestellt. Die wichtigsten Gründe sind sicherlich das *Commitment*, also der Wunsch, sein Gesicht zu wahren und keinen Fehler zuzugeben, sowie die Ankerheuristik, die uns darauf hoffen lässt, den Einstandskurs oder einen anderen Kurs (*diese Aktie war schon mal über 100 €*) erneut zu sehen. Das Problem: Die Börse schert sich nicht darum, was Sie einmal für diese Aktie bezahlt haben. Vergangenes zählt nicht, bewertet wird allein das zukünftige Potenzial. Ist es vorhanden, dann halten, sonst verkaufen, auch wenn sich die Gefühle noch so winden.

Wie in der Praxis vorgehen?
Ich habe auch nicht mit einem reinen ETF-Depot angefangen, sondern musste ebenfalls umschichten. Wir sind damals so vorgegangen: *Die Guten ins Töpfchen, die Schlechten ins Kröpfchen* – jede Position musste sich bewähren. Die Liste der Abschußkandidaten war lang, praktisch keine Position fand Gnade vor unseren Augen. Aber alles einfach raushauen und dafür ETFs kaufen? Heute würde ich das so machen, damals hatte ich Angst davor. Wir haben deshalb angefangen, die kleinsten Positionen aufzulösen. Zu diesem Zeitpunkt mussten wir die Wohnung renovieren. Ein guter Anlass, um einige Positionen zu verkaufen und dafür Laminat anzuschaffen und die Handwerker zu bezahlen. Gleichzeitig haben wir angefangen ETF-Positionen aufzubauen, um unsere neue Strategie zügig in die Tat umzusetzen.

Klingt bescheuert? Ist bescheuert! Aber diese Vorgehensweise hat uns geholfen, aus einem gebührenbeladenen Produkthaufen ein gut performendes und strategisch durchdachtes Portfolio zu machen. Nur weil wir von der Qualität unseres Portfolios überzeugt waren, haben wir den Crash von 2008 ohne zu verkaufen überstanden.

Was mit den größeren Positionen passiert ist? Aufgewärmt durch den Verkauf der Kleinpositionen wurden wir mutiger und haben

Stück für Stück alles verkauft. Ich habe damals ein bisschen Markttiming betrieben – zum Glück ist alles gut ausgegangen. Von den Erlösen habe ich dann direkt ETFs gekauft.

Ein weiteres Plus (wenn man es denn so nennen mag): Wir hatten etliche Verluste erlitten, die wir steuermindernd einsetzen konnten.

Was Sie mitnehmen sollten:

1. Es gibt keinen Königsweg. Sie müssen Ihren eigenen Weg nach Rom finden. Psychotricks sind erlaubt.
2. Welche Produkte wollen Sie behalten, welche sollen weg?
3. Machen Sie ein Ranking: Sortieren Sie die Verkaufskandidaten nach Volumen, Kosten, Verlusthöhe. Schmeißen Sie dann die teuersten (teuer verliert immer) und die am tiefsten gefallenen (Verluste begrenzen) Produkte aus dem Depot. Wenn Sie sich dabei wohler fühlen, fangen Sie mit den kleinsten Positionen an. Rationaler ist es natürlich, mit den größten Positionen anzufangen, aber wer von uns ist schon so rational.
4. Fangen Sie an, parallel ETF-Positionen aufzubauen. Gerne auch mit frischem Geld. Sämtliche Sparpläne für das alte Depot werden auf ETF umgeleitet.
5. Halten Sie das Tempo. Wenn Sie einmal angefangen haben, müssen Sie Ihren Plan auch durchziehen. Mit zwei Depotruinen ist Ihnen nicht gedient. Das eine Depot muss komplett abgebaut werden und das ETF-Depot muss sauber aufgesetzt werden. Gedanken an Markttiming sind da ausgesprochen kontraproduktiv.

Die Checkliste

Mein Vorschlag für ein gut strukturiertes Vermögen:

Notgroschen

Tagesgeld bei *MoneYou* oder einer anderen Online-Bank mit dauerhaft guten Zinsen. Keine Fremdwährung, aber westeuropäische Einlagensicherung, keine Lockangebote, die dann wie bei der *Audi Bank*, die Neukunden für 4 Monate mit 1,1 Prozent ködert, sie danach aber auf 0,3 Prozent abstürzen lässt. – Das Leben ist zu kurz für Zinshopping.
Angebote finden Sie beispielsweise auf *kritische-anleger.de*

Der risikoarme Anteil

Siehe *Notgroschen*. Zusätzlich noch Sparbriefe. Wenn es Ihre Liquiditätsplanung zulässt, auch als maximal fünfjährige Sparbriefleiter. Erst, wenn Sie mehr als 100.000 € anzulegen haben, kommen AAA-Anleihen für Sie infrage.

Der risikobehaftete Anteil

Wird mit Hilfe von Aktien-ETFs realisiert. Wählen Sie aus den 44 ETFs die von Ihnen favorisierte Kombi aus und fangen Sie an. Wie das geht, lesen Sie im nächsten Kapitel.

Transaktion, Kauf und Verkauf

Um Wertpapiere wie Aktien, ETFs oder Anleihen kaufen und verkaufen zu können, brauchen Sie ein Depot. Dieses Depot eröffnen Sie bei einem Online-Broker.
Klären wir also zuerst die Frage:

Wozu brauche ich ein Depot?

Wozu soll ich mir noch ein Depot anschaffen, wenn ich doch schon ein Konto habe?
Gehen wir mal 100 Jahre zurück, als noch nicht alles verdatenbankt und elektronisch war. Dann wird's klar: Stellen Sie sich das Konto als Kasse vor. In die Kasse passen Münzen und Scheine. Aktien und Anleihen sind riesige Lappen in DIN A4, die passen da nicht rein. Für diese Wertpapiere brauchen wir Aktenordner oder eine Hängeregistratur. Bei der Kasse habe ich einen permanenten Geldfluss. Meine Wertpapiere muss ich nur hervorholen, wenn es Zinsen oder Dividenden gibt oder wenn ich sie verkaufen möchte. Mit meiner Kasse wickele ich viel mehr Transaktionen ab, als mit meinen Wertpapieren.
Deshalb die Trennung:
1. Kasse = Konto = für Geld
2. Aktenordner = Depot = für Wertpapiere

Zwischenfrage: Was sind eigentlich Wertpapiere?
Wikipedia schreibt seitenweise über die Eigenschaften von Wertpapieren. Für unsere Zwecke reicht die platte Definition:
Wertpapiere sind Papiere, die etwas wert sind. Papiere, die man gegen Geld eintauschen kann, deren Wert aber schwankt und auch auf null fallen kann. Dazu gehören: Aktien, Anleihen, Fonds, Optionen, Optionsscheine und Zertifikate.

Was mache ich konkret mit einem Depot?
Ein Depot besteht aus zwei Komponenten:
1. Transaktions-Komponente: Hier kaufen und verkaufen Sie Wertpapiere an der Börse oder über die Tradingplattform Ihres Brokers (das nennt man *außerbörslicher Handel*).
2. Reporting-Tool: Welche Wertpapiere habe ich wann gekauft und wie haben sie sich entwickelt?

Wenn Sie handeln, zeigt Ihnen der Broker, zu welchen Kursen Sie bei welcher Börse kaufen oder verkaufen können. Sie platzieren die Order, die dann vom Broker ausgeführt wird.

Ist ein Depot so etwas wie ein Schließfach?

Kann ich zum Broker gehen und es mir mal ansehen?
Leider nein, denn Ihr Depot ist nur ein Datenbankeintrag. Die schönen Aktien und Anleihen sind lange abgeschafft und werden nun auf eBay in der Rubrik *historische Aktien* verhökert.
Früher, als Aktien noch etwas Stoffliches waren, bedeutete Depot: *Ich hab' ein Schließfach bei der Bank*. Da ging man dann hin, wenn Dividenden-Time war, schnitt einen Coupon vom Bogen ab, legte ihn in der Bank vor und bekam die Dividende ausgezahlt. Heute ist das alles viel prosaischer: In irgendeinem Rechner flitzen ein paar Elektronen von links nach rechts und das war's.

Einspruch: *Nicht in irgendeinem Rechner, sondern im Rechner meines Brokers!*

Einspruch abgelehnt!

Hä, wieso?

Weil Ihr Broker damit nur mittelbar zu tun hat. In des Brokers Datenbank steht: *Der Schulze hat 10 BASF-Aktien.* Dem Schulze seine Aktien liegen aber nicht beim Broker, sondern bei *Clearstream*, einer Tochter der *Deutschen Börse AG*.

Clearstream? Nie gehört!

Tja, noch so ein *hidden Champion*. Ich zitiere: *Das Kerngeschäft ist die Dienstleistung als Zentralverwahrer, also die Abwicklung und Verwahrung von Wertpapieren.* (Zitat von der Clearstream-Website)

Schulze hat die 10 *BASF*-Aktien von Meier gekauft. *Clearstream* sitzt auf einem Mount Everest von *BASF*-Aktien. Bei 10 von denen wird der Besitzer-Eintrag von *Meier* auf *Schulze* geändert. Das wird dann an die Bank übermittelt, die daraufhin 10 *BASF*-Aktien in Schulzes Depot einbucht. Wenn Schulze sein Depot umzieht, meldet die neue Bank an *Clearstream: Schulze ist jetzt unser Kunde.* Und wenn Schulzes neue Bank pleitegeht und er weiterziehen muss, schreibt *Clearstream* seine Aktien erneut um. Die *BASF*-Aktien haben sich in der ganzen Zeit nicht vom Fleck gerührt.

Was ist eigentlich drin im Depot?

Außer ein paar Datensätzen, die auf *Clearstream* verweisen, nicht viel. Wie oben schon angesprochen: Ihr Depot dient dem Kauf und Verkauf und ist ansonsten ein Reporting-Tool. Das macht aber nichts, denn mehr brauchen Sie nicht. Ob die Nullen und Einsen jetzt bei Ihrem Broker lagern oder bei *Clearstream* macht keinen Unterschied. Die Aktie als Urkunde für zu Hause – also das Äquivalent zum Bargeld – existiert nicht mehr.

Bevor Sie jetzt jammern und schimpfen: Glauben Sie, dass es auf Ihrem Konto besser aussieht? Das sind auch bloß Zahlenkolonnen. Wo sich die dazugehörigen Scheinchen gerade herumtreiben, weiß kein Mensch. Den duckschen Geldspeicher gibt's nur in Entenhausen.

Wieso gibt's zu jeder Depoteröffnung ein Verrechnungskonto mit dazu?

Das Depot kann nur Wertpapiere aufnehmen, sämtliche Geldflüsse müssen über das Verrechnungskonto abgewickelt werden.

1. Wenn Sie Wertpapiere kaufen, bucht die Bank die Kaufsumme samt Gebühren vom Verrechnungskonto ab.
2. Wenn Sie Wertpapiere verkaufen, transferiert die Bank die Verkaufssumme abzüglich der Gebühren und Steuern auf das Verrechnungskonto.
3. Anfallende Zinsen oder Dividenden landen ebenfalls auf dem Verrechnungskonto.

Der Broker

Ihr Depot bekommen Sie beim Broker – nicht beim Banker! Beim Banker gibt's das Konto. Natürlich wohnen beide oft Tür an Tür, aber wenn Sie genau hinsehen, werden Sie feststellen:

1. Es gibt Broker, die keine Banklizenz haben. Da gibt's dann auch kein Girokonto. Ein Vertreter dieser Art ist Flatex.
2. Der Broker arbeitet in einer Tochtergesellschaft. So haben es die Sparkassen geregelt.

Die Direktbanken sind historisch anders gewachsen. Sie sind in den wilden Dotcom-Jahren um die Jahrtausendwende mit dem Internet groß geworden und standen von Anfang an auf den beiden Beinen *Bank* und *Broker*, aber auch hier sind *Bank* und *Wertpapierhandel* zwei unterschiedliche Abteilungen.

Bei welchem Broker soll ich ein Depot eröffnen?

Es gibt leider nicht *den* richtigen Broker. Es gibt Broker, die sind gut für Buy-&-hold-Anleger, und andere, die eignen sich besser für Trader. Es gibt Broker, die sind wahnsinnig billig, aber wehe, es kommen Dividenden ausländischer Firmen ins Haus, dann sind diese Broker auf einmal sehr teuer. Oft genug werden Gebühren bei außerbörslichem Handel im *Spread* versteckt. Das macht einen Kauf dann optisch billiger, ist bei größeren Ordern aber nicht wirklich günstig. Die günstigen Konditionen im Direkthandel müssen Sie manchmal über unrealistische Kurse teuer bezahlen.

Auch immer gerne genommen wird das Wörtchen *ab*, wenn es um Kosten geht. *Bei uns handeln Sie **ab** 4,95 €.* Man kennt das ja von den Fluggesellschaften: *Hamburg-München ab 10 €* – zuzüglich einer Sitzplatzgebühr von 149 €.

Manche Broker wollen eine gewisse Zahl an Trades pro Monat sehen, andere wollen, dass Sie eine bestimmte Mindestsumme auf dem Verrechnungskonto deponieren.

Ebenfalls ein wichtiger Punkt: der Service:

- Wer liefert eine Erträgnisaufstellung, wer hilft beim Thema *Quellensteuern* und zu welchen Kosten?
- Wie gut ist der Telefonsupport?
- Wer hat ein Tagesgeldkonto mit dabei? Wie gut ist das verzinst?
- Kann ich in meinem Account mehrere Depots verwalten?
- Unter welchen Bedingungen ist die Konto-/Depotführung kostenlos?
- Wenn Sparpläne gewünscht werden: Welcher Broker bietet welche Produkte zu welchen Konditionen als Sparplan an?
- Wie sieht es mit der IT-Infrastruktur aus? Nicht so schön, wenn die Server down sind und ich verkaufen will.

Leider sind die Broker nicht so einfach zu vergleichen.

Wie den richtigen Broker auswählen?

Grundsätzlich würde ich nur Online-Broker wie die *Comdirect, Cortal Consors, DAB, ING-DiBa* sowie *Flatex, Lynx, Onvista* oder die *Aktionärsbank* in Betracht ziehen. Wer zum Wertpapierkaufen in eine Filiale geht, ist selbst schuld: Ein Depot bei einer Filialbank oder einer Sparkasse ist viel zu teuer.

Wer selbst entscheidet, kann auch selbst kaufen und verkaufen. Kaufen und verkaufen bedeutet: Sie füllen ein paar Formularmasken aus, bestätigen mit einer TAN und drücken dann den Okay-Button. Mehr ist das nicht.

Wenn es um die konkrete Auswahl geht, sollten Sie sich überlegen: Was für ein Anlegertyp bin ich?

- Was will ich überhaupt machen? (Buy & hold, Sekundenhandel ...)
- Welche Wertpapierarten will ich handeln? (ETF, Sparplan, Aktien, Anleihe, Zertifikate, Optionen, Optionsscheine, aktive Fonds ...)
- Wie oft will ich handeln? (Anzahl der Käufe/Verkäufe pro Tag/Monat/Jahr)
- Will ich nur an deutschen Börsen handeln oder auch an ausländischen?
- Welchen Service brauche ich? (Quellensteuerservice, Steuerbescheinigung, Dividendenzahlungen, Börsenzugang, Handelszeiten ...)

Aus dieser Liste ergeben sich Ihre Bedürfnisse und Wünsche. Fragen Sie sich: *Was ist mir wirklich wichtig? Worauf will ich nicht verzichten und was wäre ein netter Zusatz?* Diese Wunschliste würde ich dann in Excel eintragen. Die wichtigsten Features kommen ganz nach oben und sind in der ersten Spalte zu finden. In den folgenden Spalten vergebe ich für jedes Feature eines Brokers Schulnoten.

Diese Tabelle sollte Ihnen helfen, den Broker zu finden, der am besten zu Ihnen passt.

 Vollkommen unerheblich sind irgendwelche Werbeaktionen. Davon profitieren Sie einige Monate und das war's dann. Das Preis-/Leistungsverhältnis muss dauerhaft gut sein. Klar, es gibt da draußen Depot-Nomaden, die von einem Neukundenangebot zum nächsten ziehen, aber der Aufwand lohnt sich in den seltensten Fällen. Die Auswahl des richtigen Brokers hängt sehr stark von der eigenen Strategie ab. Geben Sie sich bei der Auswahl Ihres Brokers ein bisschen Mühe, sonst müssen Sie nach einem halben Jahr wegen *passt nicht* wieder wechseln und sich dieselbe Mühe noch mal machen.

Machen Sie sich aber auch nicht zu viel Stress. Die Brokerwahl ist kein Eheversprechen. Sie können mit Ihrem Depot jederzeit umziehen. Suchen Sie sich einfach eine neue Bank, erteilen Sie dort die entsprechenden Vollmachten und dann bekommen Sie den Full-Service-Umzug zum Nulltarif. Die Konkurrenz ist hart. Jeder Broker freut sich, wenn er dem anderen einen Kunden wegschnappen kann. Gehen Sie über den roten Teppich, den man Ihnen als Neukunde ausrollt.

Detail-Analyse der vier großen deutschen Direkt-Broker

Ich betrachte alles aus dem Blickwinkel eines Buy-&-hold-Käufers, der nur Standard-Aktien, -Anleihen und -ETFs an einem deutschen Handelsplatz kaufen und verkaufen will.

Diese Discountbroker sind am Start:

Um das Spielfeld abzustecken, habe ich mir zum einen die großen vier herausgepickt:

Broker	Kundenzahl
ING-DiBa	7.776.000
Comdirect	1.957.000
Consors	843.000
DAB	582.000
Summe	11.158.000

Und zum anderen als Preisbrecher den Newcomer Degiro; Untertitel auf der Website: Weltweit traden zu äußerst günstigen Konditionen. **Achtung: Ich empfehle keinen dieser fünf Broker noch rate ich davon ab.**

Die Kosten der Direktbroker

Anmerkungen zur Methodik:

Die Gebührenmodelle sind grundsätzlich einfach zu verstehen:

1. Entweder Flatrate: jeder Trade kostet beispielsweise bei *Flatex* 5,90 €.
2. Oder Grundgebühr plus Provision: oft mit einer Mindestgebühr nach unten und einem Gebührendeckel nach oben begrenzt.

Im Detail sind die Gebührenmodelle leider komplexer. Der Endpreis hängt von der Handelsplattform, dem gehandelten Wertpapier, aktuell laufenden Marketingaktionen und noch ein paar Faktoren ab. Ich habe deshalb rabiat vereinfacht und immer die einfachste und auch billigste Option genommen und ETFs über die hauseigene

Handelsplattform gekauft. Das ist genau genug. Es geht mir um Hausnummern und nicht darum, Ihre Kaufkosten exakt vorherzusagen.

Was kostet's?

Bank	Basispreis	Provision	Min	Max
Comdirect	4,90 €	0,25 %	9,90 €	59,90 €
Consors	4,95 €	0,25 %	9,95 €	69,00 €
DAB	4,95 €	0,25 %	7,95 €	59,95 €
ING-DiBa	0,00 €	0,25 %	9,90 €	59,90 €
Degiro	2,00 €	0,02 %	-	-

Stand Juli 2016

Eine Anmerkung zu *Degiro*: Während alle Broker ihre Preise als Endverbraucherpreise angeben, also inklusive Mehrwertsteuer, sind die *Degiro*-Preise Nettopreise. Ich zitiere aus dem Preisverzeichnis: *Die zu entrichtende Stamp Duty oder sonstige Abgaben werden dem Kunden in Rechnung gestellt. Falls der Preis einem Steuersatz unterliegt, ist die MwSt. im angegebenen Preis nicht inbegriffen.*
Mit anderen Worten: Es ist nicht gesagt, dass die 2 € das letzte Wort sind.

Einige allgemeine Anmerkungen zu den Kosten

DAB, *Consors* und *Comdirect* wurden 1994 zu Beginn des Internet-Booms ins Leben gerufen und begründeten damit den Aufstieg der kostengünstigen Direkt-Broker.
Aus der Vor-Internet-Ära habe ich trotz langen Suchens keine Informationen zu Transaktionskosten gefunden. Ich konnte nur einen uralten Artikel der *Stiftung Warentest* von 2008 auftreiben. Dort fand ich Folgendes: *Für einen Aktienkauf im Wert von 50.000 € zahlt ein Anleger in den meisten Bankfilialen um die 500 € Gebühren.*

Wenn ich die 50.000 € online anlege, dann zahle ich dafür bei den Direkt-Brokern zwischen 69 und 85 €. Das bedeutet: Die Direkt-broker verlangen 14 – 17 Prozent der Summe, die ich in der Filiale zahlen muss.

Nicht vergessen: Die Kaufkosten von 500 € stammen aus einer Zeit, als die Online-Broker schon mehr als eine Dekade am Markt waren. Ich vermute, dass die Kaufkosten in der Vor-Internet-Ära noch weit höher waren.

Für mich als Kunde bedeutet das: Wir jammern auf hohem Niveau. Die 80/20-Regel hat ihre Schuldigkeit getan. 80 Prozent der Kaufkosten sind weg, die letzten 20 Prozent der Kosten zu eliminieren wird immer schwieriger und riskanter.

Warum riskanter? Weil der Besitz einer Aktie, einer Anleihe oder eines Fonds immer mit Papierkram einhergeht. Das ist wie mit einem Hund: gekauft ist der schnell, aber dann hat man das Tier an der Backe und muss sich darum kümmern.

Um Wertpapiere muss man sich bei der Steuererklärung kümmern. Dazu braucht man die Unterlagen, die einem die Bank zur Verfügung stellt. Verlusttöpfe, Erträgsnisaufstellungen, gezahlte Quellensteuer – der Broker soll all das

* zeitnah,
* sachlich richtig und
* kostenfrei

liefern. Dazu braucht er Personal. Das muss bezahlt werden.

Die Tradingplattform soll natürlich auch wie ein Uhrwerk laufen. Wenn ich um 14:35 Uhr auf den *Kaufen*-Knopf drücke, möchte ich nicht erst kurz vor Feierabend dran kommen mit meinem Trade. Wenn ich 20 Aktien im Wert von 50 € kaufe, dann soll der Broker 1.000 € plus Gebühren einziehen und nicht – oups, Kommafehler – 10.000 €. Klingt jetzt so im Buch trivial bis lächerlich. Aber das sind komplexe Systeme, die sich nicht von alleine warten und pflegen.

Jetzt kommen wir zum *Es-wird-riskanter*-Teil:
Wenn es zu billig wird, frage ich mich: Wo spart der Broker jetzt?

An der Compliance? *Lieber Kunde, würfel dir doch die gezahlte Quellensteuer selbst aus.*

An der Performance? *Heute sind 50 Prozent der Server wegen dringender Wartungsarbeiten abgeschaltet und die Spreads sind auch hundsmiserabel.*

Aber vielleicht spart der Billig-Broker auch nicht, sondern macht es wie die Billig-Airlines: *Der Trade kostet nur 2 €, aber wenn Sie eine Dividende gutgeschrieben haben wollen: 10 € flat.* Zum Jahresende die nötigen Steuerbescheinigungen? *Kein Problem. Für umsonst direkt aus dem System. Wenn Sie es so haben wollen, dass es das deutsche Finanzamt akzeptiert: 20 €.*

Grundsätzlich gilt: Je günstiger der Broker, desto mehr Zeit sollten Sie sich fürs Kleingedruckte nehmen, Mr. Holmes.

Wie unterscheiden sich die Broker?

Gar nicht, jedenfalls nicht großartig. Broker sind das, was man auf Englisch eine *Commodity* nennt. *Leo.org* übersetzt *Commodity* mit *Gebrauchsgegenstand, Bedarfsartikel, Massenware.*

Eine kühne These. Schauen wir uns an, was die Recherche ergibt:

Erste Erkenntnis

Alle Online-Broker huldigen dem Monobrokerismus. Regel 1: *Du sollst keinen anderen Broker neben mir haben.* Wer bereit ist, nicht nur ein Depot zu eröffnen, sondern mit seinem alten Broker Schluss zu machen, wird mit Talerchen beregnet, dass es eine wahre Freude ist. Kostenfreier Umzugsservice inklusive.

Warum machen die Banken das? Weil sie wissen: *Wen wir mal haben, der bleibt.* Wenn der eigene Broker nicht wirklich grottenschlecht ist und die anderen Broker nicht wirklich deutlich besser sind, dann maule ich hin und wieder vor mich hin, bleibe aber bei meinem Broker.

Dieser erbitterte Kampf um Exklusivität zeigt mir, dass die Broker genau wissen, dass sie kein wirkliches Alleinstellungsmerkmal haben, sonst würden sie mich nicht mit Transferzahlungen aus einer bestehenden Kundenbeziehung herauskaufen, sondern einfach mit ihrer überragenden Produktqualität punkten.

Zweite Erkenntnis

In der gesamten werblichen Kommunikation gilt: *Hier spricht der Preis.*

*   Broker A wirbt mit kostenlosem Depot und tollen Tagesgeldzinsen.
*   Broker B wirbt mit kostenlosem Depot, tollen Tagesgeldzinsen und einem Amazon-Gutschein.
*   Bei Broker C bekommt man all das und noch 'ne Wurst dazu.

Zustände wie auf dem Hamburger Fischmarkt.

Womit keiner wirbt, ist die Qualität des Produktes. Es geht hier um Geld. Eigentlich müsste man doch davon ausgehen, dass die Broker stolz die Sicherheits-Aspekte ganz in den Vordergrund schieben – tun sie aber nicht. Über die komfortablen Handelsformulare oder die stets pünktliche und korrekte Abwicklung des Steuerkrams redet auch niemand. Stattdessen: *Wir sind billig! – Wir sind aber billiger!! – Und wir sind die Allerbilligsten!!!* Das ist typisch für Infrastukturanbieter (Internet-Provider, Telefonie) und Anbieter von Schüttgütern (Salz, Zucker, Mehl).

Meine Vermutung: Es liegt daran, dass da keine Differenzierungsmerkmale sind. Bei den Online-Brokern arbeiten schlaue Leute, die 20 Jahren Zeit hatten, die Basics auf die Reihe zu kriegen. Das Schöne: Als Buy-&-hold-Anleger brauchen wir auch nicht mehr als die Basics. Wir wollen weder in Jakarta handeln noch wollen wir exotische Aktien oder Derivate kaufen. Wir kommen ganz hervorragend mit dem Standardangebot aus.

Ich habe in all den Jahren in den ganzen Finanzforen noch nie eine Diskussion über die Qualität der Benutzeroberfläche gesehen. Ich vermute, den meisten Nutzern geht es wie mir: *Ja, die*

Benutzeroberfläche könnte besser sein, aber man gewöhnt sich dran und es geht schon. Nichts, was ein UX-Designer gerne hört, aber *gut genug* reicht für ein Commodity-Produkt.

Online-Brokerage ist eine Infrastruktur-Dienstleistung, die natürlich seriös und professionell erbracht werden muss. Aber das gilt auch für die Jungs, die sich ums Abwasser kümmern. Wobei die Broker sich natürlich auch sehr schwertun, denn die *BaFin* hat sie im Würgegriff. Außer den Energieversorgern kenne ich keine Branche, die so durchreguliert ist wie die Finanzbranche. Jedes Mal, wenn mir mein Broker eine AGB-Änderung schickt, hefte ich die ungelesen ab. Der Grund: Da wurde wieder eine letztinstanzliche Richterentscheidung oder ein neues Regulierungsgesetz umgesetzt. Ich kann zum einen nichts dagegen tun und zum anderen ist es sowieso zu meinem Vorteil, denn die Banken liegen in den Ketten der Compliance. Mit jedem Bankenskandal gibt es mehr Auflagen, mehr Gesetze und mehr *freiwillige* Selbstverpflichtungen, die den Spielraum immer weiter einschränken.

Brokerwahl

Wenn es denn unbedingt der Broker mit der Wurst sein muss, greifen Sie in Gottes Namen zu. Hauptsache, Sie fallen bei der Brokerwahl nicht auf eine zypriotische oder maltesische Klitsche rein, sondern wählen einen *BaFin*-regulierten Anbieter. Das Standardprogramm für Buy-&-hold-Käufer haben die alle drauf.

Das Einzige, worauf Sie achten müssen: Drücken Sie die laufenden Kosten auf null. Die einzigen Kosten, die anfallen dürfen, sind Handels- und Kommunikationskosten.

Die meisten Broker verlangen eine Portogebühr, wenn Sie sich die Kontoauszüge und Abrechnungen per Brief zuschicken lassen. Als wirtschaftlich denkender Mensch übernehme ich diese Kosten.

Warum?

1. Weil ich damit die Beweislast umdrehe. Der Broker ist dafür verantwortlich, dass mich der Papierkram vollständig erreicht und nicht ich. Für – geschätzte – 30 € im Jahr kaufe ich mich von der Pflicht frei, mich auch noch mit diesem Mini-Task zu belasten.
2. Weil mein Broker das kostengünstiger erledigt als ich. Bevor ich mich eingeloggt habe, die passenden PDFs gefunden habe und diese dann ausgedruckt und abgeheftet habe, hat mein Broker mit seiner automatischen Kuvertier- und Frankier-Straße schon 10.000 Briefe rausgehauen.

Ein Wort zu Billig-Discountbrokern

Zwar habe ich oben versprochen, bezüglich der Broker neutral zu bleiben, trotzdem möchte ich Folgendes zu bedenken geben: Eine Firma hat – wie ein Mensch – eine genetische Grundausstattung. Diese Gründungswerte wirken weit über die Anfangsphase hinaus. *Degiro* sagt z. B. von sich: *Bereits seit vielen Jahren gilt Degiro als zuverlässiger Partner für in den Niederlanden ansässige institutionelle Anleger.* Mit anderen Worten: Degiro kommt aus der Geschäftskundenwelt und öffnet seine Plattform nun auch für Privatanleger.

Geschäftskunden haben ganz andere Wünsche als Endkunden. Natürlich will ein Institutioneller eine Abrechnung, aber ihm reichen die Rohdaten. Für die Aufbereitung hat er eine eigene Abteilung.

Ich frage mich: Wo bleiben bei einem Tradepreis von 2 € die Compliance und der Support? Kann – und vor allem will – ein Broker, der seine Wurzeln in der professionellen Trader-Welt hat, sich mit dem ganzen Klein-klein-Papierkram und dem Endkunden-Geheule abgeben?

Sie müssen aber selbst herausfinden, ab wann für Sie aus einem *sehr preiswert* ein *zu billig* wird.

Was mir bei der Brokerauswahl wichtig ist

Ich bin seit September 1998 bei *Consors* und habe nie daran gedacht zu wechseln. Warum? Weil ich mich bei *Consors* immer darauf verlassen konnte, dass der Papierkram sauber abgewickelt wird. Ich bekomme alle wesentlichen Schriftstücke unaufgefordert und korrekt ins Haus. Muss eine Abrechnung nachträglich korrigiert werden (kommt ab und zu vor), bekomme ich auch hier unverzüglich die korrigierte Version per Post. Mit anderen Worten: Es wird nicht nur gemacht, sondern das, was gemacht wird, wird auch kontrolliert.

Warum mir das wichtiger ist als tolles Tagesgeld oder ausgefuchste Ordermöglichkeiten? Weil ich hier richtig Zeit spare. Viele Zahlen, die ich von meinem Broker bekomme, kann ich nur sehr schwer bis gar nicht nachvollziehen. Für mich fallen die Zahlen einfach vom Himmel. Ich trage sie in die Steuererklärung ein und seit 1998 gibt das Finanzamt sein Okay dazu. Deshalb vertraue *ich* der *Consors-IT*. Würde ich das nicht tun, müsste ich tagelang am Schreibtisch sitzen und die Transaktionen aufdröseln. Das will ich nicht, denn das ist kein passives Investieren.

Für mich ist nur der Broker ein guter Broker, der den ganzen Steuer- und Compliance-Kram beherrscht. Auf diesem Gebiet suche ich einen verlässlichen Partner, und ich bin auch bereit, das zu honorieren. Die Steuergesetze ändern sich dauernd, und die Banken müssen das irgendwie in ihre IT-Landschaft einbauen. Das kostet Geld, mein Geld.

Den Einwand *Aber der Broker muss doch* halte ich für naiv. Der Broker muss viel müssen, aber dem Finanzamt ist das egal. *Sie* sind dem Finanzamt die Steuern schuldig, nicht der Broker, und das Finanzamt hält sich an *Sie*. Sie können sich dann gerne mit dem Broker zanken.

Dass ein Broker die handelstechnischen Minimalanforderungen erfüllt, die ich als Buy-&-hold-Käufer von Standardprodukten habe, setze ich voraus. Deshalb gilt für mich: *Compliance gut, alles gut.*

Das ist jetzt keine Werbung für *Consors*, ich habe nur einfach nie ge-
wechselt weil ich da zufrieden bin. Sie müssen selbst herausfinden,
welcher Broker zu Ihnen passt. Achten Sie einfach nur darauf, dass
Sie die richtigen Schwerpunkte setzen und nicht auf Werbefirlefanz
reinfallen.

Alles klar. Ich organisiere mir geschwind ein Depot und dann lege ich los.
Nein, so schnell geht das nicht. Bevor Sie loslegen, muss ich noch
einmal mit der alten Leier anfangen: *Nicht die Brokerwahl, sondern
die Anlagepolitik entscheidet über Ihren Erfolg.*

Die Anlagepolitik: Make or break

Kurze Rekapitulation. Anlagepolitik bedeutet:

- Für wie viele ETFs entscheiden Sie sich?
- Wie oft wünschen Sie, diese zu handeln?

Szenarien

Um etwas Licht ins Dunkel zu bringen, bilde ich Szenarien. Es gibt
verschiedene Profile und pro Profil drei Investitionssummen:

- klein: 50 € monatlich, 600 € pro Jahr
- mittel: 150 € monatlich, 1.800 € pro Jahr
- groß: 500 € monatlich, 6.000 € pro Jahr

Profil	Produkte	Handelsfrequenz
Profil 1	1 ETF auf den *MSCI ACWI*	einmal jährlich
Profil 2	2 ETFs: 70 % *MSCI World*, 30 % *MSCI Emerging Markets*	quartalsweise
Profil 3	4 ETFs: 25 % EM, 32,5 % Europa, 32,5 % USA, 10 % Japan	quartalsweise
Profil 4a	8 ETFs: 31 % EM, 15,5 % Europa, 15,5 % USA, 13 % Japan, 7 % € SC, 5,5 % € Value, 7 % USA SC, 5,5 % USA Value	monatlich
Profil 4b	8 ETFs: 31 % EM, 15,5 % Europa, 15,5 % USA, 13 % Japan, 7 % € SC, 5,5 % € Value, 7 % USA SC, 5,5 % USA Value	halbjährlich

Wie hängen Kaufkosten und Kaufsumme zusammen?

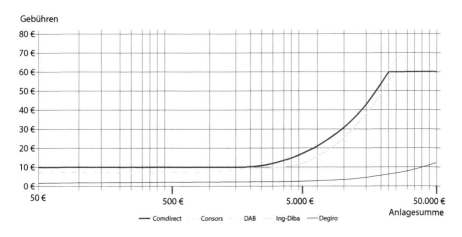

Ordergebühren in Abhängigkeit von der Kaufsumme
Quelle: Finanzwesir

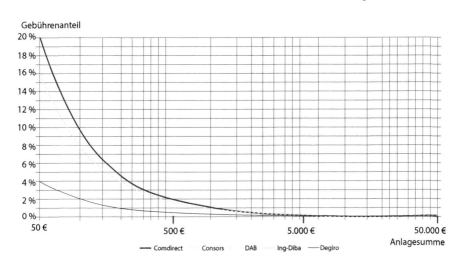

Anteil der Kaufkosten in Abhängigkeit von der Kaufsumme
Quelle: Finanzwesir

Allgemeine Erkenntnisse

1. Die großen Broker verlangen mindestens einen Zehner pro Trade.
2. Zwischen 22.000 und 30.000 € pro Position beginnt das Gebühren-Capping zu greifen. Ab dann wird Trading zur Homöopathie. Eine 40.000 €-Position wird mit 0,15 Prozent Gebühren belastet.
3. Jeder Trade unter 500 € ist Gebührenselbstmord.
4. Handeln Sie mindestens in 1.000 €-Tranchen. Dann liegen die Gebühren bei rund und roh einem Prozent.
5. Der Sweet-Spot liegt bei 2.000 €. Dann haben Sie eine Gebührenquote von 0,5 Prozent und verlassen den Mindestumsatzbereich. Ganz platt: *Bis zu einer Tradegröße von 2.000 € zahlen Sie den in Punkt 1 angesprochenen Zehner.*
6. *Degiro* kennt kein Gebühren-Capping und schlägt die großen vier trotzdem um Längen.

Soweit die allgemeinen Parameter. Lasset die Spiele beginnen. Wie schlagen sich unsere fünf Profile?

Profilbezogene Erkenntnisse

Nicht vergessen: Wie oben angesprochen stecke ich hier das Spielfeld ab und bin deshalb auf der Jagd nach Extremwerten. Es ist mir auch klar, dass man bei einer monatlichen Sparsumme von 50 € nicht 10 Prozent in einen Japan-ETF stecken sollte.
Hier gilt folgende Arbeitsteilung: Ich leuchte die Ecken aus, Sie ziehen daraus die richtigen Schlüsse für Ihr Depot.

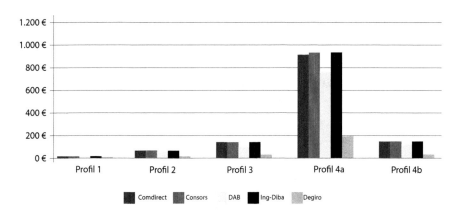

Comdirect, ING-DiBa, Consors, Degiro, DAB: jährliche Transaktionskosten
Quelle: Finanzwesir

Warum gibt es nur eine Grafik zu den jährlichen Kosten? Müsste es nicht für jedes der drei Anlageprofile eine Kostengrafik geben?

Nein, denn die drei Kostenprofile unterscheiden sich nicht.

Hier ein Auszug aus meiner Excel-Tabelle für die Jahreskosten des Profils 3:

Anlagesumme	Comdirect	Consors	DAB	ING-DiBa
klein	158,40 €	159,20 €	127,20 €	158,40 €
mittel	158,40 €	159,20 €	127,20 €	158,40 €
groß	158,40 €	159,20 €	127,20 €	158,40 €

Warum das so ist? Weil Sie pro Trade Summen zwischen
- 15 € (10 Prozent Japan, bei Sparquote *klein*) und
- 487 € (32,5 Prozent Europa bei Sparquote *groß*)

anlegen, und da greift immer der Mindestpreis: Der Broker zieht einen Zehner ein.

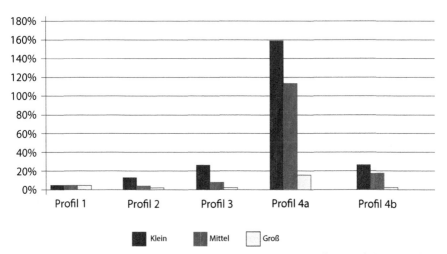

Die Kostenquoten der Traditions-Broker
Quelle: Finanzwesir

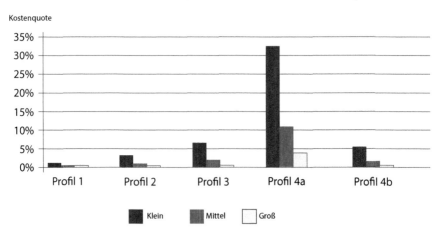

Die Degiro-Kostenquote
Quelle: Finanzwesir

Egal ob Traditions-Broker oder Newcomer: Die Skaleneffekte sind brutal. Die Kombi *viele Transaktionen plus Mindestgebühr* ruiniert alles. Aber auch ohne Mindestgebühr: Die Maximalquote von 32 Prozent bei Degiro macht auch nicht wirklich glücklich.

Der Gipfel der Perversion:
Profil 4a mit der kleinen Sparsumme. Hier zahlen Sie pro Jahr 955 € Gebühren, um ETFs im Wert von 600 € zu kaufen.

Der Bestwert:
Profil 1 mit der großen Sparsumme. Hier zahlen Sie 20 € (Kostenquote 0,3 Prozent) bei einem der großen Broker oder 3,20 € (Kostenquote 0,05 Prozent) bei Degiro.

Was auffällt:
Portfolio 3 und 4b haben die gleiche Kostenquote. Kein Wunder; egal ob Sie 4 ETFs pro Quartal handeln oder 8 ETFs halbjährlich: am Jahresende haben Sie sechzehnmal die Mindestgebühr bezahlt.

Einfache Faustregel für ETF-Hamster
Rechnen Sie einfach für jeden Kauf mit 10 €. So schätzen Sie ab, was ein neuer ETF Sie kosten wird:
Wie oft wollen Sie pro Jahr kaufen? Einmal pro Quartal? Dann kostet Sie die Diversifikation pro ETF 40 € jährlich. Ein Depot mit zwei ETFs kostet 20 € pro Quartal, eins mit drei 30 €. Wer meint, sich mit fünf ETFs schmücken zu müssen, ist mit einem Fuffi pro Quartal dabei.

Sie brauchen wenige und – wegen der Mindestgebühr – große Trades. Um das zu erreichen, haben Sie zwei Hebel:

- Handelsfrequenz
- Zahl der ETFs

Verschieben Sie diese beiden Regler so, dass hinten 1.000 €-Tranchen herausfallen. Wenn nötig, sparen Sie die Summe auf dem Tagesgeldkonto an. Wenn das nicht möglich ist, nutzen Sie einen Sparplan oder suchen Sie sich einen Broker ohne Mindestgebühr.

Und nicht vergessen: Die Hauptaufgabe Ihres Broker ist es, Ihnen den Papierkram fürs Finanzamt zu liefern.

Was gar nicht geht!

Die Hände in den Schoß legen und jammern, weil: *Mit 50 € im Monat kann ich ja eh nix reißen. Dann kann ich's auch versaufen.*

Das ist Blödsinn. Sie können dann halt nicht jeden ETF bei jedem Broker kaufen, sondern müssen sich mit dem zufriedengeben, was die Broker im Sparplan-Angebot haben. Besparen Sie in diesem Fall einen einzigen ETF. Das wird höchstwahrscheinlich ein ETF auf den *MSCI World* sein. Aber das ist allemal besser, als die 50 € zu vershoppen.

ETF: Sparplan oder selbst kaufen?

Wegen der Gebühren sollte jede Transaktion rund 1.000 € *schwer* sein. Aber wer kann schon jeden Monat 1.000 € vom Gehalt zurücklegen? Was also tun?

Sie haben zwei Möglichkeiten:

1. Ein kostenfreier Sparplan. Jeder Broker bietet ETF-Sparpläne an, die oft schon ab 25 € monatlich zu besparen sind.
2. Sie sammeln das Geld auf einem Tagesgeldkonto oder dem Verrechnungskonto Ihres Brokers und kaufen dann zweimonatlich, quartalsweise oder halbjährlich. Wenn Sie Aktien kaufen, bleibt Ihnen nur diese Variante.

Sparplan

Vorteile

- kostenfrei
- auch für den kleinen Geldbeutel
- komplett automatisiert

Nachteile

- begrenzte ETF-Auswahl
- ETFs, die kostenfrei bespart werden können, wechseln
- keine Aktien

Sparen und selbst kaufen

Vorteile
- komplett flexibel, komplette Kontrolle
- sämtliche ETFs und Aktien stehen zur Auswahl

Nachteile
- erfordert Disziplin, das Geld darf nicht verkonsumiert werden
- erfordert Nervenstärke, das Geld muss auch investiert werden, wenn der Reporter des ARD-Börsenbrennpunktes mit Schaum vor dem Mund vor dem endgültigen Finanz-Armageddon warnt

 Trotz der Nachteile ist der Sparplan mein Favorit. Warum? Weil er dafür sorgt, dass Sie sich selbst zuerst bezahlen. Ein automatisierter Sparplan sackt das Geld ein, bevor Sie es für irgendwelchen Müll ausgeben.

Bei welchem Broker? Grundsätzlich sind alle hier von mir genannten Broker geeignet. Die Info, welcher ETF wo zu welchen Konditionen zu haben ist, gehört nicht in ein Buch. Das müssen Sie aktuell im Internet recherchieren. Deshalb verweise ich auf die Sparplan-Vergleichsseite von JustETF: https://www.justetf.com/de/etf-sparplan/sparplan-vergleich.html

Bevor Sie gar nichts tun, besparen Sie lieber einen etwas zu teuren ETF. Eisernes Durchhalten zahlt sich aus. Alles, was das unterstützt, ist willkommen.

Meine These: *Automatisiert und 0,2 Prozent mehr Gebühren, schlägt in jedem Fall die Anlage per Hand.*

Wie kaufe ich?

Der eigentliche Wertpapierkauf ist vollkommen unspektakulär. Ich möchte Ihnen das am Beispiel der 2-ETF-Kombi zeigen:
Die billigste Kombination besteht zu 70 % aus dem ETF der *HSBC* auf den *MSCI World* mit der ISIN *DE000A1C9KL8* und zu 30 % aus dem Schwellenland- ETF von *Comstage* mit der ISIN *LU0635178014*. Damit die Kosten prozentual im Rahmen bleiben, sollte keine Transaktion weniger als 1.000 € umfassen. Das bedeutet: Sie kaufen für 1.000 € den Schwellenland-ETF und 2.333 € gehen in den *MSCI World*.
So läuft die Sache ab:

1. Sie loggen sich auf der Web-Site Ihres Brokers ein.
2. Wir fangen mit dem Kauf des ETFs auf den *MSCI World* an.
3. Sie tippen ins Suchfeld die ISIN DE000A1C9KL8 ein und der Broker liefert Ihnen auf der Suchergebnisseite den Namen des ETFs, den aktuellen Kurs und den Kaufen/Verkaufen-Button.
4. Klicken Sie drauf und Sie landen auf der Transaktions-Seite. Dort zeigt Ihr Broker, auf welchem Handelsplatz Sie wie viele Stücke zu welchem Preis kaufen können. Zur Zeit der Recherche kostete ein Anteilsschein des *HSBC*-ETFs 15,37 €. Für Ihre 2.333 € erhalten Sie – rein rechnerisch – 151,81 Anteile. 0,81 Anteile können Sie aber nicht kaufen, also ordern Sie 151 Anteile und haben so noch etwas Geld übrig, um die Transaktionskosten von rund 10 € zu bezahlen. Wenn Ihnen das zu knapp ist: Kaufen Sie nur 150 Anteile oder überweisen Sie 2.343 € auf das Verrechnungskonto des Brokers.
5. Füllen Sie die Ordermaske aus.
6. Bestätigen Sie die Order und klicken auf *Kaufen*.
7. Wenn die Order so durchgeht, sehen Sie sofort im Browser die Bestätigung. Wenn Sie als Privatanleger liquide Papiere kaufen, ist das der Regelfall.
8. Jetzt haben Sie gekauft. Die 151 Stücke des ETFs gehören Ihnen.

9. Was nun folgt, ist die Abwicklung. Der Broker bucht die Papiere ein, belastet Ihr Verrechnungskonto und schickt Ihnen die Abrechnung.
10. Wiederholen Sie das Ganze für den *Comstage*-ETF. Ein Anteilsschein kostete zur Zeit der Recherche 34,60 €. Für Ihre 1.000 Euro erhalten Sie – rein rechnerisch – 28,9 Anteile. Hier bietet es sich an, etwas aufzustocken und 29 Anteile zu kaufen. Das kostet Sie – inklusive Transaktionskosten von rund 10 € – 1.013 €.

Sie sehen: In der Praxis geht das nicht immer so schön auf wie in Excel. Beim Kauf müssen Sie pragmatisch auf- oder abrunden.

Ich wickle so einen Kauf in 30 bis 60 Sekunden ab. Ein Erstkäufer, der sich noch zurechtfinden muss, braucht vielleicht 10 Minuten.

Wann kaufe ich?

Kaufen Sie, wenn die Börsen offen sind. *Xetra*, die wichtigste elektronische Börse in Deutschland startet um 9:00 Uhr, Handelsende ist um 17.30 Uhr. Wer US-Papiere kaufen möchte, wartet am besten bis 15:30 Uhr, denn dann beginnt der Handel an der *Wallstreet*.

Warum? Geöffnete Börsen bedeuten mehr Handel. Mehr Handel bedeutet mehr Liquidität und Konkurrenz. Mehr Konkurrenz bedeutet faire Preise. *Arbitrageure* verbinden sämtliche Handelsplätze wie kommunizierende Röhren. Wenn sich an einem Markt ein Preisungleichgewicht bildet, wird dieses sofort von einem Händler ausgebeutet und damit nivelliert. Es geht nicht darum, dass Sie Ihre ETFs oder Aktien an der *Wallstreet* kaufen (die Gebühren können Sie sich sparen). Es geht darum, dass große liquide Börsen als Preis-Korrektiv für die kleinen Handelsplätze dienen.

Ich persönlich kaufe und verkaufe von Montag bis Freitag zwischen 15:30 Uhr und 17:30 Uhr. Das ist die Zeit der höchsten Liquidität. *Wallstreet* hat schon offen, *Xetra* hat noch offen.

Kennen Sie die Anglerfische der Tiefsee? Diese hässlichen Biester, die im Dunkel des Meeres ihre Angel schwenken und wenn sie einen dummen Fisch angelockt haben, schnappen Sie zu. Der dumme Fisch sind Sie, wenn Sie an einem Sonntagnachmittag auf der Plattform Ihres Brokers handeln wollen. Klar finden Sie da irgendwelche Kauf- und Verkaufsorders. Die haben die Profis am Freitag da hingestellt in der Hoffnung, dass irgendein Trottel vorbeikommt. Das Argument *Ich habe aber am Wochenende gut Zeit für meine Börsengeschäfte* taugt nichts.

Auf welchem Handelsplatz kaufe ich?

Sie haben bei den meisten Brokern die Wahl zwischen einer Vielzahl an Handelsplätzen. Zum einen sind das die klassischen Parkettbörsen in Frankfurt, Hamburg, Berlin, Düsseldorf, die elektronische Börse *Xetra*, ein hauseigener Handelsplatz und ausgewählte ausländische Börsen wie London, Zürich oder New York. – Aber welche davon braucht man wirklich?

Erfahrungsgemäß gilt für deutsche Aktien oder für große internationale Bluechip-Werte, dass diese in Frankfurt oder über das *Xetra*-System gehandelt werden sollten, da dort das größte Volumen vorzufinden ist. Billiger und oft schneller in der Ausführung sind die hauseigenen Handelsplätze. Manchmal lohnt auch ein Blick auf die Regional-Börsen.

Ich habe in 20 Jahren noch nie an einer ausländischen Börse gekauft. Ich schaue zuerst nach, ob mir *Consors* auf dem internen Handelsplatz im Direkthandel ein entsprechendes Volumen zum Kauf anbietet. Das sieht dann so aus. Der Broker meldet: *Ihr Preis: 36,569 € pro Stück bis zu einem Handelsvolumen von 4.800 Stück*. Nehmen wir an, ich möchte 30 Stück kaufen, um auf ein Volumen von gut 1.000 € zu kommen. Das Handelsvolumen ist also mehr als ausreichend.

Nun prüfe ich die Preise der anderen Handelsplätze, die mir mein Broker ebenfalls einblendet. Ich sehe, dass ich auf *Xetra* 36,52 €, in Frankfurt 36,51 € pro Stück bezahlen muss. Der interne Handelsplatz ist also etwas teurer. Trotzdem kaufe ich.

Warum?

1. Mir wird dieser Preis garantiert. Wenn ich meine Order an der Börse platziere, dann muss ich mich ins Orderbuch einreihen. Ich habe keine Garantie, dass ich zum angezeigten Preis kaufen kann. Natürlich kann ich das durch die Eingabe eines Limit-Preises verhindern, aber dann muss ich nachdenken: Soll ich jetzt 36,52 € als Limit eingeben oder lieber 36,45 € oder vielleicht doch 36,55 €? Sind die *runden* Fünfer-Endungen taktisch klug oder soll ich lieber *krumme* Cent-Zahlen nehmen?

2. Die Kaufkosten sind geringer, da keine Börsenspesen anfallen.

3. Sofortige Ausführung – ich habe die Sache vom Tisch. Wenn ich einen Auftrag an die Börse gebe, kann es etwas dauern, bis er ausgeführt wird. Wenn ich das Limit zu eng setze, kann es passieren, dass sich kein Verkäufer findet. Dann gehe ich leer aus.

4. Bei größeren Aufträgen: keine teure Teilausführung. – Die Börse splittet eine große Order, bei jeder Teilausführung werden neue Spesen fällig.

Diese Tabelle zeigt, warum sich ein Langfrist-Anleger um die Kaufkosten keine großen Gedanken machen sollte. Diese Kurse wurden am 13.04.2016 für den *iShares Core MSCI World* aufgerufen:

Börse	Stückpreis	Kaufpreis	Spesen	gesamt	Delta	Delta in %
Xetra	36,52 €	1.095,60 €	10,90 €	1.106,50 €	0,00 €	0,00 %
Consorsbank/ Tadegate	36,57 €	1.097,07 €	9,95 €	1.107,02 €	0,52 €	0,05 %
Frankfurt	36,51 €	1.095,30 €	12,90 €	1.108,20 €	1,70 €	0,15 %

Ein Kauf auf *Xetra* wäre am günstigsten gewesen. Diese Rechnung sieht bei jedem Broker eigentlich immer so aus, wenn Sie

- zu liquiden Zeiten kaufen,
- Standardwerte kaufen. *Standardwerte* ist dabei weit gefasst. Auch Firmen wie *Netflix*, die noch weit vom Bluechip-Status entfernt sind, können Sie so kaufen.

Für mich als Buy-&-hold-Anleger ist eine neue persönliche Bestleistung in der Orderausführung – *Yes! Transaktion in 31,7 Sekunden vollständig abgewickelt* – wichtiger, als ein, zwei Euro zu sparen.

Rebalancing

Rebalancing bedeutet: Sie führen das Weltportfolio wieder auf die ursprüngliche Assetallokation zurück. Oberstes Ziel des Rebalancing ist es, das Risiko zu minimieren und nicht die Rendite zu maximieren. Im Laufe der Zeit entwickeln sich die verschiedenen Anlageklassen unterschiedlich gut. Mit Hilfe des Rebalancing bringen Sie das aus dem Ruder gelaufene Portfolio wieder in die gewünschte Rendite/ Risiko-Fahrrinne.

Ein Beispiel:
Am Jahresanfang sieht Ihr Portfolio so aus:
- 70 Prozent RK1 = Tagesgeld
- 30 Prozent RK3 = Aktien-ETFs

Der RK3-Anteil setzt sich zusammen aus
- 70 Prozent *MSCI World*
- 30 Prozent *MSCI Emerging Markets*

Ein Jahr vergeht und die Kurse schwanken. Der World-ETF ist um 10 Prozent gestiegen, der EM-ETF um 20 Prozent gefallen. Nun sieht die Verteilung wie folgt aus:

- 69,8 Prozent RK1 = Tagesgeld
- 30,2 Prozent RK3 = Aktien-ETFs

Der RK3-Anteil setzt sich zusammen aus
- 76 Prozent *MSCI World*
- 24 Prozent *MSCI Emerging Markets*

Was tun?
1. Prüfen, ob ein Rebalancing überhaupt nötig ist.
2. So kostengünstig wie möglich rebalancen.

In einer idealen weil kostenfreien und total automatisierten Welt gehe ich auf *Autopilot*. Meine Depotsoftware schichtet automatisch täglich um und korrigiert so die kleinsten Schwankungen. So bleibt mein Depot immer auf dem von mir festgelegten Risiko/Rendite-Kurs. – Wir leben aber nicht in einer idealen Welt. Jede Transaktion kostet Geld und der automatisch umschichtende Depot-Bot muss auch erst noch erfunden werden.

Für uns als Anleger bedeutet das: Wir müssen die sogenannte *Style-Drift*, das Abweichen vom Idealkurs, bis zu einem gewissen Maße tolerieren.

1. Wir arbeiten nicht mit einer Zielgröße (70 Prozent *MSCI World*), sondern einem Zielkorridor (70 Prozent *MSCI World* plus/minus 5 Prozent).
2. Wir arbeiten taktisch klug und berücksichtigen Transaktionskosten und steuerliche Auswirkungen von Verkäufen.

Zielkorridor

Folgende Faustregel hat sich bewährt.

Für Assetallokationen über 20 Prozent

Angenommen, Ihre RK1/RK3-Verteilung liegt bei 70/30. Dann beträgt Ihr Rebalancing-Korridor plusminus 5 %. In diesen Größenordnungen arbeiten Sie mit absoluten Prozenten.
Sie rebalancen, wenn sich die Gewichtungen wie folgt verschoben haben:

- mehr als 75 % RK1, weniger als 25 % RK3
- weniger als 65 % RK1, mehr als 35 % RK3

RK1 darf zwischen 65 % und 75 % schwanken, RK3 darf zwischen 25 % und 35 % schwanken.

Für Assetallokationen unter 20 Prozent

Sie haben ein 4-ETF-Depot, das wie folgt zusammengesetzt ist: 30 % Schwellenländer, 30 % Europa, 30 % USA und 10 % Japan.
Die Schwellenländer, Europa und die USA rebalancen Sie nach der 5-Prozent-Regel oben, aber wie verfahren wir mit Japan? Bei Assetallokationen unter 20 % arbeiten wir mit einem relativen Schwellenwert. Wir rebalancen, wenn die Gewichtung sich um +/- 25 % vom Originalanteil verschiebt. Für Japan bedeutet das: +/- 25 % von 10 % also 2,5 %.
Der Rebalancing-Korridor verläuft zwischen

- 10 % – 2,5 % = 7,5 % und
- 10 % + 2,5 % = 12,5 %.

Je kleiner der Anteil, umso enger der Rebalancing-Korridor. Das ist auch der Grund, warum strikt dagegen bin, Positionen mit weniger als 10 Prozent im Depot zu haben.

Nehmen wir an, Sie haben für 50.000 € ETFs im Depot.
Eine 5-Prozent-Position wäre dann 2.500 € wert. Wenn wir die
25-Prozent-Regel anwenden, dann beträgt der Rebalancing-Korridor 5 % +/- 1,25 %. In absoluten Zahlen: 2.500 € +/- 625 €.
Ein Online-Broker verlangt für diese Transaktion rund 10 €, dazu
kommen eventuell noch Börsenspesen. Unsere Kostenquote liegt
zwischen 1,5 und 2 Prozent der Transaktionssumme. Das ist deutlich
zu hoch. Die Transaktionskostenquote sollte mit einer Null anfangen.

Zurück zum Beispiel

Was machen wir jetzt nach einem Jahr?
Die RK1/RK3-Verteilung weicht um +/- 0,2 % von der Ideal-Konstellation ab. Erlaubt sind +/- 5 %. Das bleibt, wie es ist.
Die World/EM-Verteilung weicht um +/- 6 % vom Ideal ab. Erlaubt sind +/- 5 %. Hier müssen wir etwas tun. Wir haben zwei
Möglichkeiten:

Umschichten
Wir verkaufen einen Teil des World-ETFs und kaufen dafür Emerging Markets. Eine schlechte Idee, denn hier produzieren wir zweimal Transaktionsgebühren (Verkauf *World*, Kauf *EM*) und müssen
die World-Gewinne noch versteuern.

Frisches Geld
Viel besser ist es, mit frischem Geld zu arbeiten. Dann fällt nur eine
Transaktionsgebühr an. Wichtig: Wir versuchen zwar so nah wie
möglich an die 30 Prozent heranzukommen, wenn wir aber nur auf
28 Prozent aufstocken können, ist das vollkommen okay. Schließlich sind wir dann wieder im Rebalancing-Korridor.

Hauptsache, wieder im Rebalancing-Korridor und dabei Steuern und Gebühren gespart.

Warum Sie eine Rebalancing-Richtlinie brauchen

Rebalancing ist einfach in der Theorie, doch – aus zwei Gründen – kompliziert in der Praxis:
1. Rebalancing ist geduldig. Wenn Sie heute nicht rebalancen, können Sie es immer noch morgen machen und – schwupps – ist wieder ein Jahr ohne Rebalancing vergangen.
2. Beim Rebalancing stocken Sie womöglich die Loser auf und stutzen die Gewinner.

Deshalb brauchen Sie eine schriftliche Rebalancing-Richtlinie und einen Termin im Smartphone-Kalender, der wild piept.
Schreiben Sie auf:
1. Was sind die Ziel-Allokationen?
2. In welchem Intervall möchten Sie rebalancen? Beispielsweise jährlich.
3. Wann soll das Rebalancing stattfinden? Immer am Jahresende.
4. Bei welchen Schwellenwerten rebalancen Sie? Ich empfehle die oben vorgestellte 5/25-Regel.
5. Wo soll das Geld herkommen?
   a. Haben Sie übers Jahr die ausgeschütteten Dividenden zurückgelegt?
   b. Ist das ein Teil des Weihnachtsgeldes?
   c. Setzen Sie mit einer Sparplanrate aus, um das Geld flexibel zu verteilen?
   d. Müssen Sie umschichten, um an Geld zu kommen?

Punkt 5 ist eine Individualentscheidung. Achten Sie nur darauf, möglichst wenig Kosten zu produzieren. Ein Verkauf sollte immer die letzte Option sein, da Sie dabei Steuern verlieren.

Wenn Ihr Smartphone Sie zum Rebalancing piept:
1. Drucken Sie ihren Plan aus.
2. Ziehen Sie ihn mechanisch durch. Sobald Sie zaudern, haben Sie verloren. Dann geht die elende Optimiererei los. Entweder Markttiming: *Heute lieber nicht, die Kurse sind zu hoch, werden noch fallen* … oder Stockpicking: *Wir haben zu viel Schwellenländer im Depot, lass uns mal lieber den Euro STOXX übergewichten.*

Das dürfen Sie alles machen, aber nicht, wenn Sie rebalancen. Rebalancing ist operatives Tagesgeschäft. Wenn Sie die Assetallokation ändern, ist das eine strategische Entscheidung. Taktik und Strategie zu vermengen ist noch nie gut gegangen.

Zum Schluss möchte ich noch aus einer *Vanguard*-Veröffentlichung[15] mit dem Titel *Best practices for portfolio rebalancing* zitieren. Die Erfinder des passiven Investierens haben erforscht, wie Sie am besten rebalancen.

Die Ergebnisse:
1. Genauso wenig, wie es eine optimale Assetallokation gibt, gibt es auch keine optimale Rebalancing-Strategie.
2. Rebalancing ist grundsätzlich sinnvoll, auch wenn Transaktionskosten anfallen. Ein wildwüchsig und ungepflegt vor sich hinwucherndes Portfolio verändert sein Rendite/Risiko-Verhältnis komplett. Dieses Depot verhält sich dann nicht mehr so, wie Sie es sich wünschen.
3. Unter Renditegesichtspunkten ist es egal, ob Sie Ihr Portfolio monatlich, vierteljährlich oder jährlich rebalancen. Aber natürlich steigen dann die Transaktionskosten.

---

[15] www.vanguard.com/pdf/icrpr.pdf

4. Die Transaktionskosten müssen so tief wie möglich gedrückt werden.

Vanguard empfiehlt: Halbjährliche oder jährliche Rebalancing-Intervalle plus eine gewisse Flexibilität bei der Assetallokation (Vanguard spricht hier von +/- 5 %), reichen aus, um das Depot ohne Kostenexplosion auf Redite-Kurs zu halten.

Steuern sparen wie ein Profi

Wie finde ich den steueroptimalen ETF? Wie kann ich Steuern sparen? Wenn ich mich mit Bekannten über das Thema *Geldanlage* unterhalte, driftet die Diskussion sehr schnell ab. Statt
- Wie kann ich mein Geld so vermehren, dass mir das Risiko nicht den Schlaf raubt?

geht es sehr schnell darum:
- Wie kann ich Steuern sparen?

Das nervt! Das Steuerthema gehört nicht in die Hände von Steuerberatern, sondern von Unternehmern. Mein Ansatz sieht wie folgt aus:

Ich will keine Steuern mehr zahlen, welche Möglichkeiten habe ich?

1. Nichts verdienen.
2. Verluste anhäufen und diese mit Gewinnen verrechnen.
3. Einen Teil meines Einkommens steuerfrei generieren und dieses Dunkelgeld dann via Barzahlung wieder in den Geldkreislauf einschleusen oder im Köfferchen in die Steueroase meines Vertrauens tragen.
4. Juristische Hilfe in Anspruch nehmen und eine Stiftung, eine Offshore-Gesellschaft oder ein ähnliches Rechtskonstrukt errichten.

Nichts verdienen

Ist arm sein wirklich eine Option? Nicht ganz so krass, aber auch nicht viel besser:

- Bei der Postbank Sparcard direkt gibt's 0,01 Prozent Zinsen pro Jahr.
- Die Ausschüttungsrendite des *MSCI World* liegt bei 1,66 Prozent pro Jahr.
- Der Sparerpauschbetrag liegt bei 801 € pro Jahr.

Wollen Sie jetzt wie Dagobert Duck auf einem Mount Everest von 8 Millionen Golddukaten sitzen und sich ein Loch in den Bauch freuen, dass Sie als Inhaber der *Sparcard direkt* trotzdem keine Steuern zahlen müssen, da Sie Ihren Pauschbetrag nicht überschritten haben? *Harr, harr, der Schäuble kriegt nix!*

Ihre Alternative: Als MSCI-World-Investor Kapitalerträge von 26.593,20 € einsacken und dann die folgende Rechnung aufmachen:

Position	Größe
Einnahmen	26.593,20 €
Pauschbetrag	801,00 €
zu versteuern	25.792,20 €
Steuer	- 6.802,69 €
passives Einkommen	19,790,51 €

Also was jetzt? Dem Schäuble knapp 7.000 € abgeben und selbst knapp 20.000 € behalten oder die Politik der verbrannten Erde fahren: *Ich zahl' keine Steuern und wenn ich dafür am Hungertuch nagen muss!*

Verluste anhäufen

Verluste lassen sich relativ einfach und verlässlich erzeugen. Gewinne sind da schon zickiger, die erscheinen nicht auf Kommando. Was passiert, wenn die Verluste brav antreten, die Gewinne aber auf sich warten lassen?

Die Gewinn-Verlust-Verrechnung ist kein Naturgesetz, sondern der Staat gestattet diese Verrechnung. Er kann Ihnen dieses Privileg jederzeit durch eine Gesetzesänderung wieder entziehen.

Zum Teil ist dies bereits geschehen. Früher durften Sie Verluste quer durch alle Anlageklassen mit Gewinnen verrechnen. Heute geht das nur noch innerhalb einer Anlageklasse. Verluste durch Vermietung und Verpachtung wirken sich nicht mehr steuermindernd auf Aktiengewinne aus. Aktienverluste lassen sich nur mit Aktiengewinnen verrechnen.

Selbst wenn Sie die Gerichte auf Ihrer Seite haben und dem Bundesfinanzminister ein Urteil des Bundesfinanzhofes zu teuer wird, erhalten die deutschen Finanzämter seit Jahren die Anweisung, diese Entscheidung zu ignorieren. Das bedeutet: Sie müssen klagen – was bis zum Bundesfinanzhof einen beträchtlichen finanziellen Aufwand und 8 – 10 Jahre Zeit braucht.

Schauen wir uns doch einmal ein Beispiel an:

In die folgende Tabelle habe ich die Einkünfte aus Kapitalvermögen eingetragen.

Was muss ich tun, um keine Steuern zu zahlen?

Gewinn	zu versteuern	benötigte Verluste
801 €	0 €	0 €
1.000 €	199 €	-199 €
1.500 €	699 €	-699 €
2.000 €	1.199 €	-1.199 €
5.000 €	4.199 €	-4.199 €
10.000 €	9.199 €	-9.199 €

Was fällt auf?

- Die ersten 801 € sind durch den Pauschbetrag abgedeckt.
- Wenn ich mit meinen Wertpapieren Einkünfte von 1.000 € erziele, brauche ich nur 199 € an Verlusten.
- Hohe Gewinne können nur durch Verluste in praktisch gleicher Größenordnung kompensiert werden. Bei 10.000 € beträgt das Gewinn/Verlust-Verhältnis 1:1,09.

Was passiert, wenn ich meine Gewinne voll versteuere?
KapSt. + Soli = 26,375 %

Gewinn	zu versteuern	für Schäuble	für mich
801 €	0 €	0 €	801 €
1.000 €	199 €	52 €	948 €
1.500 €	699 €	184 €	1.316 €
2.000 €	1.199 €	316 €	1.684 €
5.000 €	4.199 €	1.107 €	3.893 €
10.000 €	9.199 €	2.426 €	7.574 €

Was ist Ihnen lieber:

- Gut 9.000 € Verluste anhäufen und keine Steuern zahlen?
- Knapp 2.500 € Steuern zahlen und knapp 7.600 € mehr auf dem Konto haben?

Ist es nicht viel cooler, wenn **alle** Investments Geld abwerfen? Verlustbringer sollte man aussortieren.

Dazu Warren Buffet: *Meine zwei Investmentregeln sind: Regel eins: Verliere nie Geld. Regel zwei: Vergiss niemals Regel eins.*

Dunkelgeld

Sie schlafen ruhig, bis es in der Tagesschau heißt, deutsche Finanzbehörden hätten in der Schweiz erneut eine CD-Box aus der Serie *Geld auf Abwegen* gekauft. Oder wenn Ihr Name in den *Panama Papers* auftaucht.

Die eigene Stiftung

Meiner Meinung nach die einzig sinnvolle Art und Weise mit dem Thema umzugehen. Um diesen Weg zu beschreiten, muss man aber sehr vermögend sein. Wenn es um Vermögen in Millionenhöhe geht, sind mehrere 10.000 € an Anwaltshonoraren sicher sinnvoll angelegt. Für Privatanleger ist das kein gangbarer Weg.

Was bleibt?

Der unternehmerische Ansatz

Jeder Unternehmer weiß:

- Man muss die Kosten im Griff haben. Das ist notwendig, reicht aber nicht aus.
- Zusätzlich muss man hohe und verlässliche Einnahmen generieren.

Solange die Einnahmen höher sind als die Kosten, läuft der Laden. Es ist deshalb immer wichtiger, die Einnahmen verlässlich und langfristig zu steigern (kein Strohfeuer), als die Kosten zu drücken.

Für uns als Anleger heißt das: Wir müssen auf die Kosten achten und eine vernünftige Steuerpolitik gehört sicherlich dazu. Wenn Sie einen steuereinfachen ETF bevorzugen, greifen Sie zu. – Sie sollten sich aber nicht der Illusion hingeben, dass dieser ETF die nächsten 20 Jahre steuereinfach bleibt. Steuergesetze haben eine kurze Halbwertszeit.

Unsere Hauptaufgabe als Anleger sind aber die Wertsteigerungsmaßnahmen für unsere Bestands-Euros. Wir müssen unseren Euros gute Arbeitsbedingungen verschaffen, damit sie so viele neue Euros wie möglich generieren können. Diese Zins-Euros gesellen sich zu den Bestands-Euros und schaffen ihrerseits neue Euros heran.

Sich ans Sparbuch zu klammern und dann zu versuchen, mit viel Aufwand und zwielichtigen Methoden die magere Ernte vor der

Steuer zu verstecken, ist unproduktiv. Sie müssen eine Menge Zeit aufwenden und womöglich noch einen Steuerberater bezahlen. Das schmälert den Stundenlohn und drückt die Rendite zusätzlich.

Ich kenne das aus meiner Start-up-Zeit. Viele Gründer haben sich wahnsinnig schwer mit Risikokapital getan. Warum? Weil sie etwas von ihrer Firma abgeben mussten. Statt 100 Prozent gehörten ihnen nur noch 70 Prozent der Firma. Mit jeder Finanzierungsrunde wurde ihr Anteil kleiner. Dafür wurde die Firma immer mehr wert. Trotzdem war es für manche hart, nur noch 20 Prozent einer Firma zu besitzen, die einen Wert von 50 Millionen Euro hatte. Im Grunde ihres Herzens hätten sie lieber 100 Prozent ihrer 1-Millionen-Klitsche von einst.

Als Vater sage ich: Man muss auch loslassen können! Sehen Sie Steuern nicht als einen Fluch der Götter, sondern als einen unvermeidbaren Kostenblock, der eben anfällt, wenn man Geld anlegt. Das ist das, was die Amis als *Cost of doing business* bezeichnen. Wer sich nur auf den Aspekt *Wie spare ich Steuern* konzentriert, wird negativ und krämerisch. Diese Klein-klein-Perspektive verengt den Horizont.

Steuern sparen, koste es was wolle?

Woran erkennt man einen schlechten Manager? Er lebt im Hier und Jetzt und hat keine Vorstellungen von der Zukunft der Firma. Er ist zu dumm und zu ängstlich, um neue Produkte zu entwickeln und die Evolution der Firma voranzutreiben. Er kann nur Kosten drücken und Leute entlassen – sparen eben. So führt man aber keine Firma in eine stabile Zukunft.

Die Steuersparbesessenen haben genau diese Mentalität: Sie reagieren, versuchen das Vorhandene zu optimieren und haben doch nur einen beschränkten Aktionsradius. Mehr als keine Steuern zahlen geht nicht. Das Optimierungspotenzial ist begrenzt.

Ich suche mir lieber eine profitable Geldanlage und gebe dann einen Teil der fetten Ernte ab, als dass ich mit Steuervorteil nur eine dürftige Rendite erziele.

Werden Sie immun

Die unternehmerische Sichtweise macht Sie immun gegen die Einflüsterungen der Steuersparbranche (*110 Prozent Verlustzuweisung noch in diesem Jahr!*). Wenn Sie vor allem an hohen Umsätzen und weniger an minimalen Kosten interessiert sind, fallen Sie nicht so schnell auf diese Verkäufer herein.

Glauben Sie wirklich, dass es 1885 im Hause *Benz* so zuging:

Bertha: *Carl, musst du schon wieder an dieser komischen Motorkutsche schrauben? Das wird doch sowieso nichts.*

Carl: *Schatz, das muss es doch auch nicht. Hauptsache, es bringt Verluste ein. Damit können wir unsere Steuern senken. Ich war extra beim Schmied Häberle und habe mir eine Pleuelstange schmieden lassen. Die war richtig teuer.*

Bertha (sichtlich stolz, einen so klugen Mann geheiratet zu haben): *Ach Carl, du bischt a Käpsele.*

Ein Steuerspar-Käpsele? Na, ja. Kein Unternehmen von Weltrang ist als Steuersparmodell gegründet worden. Als Anleger möchte ich mein Geld nur einem Unternehmen anvertrauen, das

*   entweder bereits Weltrang hat
*   oder auf dem Weg dahin ist.

Steuersparmodelle haben eine kurze Halbwertszeit

Das Geschäftsmodell *Subventionen abgreifen* funktioniert nur bedingt. Wenn sich politische Rahmenbedingungen ändern, fallen diese Geschäftsmodelle zusammen wie ein Soufflé. Das hat man an der deutschen Solarbranche gesehen und auch die Dämmstoffbranche jammert, seit die *KfW-Bank* die Burka fürs Haus nicht mehr so stark sponsert.

Der Klassiker *Ich stelle ein Produkt her, das die Leute **wirklich** wollen* funktioniert dagegen seit Urzeiten. Damit schafft man es an die Spitze. Auch wenn Firmen wie Apple und Amazon – zu Recht – viel Prügel für ihre Steuertricks beziehen: im Kern sind das solide Unternehmen, die mit ihren Produkten ihren Kunden einen echten Nutzen bieten.

 Denken Sie wie ein Unternehmer. Versuchen Sie lieber, neue profitable Einkommensströme aufzutun, anstatt verzweifelt die letzten Krümel vor der Steuer zu retten.

Steuern sind kein Finanzthema, sondern ein politisches Statement. Steuern zeigen, wie Machtverhältnisse in einer Gesellschaft sind. Sehr schön wird das bei Steuern wie der Erbschaftssteuer oder dem Wirrwarr bei der Mehrwertsteuer deutlich.

Nehmen Sie sich ein Beispiel an den Hoteliers und der FDP. Steuerthemen sind Lobbyarbeit. Unterstützen Sie die entsprechenden Gruppierungen und sorgen Sie so dafür, dass die entsprechenden Gesetze erlassen werden.

Und um das Versprechen der Headline einzulösen: *Steuersparen per Gesetz, so machen es die Profis.*

Checkliste

Brokerwahl

Suchen Sie sich einen seriösen Online-Broker mit funktionierender Compliance.

Transaktionen

So wenige wie möglich und so automatisiert wie möglich. Favorit ist deshalb der kostenfreie Sparplan. Wenn Sie regulär an der Börse kaufen, sollte keine Tranche deutlich unter 1.000 € liegen, sonst werden die Kaufkosten prozentual zu hoch.

Auch wenn Sie Ihre Order über den Direkthandel Ihres Brokers abwickeln: Kaufen Sie nur, wenn die Börsen geöffnet haben, dann bekommen Sie einen realistischen Preis.

Rebalancing

Geben Sie sich eine Rebalancing-Richtlinie und ziehen Sie jedes Jahr ein Rebalancing durch.

Fazit – Wie werde ich ein guter Anleger?

Faszinierend: Wir sind bei unserer Reise durch die Welt der Finanzen komplett im Irrationalen gelandet. Wer hätte gedacht, dass die Probleme ganz woanders liegen: Nicht die Produktauswahl und nicht die konkrete prozentuale Zusammenstellung sind wichtig, sondern das Nichtlesen von *Handelsblatt, Wirtschaftswoche* und das Nichtschauen der *Tagesschau* sind entscheidend. Stoizismus ist wichtiger, als möglichst viele Informationen zu sammeln.

Weitreichende Entscheidungen auf der Basis von unvollständigen Informationen zu fällen, ist etwas, das der deutschen Mentalität gar nicht entgegenkommt. Wir tendieren dazu, dieses Nichtwissen durch besondere Gründlichkeit und Detailversessenheit kompensieren zu wollen. Das klappt aber nicht, denn es handelt sich um ein strukturelles Problem, das sich nicht einfach durch Gründlichkeit vertreiben lässt.
Was ich nicht weiß, macht mich nicht heiß: Medien-Diät und das sture jahrzehntelange Festhalten an einer Strategie (ein Affront in einer Welt, in der die meisten die Aufmerksamkeitsspanne eines kaffeegedopten Eichhörnchens haben) bringen mehr Rendite als jede Start-up-Aktie.

Finanzieller Erfolg wird nicht durch Excel bestimmt, sondern durch etwas so Irrationales wie Glauben. Sie müssen zum einen an sich selbst glauben und brauchen zum anderen etwas Unterstützung. Wie sang Joe Cocker? *With a little help of my friends.*
Je nach Ihren Ansichten, brauchen Sie Gottvertrauen oder Vertrauen in die Technik. Wenn es an den Börsen kracht, ist es hilfreich zu wissen, das es da eine Instanz gibt, die langfristig doch alles zum Guten wendet. Warum nicht einen Börsencrash betend überstehen?

Das ist jedenfalls besser, als hektisch zu verkaufen.

Wer nicht an Gebete glaubt, sollte auf den technischen Fortschritt vertrauen. Sie können getrost davon ausgehen, dass wir die Mutter aller Innovationen noch lange nicht gesehen haben. Statt dessen warten noch jede Menge spannende Entwicklungen darauf, entdeckt zu werden. Diese neuen Techniken werden den Wohlstand und damit die Kurse langfristig steigen lassen.

Ohne diesen unerschütterlichen Optimismus werden Sie nicht durchhalten. Verabschieden Sie sich von der Illusion, Ihr Leben auf Jahrzehnte hinaus planen zu können. Versuchen Sie, möglichst robust zu werden und legen Sie den Rest in die Hände Gottes oder des Schicksals.

Es bleibt dabei: Finanzieller Erfolg hat nichts mit Geld zu tun, sondern ist eine Lebenseinstellung. Sie brauchen Grundwerte und eine Überzeugung, für die Sie auch einstehen, sonst werden Sie von jedem Windhauch abgelenkt und erreichen Ihr Ziel nie. Es muss ja keine Ideologie sein. Es ist nicht nötig, dass Sie zum Finanz-Märtyrer werden, aber eine klare Überzeugung ist nötig.

Solange Sie folgende Punkte beachten, sind Sie auf dem richtigen Weg:

1. Keine Schulden machen,
2. sparsam leben,
3. soviel in Aktien investieren, wie Sie sich mental zutrauen,
4. eine Assetallokation auswählen, die Ihnen zusagt. Die genauen Prozente sind egal, solange sie breit aufgestellt sind und die Kosten drücken, wo es geht.
5. Auch bei den Produkten haben Sie große Freiheitsgrade. Solange es ein ETF auf einen marktbreiten Standard-Index ist, können Sie nicht viel falsch machen. Für Tages- und Festgeld gilt: Jede seriöse Bank mit westeuropäischer Einlagensicherung ist gut genug.
6. Stur dabei bleiben.

Ansonsten gilt: *Sorge dich nicht – lebe!* (Dale Carnegie)

Mehr vom Finanzwesir

Mehr kostenlose Inhalte finden Sie auf diesen Kanälen:

Mein Blog: *www.finanzwesir.com*

Mein Podcast heißt *Der Finanzwesir rockt*.
Sie finden ihn unter *www.finanzwesir.com/podcast*

Wann gibt es neue Artikel auf dem Blog oder eine neue Podcast-Folge? Abonnieren Sie meinen Newsletter, dann sind Sie immer auf dem Laufenden. Hier geht's zur Anmeldung:
www.finanzwesir.com/newsletter

Auf Twitter bin ich als *@Finanzwesir* unter *twitter.com/Finanzwesir* erreichbar.

Weitere kostenpflichtige Angebote wie mein Finanzcoaching finden Sie unter:
www.finanzwesir.com/angebote

Empfehlenswerte Bücher:

1. Kommer, Gerd: *Kaufen oder mieten*
2. Kommer, Gerd: *Souverän investieren*
3. Ellis, Charles D.: *Winning the Looser's Game*
4. Taleb, Nassim: *Antifragilität*
5. Taleb, Nassim: *Narren des Zufalls*
6. Sedlaceck, Tomas: *Lilith und die Dämonen des Kapitals*

Das ist nur eine kleine Liste. Die ständig aktualisierte Liste finden Sie unter:
www.finanzwesir.com/buecher

Excel-Crashkurs

Ihr bester Freund: Die Tabellenkalkulation

Jeder Anleger muss rechnen. Manchmal reicht dazu der Kopf oder ein Taschenrechner, komfortabler geht es aber mit einem Tabellen-kalkulationsprogramm wie *Excel*. Aus eigener Erfahrung weiß ich: Excel-Grundkenntnisse sind – nicht nur bei der Berechnung der Rendite – sehr, sehr hilfreich. Die Tabellenkalkulation ist eines der mächtigsten Werkzeuge, die einem Anleger zur Verfügung stehen. Einsteigern lege ich deshalb den vierteiligen Grundkurs *Finanzen mit Excel im Griff* auf meinem Blog ans Herz:

Teil 1 – Geht das nicht auch anders?
Teil 2 – Der Jahresbudgetplaner
Teil 3 – Das Finanzcockpit (Basisversion)
Teil 4 – Das Finanzcockpit (Vollversion)

Tippen Sie einfach *www.finanzwesir.com/excelkurs* in Ihren Browser ein und schon geht's los.

Ich verwende *Excel* hier als Synonym für *Tabellenkalkulations-programm*. Selbstverständlich können Sie diesen Kurs auch mit *OpenOffice Calc* oder *LibreOffice Calc* durcharbeiten.

Index

A

B

G

H

I

J

U

Überrendite 118, 133, 153, 279, 282, 285, 305, 323
Unternehmerische Beteiligung 224

V

Value-Strategie 304
Venture-Capital 228
Verbindlichkeit 125, 211
Vermögen
    risikoarmer Teil 265
    risikobehafteter Teil 265, 358
Vermögenskern 378
Vermögenswert 125, 200, 211
Versicherung 61, 64

W

Weltportfolio 57, 265, 266, 270, 336, 358, 413

Z

Zinsportale
    Geschäftsmodell 348
    Risiken 342
Zinsprodukte 88
Zins-Rendite 217